Management – Ethik – Organisation

Band 7

Herausgegeben vom Evangelische Bank Institut für
Ethisches Management

Kathrin Sundermeier

Einarbeitung, Onboarding oder mehr?

Eine Studie mit Gesundheits- und Krankenpfleger*innen in konfessionellen und kommunalen Krankenhäusern

Mit 18 Abbildungen

V&R unipress

Bibliografische Information der Deutschen Nationalbibliothek
Die Deutsche Nationalbibliothek verzeichnet diese Publikation in der Deutschen
Nationalbibliografie; detaillierte bibliografische Daten sind im Internet über
https://dnb.de abrufbar.

© 2022 Brill | V&R unipress, Theaterstraße 13, D-37073 Göttingen, ein Imprint der Brill-Gruppe
(Koninklijke Brill NV, Leiden, Niederlande; Brill USA Inc., Boston MA, USA; Brill Asia Pte Ltd,
Singapore; Brill Deutschland GmbH, Paderborn, Deutschland; Brill Österreich GmbH, Wien,
Österreich)
Koninklijke Brill NV umfasst die Imprints Brill, Brill Nijhoff, Brill Hotei, Brill Schöningh,
Brill Fink, Brill mentis, Vandenhoeck & Ruprecht, Böhlau und V&R unipress.
Alle Rechte vorbehalten. Das Werk und seine Teile sind urheberrechtlich geschützt.
Jede Verwertung in anderen als den gesetzlich zugelassenen Fällen bedarf der vorherigen
schriftlichen Einwilligung des Verlages.

Umschlagabbildung: Adobe Stock #436603130
Druck und Bindung: CPI books GmbH, Birkstraße 10, D-25917 Leck
Printed in the EU.

Vandenhoeck & Ruprecht Verlage | www.vandenhoeck-ruprecht-verlage.com

ISSN 2198-1477
ISBN 978-3-8471-1420-8

Inhalt

Vorwort 11

Dank 13

Abkürzungsverzeichnis 15

Abbildungsverzeichnis 17

Tabellenverzeichnis 19

1 Einführung 21
   1.1 Forschungsanlass und Ziele der Arbeit 21
   1.2 Forschungsmethodologie 27
   1.3 Aufbau der Arbeit 30

2 Erörterung der Forschungsgegenstände 33
   2.1 Verortung in den Bezugsdisziplinen 33
      2.1.1 Grundannahmen des Personalmanagements 34
      2.1.2 Grundannahmen der Theologie 36
      2.1.3 Schlussfolgerungen 38
   2.2 Krankenhäuser in Deutschland 40
      2.2.1 Träger 40
      2.2.2 Rahmenbedingungen 42
      2.2.3 Personalausstattung 44
      2.2.4 Ziele und Zielkonflikte 46
      2.2.5 Weitere Charakteristika 49
   2.3 Gesundheits- und Krankenpflegerinnen 52
   2.4 Neue Mitarbeitende 54
   2.5 Personaleinführung 56
      2.5.1 Begriffsexplikation 56

      2.5.2 Personalwirtschaftliche Verortung 59
  2.6 Organisationskultur 61
      2.6.1 Begriffsexplikation 63
      2.6.2 Diakonische Kultur 68
           2.6.2.1 Biblisch-theologische Grundannahmen 73
           2.6.2.2 Werte und Normen 75
           2.6.2.3 Sichtbare Symbole 77

3 Stand der Forschung 81
  3.1 Allgemeine Befunde zur Personaleinführung 81
      3.1.1 Inhaltsdimensionen und Ziele 82
      3.1.2 Phasenmodelle 85
      3.1.3 Modelle zu Einflussfaktoren 87
      3.1.4 Passung von Organisation und Person 89
      3.1.5 Rollenübernahme und Anpassung 91
  3.2 Befunde zu Gesundheits- und Krankenpflegerinnen und zu deren
      Personaleinführung 94
  3.3 Befunde zu diakonischer Identität und Kultur 97
  3.4 Zusammenfassung 100

4 Das phasenbezogene Rahmenmodell 103
  4.1 Begründung für die Auswahl 103
  4.2 Konzeption des Modells 104
      4.2.1 Antizipatorische Sozialisation der neuen Mitarbeitenden . . . 106
      4.2.2 Vorbereitungsphase 108
      4.2.3 Voreinstiegsphase 109
      4.2.4 Konfrontationsphase 112
      4.2.5 Eingliederungsphase 114
           4.2.5.1 Fachliche Einarbeitung 115
           4.2.5.2 Soziale Integration 117
           4.2.5.3 Kulturelle Einführung 119
      4.2.6 Evaluationsphase 122
  4.3 Zusammenfassender Überblick 123

5 Das einflussfaktorenbezogene Rahmenmodell 125
  5.1 Begründung und Konzeption 125
  5.2 Umweltbezogene Faktoren 126
      5.2.1 Politisch-rechtliche Rahmenbedingungen 127
      5.2.2 Ökonomische Rahmenbedingungen 128
      5.2.3 Gesellschaftliche Rahmenbedingungen 129

- 5.2.4 Technologische Rahmenbedingungen 130
- 5.3 Organisationsbezogene Faktoren 130
  - 5.3.1 Faktoren des organisatorischen Umfelds 131
  - 5.3.2 Konzeption mit Maßnahmen und Instrumenten 133
  - 5.3.3 Faktoren der Arbeit 134
- 5.4 Arbeitsgruppenbezogene Faktoren 135
  - 5.4.1 Kolleginnen 136
  - 5.4.2 Dienstvorgesetzte 137
  - 5.4.3 Arbeitsklima 138
- 5.5 Personenbezogene Faktoren 139
  - 5.5.1 Proaktives Verhalten 140
  - 5.5.2 Persönlichkeitsmerkmale 141
  - 5.5.3 Kenntnisse, Fähigkeiten und Fertigkeiten 141
  - 5.5.4 Motive und Motivation 142
  - 5.5.5 Einstellungen und Werte 142
  - 5.5.6 Affektive Dispositionen 143
  - 5.5.7 Demografische Faktoren 143
- 5.6 Zusammenfassender Überblick 143

- 6 Design und Prozess der Forschung 147
  - 6.1 Ziele der Studie und Basisdesign 148
  - 6.2 Auswahl der Erhebungsmethode 149
  - 6.3 Konzeption des Leitfadens 151
  - 6.4 Auswahl der Stichprobe 153
  - 6.5 Zugang zum Feld 156
  - 6.6 Durchführung und Transkription der Experteninterviews 158
  - 6.7 Auswahl und Anwendung der Auswertungsmethode 159
  - 6.8 Gütekriterien und kritische Reflexion 161

- 7 Ergebnisse der Forschung 167
  - 7.1 Beschreibung der Krankenhäuser und der Gesundheits- und Krankenpflegerinnen 167
  - 7.2 Inhaltliche Auswertung in Bezug auf die Einführungsziele 172
  - 7.3 Inhaltliche Auswertung mittels des phasenbezogenen Rahmenmodells 173
    - 7.3.1 Antizipatorische Sozialisation 173
    - 7.3.2 Vorbereitungsphase 173
    - 7.3.3 Voreinstiegsphase 175
    - 7.3.4 Konfrontationsphase 177
    - 7.3.5 Eingliederungsphase 178

7.3.5.1 Fachliche Einarbeitung 179
7.3.5.2 Soziale Integration 181
7.3.5.3 Kulturelle Einführung 182
7.4 Inhaltliche Auswertung mittels des einflussfaktorenbezogenen
Rahmenmodells 187
7.4.1 Umweltbezogene Faktoren 189
7.4.2 Organisationsbezogene Faktoren 189
7.4.2.1 Faktoren des organisatorischen Umfelds 190
7.4.2.2 Maßnahmen und Instrumente 193
7.4.2.3 Faktoren der Arbeit 195
7.4.3 Arbeitsgruppenbezogene Faktoren 197
7.4.3.1 Die Kolleginnen 197
7.4.3.2 Dienstvorgesetzte 198
7.4.3.3 Arbeitsklima 200
7.4.4 Personenbezogene Faktoren 200
7.4.4.1 Proaktives Verhalten 200
7.4.4.2 Persönlichkeitsmerkmale 202
7.4.4.3 Kenntnisse, Fähigkeiten und Fertigkeiten 203
7.4.4.4 Motive und Motivation 203
7.4.4.5 Einstellungen und Werte 203
7.4.4.6 Affektive Dispositionen 204
7.4.4.7 Demografische Faktoren 204
7.4.4.8 Erwartungen 204
7.5 Inhaltliche Auswertung zu Kündigungsgründen in der Einführung . 206
7.6 Evaluative Auswertung 207
7.6.1 Gesamtbewertung der Einführung 207
7.6.2 Bewertung wesentlicher Aspekte 209
7.6.3 Zusammenhangsanalyse 212

8 Diskussion der Ergebnisse 217
8.1 Einführungsziele 217
8.2 Das phasenbezogene Rahmenmodell 218
8.3 Das einflussfaktorenbezogene Rahmenmodell 219
8.4 Die phasen- und einflussfaktorenbezogene Gesamtmatrix 220
8.5 Phasenbezogene Schlüsselfaktoren 224
8.5.1 Voreinstiegsphase 224
8.5.2 Konfrontationsphase 226
8.5.3 Eingliederungsphase 227
8.5.3.1 Personelle Ressourcen 228
8.5.3.2 Fachliche Einarbeitung 230

8.5.3.3 Aufnahmekultur 231
8.5.3.4 Dienstvorgesetzte 233
8.5.3.5 Neue Mitarbeitende. 234
8.5.3.6 Anpassung an die Rollenerwartungen 235
8.6 Diakonisch-kulturelle Einführung 237

9 Fazit 245
9.1 Rahmenbedingungen und organisationale Spielräume 245
9.2 Empfehlungen für die Personaleinführung von Gesundheits- und Krankenpflegerinnen 248
9.3 Empfehlungen für eine diakonisch-kulturelle Einführung in Krankenhäusern in evangelischer und katholischer Trägerschaft . . 252
9.4 Kritische Würdigung und Implikationen für die Forschung 258

Literaturverzeichnis 261

Vorwort

»Pflexit« wäre beinahe das Wort des Jahres 2021 geworden. Das zeigt, wie dramatisch und einflussreich der massenhafte Auszug von Pflegekräften aus der Pflege als Reaktion auf die Überforderung des Gesundheitssystems durch die Coronapandemie wirkt.

Gerade angesichts des wachsenden Fachkräftemangels in der Pflege ist es umso bedeutsamer, die Pflegekräfte, die eine Stelle antreten, gut zu begleiten, so dass sie gern in ihrer neuen Stelle arbeiten und dort bleiben.

Die vorliegende Studie, die im Sommer 2021 als Dissertation am Institut für Diakoniewissenschaft und DiakonieManagement an der Kirchlichen Hochschule Wuppertal/Bethel angenommen wurde, widmet sich genau dieser Frage: Was trägt zum Gelingen von Einarbeitung, von »Onboarding« bei? Wie muss die Personaleinführung von Mitarbeitenden in der Gesundheits- und Krankenpflege gestaltet sein, damit die (oft mühsam gefundenen) Mitarbeitenden gut an ihrer neue Arbeitsstelle ankommen, sich in den Gepflogenheiten des neuen Arbeitsortes gut zurechtfinden und sich willkommen fühlen, so dass sie gern bleiben und nicht schnell einen Wechsel in Betracht ziehen?

Kathrin Sundermeier geht diesem Problem mit einer empirischen Untersuchung nach, die Einführungsprozesse in Krankenhäusern unterschiedlicher Trägerschaft in Nordrhein-Westfalen zum Gegenstand hat und dabei Pflegekräfte befragt, deren Einarbeitung zwischen 3 und 11 Monaten zurückliegt. Ihre Perspektive steht im Zentrum der Arbeit.

Dabei wird deutlich: Pflege ist ein Beziehungsberuf. Pflegekräfte wollen ihren Beruf ihrem Ethos gemäß gestalten können. Sie wollen an den individuellen Bedürfnissen ihrer Patient*innen ausgerichtet pflegen und sie wollen das in einem Netz von Beziehungen zu Kolleg*innen, Vorgesetzten und Ärzt*innen tun, in dem sie sich respektiert und unterstützt fühlen.

Deutlich wird auch: Personalverantwortliche können nicht allein die Strukturen und Bedingungen schaffen, die Pflegekräfte brauchen. Das Thema hat auch eine politische Seite, weil die auskömmliche Personaldecke, die es zur guten Begleitung von Einarbeitung und zu verantwortbaren Arbeitsbedingungen in

Kliniken braucht, finanziert werden muss. Und die Krankenhausfinanzierung muss durch die Politik neu geregelt werden.

Die Studie bietet eine gute Übersicht über relevante Elemente eines Personaleinführungsprozesses durch die Zusammenführung unterschiedlicher Theorien zur Personaleinführung als kritischer Phase der Personalwirtschaft. Dank der diakoniewissenschaftlichen Perspektive werden nicht nur fachliche und soziale Dimensionen beleuchtet, sondern auch die Frage nach der Inkulturation in die Werte und die Kultur des jeweiligen Krankenhauses reflektiert und in die Personaleinführung eingeflochten.

Kathrin Sundermeier arbeitet heraus, wie die Spannung zwischen ökonomischen (»es muss möglichst schnell möglichst gut funktionieren«) und sozialen Effizienzaspekten in der Personalwirtschaft aktiv gesteuert und möglichst ausgeglichen werden kann. Ausgleichende Wirkung haben z. B. Personalgespräche, die fachliches Feedback und persönliche Wertschätzung verbinden können, sowie kollegialer Rückhalt. Dabei kommt der Führungskraft eine besondere Bedeutung zu. Gelingt es ihr, durch Präsenz und Anleitung Sicherheit und Wertschätzung zu vermitteln, kann das andere Defizite ausgleichen. Die Bezahlung allein, auch das wird deutlich, ist nicht entscheidend für gelingende Personaleinführung.

Das Buch bietet eine Fülle konkreter Hinweise für Personalverantwortliche. Es ist aber auch für den wissenschaftlichen Diskurs um relevante Einflussfaktoren in der Personalwirtschaft bedeutsam und liefert wichtige Erkenntnisse zur Frage einer diakonischen Unternehmenskultur in Krankenhäusern in christlicher Trägerschaft.

Möge es dazu beitragen, dass Menschen weiterhin gut, gerne und wohlbehalten in der Pflege arbeiten können und wollen, weil die Arbeitsbedingungen so gestaltet sind, dass das möglich ist.

Kassel am zweiten Advent 2021   Prof. Dr. Beate Hofmann

Dank

Als ich im Oktober 2017 im PhD-Studiengang am Institut für Diakoniewissenschaft und DiakonieManagement der Kirchlichen Hochschule Wuppertal/Bethel gestartet bin, habe ich nicht im Entferntesten geahnt, wie drastisch sich die ganze Welt und im Besonderen die berufliche Situation meiner Zielgruppe, der Gesundheits- und Krankenpfleger*innen und in vielerlei Hinsicht auch meine eigene dienstliche und private Lebenswelt mit dem Jahr 2020 verändern würde.

Ich bin sehr dankbar, dass ich alle Vorgespräche, Pretests und die Interviews noch kurz vor dem Ausbruch der Covid19-Pandemie führen konnte. Das wäre einige Monate später sicher kaum noch möglich gewesen. So danke ich allen Personalleitungen und Pflegedirektionen für die Kooperation im Rahmen meiner Forschungsarbeit. Sie haben die Kontaktaufnahme zu den potentiellen Teilnehmenden ermöglicht. Zudem danke ich den Gesundheits- und Krankenpfleger*innen, die mich an ihren Erwartungen, Befürchtungen und Erfahrungen im Rahmen ihrer Personaleinführung teilhaben ließen. In manchen Gesprächen wurde deutlich, dass Einzelne im dienstlichen Kontext nicht danach gefragt worden sind und kritische Aspekte nicht von sich aus angesprochen haben. Ich wünsche dieser ausgesprochen systemrelevanten Berufsgruppe sehr, dass sie nun endlich mehr Einfluss gewinnt, um ihre Interessen nicht nur hinsichtlich der Personaleinführung durchzusetzen.

Zudem danke ich Prof. Dr. Beate Hofmann herzlich, die mich zu dieser Dissertation ermutigt hat, mich mit vielen Lehrinhalten in den Modulen wie in den Beratungen mit der Coachinggruppe angeregt hat und die mich auch nach dem Wechsel ins Amt der Bischöfin ausgesprochen verlässlich, freundlich und gleichzeitig kritisch als Doktormutter begleitet hat. Ich konnte sehr von ihrer Expertise als Diakoniewissenschaftlerin, Theologin und Empirikerin profitieren.

Ebenfalls herzlich danke ich Prof. Dr. Fred G. Becker, der mich ebenso verlässlich und freundlich mit fachlichen Nachfragen und seinen beharrlichen Hinweisen auf die Umfangbegrenzung des Theorieteils einer empirischen Arbeit und auf den Zeitplan sehr unterstützt hat, so dass ich dieses große Projekt begrenzen und vollenden konnte.

Großer Dank gilt meinem Arbeitgeber, den v. Bodelschwinghschen Stiftungen Bethel, und insbesondere Pastorin Dr. Johanna Will-Armstrong, die mich zu diesem Promotionsstudiengang ermutigt hat und Rahmenbedingungen geschaffen hat, dass ich ihn berufsbegleitend absolvieren konnte. Ebenso hat mich meine Dienstvorgesetzte Pastorin Jutta Beldermann von Anbeginn an und insbesondere in den schwierigen Phasen sehr unterstützt.

Außerdem danke ich ganz herzlich Christina Böddeker, Nicole Graeßner, Ursula Kampmann, Prof. Dr. Judith Schweppe, Ulrich Strüber und Andreas Voget für alle Hinweise, für das Korrekturlesen und für fachliche und emotionale Unterstützung in der Bewältigung der nicht zu unterschätzenden Anforderungen einer *interdisziplinären* Doktorarbeit.

Was ich abschließend zum Ausdruck bringen möchte, ist mehr als Dankbarkeit und mehr als ich in Worten formulieren kann. Als Mutter berufsbegleitend zu promovieren war eine enorme Herausforderung, die den Menschen, die ich am meisten liebe, viel Verzicht und Nachsicht abverlangt hat. Ihnen widme ich diese Arbeit. Meine Mutter Gertrud Sundermeier hat mich in vielem – nicht nur in Zeiten des Lockdowns, wo plötzlich täglich fünf Menschen bekocht und vielfältig umsorgt werden mussten – unglaublich entlastet. Meine Töchter Rebekka Sophie und Johanna Alea haben an zahlreichen Wochenenden Entbehrungen von gemeinsamer Familienzeit akzeptiert, wochenlanges homeschooling sehr selbstständig gemeistert und mich in unendlich vielen Momenten beglückt. Schließlich wären die ganzen Anforderungen der letzten Jahre niemals zu bewältigen gewesen ohne die Liebe, Aufmunterung, Geduld, Rückendeckung und Entlastung meines Partners Werner Arlabosse.

Bielefeld im November 2021　　　　　　　　　　　　　　　Kathrin Sundermeier

Abkürzungsverzeichnis

Abs.	Absatz
aktual.	aktualisiert
Aufl.	Auflage
DEKV	Deutscher Evangelischer Krankenhausverband e.V.
DRG	Diagnosis Related Group
e.V.	eingetragener Verein
EKD	Evangelische Kirche in Deutschland
erw.	erweitert
et al.	et alii
etc.	et cetera
ev.	evangelisch
GKPf	Gesundheits- und Krankenpfleger/-in
GKV	Gesetzliche Krankenversicherung
griech. Orth.	griechisch orthodox
Hg.	Herausgeber
IDM	Institut für Diakoniewissenschaft und DiakonieManagement
IT	Informationstechnologie
Kap.	Kapitel
kath.	katholisch
kom.	kommunal
KH	Krankenhaus
KHG	Krankenhausfinanzierungsgesetz
KHEntgG	Krankenhausentgeltgesetz
KrPflG	Krankenpflegegesetz
MAV	Mitarbeitervertretung
MDK	Medizinische Dienste der Krankenversicherungen
resp.	respektive
S.	Seite
SGB	Sozialgesetzbuch
SGMM	St. Galler Management-Modell
sog.	sogenannte
überarb.	überarbeitet

vgl. vergleiche
vollst. vollständig

Abbildungsverzeichnis

Abbildung 1:	Aufbau der Arbeit	32
Abbildung 2:	Vollkräfte im ärztlichen und nichtärztlichen Dienst im Vergleich	45
Abbildung 3:	Zentrale Aspekte der Personaleinführung im engeren Sinne	57
Abbildung 4:	Die Personaleinführung mit ihren drei Inhaltsdimensionen als Teilprozess der organisationalen Sozialisation	58
Abbildung 5:	Verortung der Personaleinführung	60
Abbildung 6:	Die Ebenen der Organisationskultur in Beziehung zueinander	66
Abbildung 7:	Grundmodell zu diakonischer Kultur	73
Abbildung 8:	Matching Individual and Organization	90
Abbildung 9:	Grundstruktur des phasenbezogenen Rahmenmodells	107
Abbildung 10:	Zusammenhang der Inhaltsdimensionen der Eingliederungsphase	119
Abbildung 11:	Erweitertes phasenbezogenes Rahmenmodell	124
Abbildung 12:	Grundstruktur des einflussfaktorenbezogenen Rahmenmodells	127
Abbildung 13:	Erweitertes einflussfaktorenbezogenes Rahmenmodell	144
Abbildung 14:	Empirische phasenbezogene Befunde	174
Abbildung 15:	Empirische einflussfaktorenbezogene Befunde	188
Abbildung 16:	Gesamtmatrix mit zentralen theoretischen und empirischen Befunden	221 f.
Abbildung 17:	Ineinanderwirken der drei Inhaltsdimensionen	243
Abbildung 18:	Die diakonisch-kulturelle Einführung als Erschließungs- und Reflexionsprozess	256

Tabellenverzeichnis

Tabelle 1:	Darstellung des Forschungsprozesses einer explorativen Studie entlang der Bezugsrahmen	28
Tabelle 2:	Biblisch-theologische Grundannahmen	74
Tabelle 3:	Personalwirtschaftliche Ziele der Einführung	84
Tabelle 4:	Übersicht zu Phasenmodellen	86
Tabelle 5:	Gegenüberstellung von drei Modellen zu Einflussfaktoren und Zielen	88f.
Tabelle 6:	Informationen zu den teilnehmenden Krankenhäusern	168
Tabelle 7:	Inhalte der Leitbilder	169
Tabelle 8:	Informationen zu den Interviewteilnehmenden	171
Tabelle 9:	Potentielle Kündigungsgründe	206f.
Tabelle 10:	Die Gesamtbewertung statistisch-tabellarisch	208f.
Tabelle 11:	Bewertungen wesentlicher Aspekte statistisch-tabellarisch	211
Tabelle 12:	Gegenüberstellung von Gesamtbewertung und Bewertungen wesentlicher Aspekte	213f.

1 Einführung

1.1 Forschungsanlass und Ziele der Arbeit

Die Personaleinführung von neuen Mitarbeitenden[1] kann sowohl aus deren Sicht wie aus der einer Organisation[2] als bedeutsamer Prozess angesehen werden, der in der Regel mit hohen Erwartungen verbunden ist.[3] Grundsätzlich gelten die ersten Tage, Wochen und Monate als kritische Zeit.[4] Das Beschäftigungsverhältnis ist noch labil. Die im Auswahlverfahren vom potentiellen Arbeitgeber in Aussicht gestellten Anreize müssen nun ebenso wie die erwartete Leistung und das Engagement der neuen Mitarbeitenden zur Geltung kommen.[5] Passen die organisationalen oder die individuellen Erwartungen und Interessen in nicht ausreichendem Maß zu dem, was mit dem Stellenantritt konkret erlebt bzw. umgesetzt wird, kann es zur Kündigung kommen.[6] Das ist in der Folge insbesondere für die Organisation mit erheblichen direkten wie indirekten Kosten verbunden.[7]

Aus organisationaler Sicht stellen solche Frühfluktuationen ein nochmals verschärftes Problem dar, wenn es um Arbeitsbereiche geht, in denen ein großer Fachkräftemangel herrscht, wie z. B. bei Gesundheits- und Krankenpflegerinnen.[8] Bereits deren Gewinnung – die hier als Teil der Einführung aufgefasst

---

1 Als Mitarbeitende werden im Folgenden Menschen bezeichnet, die in abhängiger Stellung z. B. innerhalb eines Krankenhauses arbeiten und in arbeitsteiliger Form Leistungen für dessen übergeordnete Ziele erbringen. Vgl. Scherm und Süß 2016, S. 4.
2 Im weiteren werden die Begriffe Organisation, Unternehmen und Einrichtung in Bezug auf Krankenhäuser synonym verwendet.
3 Vgl. beispielhaft Kieser et al. 1990, 58 ff.
4 Vgl. beispielhaft Kammeyer-Mueller und Wanberg 2003, S. 779.
5 Vgl. beispielhaft Berthel und Becker 2017, S. 431.
6 Vgl. beispielhaft Dincher und Mosters 2011, S. 49.
7 Vgl. beispielhaft Bröckermann 2014, S. 158.
8 Neben dieser offiziellen Berufsbezeichnung wird hier synonym der Begriff *Pflegefachkraft* genutzt. Nach dem Gesetz zur Reform der Pflegeberufe (Pflegeberufereformgesetz) vom 17.07. 2017 ist die zukünftige Berufsbezeichnung *Pflegefachfrau* bzw. *Pflegefachmann*. Vgl. Bundesgesetzblatt 2017. Da der überwiegende Teil dieser Fachkräfte weiblich ist, wird in dieser

wird[9] – stellt seit längerem[10] und auch zukünftig ein massives Problem für die Krankenhäuser in Deutschland dar.[11] 2019 waren im Jahresdurchschnitt 16.200 offene Stellen bei der Bundesagentur für Arbeit gemeldet.[12] »Bei den Fachkräften standen 2019 im Durchschnitt 100 gemeldeten Stellen 39 arbeitslose Krankenpflegefachkräfte gegenüber. 2014 waren es immerhin noch 80 Arbeitslose auf 100 Stellen.«[13] Diese Zahlen machen zum einen deutlich, dass es sich bei diesem Fachkräftemangel um eine Herausforderung handelt, die nicht einfach durch größeres Engagement der Krankenhäuser und deren Einsatz geeigneterer Maßnahmen der Personalgewinnung gelöst werden kann, sondern um ein gesamtgesellschaftliches Problem, das auf verschiedenen Ebenen angegangen werden muss.[14]

Zum zweiten verdeutlicht die Zahl der zu besetzenden Stellen, dass die Einführung dieser Pflegefachkräfte eine persistente Massenanforderung an Krankenhäuser darstellt. Zum dritten zeigt sie, dass die Krankenhäuser in massiver Konkurrenz zueinander stehen[15] und darüber hinaus auch noch zu Organisationen anderer Hilfefelder des Sozialmarktes.[16] Sie müssen große Anstrengungen unternehmen, um von potentiellen Bewerberinnen und auch von den dann jeweils Neueingestellten als besonders attraktiver Arbeitgeber wahrgenommen zu werden.[17] Es erscheint personalwirtschaftlich geboten, dies zum Kernanliegen einer unternehmerischen Arbeitsmarktstrategie zu machen.[18]

Arbeit das generische Femininum oder der im Plural gendernneutrale Terminus *Mitarbeitende* benutzt. Zum Zweck der Einheitlichkeit und der besseren Lesbarkeit wird auch bei der Erwähnung anderer Personengruppen wie den Patienten (m/w/d) und den Ärzten (m/w/d) das generische Femininum verwendet. Es sind aber stets Menschen aller Geschlechter gemeint.

9 Vgl. Kap 2.5.1 sowie Berthel und Becker 2017, S. 434.
10 In der Historie der Engpassberufe der Bundesagentur für Arbeit ist der Beruf der Gesundheits- und Krankenpflege bezogen auf die letzten Jahre kontinuierlich gelistet. Vgl. Bundesagentur für Arbeit 2019, S. 14.
11 Vgl. beispielhaft Isfort et al. 2018, S. 32. Zum zukünftigen Personalmangel gibt es unterschiedliche Prognosen. Eine Studie des Bundesministeriums für Wirtschaft und Energie prognostiziert, dass sich der Engpass in der Berufsgruppe 813 (Gesundheits-, Krankenpflege, Rettungsdienst, Geburtshilfe) bis 2030 nahezu verdreifachen wird. Vgl. Bundesministerium für Wirtschaft und Energie 2017, S. 17. Zur Internationalisierung des Wettbewerbs um Pflegefachkräfte vgl. Stremlau und Bartels 2012, 111 ff.
12 Vgl. Bundesagentur für Arbeit 2020, S. 14.
13 Bundesagentur für Arbeit 2020, S. 15.
14 Vgl. beispielhaft Prölß und van Loo 2017, S. 232.
15 In mehreren Veröffentlichungen wird auch von einem »war for talents« gesprochen. Vgl. beispielhaft für den Krankenhaussektor Baum 2013, S. 107 und grundsätzlich Michaels et al. 2009.
16 Vgl. Isfort et al. 2018, S. 30; Westerfellhaus et al. 2017, S. V.
17 Vgl. Baum 2013, S. 107; Haubrock 2012, S. 10; Schumacher 2012, S. 333.

Die Personaleinführung ist als bedeutsamer Teilaspekt des Personalmanagements anzusehen, der einerseits so zu gestalten ist, dass die – nicht nur in Zeiten einer COVID 19-Pandemie – dringend benötigten kompetenten Gesundheits- und Krankenpfle-gerinnen nicht nur eine Kommens-, sondern auch eine Bleibe- und eine Leistungsbereitschaft zeigen.[19] Um diese personalwirtschaftlichen Ziele erreichen zu können und über den Einsatz spezieller Maßnahmen und entsprechender Investitionen zu entscheiden, ist es unerlässlich, die Erwartungen und Interessen der Bewerberinnen und der neu gewonnen Mitarbeitenden in Bezug auf die Einführung zu kennen.[20] Dazu liegen jedoch für Deutschland bezogen auf diese Berufsgruppe bisher keine wissenschaftlichen Forschungsergebnisse vor.[21]

Die Personaleinführung ist zudem aus personalwirtschaftlicher Sicht als funktionaler Qualifizierungsprozess für die jeweilige Stelle sowie als gezielter Sozialisationsprozess in das Team und die Organisation zu gestalten.[22] Die neuen Mitarbeitenden sollen demnach durch entsprechende Konzepte und Maßnahmen erlernen, die jeweiligen Aufgaben gemäß der fachlichen Standards, der gesetzlichen und der krankenhausspezifischen Vorgaben zu erfüllen. Auch diesbezüglich ist davon auszugehen, dass recht neu eingestellte[23] Gesundheits- und Krankenpflegerinnen über bislang kaum erforschtes »Expertenwissen« darüber verfügen, welches geeignete Maßnahmen und zentrale Einflussfaktoren dafür sind, dass sie die organisational angestrebten Ergebnisse bzw. (Lern-) Ziele erreichen.

Schließlich müssen die neuen Mitarbeitenden auch die jeweilige Kultur mit ihren zentralen Werten, Normen, Deutungs- und Verhaltensmustern kennenlernen und sich diese (zumindest partiell) aneignen.[24] Eine sukzessive (gegenseitige) Annäherung bzw. eine Übereinstimmung zwischen Werthaltungen der

---

18 Vgl. beispielhaft Scholz 2000, S. 401. Zu Markenbildung, Employer Branding und Strategischem Marketing im Krankenhaus vgl. Hoffmann 2016; Prölß et al. 2017; Stoffers 2016; Stritzke 2010, 41 ff.
19 Dies gilt branchenübergreifend für die Personaleinführung. Vgl. beispielhaft Bröckermann 2014, S. 159.
20 Vgl. Marr et al. 1979, S. 72. Ein weiteres Argument zur Erforschung von Bedürfnissen und Interessen von Mitarbeitenden ist mit dem Anliegen der »Humanisierung der Arbeit« verknüpft. Es zielt auf die Berücksichtigung dieser Bedürfnisse bei der Arbeitsgestaltung. Vgl. beispielhaft Nitsch 1990, S. 13; Scholz 2000, 609 f.
21 Zum Forschungsstand vgl. Kap. 3.1 und 3.2.
22 Vgl. Berthel und Becker 2017, S. 430.
23 Damit sind Fachkräfte gemeint, die bereits mindestens drei Monate, aber noch nicht länger als elf Monate eingestellt sind. Vgl. Kap. 6.4.
24 Vgl. Kieser et al. 1990, S. 3.

Mitarbeitenden und der Unternehmenskultur kann nach verschiedenen Autoren deren Identifikation, Zufriedenheit sowie eine langfristige Bindung befördern[25]

Für Einrichtungen in evangelischer und katholischer Trägerschaft[26] können die Vermittlung von normativen biblisch-theologischen Grundannahmen und christlicher Sinndeutung sowie die reflexive Auseinandersetzung über damit verknüpfte Werte und Verhaltensweisen (nicht nur) im Rahmen der Einführung aufgrund ihres trägerspezifischen Zwecks und Selbstverständnisses einen besonderen Stellenwert haben.[27] Auch ihre Bindung an die Katholische oder Evangelische Kirche[28] legt eine solche diakonisch-kulturelle Inhaltsdimension[29] nahe. So haben die Anstellungsträger nach der *Richtlinie des Rates über kirchliche Anforderungen der beruflichen Mitarbeit in der Evangelischen Kirche in Deutschland und ihrer Diakonie* (EKD-Richtlinie) ebenso wie nach der *Erklärung der deutschen Bischöfe zum kirchlichen Dienst* die Aufgabe, die Mitarbeitenden mit den christlichen Grundsätzen ihrer Arbeit vertraut zu machen.[30] Die Mitarbeitenden ihrerseits sollen die christliche Prägung der Einrichtung achten, die dadurch an sie gerichteten Verhaltenserwartungen verbindlich anerkennen und in ihrem Aufgabenbereich Mitverantwortung für die glaubwürdige Erfüllung diakonischer Aufgaben übernehmen bzw. die ihnen übertragenden Aufgaben im Sinne der Kirche erfüllen.[31]

In der personalwirtschaftlichen Literatur zur Personaleinführung wird eine solche kulturelle Inhaltsdimension z. T. nur am Rande behandelt. In diakonie-

---

25 Vgl. Bauer und Erdogan 2011, 57ff.; Chatman 1991, S. 477; Mess 2007, S. 2 mit Verweis auf Haueter et al. 2003; Jones 1983 und Klein und Weaver 2000.
26 Im weiteren werden die Begriffe *Einrichtungen in evangelischer und katholischer Trägerschaft, diakonische und caritative Einrichtungen* sowie *Unternehmen der Diakonie* und *der Caritas* synonym verwendet.
27 Vgl. Kap. 2.6.2.
28 Diese Bindung wird z. B. in der Satzung des Verbands Evangelischer Krankenhäuser Rheinland/Westfalen/Lippe e. V. in der Formulierung zum Ausdruck gebracht, dass sich die zugehörigen Krankenhäuser als »Wesens- und Lebensäußerung der Kirche« verstehen. Vgl. Verband Evangelischer Krankenhäuser Rheinland/Westfalen/Lippe e.V. 2018, S. 1.
29 Dieser Terminus wird in Kap. 2.6.2 und Kap. 4.2.5.3 erläutert. Er bezieht sich gleichermaßen auf Einrichtungen in *katholischer* wie in *evangelischer* Trägerschaft. Ebenso sind Begriffe wie *diakonisch, das Diakonische* oder *Diakonizität* im Rahmen dieser Arbeit nicht nur auf Krankenhäuser in *evangelischer*, sondern in *konfessioneller Trägerschaft* bezogen. Beispielhaft sei auf den katholischen Theologen Haslinger verwiesen, der den Terminus *Diakonie* ebenfalls als konfessionsübergreifenden Leitbegriff für die soziale Arbeit verwendet. Vgl. Haslinger 2009, S. 9.
30 Vgl. § 2 (3) der *Richtlinie des Rates über kirchliche Anforderungen der beruflichen Mitarbeit in der Evangelischen Kirche in Deutschland und ihrer Diakonie*; Evangelische Kirche in Deutschland 2016; Sekretariat der Deutschen Bischofskonferenz (Hg.) 2015, S. 18.
31 Vgl. § 2 (1) der *Richtlinie des Rates über kirchliche Anforderungen der beruflichen Mitarbeit in der Evangelischen Kirche in Deutschland und ihrer Diakonie*, Evangelische Kirche in Deutschland 2016; Artikel 4 der *Grundordnung des kirchlichen Dienstes im Rahmen kirchlicher Arbeitsverhältnisse*, Deutsche Bischofskonferenz 2015.

wissenschaftlichen Veröffentlichungen werden unterschiedliche Zugänge zum Phänomen einer »diakonischen Kultur« verhandelt, das Thema der Einführung neuer Mitarbeitender wird jedoch in der Regel nur kurz erwähnt und als bedeutsam bewertet. Somit liegen diesbezüglich kaum interdisziplinäre Konzepte oder Modelle vor, die die Expertise von Theologie und Personalwirtschaft zusammenbringen.

Daran anschließend stellt sich die Frage, ob in der Einführungspraxis in Krankenhäusern in evangelischer und katholischer Trägerschaft ebenfalls eine inhaltlich-konzeptionelle »Lücke« vorzufinden ist. Interessant erscheint hier insbesondere die Wahrnehmung der neuen Mitarbeitenden dazu, welche Rolle die christliche Ausrichtung und eine diakonisch-kulturelle Inhaltsdimensionen aus ihrer Sicht in ihrer Einführung spielt und ob sie sich z. B. auf ihre Kommens- und Bleibebereitschaft auswirkt.

Neben den genannten personalwirtschaftlichen und diakoniewissenschaftlichen Interessen an der Perspektive von neuen Mitarbeitenden kommt deren Sicht, deren Erwartungen und Bedürfnissen nach hier vertretener Position um ihrer selbst willen Bedeutung zu. Das vorliegende Forschungsinteresse gründet neben allen dargestellten zweckgerichteten Beweggründen vor allem auch darin.

Zusammenfassend lässt sich festhalten:
- Das Gelingen der Personaleinführung von Gesundheits- und Krankenpflegerinnen ist aus verschiedenen Gründen von besonderer Bedeutung für die Krankenhäuser.
- Die Kenntnis der Erwartungen und Interessen von Bewerberinnen und neu eingestellten Mitarbeitenden hinsichtlich der Einführung und die aus ihrer Sicht bedeutsamen Einflussfaktoren erscheinen ebenso wie deren Berücksichtigung in Konzeptionen und praktischer Umsetzung aus mehreren Gründen geboten.
- Der interdisziplinäre Diskurs von Theologie und Personalwirtschaft liefert bislang wenig theoretische und konzeptionelle Impulse für eine diakonisch-kulturelle Personaleinführung in konfessionellen Einrichtungen.
- Die Wahrnehmung einer diakonisch-kulturellen Inhaltsdimension in der Personaleinführung in Krankenhäusern in evangelischer sowie in katholischer Trägerschaft aus Sicht von neu eingestellten Gesundheits- und Krankenpflegerinnen stellt ein bisher wissenschaftlich unerforschtes Feld dar.

Daraus werden folgende konkrete Forschungsziele abgeleitet:

Es soll erforscht werden, was aus Sicht von recht neu eingestellten Gesundheits- und Krankenpflegerinnen bezogen auf ihre Einführung im jeweiligen Krankenhaus *wesentlich* erscheint und welche *Einflussfaktoren* von zentraler Bedeutung sind.

Mit letzterem richtet sich der Fokus auf konkrete Determinanten, die die Personaleinführung positiv oder negativ beeinflussen. Mit ersterem soll erforscht werden, worauf die Befragten inhaltlich und im prozessualen Verlauf Wert legen. Der Fokus richtet sich damit auf die Erwartungen wie auf die Reflexion des Erlebten und bezieht sowohl kognitive als auch affektive Dimensionen ein. So sollen wesentliche Elemente erfasst werden, die bedeutsam sind für einen gelingenden Einführungsprozess. Daraus lassen sich Impulse für die Gestaltung eines Personalmanagements ableiten, das die Interessen der neuen Mitarbeitenden systematisch einbezieht.[32]

Ein spezifisches diakoniewissenschaftliches Erkenntnisinteresse richtet sich auf die Frage, ob bzw. inwiefern die neuen Gesundheits- und Krankenpflegerinnen aufgrund der Trägerschaft »unternehmenskultursensible« Elemente in der Einführung und in der Organisation erkennen bzw. erleben und wie sie die implizite oder explizite Vermittlung einer Werteorientierung bzw. (diakonisch-)kultureller Aspekte wahrnehmen. Außerdem soll untersucht werden, ob die Trägerschaft Auswirkungen auf die Kommensbereitschaft hat und was die neuen Mitarbeitenden selbst im Arbeitskontext normativ für bedeutsam halten. Bezüglich dieser Aspekte können die Mitarbeitenden aus öffentlich-rechtlichen Krankenhäusern eine interessante Vergleichsgruppe sein.

Mithilfe des gewählten interdisziplinären Zugangs[33] möchte diese Arbeit allgemeine Empfehlungen zur Weiterentwicklung personalwirtschaftlich gängiger Modelle und Konzepte geben sowie spezielle Empfehlungen, um darin die christliche Ausrichtung und diakonische Kultur als inhaltliche Dimension zu integrieren und erlebbar zu machen. Es gibt nach hier vertretener Position nicht nur einen praktischen Bedarf, und diesen auch nicht nur angesichts einer religiös bzw. weltanschaulich pluralen Mitarbeiterschaft.[34] Mit dieser Positionierung soll auch ein entsprechender interdisziplinär geführter diakoniewissenschaftlicher Diskurs weiter befördert werden.

---

32 Wünschenswert wäre, dass die Erkenntnisse auch für andere Berufsgruppen sowie für andere Einrichtungen des Sozialwesens insbesondere von Caritas und Diakonie (ggf. modifiziert) genutzt werden (können).
33 Vgl. Kap. 2.1. Ein solcher Zugang wird von Benad et al. am Institut für Diakoniewissenschaft und DiakonieManagement (IDM) wie folgt charakterisiert: »Interdisziplinäre Diakoniewissenschaft (...) geht vom Gegenstand aus über die Reflexion zurück in die Praxis. Sie geht gleichzeitig kritisch vom Stand der theoretischen Forschung aus über praktische Erfahrung zurück in Fokussierung des Gegenstandes und in (kreative) Konzeptentwicklung. Anwendungsorientierte Wissenschaft bewegt sich zwischen den relevanten Basiswissenschaften und den realen Problemlagen.« Benad et al. 2015b, S. 22.
34 Vgl. Kap. 2.6.2.

1.2 Forschungsmethodologie

Ausgehend von den genannten Prämissen und Forschungszielen wird im Folgenden die Forschungsmethodologie[35] als grundsätzliche Vorgehensweise des gesamten Forschungsprojektes dargestellt.

In diesem Fall wird aus folgenden Gründen die *explorative qualitative Studie mittels Bezugsrahmen* gewählt:

Die *explorative Forschung* eignet sich besonders, da sie sich mit der kreativen, aber dennoch systematisierten Erfassung, Strukturierung, Präzisierung und Erklärung von vorher weitgehend unbearbeiteten Problemen und Phänomenen beschäftigt.[36] Sie zeichnet sich durch einen weiten Blickwinkel aus, der im Verlauf der Studie fortschreitend zugespitzt wird.[37] Zudem lässt sie eine Methodenvielfalt sowohl bezogen auf die Erhebungs- wie auf die Auswertungsmethoden zu.[38]

Mit der *qualitativen* Herangehensweise kann das Anliegen verfolgt werden, den Prozess der Personaleinführung subjektorientiert und offen zu erforschen und die Sicht der neuen Mitarbeitenden darauf zu rekonstruieren und zu beschreiben.[39] Qualitative Forschung ist nach Flick häufig »näher dran« als andere Forschungsstrategien, und mit ihren Methoden wird oftmals ein wesentlich konkreteres und plastischeres Bild davon deutlich, was z. B. wesentliche Aspekte in einem Prozess aus der Perspektive der Betroffenen sind.[40]

Bezugsrahmen sind ein Hilfsmittel der Forschung, um zunächst einen sinnvollen Anfang der explorativen Forschungsarbeit durch versuchsweise Annahmen zu ermöglichen und um schließlich die Ergebnisse darzustellen.[41]

Die explorative Studie kann durch die sorgfältige Entwicklung von Bezugsrahmen systematisch erarbeitet, durchgeführt und intersubjektiv nachvollzogen werden.[42] Becker u. a. differenzieren unterschiedliche, dennoch aufeinander bezogene Bezugsrahmen, wovon hier zum einen der *Forschungsrahmen* und zum anderen der *Erklärungsrahmen* zur Anwendung kommen sollen.[43] Ersterer liegt dem empirischen Forschungsprojekt selbstkonzipiert als erste Stufe der Hypo-

---

35 Vgl. Becker 2006, S. 296. Andere Autoren wie *Gläser und Laudel* definieren Methodologie als »die Lehre von den Methoden, die Auskunft darüber gibt, wie man den interessierenden Weltausschnitt erforschen kann, d.h., welche Schritte gegangen werden müssen und wie die Schritte gegangen werden sollten.« Gläser und Laudel 2010, S. 29.
36 Vgl. Becker 2006, S. 286 mit Verweis auf Wollnick 1977, S. 43.
37 Vgl. Lamnek und Krell 2010, S. 23.
38 Vgl. Becker 2006, S. 288; Lamnek und Krell 2010, S. 23. Die Wahl der konkreten Methoden und die Begründung wird in Kap. 6 dargelegt.
39 Vgl. Flick et al. 2013b, S. 14.
40 Vgl. Flick et al. 2013b, S. 17.
41 Vgl. Becker 2006, S. 289.
42 Vgl. Becker 2006, S. 290.
43 Vgl. Becker 2006, 290ff. mit Verweis auf Grochla 1978, Kirsch 1977 und 1984 sowie Kubicek 1975. Als einen dritten Bezugsrahmen stellt Becker den Entscheidungsrahmen dar.

thesen- und Theorieentwicklung als Orientierungshilfe zugrunde und hat eine heuristische Funktion. Letzterer stellt das Ergebnis des Forschungsprojektes dar und dient als Deskriptions- und Erklärungsmuster.[44] Die beiden Bezugsrahmen strukturieren den Forschungsprozess wie die vorliegende Arbeit.

In Tabelle 1 wird der Forschungsprozess mit seinen Forschungsepisoden entlang der Bezugsrahmen allgemein und mit den nachfolgenden Ausführungen im Konkreten dargestellt.

Bezugsrahmen	Forschungsepisoden	Aktivitäten	Methoden	Probleme/Grenzen
(1) Forschungsrahmen	Entwicklungsphase	– Darlegung des Vorverständnisses – Entwicklung von Grundbegriffen – Problemspezifikation – Erstellung von Arbeitshypothesen	– Intuition, Kreativität – Gespräche – Literaturlektüre – Auswertung sekundärer Daten – Infragestellen	– Nichtthematisierung des Vorverständnisses – Fantasie – Akzeptanz – Subjektivität
	Erprobungsphase	– Modifikation – Methodentest – Inhaltliche Überprüfung – Erprobung	– Pretests – Experteninterviews	– Einzelaussagen – Wahl der Experten
	Forschungsmethodik	– Auswahl Untersuchungsverfahren und -design – Erhebungs- und Auswertungsmethodik – Auswahl der Untersuchungseinheiten	– Interviews – Fragebögen – Beobachtung u. a.	– Adäquatheit der Methoden zum Forschungsinteresse – Samplewahl
	Anwendungsphase	– Modifikation – Einsatz des Erhebungsinstruments		– Qualität des Instruments – Qualifikation
(2) Erklärungsrahmen	Auswertungsphase	– Problembeschreibung – Problemerklärung – Aufstellen von Forschungshypothesen	– Qualitative Inhaltsanalyse – Interpretation	– Kleines Sample – Vage Aussagen – Begrenzte Aussagefähigkeit – Subjektivität

Tabelle 1: Darstellung des Forschungsprozesses einer explorativen Studie entlang der Bezugsrahmen. In enger Anlehnung an Becker 2006, S. 301.

Die Generierung des *Forschungsrahmens* dient der theoretischen Strukturierung des Forschungsfeldes.[45] In der *Entwicklungsphase* wird zunächst das theoretische Vorverständnis über das Forschungsobjekt erarbeitet. »Diese intensive Beschäftigung mit der Erarbeitung eines Forschungsrahmens verhindert, ›blind‹ das Forschungsobjekt zu erheben bzw. sich weitgehend unreflektiert dem Objekt zu nähern.«[46] Anhand einer ausführlichen und systematischen Analyse der wissenschaftlichen Fachliteratur wird das Vorverständnis für das Forschungsfeld mit seinen relevanten Elementen und Zusammenhängen entwickelt und trans-

---

44 Vgl. Becker 2006, S. 290.
45 Vgl. auch im Folgenden Becker 2006, 290 ff.
46 Becker 2006, S. 292.

parent gemacht. Zur Entwicklung des Forschungsrahmens werden außerdem bisherige empirische Befunde und theoretische Konzepte und Modelle aus verschiedenen Disziplinen auf für den Forschungsgegenstand relevante Erkenntnisse hin analysiert. Im konkreten Fall fokussieren diese häufig die Perspektive der Organisation auf die Personaleinführung resp. die organisational relevanten Inhalte, Instrumente, Ziele und/oder Phasen. Wenngleich mit dieser Studie der Fokus auf die Perspektive der neuen Mitarbeitenden gerichtet wird, bieten auch Erkenntnisse zur organisationalen Perspektive zunächst einen fundierten, wenngleich hypothetischen Ausgangspunkt für die explorative Studie.

In der Entwicklungsphase des Forschungsrahmens können zudem z. B. Rahmenmodelle konzipiert werden, die der anschließenden Forschung als Arbeitshypothesen dienen. Im Konkreten werden hier zwei Rahmenmodelle entwickelt, die verschiedene Aspekte der Personaleinführung betonen. Das phasenbezogene Rahmenmodell strukturiert den Einführungsprozess zunächst in seinem chronologischen Verlauf. Darüberhinaus lassen sich damit bedeutsam erscheinende Inhaltsdimensionen und weitere *potentiell* wesentliche Elemente skizzieren. Mit dem zweiten, einflussfaktorenbezogenen Rahmenmodell werden auf vier verschiedenen Ebenen *potentielle* Determinanten[47] für eine erfolgreiche zielorientierte Einführung expliziert.

Der Inhalt des Forschungsrahmens resp. die beiden Rahmenmodelle geben die Leitlinie für die empirische Erhebung vor.[48]

In der *Erprobungsphase* wird der entwickelte Forschungsrahmen qualitativ hinsichtlich der Vorgehensweise, der Verständlichkeit, der Präzision und Konsistenz seiner Elemente (z. B. der Rahmenmodelle) in Gesprächen mit Expertinnen zur Diskussion gestellt und kritisch geprüft.[49] Im Konkreten sind dies hier Expertinnen aus dem Krankenhaussektor und aus der Wissenschaft (im Rahmen des PhD-Studiengangs am Institut für Diakoniewissenschaft und DiakonieManagement). Die potentiellen Erhebungsmethoden und -instrumente werden in einer Pilotstudie mit mehreren Pretests erprobt, ggf. modifiziert oder verworfen und erneut getestet.[50]

Im Anschluss an die Erprobungsphase erfolgt die *Festlegung des Forschungsdesigns* (synonym: Forschungsmethodik).[51] Die Entscheidungen zur Wahl von Basisdesign, Erhebungs- und Auswertungsmethode und Stichprobe sind ebenso

---

47 Die Begriffe Einflussfaktoren und Determinanten werden hier synonym verwandt. Sie können ihre Wirkung als Konsequenz aber auch als Antezedenz entfalten. Vgl. Fröhlich 2010, S. 189.
48 Vgl. Becker 2006, S. 294.
49 Vgl. Becker 2006, S. 295.
50 Vgl. Becker 2006, S. 296.
51 Vgl. Becker 2006, 296f. Die Wahl der Forschungsmethodik wird in Kap. 6 begründet dargelegt.

wie die Erhebung selbst nicht mehr Bestandteil des Forschungsrahmens, sondern folgen ihm.[52]

In der *Anwendungsphase* wird durch Anwendung des gewählten Erhebungsinstruments – hier durch leitfadengestützte Interviews mit neu eingestellten Gesundheits- und Krankenpflegerinnen – das empirische Datenmaterial generiert.

Es schließt sich der *Erklärungsrahmen* mit der *Auswertungsphase* an, der stufenweise entwickelt wird.[53] Zunächst werden die Ergebnisse entlang der im Forschungsrahmen entwickelten Systematik (hier anhand von zwei Rahmenmodellen) deskriptiv dargestellt. Es folgt der Abgleich der ermittelten Sichtweisen der Studienteilnehmenden mit den Erkenntnissen des Forschungsrahmens und die Interpretation und Diskussion der herausstechenden Ergebnisse.

> »Das heuristische Potential eines Forschungsrahmens wird dann völlig ausgenutzt, wenn im Erklärungsrahmen Antworten auf die Fragen nicht bloß wiedergegeben werden, sondern weiter hinterfragt und über die Daten hinaus Antworten (Spekulationen) transzendiert werden.«[54]

1.3 Aufbau der Arbeit

Nachdem zunächst Forschungsanlass und Ziele expliziert worden sind (1.1), erfolgte bereits die Erläuterung der Methodologie (1.2) als Ausgangspunkt für den nun darzustellenden Gang der Arbeit. Abbildung 1 (S. 32) bietet einen zusammenfassenden Überblick.

In Kapitel zwei bis fünf wird der *Forschungsrahmen* der explorativen Studie systematisch entwickelt.

Im zweiten Kapitel werden zunächst die Grundannahmen der zentralen Bezugsdisziplinen im Kontext einer interdisziplinären Diakoniewissenschaft vorgestellt und in Beziehung gesetzt (2.1). Desweiteren werden die für das Forschungsprojekt relevanten Gegenstände Krankenhäuser in Deutschland (2.2), Gesundheits- und Krankenpflegerinnen (2.3), Neue Mitarbeitende (2.4), Personaleinführung (2.5) und Organisationskultur (2.6) erläutert.

Im Kapitel drei werden die für das Forschungsinteresse relevanten Ergebnisse einer Analyse vorliegender empirischer Befunde und theoretischer Konzepte und Modelle vorgestellt. Zunächst sind dies Erkenntnisse zur Personaleinführung und zur organisationalen Sozialisation allgemein (3.1), dann speziell zur Ein-

---

52 Vgl. Becker 2006, S. 296.
53 Vgl. Becker 2006, 297 ff. mit Verweis auf Wollnik 1977, 45 f.
54 Becker 2006, S. 298.

führung von Gesundheits- und Krankenpflegerinnen im internationalen Kontext (3.2) und schließlich zur diakonischen Kultur und Identität (3.3).

Es folgt in Kapitel vier die Konzeption des *ersten, phasenbezogenen Rahmenmodells* als Modifikation von in der Literatur vorliegenden Phasenmodellen.

Im fünften Kapitel wird das zweite Rahmenmodell expliziert, mit dem *potentielle* Einflussfaktoren der Personaleinführung in vier Hauptkategorien sowie weiteren Unterkategorien systematisch erfasst und jeweils kurz erläutert werden.

Auf Grundlage dieses Forschungsrahmens werden zu Beginn des sechsten Kapitels die Ziele der Studie benannt und daraus folgend ein angemessenes Basisdesign (6.1) und zielführende Erhebungsmethoden (6.2) ausgewählt. Es folgen Informationen zur Konzeption des Leitfadens und zu dessen Erprobung in Pretests (6.3), zum Sample (6.4) und zum Feldzugang (6.5). Anschließend wird die Datengewinnung und -aufbereitung (6.6) ebenso wie das Vorgehen bei der Datenauswertung erörtert (6.7). Abschließend wird das Vorgehen auch im Hinblick auf zentrale Gütekriterien kritisch reflektiert.

Es folgt die Entfaltung des *Erklärungsrahmens* als zweitem gewählten Bezugsrahmen der explorativen Studie in Kapitel 7 und 8. Zunächst werden die empirischen Ergebnisse in enger Anlehnung an den Forschungsrahmen zusammengefasst dargestellt (Kap. 7). Anschließend werden sie getrennt davon in Kapitel 8 diskutiert.

Das neunte Kapitel wird mit einem zusammenfassenden Fazit zu externen und internen Rahmenbedingungen eingeleitet, welche der Personaleinführung und den organisationalen Entscheidungen dazu zugrundeliegen (9.1). Anschließend werden aus der Studie abgeleitete allgemeine Empfehlungen für eine mitarbeiterorientierte Personaleinführung (9.2) sowie für die Gestaltung einer diakonisch-kulturellen Einführung in konfessionellen Krankenhäusern (und ggf. auch in anderen Einrichtungen christlicher Trägerschaft) gegeben (9.3). Die Arbeit endet mit einer kritischen Würdigung und einem kurzen Ausblick auf mögliche anschließende Forschungen (9.4).

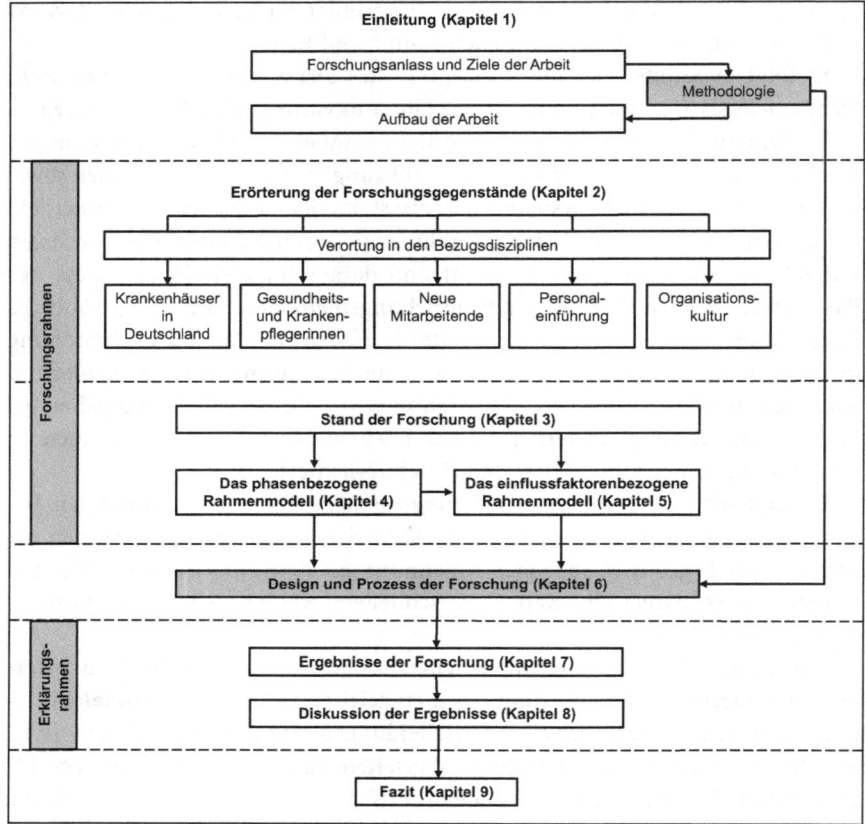

Abbildung 1: Aufbau der Arbeit.

2 Erörterung der Forschungsgegenstände

In diesem Kapitel werden die Gegenstände erörtert, die für diese Arbeit grundlegend sind. Aufgrund der interdisziplinär verstandenen diakoniewissenschaftlichen Bearbeitung des Themas erfolgt zunächst die Verortung in den beiden gewählten Hauptbezugsdisziplinen mit ihren zentralen Grundannahmen, um das theoretische Vorverständnis transparent und intersubjektiv nachvollziehbar zu machen.

2.1 Verortung in den Bezugsdisziplinen

Grundsätzlich liegt der (diakonie-)wissenschaftliche Beitrag dieser Arbeit in der interdisziplinären Bearbeitung und Erforschung eines Themas, das vor allem in der Personalwirtschaftslehre bzw. dem Personalmanagement als angewandte wissenschaftliche Teildisziplin der Betriebswirtschaftslehre[55] verortet ist. Die zweite Bezugsdisziplin ist die Theologie. Ihr kommt die Funktion zu, betriebswirtschaftliche Prämissen kritisch zu reflektieren, normative Grundannahmen einer christlichen Ausrichtung und diakonischen Kultur von Krankenhäusern in konfessioneller Trägerschaft aufzuzeigen sowie die vorfindlichen Dimensionen und Ausprägungen einer diakonischen Kultur theologisch zu rekonstruieren und zu reflektieren.

Beide Disziplinen werden nun – entsprechend des interdisziplinären Anspruchs[56] – zunächst mit ihren hier relevanten Grundannahmen expliziert und aufeinander bezogen. Daraus soll eine spezielle normative Grundlegung entwi-

---

55 *Berthel und Becker* vertreten die Meinung, dieser Teildisziplin fehle eine »einheitliche theoretische Fundierung, welche hierzu die verschiedenen Forschungs- wie Praxisfragen integriert und aus einer Sicht betrachtet (…). Ausgangspunkt der wissenschaftlichen Betrachtung sind weniger die Theorie, als die Probleme der Personalpraxis.« Berthel und Becker 2017, S. 25.
56 Dieser Anspruch wird für Arbeiten am Institut für Diakoniewissenschaft und DiakonieManagement (IDM) mit mehreren Beiträgen beschrieben in Benad et al. 2015a.

ckelt werden, die für das Personalmanagement in Einrichtungen in katholischer und evangelischer Trägerschaft geeignet erscheint und die die Basis für die im Rahmen dieser Arbeit geplanten empirischen Forschung und für mögliche Handlungsempfehlungen darstellt.

2.1.1 Grundannahmen des Personalmanagements

Im Personalmanagement als angewandte wissenschaftliche Teildisziplin der Betriebswirtschaftslehre teilen nahezu alle Theorien und Modelle die normative Grundannahme, dass Mitarbeitende ein *Mittel zur Erreichung der betrieblichen Ziele* sind, also in einer *Zweck-Mittel-Relation* stehen.[57] Einige Autoren betonen diesbezüglich, dass sie aufgrund ethischer, kognitiver und motivationaler Überlegungen ein *besonderes Mittel* sind.[58]

Stiefel vertritt die Position, dass insbesondere *neue Mitarbeitende* ein *Mittel zur Innovation* für die jeweilige Organisation sein können. Ihren Erfahrungen und Ideen kommt somit Interesse und Wertschätzung zu, sofern sie innovativ sind bzw. Verbesserung bewirken.[59]

Nach dem *Strategischen Human Ressource Management-Ansatz*[60] stellen die Mitarbeitenden ein Mittel und ein strategisches Erfolgspotential dar und somit eine strategisch zu sichernde Ressource.[61] Grundsätzlich hängt die Dienstleistung, ihre Qualität und damit verbunden die Zufriedenheit der Kundinnen (hier Patientinnen) entscheidend von der Qualifikation und Motivation der Mitarbeitenden sowie von der unmittelbaren sozialen Interaktion zwischen Mitarbeitenden und Kundinnen (hier Patientinnen) ab.[62] Die eingangs dargestellte und auch prognostiziert zunehmende Knappheit dieser menschlichen Ressource erhöht deren Bedeutung und Wert deutlich.[63] Nach Merk »gehört zum Human Ressource Management im Besonderen eine integrierte Mitarbeiterorientierung, d.h. eine Betrachtung des Mitarbeiters als internen Kunden.«[64]

---

57 Vgl. Becker 2011, S. 199 mit Verweis auf Neuberger 1990, Rickmann 1990 und Wächter 1990; Berthel und Becker 2017, 8f. Je nach Blickwinkel der Betrachtung erscheinen Mitarbeitende in der Personalwirtschaft als Produktions- oder Kostenfaktor oder sozialer Faktor. Vgl. Dincher 2014, 1ff.
58 Vgl. Becker 2011, S. 199; Dincher 2014, 7f.
59 Vgl. Stiefel 1979, S. 12.
60 Zum Michigan-Konzept des Strategic Human Resource Managements und zum Havard-Konzept des Human Resource Managements vgl. beispielhaft Berthel und Becker 2017, 775f.
61 Vgl. Merk 2008, S. 46; Oechsler 2006, S. 2.
62 Vgl. Arnold und Oswald 2017, S. 708; Haas 2010, S. 358.
63 Vgl. Behrends et al. 2015, S. 37 mit Verweis auf Porter 1996.
64 Merk 2008, S. 46 mit Verweis auf Gonschorrek 1997, Müller, 1999, Haubrock 2004, Lüthy und Schmiemann 2004, Kahlert und Werner 2005, Oechsler 2006.

Mit dem Anliegen, das Personal als Mittel möglichst effizient einzusetzen, nimmt die *Anreiz-Beitrag-Theorie* die Motive und Interessen von Mitarbeitenden in den Blick, um ihnen geeignete materielle und immaterielle Anreize bieten zu können.[65] Diese sollen zum einen frühzeitig die Leistungsbereitschaft und -fähigkeit fördern, damit die Mitarbeitenden einen möglichst hohen Beitrag zur Erreichung der Unternehmensziele leisten, und zum anderen sollen sie (Früh-)Fluktuation verhindern und eine längerfristige Mitarbeiterbindung fördern.[66]

All diesen Ansätzen ist gemein, dass »die Humanressource als Produktionsfaktor ›Personal‹ unter dem Primat der Wirtschaftlichkeit«[67] steht. Trotz dieses Primats erscheinen hinsichtlich des Personalwirtschaftsziels nicht nur *ökonomische*, sondern auch *soziale Effizienzkriterien*[68] bedeutsam.[69] Normativ kann die Ansicht vertreten werden, dass der Einsatz von Personal nicht nur *wirtschaftlich sachgerecht*, sondern auch *menschengerecht* auszugestalten ist. Das Ausmaß der sozialen Effizienz wird durch Befriedigung der Interessen bzw. Bedürfnisse der Mitarbeitenden bestimmt.[70]

Das wirft die Frage auf, in welchem Verhältnis ökonomische und soziale Effizienz zueinander stehen. Bleibt man in der Logik der Zweck-Mittel-Relation, ist von einem *dependenten Verhältnis* zueinander auszugehen: Soziale Effizienz ist insofern Mittel zur Erreichung ökonomischer Effizienz.[71] Es ist nach Marr et al. aber auch eine alternative *zieldualistische Sichtweise* möglich, nach der voneinander unabhängig ökonomische und soziale Effizienz angestrebt werden.[72] Eine solche Sichtweise findet sich beispielsweise in humanistischen Ansätzen, für die die Berücksichtigung der individuellen Bedürfnisse bei der Arbeitsgestaltung bis hin zur Selbstverwirklichung zentrales Anliegen ist.[73] In Bezug auf die ziel-

---

65 Vgl. Becker 2004, S. 514 mit Verweis auf March und Simon 1958 sowie Cyert und March 1995; Berthel und Becker 2017, 53 ff.; Marr et al. 1979, 45 f.
66 Vgl. Becker 2004, S. 514; Engelke und Oswald 2017b, S. 647; Haubrock 2012, S. 11.
67 Berthel und Becker 2017, S. 819.
68 Die »Auswahl von Effizienzkriterien ist als ein Aspekt der Formalzielsetzung zu betrachten.« Grochla 1978, S. 24.
69 Vgl. Kap. 2.2.4; Berthel und Becker 2017, S. 820; Marr et al. 1979, S. 57; Olfert 2008, S. 26; Scherm und Süß 2016, S. 6.
70 Vgl. Marr et al. 1979, S. 72.
71 Vgl. Berthel und Becker 2017, S. 820; Marr et al. 1979, S. 57.
72 Vgl. Marr et al. 1979, S. 57. In Anlehnung an *von Rosenstiel* und die angewandte Motivationspsychologie kann die Erhöhung der Zufriedenheit der Mitarbeitenden, die aus der Befriedigung der wesentlichen Motive erwächst, als selbstständiges Ziel angesehen werden. Vgl. Rosenstiel 1975, 21 ff. Effizienz wird hier mit *Marr et al.* verstanden »als Fähigkeit der Organisation, unter Einsatz der ihr zur Verfügung stehenden Mittel einen möglichst hohen ökonomischen und/oder sozialen Zielerreichungsgrad zu verwirklichen.« Marr et al. 1979, S. 498.
73 Nach *Marr et al.* unterscheidet sich der »Humanisierung der Arbeit (HdA)-Ansatz« z. B. von der Human-Relations-Lehre dadurch, »daß eine umfassende, auch den Arbeitsinhalt einschließende Modifikation des Arbeitsprozesses nach Kriterien der Humanität angestrebt

dualistische Sichtweise stellt sich die Frage, wie in jenen Fällen eine geeignete Vermittlung erfolgen kann, in denen die ökonomische und soziale Effizienz konfligieren.[74]

Schließlich ist noch eine weitere Prämisse des Personalmanagements als angewandter Wissenschaft für diese Arbeit entscheidend. Danach kann das (Leistungs-)Verhalten der Mitarbeitenden durch Systemgestaltung (primäre und sekundäre Personalsysteme) und Verhaltenssteuerung (Mitarbeiterführung und Systemhandhabung) im Sinne der organisationalen Ziele gelenkt oder zumindest beeinflusst werden.[75] Dementsprechend wird das Verhalten der neuen Mitarbeitenden durch die Personaleinführung zielgerichtet beeinflusst und ihnen wird vermittelt, wie »sie kulturkonform im Unternehmen handeln und arbeiten können.«[76]

2.1.2 Grundannahmen der Theologie

Der Theologie als zweiter zentraler Bezugsdisziplin liegen gänzlich andere Prämissen zugrunde, von denen an dieser Stelle nur wenige zentrale benannt werden sollen.[77]

Der Mensch ist ein *Geschöpf Gottes*. Im 1. Mose 1,27f. heißt es: »Und Gott schuf den Menschen zu seinem Bilde, zum Bilde Gottes schuf er ihn; und schuf sie als Mann und Frau. Und Gott segnete sie«. In Psalm 8,6 wird der Mensch als »wenig niedriger gemacht als Gott« beschrieben, der ihn mit Ehre und Herrlichkeit gekrönt hat. Aus dieser Perspektive ist jeder Mensch ein Geschöpf und

---

wird.« Marr et al. 1979, S. 362. Ähnlich nennt *Scholz* mit Verweis auf Neuberger als Humanisierungsziele: Würde im Sinne von Selbstachtung sowie Identität und Ästhetik, Aufgabensinn als Nutzen und Ganzheitlichkeit, Gerechtigkeit und Konfliktregelung, Sicherheit als Planbarkeit und Kontinuität, Orientierung der Mitarbeitenden über Position und Perspektive, Gesundheit (Unfallschutz, Pausenregelung), Autonomie (als Selbst- und Mitbestimmung), Kontakt und Anerkennung sowie Entfaltung, Abwechslung, Aktivität und Leistung. Vgl. Scholz 2000, 609f. mit Verweis auf Neuberger 1980; ähnlich Nitsch 1990, S. 13 mit Verweis auf Ulich 1989; Rosenstiel und Nerdinger 2011, S. 415.

74 Vgl. Berthel und Becker 2017, S. 820.
75 Vgl. Berthel und Becker 2017, 16ff. und Kap. 2.5.2. Grochla bezeichnet es beispielsweise als »ein besonderes Problem«, dass diese Steuerung durchaus begrenzt und voraussetzungsvoll ist. Vgl. Grochla 1978, S. 19.
76 Bröckermann 2016, S. 132.
77 Weitere für eine diakonisch-kulturelle Einführung zentrale biblisch-theologische Grundannahmen werden in Kap. 2.6.2.1 dargelegt. Es wird hier nicht explizit zwischen katholischen und evangelischen Lesarten unterschieden. Nach dem evangelischen Theologen Körtner und dem katholischen Theologen Haslinger spricht vieles dafür, von einer »Komplementarität« von biblischen Begründungen diakonischen Handelns sowie einem christlich begründeten Menschenbild und Werten auszugehen, die traditionelle konfessionelle Prägungen überwinden. Zu Unterscheidungsbeispielen vgl. Körtner 2017, S. 11.

Ebenbild Gottes, dem Wert, Würde und Gottes Liebe zukommt.[78] Auf dieser Basis wird die personalwirtschaftliche Grundannahme, Mitarbeitende seien nur Mittel zum Zweck, kritisiert.[79] Der Begriff der »Humanressource« ist nach Haas »ein Begriff, der ein Verständnis des Menschen ausdrückt, das im Kontext einer theologischen Anthropologie inakzeptabel ist (…).«[80]

Papst Johannes Paul II stellt in seiner Sozialenzyklika Laborem Exercens heraus, dass der erste Wert der Arbeit nicht die Art der geleisteten Arbeit ist, sondern der Mensch selbst.[81]

»Der Wert der Arbeit wurzelt nicht in ihrer objektiven, sondern in ihrer subjektiven Dimension. Der Maßstab für die Arbeit ist daher in erster Linie die Würde des Subjekts, des Menschen, der sie verrichtet. Gerade dieses christliche Verständnis von der menschlichen Arbeit muss (…) verschiedenen materialistischen und ökonomischen Strömungen entgegengestellt werden, in denen der Mensch als bloßes Werkzeug behandelt wird.«[82]

Mitarbeitende sind aus dieser Perspektive nicht als beliebig austauschbare Objekte und als Leistungsfaktor unter Kosten-Nutzen-Aspekten anzusehen, sondern als Menschen, die zu selbstverantwortlichem und -bestimmtem Handeln fähig und an der Verwirklichung der eigenen Gaben interessiert sind. So lässt sich menschliche Arbeit als Ausdruck und Bestandteil der Individualität von Mitarbeitenden begreifen und Humanität von Arbeit als Leitidee ansehen.

Ein zweiter wichtiger theologischer Ausgangspunkt ist das Verständnis von einer *Gemeinschaft der Glaubenden*.[83] Im Gegensatz zu weltlichen hierarchischen Strukturen zeichnet sie sich nach Galater 3,28 durch eine grundsätzliche Gleichheit ihrer Mitglieder unabhängig von Herkunft, gesellschaftlicher Stellung und Geschlecht aus.[84]

In 1. Korinther 12 wird sie als *ein Leib mit vielen verschiedenen Gliedern* beschrieben, die zusammenwirken und auf Jesus Christus bezogen sind. Jeder

---

78 Vgl. Haas 2010, S. 348; Haslinger 2009, S. 232; Hofmann 2008b, S. 26; Rüegger und Sigrist 2011, 200 ff.
79 Vgl. Haas 2010, S. 358 f. Diese Grundannahme wird auch aus anderen Richtungen kritisiert: »Eine solche objektzentrierte Sichtweise des Menschen, verbunden mit dem wirtschaftlichen Interesse des Betriebes, steht zudem im Widerspruch zu dem bekannten, oft zitierten und geforderten praktischen ethischen Imperativ nach Kant: ›Handle so, daß (sic) du die Menschheit, sowohl in deiner Person als in der Person eines jeden anderen, jederzeit zugleich als Zweck, niemals bloß als Mittel brauchst.‹« Berthel und Becker 2017, S. 819.
80 Haas 2010, S. 358.
81 Vgl. Fischer 2012, S. 413 mit Verweis auf Papst Johannes Paul II 1981.
82 Papst Johannes Paul II 1981 zitiert nach Fischer 2012, S. 413.
83 Vgl. Bach 2006: S. 439 f. zitiert nach Rüegger und Sigrist 2011, S. 62; Haas 2010, 356 ff.; Haslinger 2009, 166 ff. und 294 ff.
84 Vgl. Haas 2010, S. 356. Die Zitation aus der Bibel erfolgt hier stets nach Martin Luthers Übersetzung mit Apokryphen, Evangelische Kirche in Deutschland (Hg.) 2016.

Mensch ist mit Gaben ausgestattet und soll sie nach 1. Petrus 4,19 in die Gemeinschaft einbringen: »Und dient einander, ein jeder mit der Gabe, die er empfangen hat, als die guten Haushalter der mancherlei Gnade Gottes.«[85] In enger Anlehnung an diese Bibeltexte bilden die Mitarbeitenden von Einrichtungen und Diensten der evangelischen bzw. katholischen Kirche nach eigenem Selbstverständnis eine *Dienstgemeinschaft*.[86]

Schließlich ist das sogenannte biblische *Liebesgebot* von zentraler Bedeutung, auf das sich sowohl die Caritas wie die Diakonie in der Regel substantiell beziehen.[87] Auf die Frage, was das höchste Gebot sei, antwortet Jesus nach Matthäus 22,37–39:

> »Du sollst den Herrn, deinen Gott lieben von ganzem Herzen, von ganzer Seele und von ganzem Gemüt. Dies ist das höchste und größte Gebot. Das andere aber ist dem gleich: Du sollst deinen Nächsten lieben wie dich selbst.«[88]

Diese dreifache Liebe ist der Auftrag und Zweck menschlichen Handelns und Lebens.[89] Konsequenterweise wäre sie auch handlungsleitender Auftrag in diakonischen und caritativen Organisationen und somit in der Programmatik ebenso wie in den Prozessen und Strukturen fest zu verankern.[90] Theurich formuliert zugespitzt:

> »Dies wäre dann tatsächlich der Zweck diakonischer Unternehmen: Nächstenliebe als Quelle organisationalen Handelns in immer wieder neuen Zusammenhängen zu entdecken und (…) in Entscheidungen zu überführen.«[91]

2.1.3 Schlussfolgerungen

Die Ausführungen machen deutlich, dass für ein Personalmanagement von Organisationen in konfessioneller Trägerschaft grundsätzlicher Klärungsbedarf hinsichtlich des Menschenbildes, der »Verzweckung« von Menschen und hin-

---

85 Der Aspekt des Dienens wird in Markus 10,43 noch verschärft: »Wer unter euch groß sein will, der soll euer Diener sein; und wer unter euch der Erste sein will, der soll euer Knecht sein.«
86 Vgl. Haslinger 2009, 193 ff. Zum Thema Dienstgemeinschaft vgl. Albrecht 2013, 36 ff.; Fischer 2012, 414 ff.; Jähnichen 2013, 44 ff.; Maaser 2015, 55 ff.; Moos 2013a, 40 ff.; Rehm 2015, 72 ff. Zur Dienstgemeinschaft in katholischen Krankenhäusern vgl. Günther 2015; Ising-Volmer et al. 2017; Steiner et al. 2009.
87 Vgl. Haas und Starnitzke 2019, 203 ff.; Haslinger 2009, 237 ff.; Starnitzke 2011, 132 ff.
88 Vgl. Markus 12,29–31; Lukas 10,27; 3. Mose 19,18 und 34; 5. Mose 6,5; Galater 5,13–15; Römer 13,10.
89 Vgl. Hartmann 2013, 69 f.
90 Vgl. Haas und Starnitzke 2019, S. 208.
91 Theurich 2016, S. 94.

sichtlich des Umgangs mit den Erwartungen und Interessen von (neuen) Mitarbeitenden besteht. Haas fordert entsprechend:

»Personalmanagement braucht eine Leitvorstellung vom Miteinander im Unternehmen. Diese Leitvorstellung (...) enthält zahlreiche Implikationen, die im diakonischen Unternehmen den Diskurs von Theologie und (Personal-)Managementlehre zur Voraussetzung haben müssten.«[92]

Mit der vorangegangenen Darstellung relevanter Grundannahmen der beiden Disziplinen sind diese transparent gemacht und in Beziehung zueinander gesetzt worden. Im Sinne einer interdisziplinär verstandenen Diakoniewissenschaft[93] wird in Bezug auf das Thema der Arbeit folgende Schlussfolgerung vorgenommen:

Es wird die normative Position vertreten, dass das Personalmanagement und die Personaleinführung als dessen Teilaufgabe in konfessionellen Krankenhäusern sowohl ökonomisch als auch sozial effizient ausgestaltet werden können und sollen, um das Organisationsziel der Patientenversorgung als tätige Nächstenliebe zu erfüllen.[94] Somit gehen wirtschaftliche Gesichtspunkte und die Interessen der Mitarbeitenden gleichermaßen als Prämissen in die personalwirtschaftlichen Entscheidungsprozesse ein.[95]

Nachdem die interdisziplinäre Verortung expliziert worden ist, werden nun die Gegenstände der explorativen Forschung erläutert. Zunächst wird der Begriff des Krankenhauses definiert und es werden Informationen zu Krankenhäusern in Deutschland und somit zum Kontext und zu den Rahmenbedingungen gegeben, in denen die Einführung neuer Mitarbeitender im Krankenhaus eingebunden ist.

---

92 Haas 2010, S. 359.
93 Vgl. Benad et al. 2015b, S. 22.
94 Dieser Zieldualismus lässt sich auch aus der Perspektive der Pflegewissenschaft fordern. Verschiedene Autoren bekräftigen die Mitarbeiterorientierung als eigenständiges Anliegen neben der Wirtschaftlichkeit, »da die Pflege als personale Dienstleistung eine bestimmte Werthaltung gegenüber dem Patienten verlangt (...), eine gute Pflege (...) nur möglich (ist), wenn auch die Person der Mitarbeiterin oder des Mitarbeiters geschätzt, anerkannt und gefördert wird.« Güntert et al. 1989, S. 261 zitiert nach Borsi 1994, S. 12. Die Frage, ob diese Effizienzkriterien vor dem Hintergrund der gesetzlichen und finanziellen Rahmenbedingungen in der Praxis auch gleichwertig sein können, wird in Kap. 2.2.4 problematisiert.
95 Mit *Marr et al.* ist soziale Effizienz demnach nicht Mittel zur Erreichung ökonomischer Effizienz, wenn auch ein positives Abhängigkeitsverhältnis im Einzelfall nicht auszuschließen ist. Vgl. Marr et al. 1979, S. 28.

2.2 Krankenhäuser in Deutschland

Unter dem Begriff *Krankenhaus* werden hier jene Einrichtungen gefasst, die in § 107 des Sozialgesetzbuches V (SGB V)[96] definiert werden. Zusammengefasst dienen sie der Krankenhausbehandlung, stehen fachlich-medizinisch unter ständiger ärztlicher Leitung, und das jeweilige Fachpersonal erkennt, heilt oder lindert durch ärztliche und pflegerische Hilfeleistung Krankheiten der Patientinnen.[97] Man unterscheidet hinsichtlich der Tätigkeitsschwerpunkte und des Versorgungsumfangs Universitätskliniken, Allgemeinkliniken, Fachkliniken sowie Belegkliniken. Die Landeskrankenhausgesetze sehen mit der Grund-, Regel-, Schwerpunkt- und Maximalversorgung vier Versorgungsstufen vor.[98]

In Deutschland gibt es insgesamt 1.925 Krankenhäuser mit 498.192 Betten.[99] Zum Vergleich: 1991 waren es noch 2.411 Krankenhäuser mit 665.454 Betten.[100]

2.2.1 Träger

Als Krankenhausträger wird der Eigentümer und Betreiber eines Krankenhausbetriebes bezeichnet.[101] Krankenhäuser können in *öffentlich-rechtlicher, freigemeinnütziger* oder *privater Trägerschaft* geführt werden.[102] Die Trägervielfalt ist ein wesentliches Anliegen der Krankenhausgesetzgebung in Deutschland.[103]

Öffentlich-rechtliche Träger können Bund, Land, Kreis oder Gemeinde sein wie auch Gemeindeverbände oder Sozialversicherungsträger wie die Berufsgenossenschaften. In Deutschland betreiben sie zusammen etwa 30 % aller Krankenhäuser, die fast 50 % aller Krankenhausbetten zur Verfügung stellen.[104] Sie

---

96 Das SGB V regelt die Versicherungspflicht, die Organisation und die Leistungen der Gesetzlichen Krankenversicherung sowie deren Rechtsbeziehungen zu Leistungserbringern wie beispielsweise Krankenhäusern. Vgl. Schmola 2014, S. 16.
97 Vgl. § 107 Abs. 1 SGB V; ähnlich § 2 Abs. 1 Krankenhausfinanzierungsgesetz (KHG).
98 Vgl. Bundesministerium für Gesundheit 2020, S. 18; Civello et al. 2018, S. 37; Janssen und Augurzky 2018a.
99 Diese aktuellsten Zahlen des Statistischen Bundesamtes beziehen sich auf das Jahresende 2018. Vgl. DESTATIS 2020c.
100 Vgl. DESTATIS 2020c.
101 »Dabei handelt es sich in der Regel um eine juristische Person des öffentlichen, kirchlichen oder privaten Rechts, die die Letztverantwortung für den Betrieb des Krankenhauses trägt.« Sonnentag 2017, S. 226.
102 Vgl. ausführlich dazu Rybak 2017, 25 ff.; Sonnentag 2017, 224 ff.
103 Vgl. § 1 Abs. 2 KHG; Sonnentag 2017, S. 226.
104 Vgl. Bundesministerium für Gesundheit 2020, S. 18; Honsel 2017, 31 ff.

verfolgen den Zweck – hier verstanden als oberste Unternehmenszielsetzung[105] – der öffentlichen Daseinsvorsorge, also der Bereitstellung von Leistungen, die zur Sicherung einer menschenwürdigen Existenz der Bürger unumgänglich sind.[106] Dies ist im Konkreten hier die unmittelbare Deckung des bestehenden Bedarfs an Krankenhausbehandlung.

Freigemeinnützige Träger sind solche der freien und kirchlichen Wohlfahrtspflege, Kirchengemeinden, Vereine oder Stiftungen. Sie betreiben 35,5 % der Krankenhäuser, davon sind 86 % in konfessioneller Trägerschaft.[107] Freigemeinnützige sind wie öffentlich-rechtliche Krankenhäuser in der Regel bedarfswirtschaftlich ausgerichtet.[108] Ein zentrales Merkmal ist die Gemeinnützigkeit.[109]

Konfessionelle Krankenhäuser kennzeichnet nach Eichhorn u.a. das Prinzip der tätigen Nächstenliebe als ein speziell-formales Ziel.[110] Für konfessionelle Krankenhäuser lässt sich ebenso wie für die Diakonie mit Lohmann festlegen:

»Da die theologischen Grundlegungen den eigentlichen Unternehmenszweck der Diakonie beschreiben, sind sie (...) relevante Sachverhalte, die ebenso über den anzustrebenden Unternehmenserfolg entscheiden (...).«[111]

Aufgrund ihrer Zugehörigkeit zur evangelischen bzw. katholischen Kirche haben die konfessionellen Krankenhäuser eine besondere verfassungsrechtliche Position und Sonderrechte, die sich z.B. arbeitsrechtlich auswirken.[112]

»Da kirchliche Krankenhäuser auf ihre Weise an der Erfüllung des Auftrags der Kirche mitwirken, die Menschenfreundlichkeit Gottes in der Zuwendung zu und Hilfe für kranke Menschen erkennbar werden zu lassen, tragen alle Beschäftigten dazu bei, unabhängig von ihrer Stellung und Aufgabe im Unternehmen, unabhängig auch von ihrer persönlichen religiösen oder weltanschaulichen Prägung und Einstellung. Hierauf gründet das Prinzip der Dienstgemeinschaft, das in einem partnerschaftlichen, konsensorientierten Miteinander der Beschäftigten auf Basis entsprechender Arbeitsrechtsregelungen seine konkrete Umsetzung erfährt.«[113]

---

105 Der Zweck beantwortet die Frage, warum das Unternehmen existiert. Damit ist eine betriebsethische Positionierung (synonym: Philosophie, Vision) verbunden. Vgl. Berthel und Becker 2017, S. 817.
106 Vgl. Eichhorn und Oswald 2017, 128 ff.; Honsel 2017, 31 ff.; Sonnentag 2017, S. 228.
107 Vgl. Horneber und Kesberger 2017, S. 57 mit Verweis auf das Statistische Bundesamt.
108 Vgl. Sonnentag 2017, S. 228.
109 Vgl. Horneber und Kesberger 2017, S. 58; Sonnentag 2017, S. 226.
110 Vgl. Eichhorn und Oswald 2017, 128 ff.; Sonnentag 2017, S. 228.
111 Lohmann 2003, S. 162. Für die Arbeit in katholischen Krankenhäusern werden z.B. in der Catholic Identity Matrix sechs zentrale christliche Grundprinzipien aus der Bibel abgeleitet. Vgl. Günther 2015, S. 197.
112 Die rechtliche Sonderstellung gründet im kirchlichen Selbstbestimmungsrecht gemäß Artikel 140 des Grundgesetzes in Verbindung mit Artikel 137 Abs. 3 der Verfassung des Deutschen Reichs. Vgl. Horneber und Kesberger 2017, S. 58; Moos 2013b, 253 ff.
113 Steiner et al. 2009, S. 23.

Freigemeinnützigen und öffentlich-rechtlichen Krankenhäusern ist gemein, dass sie einer Preisbindung durch das Krankenhausentgeltgesetz unterliegen und mit den Landesverbänden der Krankenkassen einen sogenannten Versorgungsvertrag abgeschlossen haben bzw. als Plankrankenhäuser im Krankenhausplan eines Landes aufgenommen sein müssen.[114]

Schließlich gibt es Privatkrankenhäuser, die sich in *privater Trägerschaft* von Einzelunternehmen oder Konzernen befinden. Sie müssen über eine besondere Betriebserlaubnis entsprechend der Gewerbeordnung verfügen.[115] Sie sind in ihrer Preisgestaltung recht frei.[116]

> »Der wesentliche Unterschied der privaten Krankenhäuser zu den öffentlichen und freigemeinnützigen Krankenhäusern liegt bei ökonomischer Betrachtungsweise in ihrer Zweckbindung: primäres Ziel der betrieblichen Betätigung der privaten Krankenhäuser ist die Gewinnerzielung, während die Bedarfsdeckung nur untergeordnete Bedeutung hat.«[117]

2.2.2 Rahmenbedingungen

Im Krankenhausfinanzierungsgesetz wurde 1972 festgeschrieben, dass die Finanzierung der Bereithaltung von Krankenhäusern (Investitionskosten) Aufgabe der öffentlichen Hand ist und die im Zusammenhang mit der Patientenbehandlung entstehenden Betriebskosten durch Pflegesätze über die Krankenkassen beglichen werden (Duale Krankenhausfinanzierung).[118] Die Bundesländer kommen ihren Verpflichtungen zur Investitionsfinanzierung jedoch häufig nicht ausreichend nach.[119]

---

114 Vgl. Bundesministerium für Gesundheit 2020, 16 ff. Dieser Versorgungsvertrag nach § 108 Abs. 3 SGB V kommt durch eine Einigung zwischen den Landesverbänden der Krankenkassen sowie den Verbänden der Ersatzkassen und dem Krankenhausträger zustande (§ 109 Abs. 1 SBG V). Im Krankenhausplan wird die Aufgabenstellung des jeweiligen Krankenhauses festgelegt. Vgl. Rybak 2017, S. 25; Schmidt-Rettig und Oswald 2017, S. 61.
115 Vgl. Bundesministerium für Gesundheit 2020, S. 18.
116 Vgl. Bundesministerium für Gesundheit 2020, S. 16.
117 Wissenschaftliche Dienste 2014, S. 29.
118 Vgl. Dannenfeld 2018, S. 25; Schmidt-Rettig und Oswald 2017, 67 f. Pflegesätze können nach § 4 Abs. 2 KHG auch Investitionskosten in Form von Instandhaltungskosten enthalten.
119 Vgl. Böcken und Kostera 2017, S. 8; Conzen et al. 2016, S. 14.; Dannenfeld 2018, S. 26. »Insgesamt stellten die Bundesländer im Jahr 2015 ca. 2,79 Mrd. Euro zur Investitionsförderung nach § 9 KHG zur Verfügung. Das Gesamtvolumen der KHG-Mittel auf Bundesebene liegt damit unterhalb des langfristigen Durchschnitts der Jahre 1991 bis 2015 und entspricht einem realen Wertverlust von fast 50 % gegenüber dem Jahr 1991.« Schmidt-Rettig und Oswald 2017, S. 87.

»Das zwingt die Krankenhäuser, dringend notwendige Bau- und Modernisierungsmaßnahmen teilweise aus den Erlösen zu finanzieren, die sie seitens der Krankenkassen zur Deckung der Betriebskosten erhalten.«[120]

Mit den diagnoseabhängigen Fallpauschalen (»Diagnosis Related Groups«, kurz DRGs), die für Krankenhausbehandlungen ab 2003 durch das GKV-Gesundheits-reformgesetz (1999) eingeführt wurden,[121] und den indirekten Fallzahlbeschränkungen (Regelleistungsvolumen) stellt der Krankenhaussektor einen stark regulierten Markt dar.[122] Mit den DRGs vergüten die gesetzlichen (bzw. privaten) Krankenkassen[123] genau definierte Erkrankungen und ihre jeweilige Behandlung.[124] Je Krankheit wird eine typische Bandbreite an Behandlungstagen festgelegt, innerhalb derer die gleiche Pauschale gezahlt wird.[125] So sind Entgelte für stationäre Leistungen bei allen gesetzlichen Krankenkassen identisch, und die Vergütungsform schreibt der Gesetzgeber vor.[126]

Mit dieser Reform stieg der Kostendruck auf Krankenhäuser aller Trägerschaften (öffentlich-rechtlich, freigemeinnützig, privat) deutlich an und erhöhte den Effizienzdruck, um weiterhin auf dem Markt existieren zu können.[127] Mit der Einführung der DRGs verdoppelte sich der Anteil der Krankenhäuser, die ein

---

120 Böcken und Kostera 2017, S. 8.
121 Kritisch zu den DRGs äußert sich z.B. Müller 2018, 76ff. Zur geänderten Ausrichtung staatlichen Handelns seit den 1990er Jahren und zur Liberalisierung im Gesundheitswesen vgl. Braun und Blome-Drees 2006; Eurich 2012, S. 43; Schmidt 2012, S. 16.
122 Vgl. Schrappe 2018, S. 218. *Engelke und Oswald* bezeichnen ihn als einen stark ordnungspolitisch regulierten Wirtschaftszweig. Vgl. Engelke und Oswald 2017b, S. 660. *Leber und Scheller-Kreinsen* bezeichnen ihn als einen durch Lizenzen mäßig begrenzten Markt, auf dem die Tätigkeiten der Krankenhäuser durch eine Vielzahl von Regulierungsinstanzen geordnet werden. Vgl. Leber und Scheller-Kreinsen 2018, S. 128. Nach *Schmidt-Rettig* agieren Krankenhäuser in polypolistischen Märkten im Wettbewerb um Patientinnen und Erlöse bei einer fallbezogenen Betriebskostenfinanzierung auf der Basis administrativer Preise. Vgl. Schmidt-Rettig 2017, S. 242; *Berger und Stock* weisen darauf hin, dass eine Marktbesonderheit im deutschen Gesundheitswesen dadurch vorliegt, dass es sich um einen Versicherungsmarkt handelt. Vgl. Berger und Stock 2017, 39ff.
123 Zu Kostenträgern vgl. Conzen et al. 2016, S. 8.
124 Ausführlich zur Krankenhausfinanzierung vgl. Schmidt-Rettig und Oswald 2017, 60ff.
125 Vgl. Schönberg 2012, S. 172. Nur wenn die Krankenhausbehandlung deutlich länger oder kürzer als der Durchschnitt dauert, gibt es Zu- oder Abschläge auf die Fallpauschalen. Neu ist seit 2020, dass die Finanzierung der Personalkosten für Pflege am Krankenhaus unabhängig von den Fallpauschalen erfolgt. Vgl. Bundesministerium für Gesundheit 2020, S. 27.
126 § 39 Abs. 3 SGB V regelt die Erstellung des Verzeichnisses der Leistungen und Entgelte für die Krankenhausbehandlung in den zugelassenen Krankenhäusern. Einzelheiten der Vergütung werden im KHG, im Krankenhausentgeltgesetz (KHEntgG) und in der Fallpauschalenvereinbarung der Selbstverwaltungspartner geregelt. Vgl. GKV-Spitzenverband, Berlin, Verband der Privaten Krankenversicherung, Köln, Deutsche Krankenhausgesellschaft, Berlin 2017. Vgl kritisch dazu Deutscher Berufsverband für Pflegeberufe e. V. (DBfK) 2009.
127 Vgl. Lindlbauer 2017, S. 104.

Defizit ausgewiesen haben.[128] In der Folge der Reform sank außerdem die Verweildauer der Patientinnen von 8,9 Tage in 2003 auf 7,2 Tage in 2018.[129] Nach verschiedenen Studien und Gutachten nimmt die Anzahl der Pflegestunden pro Patiententag mit sinkender Verweildauer zu, und zusammen mit den gestiegenen Fallzahlen (von 17.295.910 im Jahr 2003 auf 19.392.466 in 2018) hat sich die Arbeitsdichte für das pflegerische Personal deutlich erhöht.[130]

Gleichzeitig wurden in den letzten Jahren mehrere Gesetze, Verordnungen und Richtlinien zur Qualitätssicherung bzw. -verbesserung beschlossen.[131] Beispielhaft ist das seit 2016 in Kraft gesetzte Krankenhausstrukturgesetz zu nennen, nach dem Qualität als Kriterium für Entscheidungen der Krankenhausplanung Berücksichtigung finden soll. Es sieht neben den planungsrelevanten Qualitätsindikatoren sowohl Qualitätszuschläge als auch -abschläge vor, die in die Vergütung einfließen.[132]

2.2.3 Personalausstattung

In den deutschen Krankenhäusern gehörten Ende 2018 rund 395.000 Gesundheits- und Krankenpflegerinnen zum Personal.[133] Auffallend hoch ist der Anteil der Frauen mit rund 337.000 gegenüber rund 58.000 Männern.[134]

In freigemeinnützigen Krankenhäusern hatten Vollkräfte im Pflegedienst mit 64 Behandlungsfällen im Jahresdurchschnitt etwas mehr Fälle zu betreuen als die

---

128 Vgl. Düllings 2017b, S. 3. Nach *Augurzky* galten 2014 nur 54 % der Krankenhäuser als voll investitionsfähig. Häuser in freigemeinnütziger Trägerschaft schneiden hinsichtlich der wirtschaftlichen Lage besser als öffentlich-rechtliche ab. Vgl. Augurzky 2018, S. 68. Eine weitere Folge sind zahlreiche Fusionen sowie Schließungen.
129 Vgl. DESTATIS 2020c. Beauftragungen zur Prüfung von Abrechnungen und zur Beurteilung der »nötigen« Verweildauer sind in den letzten Jahren bundesweit bei allen Medizinischen Diensten der Krankenversicherungen (MDK) deutlich angestiegen. Vgl. Thiele et al. 2018, 90f.
130 Vgl. Böcken und Kostera 2017, 46ff.; Civello et al. 2018, 41ff.; Conzen et al. 2016, S. 15; Dannenfeld 2018, S. 29.
131 Vgl. Vereinbarung über Maßnahmen der Qualitätssicherung für nach § 108 SGB V zugelassene Krankenhäuser gemäß § 137 Abs. 1 Satz 3 Nr. 1 SGB V i.V. mit § 135 a SGB V; *Hilgers* bietet eine Übersicht zu Maßnahmen der Qualitätssicherung im Rahmen der DRG-Einführung. Vgl. Hilgers 2011, 47ff. Zu Qualität als Regulierungsinstrument vgl. Leber und Scheller-Kreinsen 2018, 130ff. Zu Qualitätskriterien in den Richtlinien des Gemeinsamen Bundesausschusses vgl. Bundesministerium für Gesundheit 2020, 29ff.
132 Vgl. Dannenfeld 2018, S. 33.
133 Vgl. DESTATIS 2020a. Das Statistische Bundesamt stellt Ende 2020 leider online noch keine Zahlen für die Jahre 2019 und 2020 zur Verfügung.
134 Vgl. DESTATIS 2020a. Männliche Pflegefachkräfte sind überproportional häufig in den sog. medizin- und techniknahen Disziplinen wie der Intensivpflege und in Führungs- und Managementpositionen tätig. Vgl. Winter 2011, S. 42.

in öffentlich-rechtlichen Krankenhäusern. Im Vergleich zum Jahr 2003 (GKV-Gesundheitsreform) sind dies durchschnittlich 11,6 % mehr Fälle pro Vollkraft. Im ärztlichen Dienst hingegen verringerte sich die Fallzahl pro Vollkraft seit 2003 um 18,1 %.[135]

Wie Abbildung 2 zeigt, stieg die Zahl der Vollkräfte im ärztlichen Dienst prozentual deutlich an, wohingegen sie im nichtärztlichen Dienst nur geringfügig gestiegen ist.

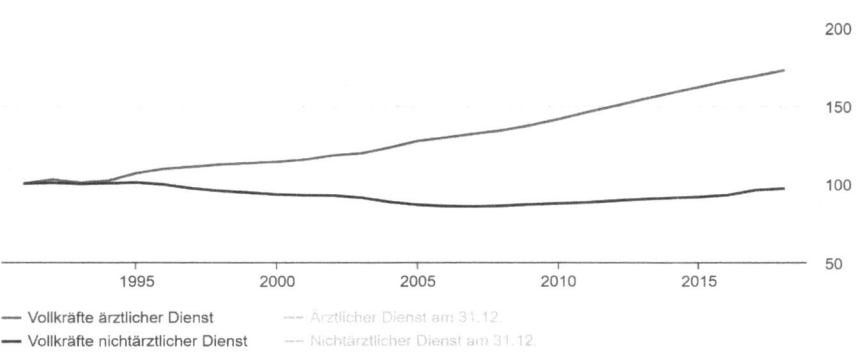

Abbildung 2: Vollkräfte im ärztlichen und im nichtärztlichen Dienst im Vergleich.

Eine Studie der Bertelsmann Stiftung bilanziert im internationalen Vergleich:

»Deutschland schneidet hinsichtlich der Pflegepersonalausstattung sowie in Bezug auf die gesamte Personalausstattung in Krankenhäusern, unabhängig von der gewählten Bezugsgröße (Fälle, Belegungstage, Betten, Einwohner), im internationalen Vergleich deutlich unterdurchschnittlich ab.«[136]

Auch wenn der Gesetzgeber den Stellenausbau von Pflegepersonal in Krankenhäusern von 2009 bis 2011 mit dem ersten Pflegesonderprogramm und von 2016 bis 2018 mit dem Pflegestellen-Förderprogramm förderte,[137] ist die Personalbesetzung in den allgemeinen Krankenhäusern aus Sicht der Fachkräfte wie aus

---

135 Vgl. DESTATIS 2020b.
136 Böcken und Kostera 2017, S. 50. Zu Personalbelastungskennzahlen vgl. Civello et al. 2018, 42ff.
137 Es waren je Krankenhaus max. 0,15 Prozent des jeweiligen DRG-Budgets vorgesehen. Nach Schätzungen könnten damit ca. 7.000 Vollkraftstellen geschaffen werden, sofern die Krankenhäuser die Anträge stellen und die Mittelverwendung nachweisen. Vgl. Civello et al. 2018, S. 44; Pflegestellen-Förderprogramm 2018.

Sicht verschiedener Autoren zu knapp.[138] Um für ein verbindliches Minimum an Pflegepersonal im Krankenhaus zu sorgen, sieht die Bundesregierung ab dem 1. Januar 2019 Pflegepersonaluntergrenzen für bestimmte Fachbereiche vor.[139]

2.2.4 Ziele und Zielkonflikte

Mit Engelke kann das Krankenhaus als zweck- und zielorientiertes sozio-technisches System bestimmt werden.[140] Seine Zielkonzeption umfasst zunächst den Zweck, verstanden als oberste Unternehmenszielsetzung, womit eine *betriebsethische Positionierung* (synonym: Philosophie, Vision) verbunden ist.[141]

Als Haupt- bzw. Sachziel beinhaltet sie die bedarfsadäquate voll- und teilstationäre Krankenhausversorgung sowie krankenhausspezifische ambulante Versorgung,[142] wobei die Versorgung durch die Eingrenzung des Leistungsprogramms resp. des medizinisch-pflegerischen Behandlungsspektrums der Fachbereiche konkretisiert wird.[143]

Von diesem Hauptziel lassen sich mit Eichhorn/Oswald zunächst »Nebenziele« differenzieren, sowie »Zwischen- und Unterziele«, die aus den Haupt- und Nebenzielen abgeleitet werden und in einer Mittel-Zweck-Beziehung zu ihnen stehen.[144] Eine weitere wichtige Unterscheidung in der Zielkonzeption ist die zwischen Sachzielen und Formalzielen.[145]

Von besonderer Bedeutung ist im Hinblick auf diese Arbeit das Personalwirtschaftsziel.

---

138 Vgl. beispielhaft Bühler 2018, S. 178; Dannenfeld 2018, S. 30. *Böcken und Kostera* stellen in ihrer Studie verschiedene Ansätze der Personalbedarfsermittlung vor. Nach ihnen hängt die Frage, wie die derzeitige Pflegepersonalausstattung zu bewerten ist, von der vorgelagerten Frage ab, wie bzw. anhand welcher Indikatoren sich die Angemessenheit prinzipiell beurteilen lässt. Vgl. Böcken und Kostera 2017, 9ff.
139 Vgl. Bundesministerium für Gesundheit 2021. Zur Festlegung von Pflegepersonaluntergrenzen vgl. Deutsche Gesellschaft für Pflegewissenschaft e.V. Kritisch zu Pflegepersonaluntergrenzen vgl. beispielhaft Leber und Scheller-Kreinsen 2018, S. 133.
140 Vgl. Engelke und Oswald 2017a, 301f.
141 Vgl. Berthel und Becker 2017, S. 817. Zu trägerspezifischen Zwecken vgl. Kap. 2.2.1.
142 Vgl. § 39 Abs. 1 SGB V, wo der Auftrag eines Krankenhauses im Rahmen des Versorgungsauftrags definiert wird.
143 Vgl. Eichhorn und Oswald 2017, 128ff.; Engelke und Oswald 2017a, 299f.; Sonnentag 2017, S. 228.
144 Vgl. Eichhorn und Oswald 2017, 128ff.; *Eichhorn und Oswald* benennen entsprechend der betrieblichen Teilaufgaben folgende Zwischenziele: Leistungserstellungsziel/Betriebsführungsziel, Bedarfsorientierungsziel, Personalwirtschaftsziel, Finanzwirtschaftsziel, Angebotswirtschaftsziel sowie Autonomie- und Integrationsziel und führen diese inhaltlich bezogen auf ein Krankenhaus aus.
145 In Bezug auf den Krankenhaussektor vgl. Eichhorn und Oswald 2017, S. 131; Naegler 2016, S. 124; Schmidt-Rettig 2017, S. 243; generell dazu auch Grochla 1978, 17f.

Es »(…) betrifft die Sicherung des quantitativen und qualitativen Potenzials an Arbeitsleistungen. Abgeleitet daraus ergibt sich im Sachzielbereich als Unterziel die Bereitstellung der zur Ausführung der Krankenhausarbeit erforderlichen personellen Kapazitäten in der erforderlichen Quantität und Qualität sowie zum richtigen Zeitpunkt.
Der Formalzielbereich differenziert nach sozialen und ökonomischen Unterzielen. Die soziale Unterzielkomponente beinhaltet die Sicherung der Arbeitszufriedenheit und Lebenslagen des Krankenhauspersonals, mithin die Wahrung der humanen Belange sowie die Erfüllung der Erwartungen der Mitarbeitenden im Hinblick auf Arbeitsbedingungen, soziale Sicherheit, Möglichkeiten zur Persönlichkeitsentfaltung, Aufstiegs- und Karrieremöglichkeiten, Förderung positiver Motivation und sozialer Kontakte sowie Vermeidung sozialer Konflikte. Bei der ökonomischen Unterzielkomponente geht es um die Effizienz aller das Gesamtsystem der personalbezogenen Funktionen betreffenden Maßnahmen (Personalplanung als Personalbedarfsermittlung und Personaleinsatz; Personalverwaltung als Personalbeschaffung, Personalentwicklung, Personalerhaltung und Personalfreistellung).«[146]

Die Erfüllung der Erwartungen und Interessen der Mitarbeitenden (soziales Formalziel) kann durchaus im Konflikt zur Zweckrationalität und zu anderen Zielen der Organisation stehen.[147] Gerade während der ersten Wochen und Monate prüfen neue Mitarbeitende bewertend, wie groß die Spannung bzw. Schnittmenge von individuellen und organisationalen Zielen und Interessen ist.[148] Für die Organisation stellt die Konzeption des Interessenausgleiches zwischen ökonomischen und sozialen Zielen – nicht nur anlässlich der Personaleinführung – ein personalpolitisches Zentralproblem dar.[149]

Als weiteres Ziel ist im Kontext dieser Arbeit das Leistungserstellungsziel bedeutsam, das zum einen die Art, Zahl und Qualität der Leistungen definiert, die u. a. die neuen Mitarbeitenden erlernen und erbringen müssen. Zum anderen bestimmt es Gestaltung und Ablauf des Leistungsprozesses, den sie sich aneignen und an den sie sich weitgehend anpassen müssen.[150] Möglicherweise steht auch hier die organisationale Gewichtung von z. B. medizinisch-pflegerischen und

---

146 Eichhorn und Oswald 2017, S. 131. Wie in Kap. 2.1.3 dargelegt, wird in der vorliegenden Arbeit normativ angenommen, dass das soziale Formalziel (synonym: soziale Effizienz) und das ökonomische Formalziel (synonym: ökonomische Effizienz) in einer Einrichtung in konfessioneller Trägerschaft jeweils als eigenständige personalwirtschaftliche Ziele als Beitrag zur Erreichung des Organisationsziels aufzufassen sind. *Eichhorn und Oswald* vertreten die Position, dass soziale Ziele wie z. B. »Sicherung der Arbeitszufriedenheit« von der Ebene der Unterziele auf die der Nebenziele anzuheben sind. Vgl. Eichhorn und Oswald 2017, S. 131.
147 Vgl. Elbe 2016, S. 73; Engelke und Oswald 2017b, S. 655; Marr et al. 1979, S. 62; Olfert 2008, S. 26.
148 Vgl. Sackmann 2002, S. 95.
149 Vgl. Marr et al. 1979, S. 29.
150 Vgl. ausführlich zum Leistungserstellungsziel im Krankenhaus Eichhorn und Oswald 2017, S. 130.

ökonomischen Effizienzkriterien in Spannung zu den Erwartungen und Einstellungen der neuen Gesundheits- und Krankenpflegerinnen.

Auch in der Literatur problematisieren verschiedene Autoren, dass das ökonomische Formalziel in konfliktärem bzw. konkurrierendem Verhältnis zu theologischen Zielvorgaben[151] bzw. zur medizinisch-pflegerischen bedarfsadäquaten Krankenversorgung[152] steht.[153] So können die Basis- und Leistungsprozesse als Lackmustest für ein Krankenhaus in konfessioneller Trägerschaft angesehen werden.[154]

Die Entscheidungen über das Ausmaß von medizinisch-pflegerischer, theologischer, ökonomischer und sozialer Effizienz fallen durch die Operationalisierung der Ziele beim jeweiligen Entscheidungsträger.[155] Dabei stechen zwei Schwierigkeiten heraus: Zum einen wird der Entscheidungsspielraum stark durch die dargestellten gesetzlichen Vorgaben und insbesondere durch die Art der Finanzierung eingeschränkt.[156] Zum anderen stellt die Diversität der beteiligten Professionen und Disziplinen eine Herausforderung dar, die im folgenden Kapitel erörtert wird.

---

151 Mit *Lohmann* richtet sich die »theologische Effizienz« an der »theologischen Sinnmitte« aus. Anzustreben ist ein bestmöglicher Nutzen für den Leistungsempfänger. Vgl. Lohmann 2003, S. 244.
152 Medizinisch-pflegerische Effizienz ergibt sich aus der Relation von Umfang und Art aller medizinischen, pflegerischen u. a. Einzelleistungen zur bewirkten Veränderung des Krankheitszustandes der Patientinnen. Vgl. Eichhorn und Oswald 2017, 128 ff. *Eichhorn und Oswald* nennen dies »Leistungswirtschaftlichkeit«.
153 Vgl. Eibach et al. 2009, 120 ff.; Fischer 2012, S. 110; Naegler und Bustamante 2011; Naegler 2013, 394 ff.
154 Vgl. Haas und Starnitzke 2019, S. 233.
155 *Marr et al.* unterscheiden dabei drei Ebenen. Sie stellen die nötigen Zielbildungsprozesse, die zu Entscheidungen führen, unter Bezugnahme auf Cyert und March 1963 und Hill et al. 1976 anhand eines koalitionstheoretischen Bezugsrahmens dar. Dabei sind Träger, Mitarbeitende und regulatorische Gruppen wie staatliche Institutionen, Interessenvertretungsgruppen oder auch die Gesellschaft personalwirtschaftlich wichtige Koalitionspartner. Vgl. Marr et al. 1979, 62 ff.
156 Vgl. Kap.2.2.2. *Schmidt-Rettig* geht davon aus, dass diese Rahmenbedingungen die Krankenhäuser zu einer (Neu-)Justierung ihrer Unternehmensziele führen, und dass freigemeinnützige, öffentlich-rechtliche und private Träger die Stellung von Sachziel und Formalziel neu ausloten. Vgl. Schmidt-Rettig 2017, S. 243.

2.2.5 Weitere Charakteristika

Rüegg-Stürm u. a. bezeichnen Organisationen wie Krankenhäuser als »pluralistische Organisationen« in einem pluralistischen Kontext.[157] In ihnen müssen gleichzeitig eine Vielzahl unterschiedlicher Erwartungen und Erfolgsvorstellungen berücksichtigt werden, die aus unterschiedlichen internen Disziplinen wie aus der Kopplung an gesellschaftliche Funktionssysteme (wie z. B. Recht, Politik, Medizin, Ökonomie, Theologie) aufeinanderprallen und sehr häufig widersprüchlich sind.[158] Konfessionelle Krankenhäuser stehen beispielsweise vor der Herausforderung, »die Funktionskontexte von Gesundheits- und (Sozial-) Politik mit dem Bereich der christlichen Religion zu verbinden und andersherum.«[159] Sie müssen sich beiden gegenüber legitimieren.

Die mit den Funktionssystemen verbundenen Professionalitäten werden in der Regel auch in den Leitungsgremien platziert, was zeigt, dass deren Wirkungsbereich »auch auf der Organisationsebene unmittelbar zur Geltung kommt. Ähnliches gilt auch im Interaktionsbereich.«[160] So wird ein Krankenhaus in der Regel durch ein berufsgruppenspezifisches Direktorium mit Ärztlicher Direktion, Pflege- und Verwaltungsdirektion linear geführt.[161] In konfessionellen Häusern ist ggf. ein Theologischer Direktor im Leitungsgremium.[162]

Fischer problematisiert bezogen auf das Management von konfessionellen Krankenhäusern:

»Entscheidend ist, dass die Bereiche Theologie, Ökonomie, Medizin und Pflege nicht nebeneinander existieren. Eine Trennung, die sich aus unterschiedlichsten Gründen gegenseitig in Ruhe lässt und nicht mehr kritisch in einen Dialog tritt, verhindert die notwendige Auseinandersetzung um eine kirchliche Identität. Für das Zusammenspiel theologischer und anderer Funktionslogiken sind nicht primär grobmaschige Theorien

---

157 Vgl. Rüegg-Stürm et al. 2015, 4f.; Tuckermann 2013, 93ff.; Haas und Starnitzke 2019, 190ff.; *Eurich* verwendet mit Verweis auf Evers/Ewert die Bezeichnung »hybride Organisation«, die charakterisiert, dass sich Elemente, die ursprünglich mit je unterschiedlichen Sphären assoziiert wurden, innerhalb einer Organisationsform miteinander verbinden. Vgl. Eurich 2012, 43ff.
158 Vgl. Rüegg-Stürm et al. 2015, S. 5; Fischer 2012, S. 115. Zur Anerkennung der Pflege als eigenständiger Profession vgl. beispielhaft Winter 2011, S. 41.
159 Fischer 2012, S. 116.
160 Haas und Starnitzke 2019, S. 191. Konkret bezogen auf Krankenhäuser vgl. Fischer 2012, S. 116.
161 Vgl. Eichhorn und Oswald 2017, S. 150; Merk 2008, S. 42. Nach *Grahmann et al.* sind die funktionalen Gruppen der Medizin und der Pflege zwar hierarchisch voneinander getrennt, er kritisiert aber, dass die Ärzteschaft hinsichtlich Einfluss, Entscheidungskompetenz, Prestige und Einkommen dominiert. Vgl. Grahmann et al. 2002, 25f.; ähnlich Stubenvoll 2007, S. 13; Tenbensel 2013, S. 173.
162 Zu verschiedenen Modellen der Leitungs- und Organisationsstrukturen, Singular- und Pluralinstanz, Direktorial- und Kollegialprinzip vgl. Schmidt-Rettig 2017, 267ff.

und Konzepte notwendig, sondern wichtiger ist die Verknüpfung der unterschiedlichen Sichtweisen auf der Ebene der Unternehmensführung.«[163]

Entsprechend expliziert Fischer in Rückgriff auf die dritte Generation des St. Galler Management-Modells ein Management-Modell für kirchliche Krankenhäuser.[164] Danach werden auf der Ebene des normativen Managements die Unternehmungs- und Managementphilosophie, die Vision und die Mission[165] festgelegt.[166] Es beschäftigt sich mit dem Sinn, den Werten, Normen und Spielregeln eines konfessionellen Hauses und mit der Bewältigung von unternehmenspolitischen Werte- und Interessenkonflikten.[167]

Werte und Normen haben eine verhaltensbeeinflussende und eine legitimierende Funktion hinsichtlich der Wahl von Zielen und Mitteln für das individuelle wie das organisationale Handeln.[168] Sie dienen auf der Ebene des strategischen[169]

---

163 Fischer 2012, S. 121.
164 Vgl. im Folgenden Fischer 2012, 209 ff. Aufschlussreich erscheinen außerdem folgende Konzepte:
 – Das von *Lohmann* in Anlehnung an das »Konzept Integriertes Management« von Bleicher und in Rückgriff auf Jäger entwickelte »Diakonie-Management-Modell«, das die Gesamtkonzeption des Diakonie-Managements ebenso beschreibt wie die Gesamtkonzeption der Unternehmensorganisation und die Gesamtkonzeption der dem Unternehmensprozess zugrundeliegenden Handlungsabläufe. Vgl. Lohmann 2003.
 – Das Konzept zur Personal- und Organisationsentwicklung für christliche Organisationen von *Einig*, in dem die drei Management-Ebenen von Bleicher vornormativ durch christliche Spiritualität geleitet und geprägt sind. Vgl. Einig 2014, 162 ff.
 – Das in Anlehnung an Bleicher von *Eichhorn und Oswald* entwickelte »Konzept eines integrierten Krankenhausmanagements« das um die vierte Ebene des Dispositiven Managements und um die Dimension der Unternehmensentwicklung erweitert wurde. Vgl. Eichhorn und Oswald 2017, 142 ff.
 – Das Modell von *Haas und Starnitzke* zur Identitätsgestaltung in Caritas und Diakonie. Vgl. Haas und Starnitzke 2019, 188 ff.
165 Je nach terminologischem Verständnis werden diese Begriffe unterschiedlich definiert. Zum Teil offenbaren sich in der Literatur aber auch starke inhaltliche Überschneidungen zwischen ihnen. Vgl. Becker 2011, 95 ff.; Bleicher 2011, 87 ff.; Elbe 2016, 94 ff; Haas 2010, 46 ff.; Hentze et al. 2001, 76 ff. Konkret zur Krankenhausvision vgl. Eichhorn und Oswald 2017, 176 f.
166 Nach *Becker* stellen diese Objekte des normativen Managements »durch ihren zunehmenden Konkretisierungsgrad eine Art Bindeglied zwischen dem Selbstverständnis der Unternehmung (v. a. Zweck, aber auch Vision) und der Realisierung durch strategische und später operative Maßnahmen dar.« Becker 2011, S. 96.
167 Vgl. Fischer 2012, 228 f.
168 Vgl. Kap. 2.6.1; Wunderer 2011, 177 ff.; Macharzina und Wolf 2015, S. 244; Sackmann 2009, 16 ff.
169 *Bleicher* definiert: »Strategisches Management ist auf den Aufbau, die Pflege und die Ausbeutung von Erfolgspotentialen gerichtet, für die Ressourcen eingesetzt werden müssen.« Bleicher 2011, S. 87. Zu strategischem Krankenhausmanagement vgl. Eichhorn und Oswald 2017, 176 f.

wie des operativen Managements[170] als Entscheidungs- und Handlungskriterien und wirken sich auf allen drei Ebenen auf die *Aktivitäten, Strukturen* und das *Verhalten* aus.[171]

Doch aufgrund der vielfältigen Perspektiven der verschiedenen Professionen und Disziplinen mit ihren teilweise differenten Werten, Normen, Interessen sowie Effizienz- und Erfolgskriterien[172] sind die nötigen gemeinsamen unternehmensweiten Managemententscheidungen im Krankenhaus schwierig und bergen viel Konfliktpotential.[173] Tuckermann und andere verweisen diesbezüglich auf die Bedeutung eines multirationalen Managements.[174]

Schließlich sei auf das Charakteristikum der diversen Stakeholder und Shareholder bzw. Anspruchsgruppen eines Krankenhauses hingewiesen, die mit ihren teils konträren Interessen und Erwartungen für Spannungen oder sogar Zielkonflikte sorgen können.[175] Die Gesundheits- und Krankenpflegerinnen können als eine Anspruchsgruppe angesehen werden.[176] Nach dem St. Galler Management-Modell (SGMM) sind die Gruppen unabhängig von ihrer Macht

---

170 *Bleicher* definiert: »Die Funktion des operativen Managements besteht darin, die normativen und strategischen Vorgaben *vollziehend* in Operationen, die sich an *Fähigkeiten* und *Ressourcen* ausrichten, umzusetzen.« Bleicher 2011, S. 87. Zu operativem Krankenhausmanagement vgl. Eichhorn und Oswald 2017, 203 ff. und zu dispositivem Krankenhausmanagement vgl. Eichhorn und Oswald 2017, 197 ff.
171 Vgl. Fischer 2012, 209 ff.; generell auch Bleicher 2011, S. 89.
172 *Schedler und Rüegg-Stürm* sprechen in diesem Kontext von *Sinngemeinschaften*, die jeweils eine gemeinsame *Rationalität* kennzeichnet. Diese umfasst eine gemeinsame Begründungs- und Handlungslogik (eine spezifische Weise des Denkens, Sprechens und Handelns, die in sich einen logischen Sinn ergibt). Vgl. Schedler und Rüegg-Stürm 2013, S. 37. *Schein* äußert diesbezüglich: »If an occupation involves an intense period of education and apprenticeship, there will certainly be a shared learning of attitudes, norms, and values that eventually will become taken-for-granted assumptions for the members of those occupations.« Schein 2004, S. 20. Zu berufsspezifischen Wertevorstellungen im Krankenhaus vgl. Pampel 2003, 32 ff.
173 Vgl. Rüegg-Stürm et al. 2015, 4 f.; Schedler und Rüegg-Stürm 2013, S. 77; Tuckermann 2013, S. 94; Naegler 2016, S. 126. *Fischer* äußert dazu, dass nicht strategische Ungewissheit, sondern die Uneinigkeit über normative Grundsätze und Zwecke das Grundproblem des Managements im Krankenhaus sei. Vgl. Fischer 2012, 228 f.
174 Vgl. Tuckermann 2013, 93 ff.; Schedler und Rüegg-Stürm 2013, 82 ff. Bezogen auf konfessionelle Häuser stellt sich die Frage, welche Bedeutung hier der theologischen Rationalität und ihrer »theologischen Achse« (vgl. Jäger 1992, 33 ff.) bzw. ihrer »theologische Sinnmitte« (vgl. Lohmann 2003, S. 28) zukommt.
175 Vgl. Schedler und Rüegg-Stürm 2013, S. 36; Rüegg-Stürm 2003, 28 ff.; Fischer 2012, 215 ff.
176 Andere Anspruchsgruppen eines Krankenhauses sind z. B. Patientinnen, Angehörige, Mitarbeitergruppen verschiedener Professionen und Disziplinen, Betriebsräte bzw. Mitarbeitervertretungen, Gewerkschaften, Trägerorganisationen, Krankenhausgesellschaften, staatliche Organisationen wie Bund, Länder sowie Kommunen und insbesondere für konfessionelle Krankenhäuser auch die Evangelische und die Katholische Kirche und ihre Mitglieder sowie die Wohlfahrtsverbände Diakonie und Caritas. Vgl. beispielhaft Conzen et al. 2016, S. 7.

in einem normativ-ethischen Anspruchsgruppenkonzept einzubinden.[177] Damit kann die Organisation u. a. ihre Legitimation aufrecht erhalten.[178]

Nachdem der Krankenhauskontext dargestellt worden ist, in dem die explorative Forschung stattfindet, werden nun im folgenden Kapitel die *Gesundheits- und Krankenpflegerinnen* als Gegenstand der Forschung definiert.

2.3 Gesundheits- und Krankenpflegerinnen

Eine zentrale Voraussetzung, um in Deutschland die Berufsbezeichnung *Gesundheits- und Krankenpflegerin* oder *Gesundheits- und Krankenpfleger* führen zu dürfen, ist der Abschluss der Ausbildung nach § 4 Abs. 7 Krankenpflegegesetz (KrPflG) mit einer staatlichen Prüfung.[179] Die Ausbildung besteht aus theoretischem und praktischem Unterricht und praktischen Ausbildungsteilen. Unabhängig vom Zeitpunkt der staatlichen Prüfung dauert sie in Vollzeitform drei, in Teilzeitform höchstens fünf Jahre.[180] Nach § 3 Abs. 1 KrPflG soll die Ausbildung »entsprechend dem allgemein anerkannten Stand pflegewissenschaftlicher, medizinischer und weiterer bezugswissenschaftlicher Erkenntnisse fachliche, personale, soziale und methodische Kompetenzen zur verantwortlichen Mitwirkung insbesondere bei der Heilung, Erkennung und Verhütung von Krankheiten vermitteln«.[181]

---

177 Vgl. Rüegg-Stürm 2003, 28 ff.
178 *Fischer* arbeitet bezogen auf christliche Krankenhäuser heraus, dass in einem normativ-theologischen im Gegensatz zu einem strategischen Anspruchsgruppenkonzept die Bewertung der Bedeutung der jeweiligen Gruppe nach der Betroffenheit und nicht nach deren Macht und Einfluss erfolgt. Außerdem hat die Berufung auf die Nachfolge Jesu und der Zweck der tätigen Nächstenliebe maßgebliche Folgen z. B. für die Wirkmächtigkeit bestimmter Anspruchsgruppen, für die Art der Aushandlung von Interessen und Anliegen sowie für die Legitimität christlicher Häuser. Vgl. Fischer 2012, 217 f.
179 Vgl. Bundesgesetzblatt 2003. Weitere Voraussetzungen sind in § 2 KrPflG aufgeführt. Ob Personen, die ihre Ausbildung im Ausland absolviert haben, die für eine Beschäftigung als Fachkraft erforderliche Qualifikation besitzen, muss die nach den Regelungen der Länder oder des Bundes für die Anerkennung ausländischer Berufsabschlüsse zuständige Stelle entscheiden. Sie stellt die Gleichwertigkeit mit einer inländischen qualifizierten Berufsausbildung fest (§ 6 Abs. 2 BeschV). Vgl. Bundesamt für Migration und Flüchtlinge 2019, S. 75.
180 Das KrPflG wird vom Gesetz zur Reform der Pflegeberufe (Pflegeberufegesetz) abgelöst. Vgl Bundesgesetzblatt 2017. Das Bundeskabinett hat im Juni 2018 die neue Ausbildungs- und Prüfungsordnung für die Pflegeberufe verabschiedet. Zum 1. 1. 2020 ist die generalistische Pflege-Ausbildung zur Pflegefachfrau/ zum Pflegefachmann eingeführt worden. Die Reform ist in der Fachwelt nicht unumstritten. Vgl. Böcken und Kostera 2017, S. 19.
181 Vgl. Bundesgesetzblatt 2003. Ergänzend zum KrPflG gelten die jeweiligen Ausbildungs- und Prüfungsverordnungen der Bundesländer. Nach Winter besitzen die Länder relativ große curriculare Gestaltungsspielräume und zum Teil auch die einzelnen Ausbildungsstätten, wodurch diverse Sozialisationsstrukturen entstehen können, insbesondere da die Träger

Für die berufliche Praxis ist das Zusammenspiel aus Kenntnissen, Fertigkeiten, Fähigkeiten und bestimmten Bereitschaften bzw. Einstellungen zentral.[182] In Einstellungen (synonym: Werthaltungen) finden Werte als grundsätzliche individuelle Präferenzen ihre individuell handlungsrelevante, kognitive Repräsentation.[183] Hermann betont in diesem Zusammenhang die sogenannte »professionelle Haltung«, die sich auf ein professionelles Rollen- und Selbstverständnis im Sinne eines Habitus bezieht und sich durch Reflexion des eigenen bspw. pflegerischen Handelns im Prozess der Ausbildung und Berufstätigkeit entwickelt und das professionelle pflegerische Alltagshandeln prägt.[184]

Die Berufsgruppe der Gesundheits- und Krankenpflegerinnen kann mit Schedler und Rüegg-Stürm auch als Sinngemeinschaft mit eigener Rationalität resp. Begründungs- und Handlungslogik bezeichnet werden, die festlegt, was als legitim, angemessen, erfolgreich oder sinnvoll gilt.[185] Sie bildet eine Handlungs- und Kommunikationsgemeinschaft, die sich in der Regel durch gemeinsame Normen und Werte sowie gemeinsam verwendete Begriffe und Denkmuster auszeichnet, die sich u. U. stark von anderen Sinngemeinschaften innerhalb eines Krankenhauses unterscheidet.[186] So erscheinen in dieser Sinngemeinschaft der Wunsch nach sinnvoller, interessanter und vielfältiger Arbeit mit Menschen, die Beziehung zu Patientinnen und Angehörigen, eine starke subjektive Bestätigung in der individuellen Pflegetätigkeit, caritative Motive (religiös oder humanistisch begründetes Helfen-Wollen) sowie eine gute Zusammenarbeit und gegenseitige soziale Unterstützung wichtig.[187]

Schließlich ist die Berufsgruppe der Gesundheits- und Krankenpflegerinnen durch verschiedene starke Belastungsfaktoren gekennzeichnet. So sind sie psychischen Belastungen (Eingehen auf Patienten mit schweren oder unheilbaren Erkrankungen, Leiden, Sterben und Tod), arbeitszeitlicher Inanspruchnahme durch Schicht-, Nacht- und Wochenenddienst, einer schwierigen Vereinbarkeit von Beruf und Familie bzw. Privatleben, körperlichen und physischen Belas-

---

der Ausbildungsstätten (Staat, Kirchen, Krankenhäuser u. a.) jeweils eigene pflegeberufliche Sozialisationsakzente setzen. Vgl. Winter 2011, S. 41.
182 Vgl. beispielhaft Herrmann 2014, S. 8. Zum diakonischen Kompetenzprofil in der generalistischen Pflegeausbildung vgl. Diakonie Deutschland 2019, 6ff.
183 Vgl. Elbe 2016, S. 29. Ähnlich definieren *Berthel und Becker* das theoretische Konstrukt der Einstellungen als erworbene, relativ überdauernde Dispositionen im Sinne von Wahrnehmungsorientierungen und entsprechenden Handlungsbereitschaften. Vgl. Berthel und Becker 2017, S. 96. *Kieser et al.* weisen auf die gegenseitige Wechselwirkung zwischen Einstellung und Verhalten hin. Vgl. Kieser et al. 1990, S. 36.
184 Vgl. Herrmann 2014, S. 8. Zum professionsbezogenen Ethikkodex vgl. Kozica 2011, S. 13; Winter 2011, S. 46.
185 Vgl. Schedler und Rüegg-Stürm 2013, S. 37.
186 Vgl. Schedler und Rüegg-Stürm 2013, S. 37.
187 Vgl. Braun und Müller 2005, S. 136f.; Bundesverband Junge Pflege; Höppner 2003, S. 214; Rixgens 2018, S. 262; Winter 2011, S. 43.

tungen sowie z. T. schwierigen strukturell-arbeitsorganisatorischen Bedingungen ausgesetzt.[188]
Damit geben die Ausführungen zum einen Hinweise auf potentielle Fluktuationsgründe. Möglicherweise bewerben sich Fachkräfte auf anderen Stationen oder in anderen Krankenhäusern und verbinden damit die Hoffnung auf bessere Arbeitsbedingungen. Zum anderen werfen sie die Frage auf, ob bzw. inwiefern die genannten Belastungsfaktoren eine Rolle für die neuen Mitarbeitenden im Hinblick auf ihre Einführung spielen.

Welche Personen unter dem Begriff *neue Mitarbeitende* hier gefasst werden und welche Merkmale der Literatur nach kennzeichnend für sie sind, wird im folgenden Kapitel erörtert.

2.4 Neue Mitarbeitende

Im Kontext dieser Arbeit werden als *neue Mitarbeitende* zum einen jene Menschen bezeichnet, die nach Abschluss ihrer Ausbildung zur Gesundheits- und Krankenpflegerin erstmals eine Stelle in einem Krankenhaus antreten (*Berufsanfängerinnen*). Unter Umständen haben sie im Rahmen ihrer Ausbildung schon einen oder mehrere Praxiseinsätze hier absolviert, verfügen aber noch nicht über Erfahrungen als Fachkraft (*interne Berufsanfängerinnen*).

Der Deutsche Berufsverband für Pflegeberufe beschreibt die Berufsanfängerinnen so: Sie »bringen viel Engagement, Empathie und große Erwartungen mit, möchten in der Berufsausbildung gelerntes Wissen umsetzen und anwenden dürfen. Und verzweifeln dann leider allzu oft an dem, was sie im Tagesgeschäft daran hindert.«[189]

Zum zweiten sind hier solche Mitarbeitende inbegriffen, die nach erster oder längerer Berufserfahrung, ggf. auch nach einer längeren Pause wie der Elternzeit, eine Arbeitsstelle bei einem neuen Arbeitgeber annehmen (*externe Neue*).

Drittens sind hier auch die Mitarbeitenden einbezogen, die trägerintern zum Beispiel die Klinik bzw. die Station wechseln und eine neue Arbeitsstelle antreten (*interne Neue*).

Und schließlich werden hier auch jene Mitarbeitende einbezogen, die nach einiger Zeit in einem anderen Krankenhaus nun neu eine Stelle bei ihrem früheren Arbeitgeber antreten (*Wiederkehrerinnen*).

---

188 Vgl. Braun und Müller 2005, S. 132; Gerisch und Oberlies 2011, 15 ff.; Hasselhorn et al. 2005a, S. 15; Kocks et al. 2017, 24 ff; Riesterer 2014, S. 5; Winter 2011, S. 48.
189 Deutscher Berufsverband für Pflegeberufe e.V. 2012. *Kieser et al.* weisen auf die Schwierigkeit hin, dass die durch die Ausbildung zum Teil sehr erfolgreich erworbenen Kenntnisse und Fähigkeiten häufig nicht ausreichend mit in der Praxis zu lösenden Problemen korrelieren. Vgl. Kieser et al. 1990, S. 2.

In der Literatur finden sich Kategorisierungen, die neue Mitarbeitende auf verschiedene Arten gruppieren. Van Maanen und Schein haben eine Typisierung von neuen Mitarbeitenden hinsichtlich ihres Rollenverhaltens entwickelt. Sie unterscheiden als drei Typen den »Konformisten«, den »kreativen Mitarbeiter« und den »Rebell«.[190]

Nach einem von Benner entwickelten Modell durchlaufen die neueingestellten Pflegekräfte je nach Stand der erworbenen Kenntnisse, Fähigkeiten, Fertigkeiten und Bereitschaften bis zu fünf verschiedene Leistungsstufen: *Anfänger, Fortgeschrittene Anfänger, Kompetente Pflegende, Erfahrene Pflegende* und *Pflegexperten*.[191]

Seit einiger Zeit ist auch die Kategorisierung von (neuen) Mitarbeitenden nach Generationen mit entsprechenden Zuschreibungen von Merkmalen populär, aber nicht unumstritten.[192] Schlott vertritt die Auffassung, die Generation Y – zu der die nach 1980 geborenen Berufseinsteiger und Wechsler gehören – »kommt mit neuen Ideen und wird die Klinikbranche in den nächsten Jahren verändern. Die Generation Y fordert neue Führungsstile, bessere Technik, Coaching-Ansätze, flexible Arbeitszeiten und ein hierarchiefreieres Denken.«[193]

Abschließend lässt sich jenseits solcher Kategorisierungen für den Großteil der neuen Mitarbeitenden festhalten: Sie zeichnen sich in der Regel durch hohe Motivation und großes Interesse aus.[194] Der Stellenantritt ist für sie in der Regel mit mehr oder weniger konkreten individuellen Hoffnungen, Wünschen, Erwartungen und Interessen verbunden,[195] und sie prüfen, wie groß die Schnittmenge mit den Zielen der Organisation ist.[196]

Wie lange eine neue Gesundheits- und Krankenpflegerin als »neu« angesehen wird, hängt von organisationsbezogenen, funktionsbezogenen und personenbezogenen Faktoren ab.[197] Die Probezeit bietet dabei nur einen vagen Anhaltspunkt.

---

190 Vgl. van Maanen und Schein 1979, 228 ff.
191 Vgl. Benner 2017, S. 57.
192 Vgl. Dahlmanns 2014; Herrmann 2017, S. 88 mit Verweis auf Mangelsdorf 2015, 22 f.; Hurrelmann und Albrecht 2014; Lüthy und Ehret 2014, 125 f.; Moser et al. 2018, S. 21; Schlott 2012, 201 ff.; Scholz 2014, 24 ff. Es lässt sich z. B. einwenden, dass *Marr et al.* schon 1979 *unabhängig vom Geburtsjahr* ganz ähnliche allgemeine Mitarbeiterinteressen benennt wie jene, die von mehreren Autoren als spezifisch für die Generation Y identifiziert werden. Vgl. Marr et al. 1979, 72 ff.
193 Schlott 2012, S. 203.
194 Vgl. Becker 2004, S. 515; Lohaus und Habermann 2016, S. 91; Lüthy und Schmiemann 2004, S. 42.
195 Vgl. Conzen et al. 2009, S. 411; Kieser 1995, S. 159.
196 Vgl. Sackmann 2002, S. 95.
197 Vgl. Becker 2004, S. 515; Lohaus und Habermann 2016, S. 24.

2.5 Personaleinführung

Im Folgenden werden nun die Begriffsexplikation und die personalwirtschaftliche Verortung der *Personaleinführung* vorgenommen.

2.5.1 Begriffsexplikation

Im Kontext der Einführung neuer Mitarbeitender werden in der Literatur verschiedene Termini wie *Einarbeitung,*[198] *Einbindung, Inplacement, Eingliederung,*[199] *Onboarding,*[200] *Induktion,*[201] *(Personal-) Integration*[202] oder *Personaleinführung*[203] verwendet, die häufig eine inhaltliche Konvergenz aufweisen und alternativ verwendet werden.[204] In der Regel beschreiben sie die »systematische Unterweisung am Arbeitsplatz, deren Notwendigkeit sich aus der Diskrepanz von Anforderungen und tätigkeitsbezogenen Kenntnissen bzw. Fertigkeiten einerseits sowie der neuen sozialen Umgebung andererseits ergibt (...).«[205]

Eine begriffliche Abgrenzung nehmen Moser et. al. zu den Begriffen *Orientierung, Einarbeitung, Onboarding* und *Organisationale Sozialisation* vor, wobei das nach ihrer Beurteilung nicht trennscharf möglich ist.[206] Die *Orientierung* umfasst Maßnahmen der Organisation, die mit der (absehbaren) Aufnahme in die Organisation beginnen und nach relativ kurzer Zeit enden, wobei Regeln, Prinzipien und Verfahrensweisen vermittelt werden. Bei der *Einarbeitung* werden nach der Aufnahme für relativ kurze Zeit positionsorientiert Maßnahmen eingesetzt, die auf die Vermittlung von Wissen, Fertigkeiten und Regeln gerichtet sind. *Onboarding* ist nach Moser ein mittelfristiger Prozess, der positions- und organisationsorientiert ist und auch die Vermittlung einer Kultur beinhalten kann. Die *Organisationale Sozialisation* schließlich ist ein langfristiger Prozess, in dem Wissen, Fertigkeiten, Kenntnisse, Regeln, Normen, Rollenerwartungen und Werte von Organisationen an Individuen vermittelt bzw. vom Individuum erworben und/oder weiterentwickelt werden.

In der englischsprachigen Literatur hingegen wird *Onboarding* ähnlich wie *Orientation* meist als Begriff für konkrete Maßnahmen wie z. B. Einführungstage

---

198 Vgl. Kieser et al. 1990.
199 Vgl. Rehn 1990.
200 Vgl. Brenner 2014; Moser et al. 2018.
201 Vgl. Stiefel 1979.
202 Vgl. Hentze et al. 2001, 441 ff.; Lohaus und Habermann 2016.
203 Vgl. Berthel und Becker 2017, S. 428.
204 Vgl. Becker 2004; Berthel und Becker 2017, S. 428; Bröckermann 2014.
205 Marr et al. 1979, 332 f.
206 Vgl. Moser et al. 2018, S. 4.

bzw. spezifische Programme verwendet, die es neuen Mitarbeitenden leichter machen sollen, sich in den ersten Tagen und Wochen zu orientieren.[207] Er wird damit sehr eng gefasst und deutlich abgegrenzt vom Begriff *Organisational Socialization* als längerfristigem Lern- und Anpassungsprozess, oder er wird als dessen Teilaspekt verstanden. So schreibt beispielsweise Wanberg, dass *Organisational Socialization* auch *Onboarding* als Einsatz bestimmter Instrumente bzw. Praktiken zur Orientierung beinhalten kann, aber einen deutlich anderen und weiteren Fokus hat:

> »Organizational socialization may also include onboarding, but furthermore more broadly encompasses the information seeking, learning, and other adaptation processes involved in socialization on the part of the newcomer. Socialization occurs within the newcomer and numerous factors, onboarding included, can influence that socialization.«[208]

Mit Bartscher-Finzer u.a. wird die Personaleinführung in dieser Arbeit als Teilprozess der Organisationalen Sozialisation aufgefasst.[209]

Inhaltlich werden in der deutschen personalwirtschaftlichen Literatur häufig die *fachliche Einarbeitung* und die *soziale Eingliederung* als zentrale Aspekte der Personaleinführung genannt.[210] Abbildung 3 veranschaulicht diese Zweiteilung.

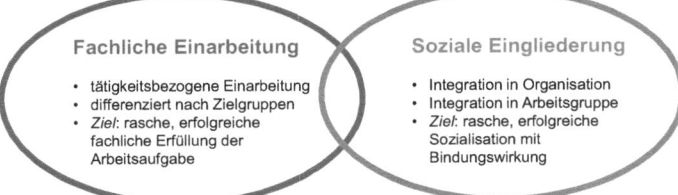

Abbildung 3: Zentrale Aspekte der Personaleinführung im engeren Sinne. In enger Anlehnung an Berthel und Becker 2017, S. 439.

Hinsichtlich des zeitlichen Beginns gibt es zum einen die Definition in einem engeren Sinn, nach der die Einführung mit dem Eintritt der neuen Mitarbeitenden in die Organisation beginnt. In einem weiteren Sinn beginnt sie zum einen bereits mit der Entwicklung eines zielgruppenspezifischen Konzepts, das u.a. Ziele, Inhalte, Maßnahmen, Ressourcen umfasst, und zum anderen mit der

---

207 Vgl. Athanas und Wald 2017, S. 36; Wanberg 2012, S. 17; Wanous 1992, 188f.
208 Vgl. Wanberg 2012, S. 17; *Wanberg* fasst unter dem Begriff Onboarding bestimmte Maßnahmen bzw. Praktiken, die es neuen Mitarbeitenden leichter machen sollen, sich zu orientieren.
209 Vgl. Bartscher-Finzer 2004, S. 1481; Althauser 1982, 8ff.; Berthel und Becker 2017, S. 428.
210 Vgl. Becker 2004, 514f.; Berthel und Becker 2017, S. 428; Bröckermann 2014, S. 158; Kolb und Wiedmann 1997, S. 204; Lohaus und Habermann 2016, S. 15; Scherm und Süß 2016, S. 60.

Pflege einer entsprechenden Organisationskultur (synonym: Unternehmenskultur).[211] Im konkreten Einzelfall beginnt sie mit der Stellenausschreibung und den ersten Kontakten bis hin zum Auswahlgespräch und einer möglichen Hospitation, mit denen dem potentiellen Mitarbeitenden wesentliche Informationen und Eindrücke vermittelt werden.

Dieser Arbeit wird ein Verständnis in diesem weiteren Sinne zugrunde gelegt. Darüberhinaus wird auch inhaltlich ein weites Verständnis zugrunde gelegt, wonach die Einführung *drei* miteinander verflochtene Inhaltsdimensionen umfasst: die fachliche Einarbeitung, die soziale Integration und die kulturelle Einführung.[212] Diese dritte Inhaltsdimension umfasst u. a. das Kennenlernen der Werteorientierung und das Hineinwachsen in die entsprechenden Verhaltens- und Deutungsmuster. Im Rahmen der organisationalen Sozialisation geht sie über die Personaleinführung hinaus.[213] Eine solche kulturelle Einführung erscheint trägerunabhängig bedeutsam. Für konfessionelle Krankenhäuser kann sie u. a. aufgrund des trägerspezifischen Zwecks als wesentlich angesehen werden.[214]

Das hier zugrundeliegende Verständnis kann mit Abbildung 4 veranschaulicht werden und wird in Kap. 4.2 mithilfe eines Rahmenmodells ausführlich dargelegt.

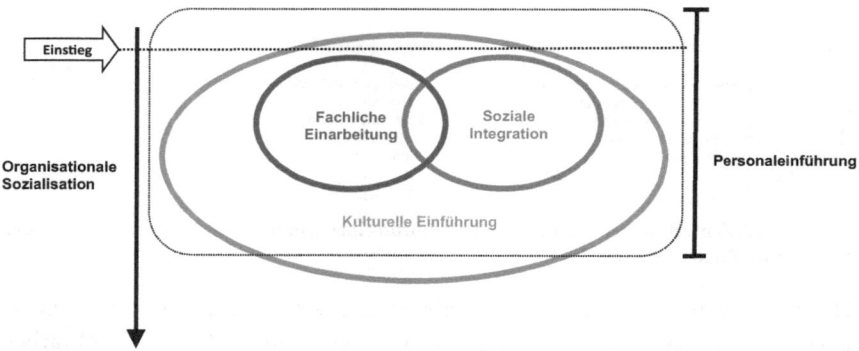

Abbildung 4: Die Personaleinführung mit ihren drei Inhaltsdimensionen als Teilprozess der organisationalen Sozialisation.

Mit der Personaleinführung wird aus personalwirtschaftlicher Perspektive eine Vielzahl von Inhalten, Ergebnissen und Zielen verbunden.[215] An dieser Stelle seien

---

211 Vgl. Kap. 2.6.2 und 4.2.2; Berthel und Becker 2017, S. 434.
212 Vgl. Kap. 4.2.5.
213 Vgl. Abbildung 4.
214 Vgl. Kap. 2.6.2.
215 Im Folgenden zusammenfassend in Anlehnung an Becker 2004, 514 f.; Berthel und Becker 2017, S. 428; Bröckermann 2014, S. 158; Engelhardt 2014, S. 83; Hentze et al. 2001, S. 441; Kolb

knapp zusammenfassend eine Kommens- und eine Bleibebereitschaft der Fachkräfte, die Aufgabenbeherrschung und Rollenklarheit, das Einfinden in die Organisationskultur sowie wechselseitige Zufriedenheit als anzustrebende Ergebnisse genannt.[216]

Letztlich handelt es sich bei der Einführung um einen über ein geplantes, systematisches und formalisiertes Programm hinausgehenden komplexen Interaktionsprozess zwischen der Organisation mit ihren Mitgliedern und dem neuen Organisationsmitglied, der auch den Austausch und Ausgleich der gegenseitigen Ansprüche und Erwartungen umfasst.[217] »Dieser Überlegung wird im Konzept des psychologischen Vertrags Rechnung getragen.«[218] Während der juristische Arbeitsvertrag auf intersubjektive Nachprüfbarkeit abstellt, gründet der psychologische Vertrag in subjektiven Wahrnehmungen und Bewertungen der Arbeitsbeziehung und kann die gesamte Palette materieller und immaterieller Anreize sowie Beiträge innerhalb eines Arbeitsverhältnisses umfassen.[219] Er richtet sich auf implizit wie explizit gegebene Versprechen, wobei nach Rousseau nicht entscheidend erscheint, was die Versprechenden meinen, sondern was beim Gegenüber ankommt.[220] Nach Bartscher-Finzer ist der Erfolg der Einführung somit sehr stark davon abhängig, ob es gelingt, eine gemeinsame Verständigungsbasis über die Inhalte und die Erfüllung dieses psychologischen Vertrags – also über die wechselseitigen Erwartungen und Anforderungen – zu finden.[221]

Im Anschluss an diese Begriffsexplikation wird die Einführung neuer Mitarbeitender nun als Teilfunktion des Personalmanagements verortet.

2.5.2 Personalwirtschaftliche Verortung

Mit Berthel und Becker wird die Personaleinführung als integraler Teil des *Personalmanagements* bzw. genauer der *Personalbedarfsdeckung* aufgefasst, die ihrerseits eine Funktion des Personalmanagements ist.[222]

---

und Wiedmann 1997, S. 204; Lohaus und Habermann 2016, 26 ff.; Moser et al. 2018, S. 4; Scherm und Süß 2016, S. 60; Schmola 2016, 160 f.
216 Vgl. ausführlich dazu Kap. 3.1.1.
217 Vgl. Althauser 1982, 36 ff. mit Verweis auf Graen et al. 1973; Bartscher-Finzer 2004, S. 1481; Berthel und Becker 2017, S. 428; Elbe 2016, 81 ff.; Marr et al. 1979, 332 ff.
218 Bartscher-Finzer 2004, S. 1479. Zum Konzept des psychologischen Vertrags vgl. beispielhaft Rousseau 1995; Schein 1980.
219 Vgl. Bartscher-Finzer 2004, S. 1480.
220 Vgl. Rousseau 1995, S. 16.
221 Vgl. Bartscher-Finzer 2004, S. 1479.
222 Vgl. Berthel und Becker 2017, S. 428.

Ein modernes Personalmanagement ist »aktiver und integrierter Teil des strategischen wie operativen Managementprozesses sowie integraler Bestandteil der Arbeit aller Führungskräfte primär zur organisatorischen Zielerreichung.«[223] Es umfasst alle Funktionen zur Bereitstellung der zur effizienten Erreichung der allgemeinen und speziellen Organisationsziele erforderlichen personellen Kapazität in qualitativer und quantitativer sowie zeitlicher und örtlicher Hinsicht.[224]

Zentrale Bestandteile des Personalmanagements sind mit Berthel und Becker die *Verhaltenssteuerung* und die *Systemgestaltung* als zwei unmittelbar aufeinander bezogene Aspekte, wenngleich mit ihnen unterschiedliche Fokusse verfolgt werden.[225]

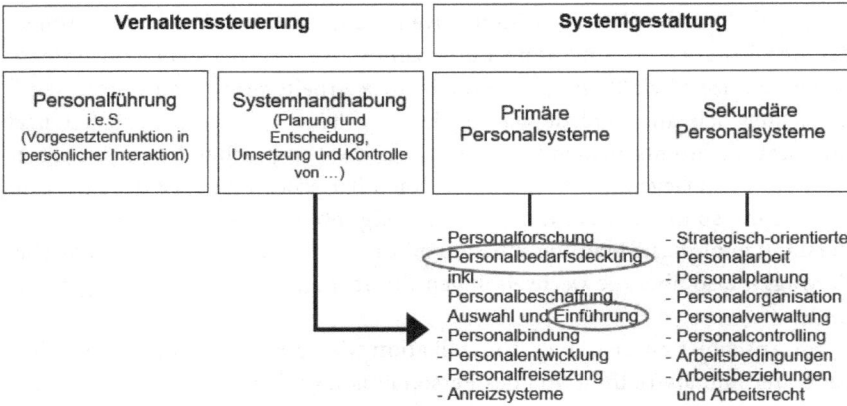

Abbildung 5: Verortung der Personaleinführung. In enger Anlehnung an Berthel und Becker 2017, S. 17.

Wie die linke Hälfte von Abbildung 5 veranschaulicht, umfasst die *Verhaltenssteuerung* zum einen die Mitarbeiterführung in persönlichen Interaktionen und zum anderen die Führungsaktivitäten durch Vorgesetzte und andere Verantwortliche durch die Systemhandhabung.[226] In der rechten Hälfte werden die primären und die sekundären Personalsysteme genannt, die der *Systemgestaltung* zugerechnet werden. Letztlich dient auch sie indirekt zur Verhaltenssteuerung.[227]

---

223 Berthel und Becker 2017, S. 16.
224 Vgl. Berthel und Becker 2017, S. 16; Bröckermann 2016, S. 123; Kolb 2008, S. 55; Scherm und Süß 2016, S. 6. In der personalwirtschaftlichen Literatur finden sich verschiedene Varianten, die Aufgaben und Funktionen darzustellen und in eine systematische Ordnung zu bringen. Insbesondere gibt es »diverse Konzepte für die Zuordnung von personalwirtschaftlichen Funktionen auf dezidierte Planungs- oder Managementfelder.« Scholz 2014, S. 83.
225 Vgl. auch im Folgenden Berthel und Becker 2017, 16 ff.
226 Vgl. Berthel und Becker 2017, S. 17.
227 Vgl. Berthel und Becker 2017, S. 18.

Die eingangs erwähnte *Personalbedarfsdeckung* ist eines der primären Personalsysteme.[228] Darunter sind die auf Gewinnung und Einsatz des Personals zielenden Aktivitäten zu verstehen. Als Teilaufgaben werden die Festlegung der Qualifikationsanforderungen, die Personalbeschaffung, die Auswahl und die *Einführung* von Mitarbeitenden unterschieden.[229]

Nach Bröckermann rundet die Einführung »die Personalbeschaffung ab. Zugleich handelt es sich sowohl um den ersten Baustein des Personaleinsatzes als auch der Personalbindung, weitestgehend mit den Mitteln der Personalentwicklung.«[230] Klimecki und Holtbrügge verorten die Einführung neuer Mitarbeitender in der Personalentwicklung (»into-the-job«[231] bzw. »on the job«[232]).

Nach hier vertretener Auffassung ist die Einführung Teil der Personalbedarfsdeckung, weil erst mit ihrem erfolgreichen Abschluss der Bedarf durch den vollständigen Einsatz der neuen Fachkraft, d. h. mit deren voller stellenbezogener Leistungsfähigkeit, gedeckt ist.[233] Scheitert sie, muss der Bedarfsdeckungsprozess von vorn beginnen.

Mit Bartscher-Finzer ist schließlich auf den Zusammenhang von Personaleinführung und den übrigen personalwirtschaftlichen Funktionsfeldern (ebenso wie ihre Einbettung in die Personalpolitik) hinzuweisen.

»Der Einsatz der besten Sozialisationsinstrumente bleibt ohne Wirkung, wenn er nicht durch ein angemessenes Führungsverhalten unterstützt wird oder wenn die Versprechungen durch einen willkürlichen Personaleinsatz unglaubwürdig werden.«[234]

2.6 Organisationskultur

In Bezug auf die Praxis erscheint die Frage nach der *Kultur* eines Krankenhauses, nach der normativen Orientierung, nach den Werten und Normen und ihnen entsprechenden Handlungen sowohl aus Sicht von und im Hinblick auf Pati-

---

228 Ausführlich zu Begriff, Inhalt und Determinanten der Personalbedarfsdeckung vgl. Berthel und Becker 2017, 326 ff.
229 Vgl. Berthel und Becker 2017, 326 f. Personalentwicklung (Maßnahmen zur Deckung eines qualitativen Bedarfs) und Personalbindung (Erhalt des Personals) können in einem weiteren Sinne nach *Berthel und Becker* auch zur Personalbedarfsdeckung gerechnet werden.
230 Bröckermann 2014, S. 158; ähnlich Kolb 2008, S. 133.
231 Vgl. Klimecki und Gmür 2005, S. 208.
232 *Holtbrügge* fasst Trainee-Programme unter Personalentwicklung (»into-the-job«) und die systematische Unterweisung von neuen Mitarbeitenden mit Ausbildung und Berufserfahrung unter der Kategorie »on-the-job«. Vgl. Holtbrügge 2005, S. 106.
233 Vgl. Berthel und Becker 2017, S. 327; Lohaus und Habermann 2016, S. 24. Je nach Anforderungsprofil und individuellen Kompetenzen, Erfahrungen und Einstellungen der neuen Mitarbeitenden dauert sie entsprechend viele Monate. Vgl. Bröckermann 2016, S. 112.
234 Bartscher-Finzer 2004, S. 1482.

entinnen, Mitarbeitende(n) und Führung sowie aus Sicht weiterer Anspruchsgruppen bedeutsam.[235]

In Bezug auf die Wissenschaft ist ebenfalls ein Interesse an der Kultur von Organisationen und Unternehmen auszumachen, doch trotz der intensiven theoretischen Auseinandersetzung ist bisher kein begrifflicher Konsens festzustellen.[236] Sowohl zwischen den unterschiedlichen Disziplinen als auch innerhalb dieser sind eine Vielzahl an Definitionen und Konzepten anzutreffen.[237]

Aus betriebswirtschaftlicher Perspektive besteht ein Interesse an der Unternehmenskulturforschung, seit und weil eine Reihe von Untersuchungen gezeigt hat, dass die jeweils herrschende Kultur in einem Unternehmen Auswirkungen auf die Mitarbeitendenleistung, -gewinnung, -bindung und die Unternehmensleistung hat.[238]

In der Diakoniewissenschaft kommt die Frage nach einer diakonischen Organisationskultur in einer Situation auf, in der sich diakonische Unternehmen zunehmend in Konkurrenz zu anderen Anbietern auf einem Sozialmarkt behaupten müssen und in der eine christliche Motivation oder Sozialisation von Mitarbeitenden nicht mehr selbstverständlich ist.[239]

Da die kulturelle Dimension in der Personaleinführung neuer Gesundheits- und Krankenpflegerinnen in Krankenhäusern insbesondere in konfessioneller Trägerschaft ein besonderes Forschungsinteresse dieser Arbeit darstellt, wird im Folgenden zunächst das zugrunde gelegte grundsätzliche Verständnis von Organisationskultur als konzeptionelle Begriffsexplikation dargelegt, bevor anschließend auf Besonderheiten im Hinblick auf eine *diakonische* Kultur eingegangen wird.

---

235 Vgl. Fischer 2012, S. 218; Steiner et al. 2009, 16f. Zur Bedeutung für Mitarbeitende vgl. Kieser et al. 1990, S. 27.
236 Vgl. Moos 2018b, 11ff.; Moos 2018c, 258ff.; Macharzina und Wolf 2015, S. 240; Theurich 2016, S. 39.
237 Einen Überblick über verschiedene Ansätze der Unternehmenskulturforschung bietet beispielsweise Theurich 2016, 37ff. Vgl. auch Wien und Franzke 2014; Elbe 2016, 27ff. Zu Typen, Stärke und dem Erfolgsbeitrag von starken Unternehmenskulturen vgl. Sackmann 2004; Bleicher 2011, S. 225; Rosenstiel und Nerdinger 2011, S. 380. Zu *Krankenhauskultur* vgl. Eichhorn und Oswald 2017, 176f.; Eiff und Stachel 2007; Mühlbauer, 2ff. Einen disziplinenübergreifenden Einblick zu *diakonischer Kultur* bietet Moos 2018b, 13ff.
238 Vgl. Sackmann 2009, S. 15 mit Verweis auf verschiedene Studien. *Theurich* verweist auf das seit drei Jahrzehnten vorfindliche Interesse in der Managementliteratur. Vgl. Theurich 2016, S. 37.
239 Vgl. Kap. 2.6.2; Hofmann 2020, S. 27; Moos 2018a, 82f.

2.6.1 Begriffsexplikation

Dieser Arbeit wird ein Verständnis in Anlehnung an Sackmann zugrunde gelegt, die einen *dynamischen Konstruktansatz* verfolgt, wonach Organisationen sowohl eine Kultur *sind* als auch eine Kultur *haben*, deren Komponenten z. B. durch kulturbewusstes (Personal-)Management entwickelt, gefördert und in gewissem Maße gestaltet werden können.[240]

Mit Sackmann wird Organisationskultur definiert als die von einer Gruppe gemeinsam gehaltenen grundlegenden Überzeugungen, welche Wahrnehmung, Denken, Handeln und Fühlen der Mitglieder beeinflussen und sich sowohl in deren Handlungen als auch in anderen sichtbaren Symbolen manifestieren können.[241]

> Sie dient »gewissermaßen als kognitive Landkarte, die ihnen aufzeigt, was sie als ›gute‹ Mitglieder tun bzw. unterlassen sollten, was ›gut‹ und was ›schlecht‹ ist, welche Prioritäten zu setzen sind, wie Prozesse ablaufen, d. h. wie Probleme zu bearbeiten sind, wie man miteinander ›richtig‹ umgeht (…).«[242]

Damit kommt vor allem die normative Seite der Organisationskultur zum Ausdruck.[243] Sie charakterisiert die grundlegende Orientierung der Organisation.[244]

---

240 Vgl. Sackmann 2002, S. 25. Dieser Ansatz bildet eine Synthese aus dem sogenannten *Variablenansatz*, der die Kultur als eine gestaltbare Variable der Organisationswirklichkeit begreift und somit von einer hohen Gestaltbarkeit ausgeht, und dem *Metaphernansatz*. Dieser steht in der Tradition anthropologischen Erkenntnisinteresses und schließt die Möglichkeit einer bewussten Steuerung oder Gestaltung aus. Vgl. Sackmann 1990, 153f.; Elbe 2016, S. 95. Zur Frage der Gestaltbarkeit von Organisationskultur liegen unterschiedliche Positionen vor. Vgl. beispielhaft Becker 2011, S. 117; Elbe 2016, 27f.; Haas und Starnitzke 2019, 236ff.; Hofmann 2008a, S. 10; Holtbrügge 2005, S. 194; Schmidt 2014, 127ff.
241 Vgl. Sackmann 2002, S. 25.
242 Sackmann 2002, S. 41; vgl. ähnlich Bröckermann 2016, S. 132; Kieser et al. 1990, S. 3.
243 *Eichhorn und Oswald* stellen folgenden Bezug her: »In der Krankenhauskultur kommt die Verhaltensdimension des normativen Managements zum Ausdruck.« Eichhorn und Oswald 2017, S. 169.
244 Vgl. Sackmann 2002, S. 41. Damit wird deutlich, dass das Konzept der Organisationskultur das von Organisationsidentität berührt. Auf die unterschiedlichen theoretischen Ansätze und Annahmen kann im Rahmen dieser Arbeit nur mit den folgenden Verweisen eingegangen werden. *Hofmann* stellt folgende Verbindungen heraus: »Die Funktion von Unternehmenskultur für die Organisation liegt sehr nahe bei der Funktion der Selbstbeschreibungen von Organisationsidentität: sie identifizieren relevante Handlungen und Entscheidungen, lenken Handeln und bieten damit Sicherheit, Komplexitätsreduktion und Orientierung. Unternehmenskultur und Organisationsidentität stehen in einer engen Beziehung zueinander, sind aber nicht identisch.« Hofmann 2016, S. 106. Sie expliziert Organisationsidentität mit Rückbezug auf die Organisationstheorie als ein relationales bzw. kommunkatives und dynamisches Konstrukt. Vgl. Hofmann 2020, S. 30. *Macharzina* weist aus Sicht der Betriebswirtschaftslehre auf die Überschneidungen zwischen Unternehmenskultur und dem Konzept der *Unternehmensphilosophie* sowie auf die enge Verbindung zwischen *Unternehmenszielen und -grundsätzen* und Unternehmenskultur hin. Vgl.

Zugleich hat sie eine deskriptive Seite, da sie auch an das tatsächliche kollektive Verhalten von Organisationsmitgliedern gebunden ist und sich dadurch reproduziert.[245]

Während Sackmann mit ihrem Eisbergmodell nur zwischen grundlegenden Überzeugungen einerseits und deren sichtbaren Manifestation (z. B. Artefakte wie Verhalten) andererseits unterscheidet,[246] differenziert Schein in seinem Unternehmenskultur-Modell drei Ebenen.[247]

Auf der untersten Ebene sind die *grundlegenden Überzeugungen* bzw. *Grundannahmen* angesiedelt. Sie haben Annahmen z. B. über den Menschen, über Welt, Wahrheit, Wirklichkeit, Zeit, Beziehungen, Sinn, Transzendenz zum Inhalt. Sie stellen den Ausgangspunkt werteorientierter Handlungen dar.[248] Sie sind zur Gewohnheit geworden und in der Regel unbewusst. Das heißt, das Grundlegende der Organisationskultur ist in den Köpfen von Mitarbeitenden wie Führungskräften verankert, damit nicht sichtbar und sowohl für neue Mitarbeitende als auch für Forschende nur indirekt zugänglich.

Die mittlere Ebene bilden die *Werte* und *Normen*. *Werte* werden als Leitlinien für das »Richtige« aufgefasst, mit einer verhaltensbeeinflussenden und einer legitimierenden Funktion für das Handeln.[249] *Normen* werden hier definiert als »vorgeschriebene« Werte[250] im Sinne handlungsbestimmender Soll- und Muss-

---

Macharzina und Wolf 2015, S. 245. Sehr grundlegend expliziert *Theurich* Konzepte von Organisationsidentität und -kultur. Er betont, dass sich trotz der relativen Nähe beider Konzepte eine analytische Konkurrenz zwischen ihnen ergibt, wenn – wie in der Betriebswirtschafts- und Managementlehre häufig der Fall – aus der Organisationskultur eine funktional zu gestaltende Größe gemacht wird, statt sie als interpretativ verstandenes Konzept zu fassen. In Rückgriff auf verschiedene Modelle beschreibt er eine mögliche Kopplung von Kultur, Identität und Profil/Image, wobei diese weiterhin differiert werden. Danach ist Organisationsidentität im Vergleich relativ textuell, instrumentell und explizit, wohingegen Organisationskultur relativ als verborgen aufgefasst wird, als emergent und kontextuell eingebunden. Vgl. Theurich 2016, S. 322. Ähnlich definiert *Ulrich* Unternehmenskultur als alles »Nicht-Systemische« des Unternehmens. Er kritisiert das Oktroyieren von Kultur in Form eines Kulturmanagements: »Und ist die Idee, Kulturentwicklungsprozesse zu lenken und damit letztlich zu beherrschen, nicht die äußerste Steigerung eines technokratischen Zeitgeistes und als solche im Grunde ein zutiefst zynischer Gedanke?« Ulrich zitiert nach Becker 2005, S. 115.

245 Vgl. Elbe 2016, 27 f.
246 Vgl. Sackmann 2002, S. 27. Ein weiteres aufschlussreiches Modell mit anderen Ebenen hat *Hofstede* entwickelt. Vgl. Hofstede 2001.
247 Vgl. auch im Folgenden Schein und Mader 1995, 30 f.; Schein 2004, S. 4; Schein 2010, 31 ff. *Hofmann* veranschaulicht diese drei verschiedenen Ebenen in Bezug auf eine *diakonische* Unternehmenskultur mit dem Bild einer Wasserlilie. Vgl. Hofmann 2008b, S. 15.
248 Vgl. Becker 2005, S. 98.
249 Vgl. Wunderer 2011, S. 177; Bleicher 2011, S. 224; Macharzina und Wolf 2015, S. 244; Nerdinger 2012, S. 217; Rosenstiel und Nerdinger 2011, S. 51.
250 Vgl. Becker 2011, S. 95.

Vorschriften.[251] Beide sind sowohl historisch geprägt, zeitspezifisch als auch evolutorisch, haben also veränderungsfähige Inhalte.

Nach Schein sind Werte und Normen teils sichtbar, teils unsichtbar und nur teilweise bewusst. Sie stellen ein Zwischenstadium der Sichtbarkeit und Reflexion dar.[252] So können sie z. B. durch schriftliche Dokumente (wie eine schriftlich fixierte Unternehmensphilosophie, Leitbilder, (Führungs-) Grundsätze oder Einführungsbroschüren) explizit zum Ausdruck gebracht werden.[253] Macharzina und Wolf weisen jedoch darauf hin, dass die gültigen Werte trotz des zunehmenden Verbreitungsgrads solcher Dokumente mehrheitlich informell und inoffiziell vermittelt werden.[254] Werte und Normen sind durch die Grundannahmen geprägt und bestimmen ihrerseits die folgende Ebene.

Die dritte Ebene bilden die Artefakte. Mit Nerdinger werden sie hier in artifizielle/objektivierte, interaktionale und verbale Symbole differenziert.[255] Sie können relativ gut wahrgenommen werden, da sie recht offensichtlich sichtbar, hörbar oder auch fühlbar sind. Gleichzeitig erschließen sie sich jedoch nicht automatisch als sichtbare Symbole der darunter liegenden Ebenen. Das heißt, sie sind *interpretationsbedürftige Kulturmanifestationen*, deren Bedeutung erst durch die Kenntnis von und den Rückbezug auf Werte und Normen sowie Grundannahmen entschlüsselt und interpretiert werden kann.[256] Hatch weist darauf hin, dass dieser Prozess sowohl pro-aktiv als auch retro-aktiv erfolgen kann.[257]

Schein stellt die enge Beziehung zwischen Grundannahmen, Haltung und Umsetzung so heraus:

»Der wirkliche Motor der Kultur – ihr Wesen – sind die gemeinsamen, unausgesprochenen Annahmen, auf die sich das alltägliche Verhalten stützt. Das führt zu einer ›Bei uns machen wir das eben so‹-Haltung (…).«[258]

Er betont, dass Merkmale wie z. B. der Umgang miteinander, das System von Anreizen und Belohnungen, die Kommunikation oder die Prozesse mit den grundlegenden Annahmen (u. a. zu Grundaufgaben, Zweck und Zielen der Organisation) interagieren.[259]

Eine Veranschaulichung der Beziehungen zwischen den Ebenen bietet Abbildung 6 (S. 66).

---

251 Vgl. Bögel 1995, S. 665.
252 Vgl. Becker 2005, S. 98.
253 Vgl. Kieser et al. 1990, S. 27.
254 Vgl. Macharzina und Wolf 2015, S. 244.
255 Vgl. Nerdinger 2012, S. 214; vgl. ähnlich Macharzina und Wolf 2015, S. 244.
256 Vgl. Sackmann 2009, 16 f.
257 Vgl. Hatch 1997, 362 ff.
258 Schein 2010, S. 39.
259 Vgl. Schein 2010, 54 f.

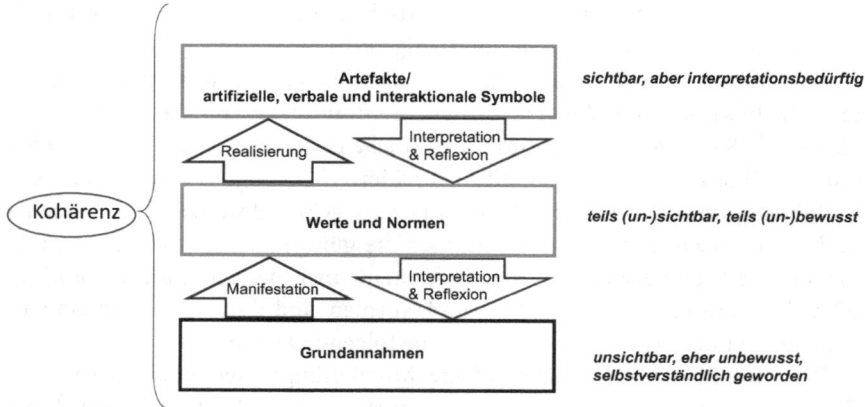

Abbildung 6: Die Ebenen der Organisationskultur in Beziehung zueinander.

Diese Abbildung macht zudem auf die Kohärenz auf den jeweiligen Ebenen und zwischen ihnen aufmerksam, die nach Schein von zentraler Bedeutung,[260] jedoch keineswegs garantiert ist.

Die Kohärenz kann z. b. durch Subkulturen gefährdet sein, die dafür sorgen, dass auf einer Ebene (und in der Folge auch auf den anderen) sehr starke Diskrepanzen vorherrschen.[261] Sackmann betont:

> »Dass solche Subkulturen existieren, ist generell weder gut noch schlecht. Die zentrale Frage ist, wie sie sich zueinander verhalten. Sie können sich sinnvoll ergänzen, wie es bei einem funktionalen Organisationsdesign gewünscht ist. Sie können durchaus sinnvoll unabhängig voneinander agieren (...). Sie können aber auch unabhängig voneinander oder gar gegeneinander agieren, obwohl sie sich, wie z. B. im Rahmen einer funktionalen Organisation, ergänzen sollten.«[262]

Eine Gefährdung der Kohärenz zwischen den Ebenen ist gegeben, wenn die sichtbaren Symbole, die Werte und die Grundannahmen nicht ineinandergreifen bzw. in einem wie auch immer gearteten Widerspruch zueinander stehen[263] oder

---

260 Vgl. Schein 2010. Auch *Sackmann* betont die Bedeutung von Konsistenz und verweist auf Studien, nach denen sich die Konsistenz auf den wirtschaftlichen Erfolg von Unternehmen auswirken. Vgl. Sackmann 2004, 236 f.
261 Subkulturen können sich nach Funktionszugehörigkeit, Profession, aber auch nach Abteilungen, Standort, Alter der Mitarbeitenden, Zugehörigkeitsdauer, Geschlecht oder Ethnik herausbilden. Vgl. Sackmann 2009, S. 16. Damit verbundene mögliche Probleme sind bereits in Kap. 2.2.5 mit Hinweis auf die Ausführungen von *Rüegg-Stürm, Schedler und Tuckermann* zu pluralistischen Organisationen, Multirationalität sowie Sinngemeinschaften angesprochen worden.
262 Sackmann 2009, S. 16.
263 Vgl. Theurich 2016, S. 46 mit Verweis auf Schein 2010. Ein Beispiel kann sein, dass die proklamierten Werte nicht handlungsleitend sind und nicht zu den Entscheidungen und Praktiken in einer Organisation passen. So betonen *Ising-Volmer et al.* im Hinblick auf

wenn früher geltende Grundüberzeugungen und Werte die aktuelle Organisationswirklichkeit und das Denken, Handeln und Fühlen der Organisationsmitglieder nicht mehr bestimmen.[264] Dieses Phänomen kann insbesondere aus einer normativen Perspektive, die an einer Unveränderbarkeit und grundsätzlichen Geltung bestimmter Grundannahmen festhält, ein großes Problem darstellen.

Die Ausführungen machen deutlich, dass die Annahmen, Werte und Normen nicht zeitlos sind, sondern durch neue Erfahrungen und Einflüsse von innen und außen überprüft und ggf. angepasst werden müssen. Empirisch gesehen passiert dies automatisch, wenn z. B. Spannungen und Brüche entstehen. So ist es auch möglich, dass die interaktionalen, verbalen und artifiziellen Symbole verändernd auf die anderen Kulturebenen zurückwirken.[265] Sie sind somit wie die gesamte Kultur wandelbar.[266]

Bei einer weitgehenden Kohärenz der Kulturebenen kommen der Organisationskultur mit Sackmann vier Funktionen zu:
1. Kultur gibt Stabilität und Kontinuität.
2. Kultur ermöglicht eine Komplexitätsreduktion.
3. Kultur dient der Sinngebung.
4. Kultur gibt Orientierung.[267]

Diese Funktionen erscheinen auch im Hinblick auf neue Mitarbeitende von Bedeutung. Damit die Organisationskultur für sie und ihre Arbeit diese Funktion haben kann, erscheint es angeraten, sie als Inhaltsdimension konzeptionell in der Personaleinführung zu verankern.[268] Mit dem konkreten Prozess der Einführung und der über sie hinausreichenden »organisationalen Sozialisation leistet die Organisation dann eine Hilfestellung, dass der neue Mitarbeiter die Werte, Praktiken und Besonderheiten der Organisation übernimmt.«[269] Aus personalwirtschaftlicher Perspektive geht es darum, einen bestimmten »Wertekanon

---

konfessionelle Krankenhäuser: »Zentral ist, dass sowohl Nutzer als auch Mitarbeiterschaft die Wertebekenntnisse und Qualitätsversprechen des Krankenhauses als ehrlich und im Alltag erfahrbar erleben. (…) Ein wichtiger Seismograph für die Glaubwürdigkeit (…) sind immer die eigenen Mitarbeitenden. Sie verfügen in der Regel über ein ausgeprägtes Sensorium, ob die öffentlich propagierten Werte und Versprechen in der Versorgung von Patienten (Nutzerperspektive) und im eigenen Erleben (Mitarbeiterperspektive) auch wirklich eingelöst werden oder eher einem Wunschdenken entsprechen.« Ising-Volmer et al. 2017, S. 180; ähnlich vgl. Fischer 2012, S. 231; Haas und Starnitzke 2019, S. 233.
264 Vgl. Theurich 2016, S. 46.
265 Vgl. Becker 2005, S. 98 mit Verweis auf Schein.
266 Vgl. Theurich 2016, S. 46.
267 Vgl. Sackmann 2002, S. 39.
268 »Wird das Konzept der Organisationskultur ernstgenommen, ist es wichtig, neuen Mitarbeitern das Zurechtfinden und die Auseinandersetzung mit Unternehmenszielen, Werten und Normen zu erleichtern.« Rehn 1990, S. 98; ähnlich vgl. Kieser et al. 1990, S. 29.
269 Stiefel 1979, 12f.

bekannt zu machen und dafür zu sorgen, dass die Werte erfasst, geordnet und praktiziert werden.«[270]

Die neuen Mitarbeitenden kommen ihrerseits mit Werthaltungen (synonym Einstellungen) in die Organisation, die hier verstanden werden als erworbene, kulturell und sozial determinierte, relativ überdauernde Dispositionen im Sinne von Wahrnehmungsorientierungen und entsprechenden Handlungsbereitschaften.[271] Sie gleichen sie mit den sichtbaren Elementen der jeweiligen neuen Organisationskultur ab – also u. a. mit den interaktionalen und verbalen Symbolen, die sie von Kolleginnen und Führungskräften sehen oder hören, mit den postulierten, teils schriftlich fixierten Werten sowie mit anderen Artefakten.[272] Im Aufeinandertreffen von individuellen Werthaltungen und der Werteorientierung der Organisation stellt sich dann die Frage nach dem Ausmaß von Assimilation und Akkommodation.[273] Nach Schein u. a. internalisieren neue Mitarbeitende die jeweiligen Inhalte der drei Kulturebenen allmählich, sie wandern auch bei ihnen ins Unbewusste und beeinflussen fortwährend, wie sie wahrnehmen, denken und handeln.[274]

2.6.2 Diakonische Kultur

Wie bereits zuvor aus einer personalwirtschaftlichen Position heraus betont worden ist, erscheint es auch für Einrichtungen in evangelischer und katholischer Trägerschaft wesentlich, dass die neuen Mitarbeitenden in die diakonische Kultur hineinwachsen und dass sie dabei *im besonderen biblisch-theologische Grundüberzeugungen, damit verknüpfte Werte und sichtbare Symbole* kennenlernen.[275]

---

270 Becker 2005, S. 112; ähnlich vgl. Hentze et al. 2001, S. 77; Kieser et al. 1990, S. 3; Sackmann 2004, S. 213. Aus Theologie und Diakoniewissenschaft gibt es in unterschiedlicher Hinsicht diesbezüglich Anfragen und Kritik, die in Kap. 2.6.2.2 expliziert werden.
271 Vgl. Berthel und Becker 2017, S. 96; ähnlich Kmieciak 1976, S. 150.
272 Vgl. Bleicher 2011, S. 225; Sackmann 2004, S. 236.
273 Vgl. Bartscher-Finzer 2004, S. 1481.
274 Vgl. Schein 2010, S. 40; Kieser et al. 1990, S. 7; Marr et al. 1979, S. 204; Sackmann 2002, 65 f. »Der mehrheitlich nach dem Muster des Vorbildlernens und im Unterbewusstsein ablaufende Lernprozess zieht sich dabei über längere Zeiträume hinweg.« Macharzina und Wolf 2015, S. 243.
275 Vgl. Fischer 2012, 425 f. *Hofmann* spricht von »inkulturieren«. Vgl. Hofmann 2016, S. 108. Sie betont, dass gerade im Hinblick auf die Vielfalt von Weltanschauungen bei (neuen) Mitarbeitenden um die innere Zustimmung zu christlichen Deutungshorizonten und Ritualen geworben werden muss. Vgl. Hofmann 2016, S. 109.

Das erscheint nicht nur aus Trägersicht[276] geboten, sondern auch deshalb, weil zum einen davon auszugehen ist, dass ein Teil der Patientinnen und Angehörigen mit der Wahl eines konfessionellen Krankenhauses bestimmte Erwartungen verknüpft (wie z. B. eine auch seelische und spirituelle Dimensionen einschließende, an den Bedürfnissen der Patientinnen orientierte Heilbehandlung, persönliche Zuwendung, eine christlich geprägte Haltung im Umgang mit Krankheit, Brüchen, Sterben und Tod u. a.[277]).[278]

Zum Zweiten verknüpfen möglicherweise auch neue Mitarbeitende bestimmte Erwartungen an die Arbeit bei einem konfessionellen Arbeitgeber.

Zum Dritten richten sich auch von Seiten der katholischen bzw. evangelischen Kirche Forderungen an die Träger und die (neuen) Mitarbeitenden.[279] Erstere haben die Aufgabe, die Mitarbeitenden mit den christlichen Grundsätzen ihrer Arbeit vertraut zu machen.[280] Letztere sollen die christliche Prägung der Einrichtung achten und die dadurch an sie gerichteten Verhaltenserwartungen verbindlich anerkennen. Es wird erwartet, dass sie in ihrem Aufgabenbereich Mitverantwortung für die glaubwürdige Erfüllung diakonischer Aufgaben übernehmen.[281]

Welche Rolle die religiösen Überzeugungen von Mitarbeitenden für die christliche Identität – andere Autoren verwenden den Terminus »Diakonizität« – spielen, wird in Kirche, Diakonie und Caritas seit einigen Jahren durchaus kontrovers diskutiert. War der Glaube der Handelnden in den Anfängen von Diakonie und Caritas konstitutiv für ihr Dienst- und Selbstverständnis,[282] sind

---

276 Vgl. beispielhaft den *Brüsseler Kreis*, der aus Trägersicht formuliert: »Das Unternehmen spricht gegenüber allen Mitarbeitenden die klare Erwartung aus, das fest im christlichen Überzeugungssystem verankerte Selbstverständnis und die daraus an sie gerichteten Verhaltenserwartungen ausdrücklich und verbindlich anzuerkennen.« Haas und Starnitzke 2015, S. 23. Vgl. auch beispielhaft die Positionspapiere vom Caritasverband der Diözese Rottenburg-Stuttgart e. V. 2016 oder vom Vorstand der v. Bodelschwinghschen Stiftungen Bethel 2017.
277 Diese Beispielmerkmale beschreiben der Deutsche Evangelische Krankenhausverband e. V. (DEKV) und der Katholische Krankenhausverband Deutschland e. V. (KKVD) in Steiner et al. 2009, S. 24.
278 Zur bedeutsamen Perspektive von Patientinnen vgl. beispielhaft Haas und Starnitzke 2019, S. 234.
279 Vgl. Deutsche Bischofskonferenz 2015; Sekretariat der Deutschen Bischofskonferenz (Hg.) 2015; Evangelische Kirche in Deutschland 2016.
280 Vgl. § 2 Abs. 3 der EKD-Richtlinie, Evangelische Kirche in Deutschland 2016; Sekretariat der Deutschen Bischofskonferenz (Hg.) 2015, S. 18.
281 Vgl. § 2 Abs. 1 der EKD-Richtlinie, Evangelische Kirche in Deutschland 2016; Artikel 4 der Grundordnung des kirchlichen Dienstes im Rahmen kirchlicher Arbeitsverhältnisse, Deutsche Bischofskonferenz 2015.
282 Zum religiösen Selbst- und Dienstverständnis der Pflegenden seit den urchristlichen Gemeinden bis heute und zu den Schattenseiten dieses aufopferungsvollen Engagements vgl. Fischer 2012, S. 38. Speziell zu Diakonissen vgl. Moos 2018b, S. 21.

heute immer weniger Menschen in Deutschland Mitglied in der Evangelischen oder Katholischen Kirche und somit auch immer weniger (potentielle) Mitarbeitende christlichen Glaubens.[283]

Pompey vertritt in dieser Kontroverse die Position, dass die Kirchlichkeit der Mitarbeitenden eine unabdingbare Voraussetzung für die kirchliche Identität einer Einrichtung in entsprechender Trägerschaft ist.[284] An der Kirchenmitgliedschaft als Einstellungsvoraussetzung festzuhalten, ist jedoch aus juristischen, personalwirtschaftlichen und fachlichen Gründen umstritten.[285] Ensprechend argumentieren andere Autoren gegen eine solche Engführung.[286] So treten beispielsweise Haas und Starnitzke mit dem Brüsseler Kreis nicht nur demografisch, sondern auch menschenrechtlich und theologisch begründet für einen konfessionsgebundenen Überzeugungspluralismus ein.[287] Dieser setzt »nicht bei der persönlichen Glaubensüberzeugung der einzelnen Mitarbeitenden an, sondern beim Selbstverständnis des Unternehmens, das sich fest im christlichen Überzeugungssystem verankert weiß.«[288] Einem solchen Ansatz folgend werden Konzepte entwickelt, nach denen Diakonizität organisational verankert, gestaltet und gesichert werden kann.[289]

Auch der Begriff der diakonischen Kultur leistet an dieser Stelle eine Umlokalisierung des Diakonischen von der vormals individuellen Motivation hin zu überindividuellen Größen wie dem Handeln einer Organisation, den Routinen und den Praktiken.[290] Dieser Ansatz einer organisationalen Verankerung und Gestaltung stützt sich auf organisationssoziologische Begründungsmuster.[291] Moos stellt fest: »Dabei fließen Organisationstheorie und Managementlehre, empirische Beschreibungen und normative Ansprüche sowie verschiedene Begriffe von Kultur zusammen.«[292]

---

283 Zu Religionszugehörigkeiten insbesondere der jüngeren Generationen vgl. Haas und Starnitzke 2015, 14 f.
284 Vgl. Pompey 1992, 11 ff.; ähnlich Dröge 2019 zitiert in Hofmann 2020, S. 28. »Auch die früheren Kirchengesetze definieren den spezielle(n) Charakter der diakonischen und caritativen Unternehmen wesentlich durch ihre kirchliche Bindung und besonders durch die Kirchenmitgliedschaft der Mitarbeitenden«. Haas und Starnitzke 2015, S. 40.
285 Darauf kann im Rahmen dieser Arbeit nicht näher eingegangen werden. Es sei verwiesen auf Haas und Starnitzke 2019, S. 243; Hofmann 2020, 26 ff.; vgl. auch das Urteil des Europäischen Gerichtshof vom 17.04.2018, Aktenzeichen C-414/16 Europäischer Gerichtshof 2018.
286 Vgl. Haas und Starnitzke 2015, S. 23; Haas und Starnitzke 2019, S. 194; Hofmann 2020, 26 ff.; Zerfaß zitiert in Fischer 2012, 417 f.
287 Vgl. Haas und Starnitzke 2015, S. 23.
288 Haas und Starnitzke 2015, S. 23.
289 Vgl. Moos 2018a, S. 82.
290 Vgl. Moos 2018a, S. 82.
291 Vgl. Hofmann 2020, S. 30.
292 Moos 2018a, S. 82.

Im Hinblick auf diesen diakoniewissenschaftlichen Diskurs wird dieser Arbeit folgende Position zugrunde gelegt:

Der theologische Personalismus hat darin sein Recht, dass sich das Neue Testament an den einzelnen Menschen richtet, der eingeladen wird, in der Nachfolge Jesu Christi zu leben und auf Gottes Liebe und Gnade zu vertrauen. Das heißt, beim christlichen Glauben geht es immer um den einzelnen Menschen, der sich diesem Geschenk öffnet, es für sich annimmt oder nicht und dies mit der Taufe bekennt oder nicht.

Die beiden biblischen Texte in Matthäus 25,31–46 und Lukas 10,25–37 legen zum einen nahe, dass die Religionszugehörigkeit und die persönlichen Glaubensüberzeugungen nicht entscheidend dafür sind, dass Gottes Menschenfreundlichkeit und Heilswillen und die Solidarität Jesu Christi mit den Notleidenden in der Zuwendung und Versorgung z. B. kranker Menschen erfahrbar werden. Zum anderen legen sie nahe, dass dies auch unabhängig davon ist, ob es den Beteiligten bewusst ist oder nicht.[293]

Gleichwohl sind für Organisationen in konfessioneller Trägerschaft »Überzeugungstäterinnen« unerlässlich, die christliche Grundüberzeugungen in ihrem Dienst authentisch und für die Beteiligten angemessen einbringen können.[294] Grundsätzlich bleibt es jedoch allen (neuen) Mitarbeitenden überlassen, was ihre persönliche Hoffnung bzw. Glaubensüberzeugung ausmacht. Eine Missionierung oder eine christliche Glaubensinstruktion ist nicht Ziel einer diakonisch-kulturellen Einführung. Die Mitarbeitenden sind unabhängig von ihrer (Nicht-)

---

293 *Haas und Starnitzke* betonen mit Bezug auf Matthäus 25,31 ff., dass soziales Hilfehandeln, das von Diakonie und Caritas ausgeht, in sich ein spirituelles Geschehen ist. Haas und Starnitzke 2019, S. 234. In beiden Texten steht die helfende Tat im Vordergrund, die als Christusdienst bzw. als Umsetzung von Gottes- und Nächstenliebe gedeutet und gleichzeitig verheißen wird. In der sogenannten »Rede vom Weltgericht« im Matthäusevangelium ist der Fokus auf die Werke der Barmherzigkeit gerichtet. Hier wird nichts über die Religion oder Glaubensüberzeugung derer ausgesagt, die diese Werke (nicht) tun. Was die Angesprochenen eint, ist, dass sie in dem jeweils Notleidenden nicht Jesus Christus gesehen haben, der sich seinerseits nicht nur aufs Engste mit ihnen solidarisiert, sondern sich mit ihnen identifiziert. Er deutet die helfende Tat als Christusdienst und macht das zu einem zentralen Aspekt der Verkündigung. »Was ihr getan habt einem von diesen meinen geringsten Brüdern, das habt ihr mir getan.« Matthäus 25,40. Im »Gleichnis vom Barmherzigen Samariter« im Lukasevangelium wird ein Samariter als Mitglied einer im zeitgenössischen klassischen Judentum abgelehnten religiösen Volksgruppe im Gegensatz zu zwei jüdisch-orthodoxen Amtsträgern zum Vorbild für die Umsetzung des biblischen Liebesgebots. Das heißt: Nicht die Übereinstimmung im Sinne eines »rechten« Glaubens, sondern das menschendienliche Handeln und Helfen steht dort im Fokus.

294 Vgl. Haas und Starnitzke 2019, S. 210.

Religionszugehörigkeit Teil der Dienstgemeinschaft.²⁹⁵ Unerlässlich ist ihre Loyalität gegenüber der trägerspezifischen normativen Ausrichtung.

Im Gegensatz zu Mitarbeitenden können Einrichtungen wie z. B. Krankenhäuser nicht an Gott glauben, ihn lieben oder auf ihn hoffen, aber in ihnen kann dies Menschen u. U. ermöglicht, eröffnet oder eher »verunmöglicht« werden. Daher werden Ermöglichung bzw. Förderung – bei aller Unverfügbarkeit des Glaubens – und eine entsprechende Gestaltung der Arbeitsvollzüge, der geistlichen Angebote und der Organisation der Einrichtung gemäß der evangelischen bzw. katholischen Prägung als wichtige, dauerhafte Aufgaben des Trägers und der Leitung angesehen.

Eine diakonische Kultur ist somit nicht allein dadurch bestimmt, dass sie in Krankenhäusern in evangelischer oder katholischer Trägerschaft *verortet* ist. Vielmehr geht es um Fragen einer inhaltlichen Qualifikation, womit sich diakonische Kultur im Kontext von Diskursen um die Identität bzw. um das Profil jener Organisationen bewegt.²⁹⁶ In Anlehnung an die vorausgegangene Explikation zur Organisationskultur nach Schein u. a.²⁹⁷ soll diese inhaltliche Qualifikation hier definiert werden *durch das deutende Zusammenspiel und die innere reflexive Verbindung von biblisch-theologischen Grundannahmen, damit verknüpften Werten und Normen und sichtbaren interaktionalen, verbalen und artifiziellen Symbolen.*

In Abbildung 7 (S. 73) wird in Anlehnung an Abbildung 6 ein Grundmodell diakonischer Kultur dargestellt.

---

295 »Wenn aber der Samariter in der Dienstgemeinschaft der Caritas keinen Platz mehr findet«, so schrieb der katholische Theologe Rolf Zerfaß in einer berühmten Kontroverse, »hol sie der Teufel!« Ebertz 2016, S. 27.
296 Vgl. Hofmann 2020, S. 26. In diesem Diskurs sind eine Viezahl von Termini und Konzepten anzutreffen, die das christliche Selbstverständnis betreffen. Ein solches ist *Diakonische Kultur*, verwendet z. B. in Moos et al. 2018; Diakonisches Werk der Evangelischen Kirche in Deutschland 2008; *Diakonische Unternehmenskultur* in Hofmann 2008a; *Das Diakonische* in Horstmann 2011; *Diakonisches Profil* in Herrmann 2008; *Proprium* in Turre 1991; *Diakonische Identität* in Haas und Starnitzke 2019, 190 ff.; *Das christliche Proprium eines kirchlichen Krankenhauses* in Fischer 2012, 125 ff. Theurich weist zu Recht auf eine in diakoniewissenschaftlichen Veröffentlichungen anzutreffende Unklarheit und Vermischung der Begriffe und von Konzepten von *Identität, Profil* und *Kultur* hin. Vgl. Theurich 2016, 322 f. Im Rahmen dieser Arbeit kann keine ausführliche theoretische Auseinandersetzung mit den unterschiedlichen Konzepten erfolgen. Es sei stattdessen auf das zweite Kapitel in Theurich 2016 sowie auf die Beiträge von Moos 2018b sowie Moos 2018c verwiesen.
297 Vgl. Kap. 2.6.1.

Organisationskultur

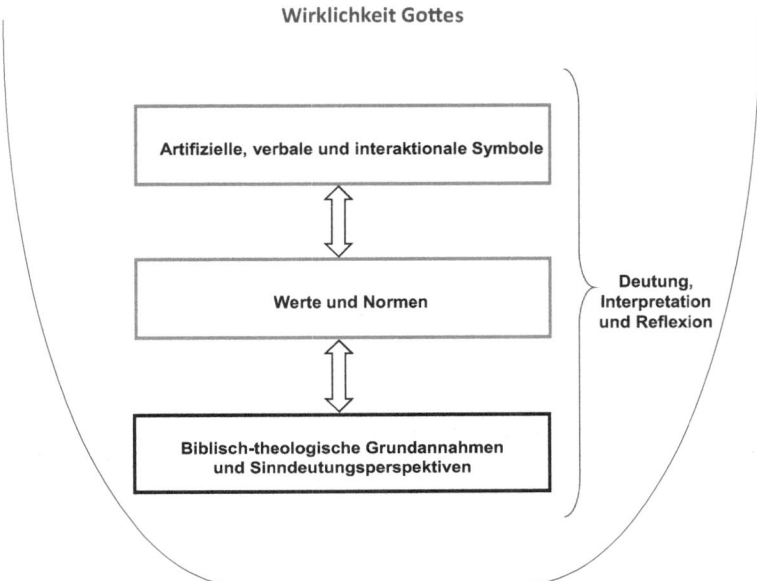

Abbildung 7: Grundmodell zu diakonischer Kultur.

Im Folgenden werden nun skizzenhaft wesentliche Aspekte zu den Ebenen der Grundannahmen, der Werte und Normen und der sichtbaren Symbole einer diakonischen Kultur expliziert.

2.6.2.1 Biblisch-theologische Grundannahmen

In Satzungen, Präambeln und Leitbildern von Krankenhäusern in evangelischer und katholischer Trägerschaft wird in der Regel auf einzelne oder mehrere biblisch-theologische Grundüberzeugungen Bezug genommen, um den Zweck, den Auftrag und das (traditionale) Selbstverständnis zum Ausdruck zu bringen.[298] Folgende Grundüberzeugungen erscheinen im Hinblick auf ein Krankenhaus in christlicher[299] Trägerschaft bedeutsam und inhaltlich relevant für eine diakonisch-kulturelle Einführung:[300]

---

298 Vgl. Haas und Starnitzke 2019, S. 202.
299 Wie bereits in Kap. 2.1.2 begründet, wird auch hier nicht explizit zwischen katholischen und evangelischen Lesarten unterschieden.
300 Drei dieser Grundannahmen sind bereits in Kap. 2.1 in Auseinandersetzung mit personalwirtschaftlichen Grundannahmen etwas ausführlicher vorgestellt worden.

Gott	Gott ist Ursprung, Quelle und Ziel allen Lebens. Er steht insbesondere auf der Seite derer, deren Lebensmöglichkeiten eingeschränkt oder bedroht sind.[301] Mit der Externalität des Wirkens Gottes wird gerechnet.[302]
Jesus Christus	Die Heilung Kranker und die Befreiung aus Not ist Wesenskern der Praxis und Verkündigung Jesu, sie ist Vorbild und kritisches Maß.[303] Die diakonische Praxis wird zum »Ort der Christusbegegnung«.[304]
Reich-Gottes-Erwartung	Das Reich Gottes ist verheißene wie handlungsleitende Wirklichkeit, die Vergangenheit, Gegenwart und Zukunft prägt. Damit verbunden ist das Vertrauen darauf, dass das Leben nicht mit dem Tod endet.[305]
Der Mensch	Der Mensch ist ein Geschöpf Gottes. Ihm kommt unabhängig von Krankheit oder Gesundheit, von Schuld oder guten Werken Würde und Gottes Liebe zu.[306]
Gemeinschaft und Gleichwertigkeit	Die Gemeinschaft in Christus hat inklusiven Charakter.[307] Es gibt keine Überlegenheit einzelner Glieder.[308] Das »Dienstgemeinschaft-Theorem« greift das Bild von einem Leib und vielen Gliedern auf (1.Korinter 12).[309]
Gottes-, Nächsten- und Selbstliebe	Im Liebesgebot wird die Nächstenliebe als helfendes, solidarisches Verhalten von Menschen auf das Engste mit der Liebe zu Gott und mit der Liebe zu sich selbst verbunden. Diese Haltung beinhaltet die Akzeptanz jedes anderen wie der eigenen Person.[310]

Tabelle 2: Biblisch-theologische Grundannahmen.

---

301 Vgl. Fischer 2013, S. 27; Haas und Starnitzke 2019, S. 195; Haslinger 2009, S. 237; Lohmann 2003, 37 ff.; Rüegger und Sigrist 2011, 56 ff.
302 Vgl. Haas und Starnitzke 2019, S. 195.
303 Vgl. Baumann und Eurich 2013, 9 f.; Haslinger 2009, 328 f.; Fischer 2013, 27 ff.; Jäger 1993, S. 227; Starnitzke 2011, 141 ff. *Benedict* weist auf die Beziehungs- und die Integrationsdimension der Heilungen hin. Vgl. Benedict 2004, S. 72.
304 Vgl. Haas und Starnitzke 2019, S. 198 mit Bezug auf Matthäus 25,31–46.
305 Vgl. Haas 2010, 351 ff.; Haslinger 2009, S. 331; Hofmann 2008c, 105 ff.
306 Vgl. Haas 2010, S. 348; Haslinger 2009, S. 232; Hofmann 2008b, S. 26; Rüegger und Sigrist 2011, 200 ff.; Starnitzke 2011, S. 112.
307 Vgl. Bach 2006, 439 f. zitiert nach Rüegger und Sigrist 2011, S. 62.
308 Vgl. Haas 2010, 356 ff.; Haslinger 2009, 166 ff. und 294 ff.
309 Vgl. Albrecht 2013; Haas 2010, S. 356; Haslinger 2009, 193 ff. Zum Thema Dienstgemeinschaft vgl. Ising-Volmer et al. 2017; Jähnichen 2013; Moos 2013a, 40 ff.; Steiner et al. 2009, S. 23.
310 Vgl. Haas und Starnitzke 2019, 203 ff.; Haslinger 2009, 237 ff.; Hofmann 2008b, 21 ff.; Rüegger und Sigrist 2011, 47 f. und 198 ff.; Starnitzke 2011, 75 ff. *Papst Benedict XVI.* veranschaulicht diesen Aspekt so: »Wenn die Berührung mit Gott in meinem Leben ganz fehlt, dann kann ich im anderen immer nur den anderen sehen und kann das göttliche Bild in ihm nicht erkennen. Wenn ich aber die Zuwendung zum Nächsten aus meinem Leben ganz weglassen und nur ›fromm‹ sein möchte, nur meine ›religiösen Pflichten‹ tun, dann verdorrt auch die Gottesbeziehung. (...) Nur die Bereitschaft auf den Nächsten zuzugehen, ihm Liebe zu erweisen, macht mich auch fühlsam Gott gegenüber.« Papst Benedict XVI. zitiert nach Fischer 2012, S. 142.

Fischer bezieht in folgender Weise zentrale biblisch-theologische Grundüberzeugungen auf den Kontext von Krankenhäusern in konfessioneller Trägerschaft:

»Kirchliche Krankenhäuser sind der Ernstfall von Kirche. In der Versorgung und Begleitung kranker und hilfsbedürftiger Menschen wird Gottes Heilswillen mit den Menschen ansichtig und erfahrbar. Im kirchlichen Krankenhaus geschieht Reich-Gottes-Praxis, aus der Liebe zu Gott erwächst handfeste und organisierte Nächstenliebe.«[311]

2.6.2.2 Werte und Normen

In Ergänzung zu den Ausführungen in Kap. 2.6.1 gibt es zu Werten und Normen aus der Perspektive von Theologie und Diakoniewissenschaft einige kritische Anmerkungen und Besonderheiten, die nun kurz angesprochen werden.

Die zuletzt genannte Grundannahme der Nächtenliebe wird in verschiedenen Veröffentlichungen, in Leitbildern und von vielen Mitarbeitenden in der Diakonie[312] als christlicher oder diakonischer »Grundwert« angesehen.[313] Starnitzke stellt diesbezüglich fest, dass mit dem *Liebesgebot*[314] zumindest so etwas wie ein *spezifisch christliches Interpretationsmuster* existiert, an dem man ethische Orientierung finden kann.[315] Doch er weist ausdrücklich darauf hin, dass sich durch die Orientierung am Liebesgebot *keine konkreten Verhaltensregeln und Normen ergeben*, sondern dass damit eine bemerkenswerte, bisweilen irritierende Offenheit einhergeht.[316]

Mit dieser Feststellung verbindet sich eine erste kritische Anfrage an den Begriff des »Wertes«. Moos problematisiert diesbezüglich:

»So tendiert er dazu zu verunklaren, für wen ein Wert gilt oder gelten soll; wer das beansprucht; ob ein Wert nur gelten soll oder an einem bestimmten sozialen Ort tatsächlich in Geltung steht; was mit einem Wert wie Nächstenliebe genau gilt (oder gelten soll); und welchen Einfluss dies auf das Handeln hat.«[317]

---

311 Fischer 2012, S. 143.
312 Vgl. Hofmann 2008b, S. 21.
313 Vgl. Haas und Starnitzke 2019, 203 ff.; Hartmann 2013, 69 f. Haslinger 2009, 237 ff.; Hofmann 2008b, 21 ff.; Rüegger und Sigrist 2011, 47 f.; Starnitzke 2011, 75 ff.
314 Vgl. 3. Mose 19,18; 3. Mose 19,34; 5. Mose 6,5; Matthäus 5,43; Matthäus 19,19; Matthäus 22,39; Markus 12,31; Lukas 10,27; Johannes 13,34; Römer 13,9; Galater 5,14. In Anlehnung an diese biblischen Texte formulieren Starnitzke und Haas das Liebesgebot so: »Handle so, dass du dich selbst und den anderen Menschen als von Gott Geliebte achtest und dass dabei die Zuwendung zum Nächsten der Zuwendung zu dir selbst entspricht.« Haas und Starnitzke 2019, S. 209.
315 Vgl. Starnitzke 2011, S. 76.
316 Vgl. Starnitzke 2011, S. 90.
317 Moos 2018c, S. 261.

Dennoch werden in Diakonie und Caritas ebenso wie von Seiten der konfessionellen Krankenhausverbände die Bedeutung *christlicher Werte* und die einer *Werteorientierung* betont, wie folgendes Zitat veranschaulicht:

> »Der christliche Wertebezug ist konstitutiv für kirchliche Gesundheitseinrichtungen; ihre Identität und Existenz gründet sich letztlich auf ihre Werteorientierung und auf die Umsetzung dieser Werte.
> Im Wettbewerb mit anderen Krankenhausträgern, die ihre Arbeit ausschließlich auf einen öffentlichen Versorgungsauftrag gründen oder die mit der Behandlung und Versorgung Kranker und Pflegebedürftiger Rendite- und Gewinnerwartungen verbinden, nehmen kirchliche Krankenhäuser damit eine besondere Funktion und Stellung ein: sie positionieren sich über Werte, setzen als Vorreiter Standards, wie Werte umgesetzt werden, und stärken generell den Stellenwert der Werteorientierung im Krankenhaus.«[318]

Aus theologischer Perspektive gibt es ein sehr grundsätzliches Argument gegen die Verwendung des Begriffs »Wert«, das solchen Texten oder ähnlichen Argumentationen entgegengebracht werden kann. Jüngel formuliert es so:

> »Nicht Werte leiten das Handeln des Christen, sondern allein die aus der Wahrheit kommende Liebe, die ebensowenig wie Wahrheit einen Wert hat oder darstellt. Wahrheit und Liebe sind wertlos und jedweder Tyrannei unhold.«[319]

Auch Körtner u. a. problematisieren, diesen ökonomischen Terminus, der in Bezug auf den Nutzen definiert und durch den Markt bestimmt ist, auf Diakonie oder andere Lebensbereiche auszudehnen.[320]

Schließlich lässt sich anfragen, ob sich eine materiale Zusammenstellung explizit *christlicher* Werte überhaupt formulieren lässt.[321] Die konfessionellen Krankenhausverbände und auch diverse konfessionelle Leitbilder unternehmen den Versuch, eine normative Zusammenstellung materialer christlicher Werte vorzunehmen.[322] Horstmann merkt diesbezüglich jedoch kritisch an:

---

318 Steiner et al. 2009, S. 16 im Auftrag des Deutschen Evangelischen Krankenhausverbandes e.V. (DEKV) und des Katholischen Krankenhausverbandes Deutschlands e.V. (KKVD).
319 Jüngel 1990, S. 105.
320 Vgl. Körtner und Schoenauer 2004, S. 244; Hofmann 2008b, S. 28; Horstmann 2011, S. 156.
321 Vgl. Horstmann 2011, S. 156. Auf den Diskurs um die Frage nach einem *Spezifikum christlicher Ethik* kann an dieser Stelle nicht eingegangen werden. Vgl. dazu beispielhaft Starnitzke 2011, 75 ff. in Auseinandersetzung mit Frankemölle, 1994; Horstmann 2011, 156 ff. mit Verweis auf Bultmann, 1965. Argumente gegen eine angewandte Ethik benennt z. B. Moos, auch mit Verweis auf Körtner 2009, 106 f.; vgl. Moos 2018b, S. 18; Moos 2013b, 257 f.
322 Vgl. beispielhaft Steiner et al. 2009 im Auftrag des DEKV und des KKVD.

»Dabei werden oft allgemeingültige und unstrittige Annahmen über Werte mit christlichem Vokabular angereichert. Diese materialen Zusammenstellungen werden dann als christliche Werte kommuniziert.«[323]

Wenn Werte aus den biblisch-theologischen Grundannahmen z. B. für die Arbeit in konfessionellen Krankenhäusern abgeleitet werden, ist ein weiterer Hinweis wichtig, der angesichts einer entsprechenden Werteorientierung anzumerken ist, und der auch im Hinblick auf die Einführung neuer Mitarbeitender wesentlich erscheint. Im Gegensatz zu einer »Corporate Identity großer Konzerne, die – manchmal quasireligiöse – Wertekataloge aufstellen und ihre Umsetzung fordern«,[324] sind Werte mit Hofmann nichts in konfessionellen Einrichtungen objektiv Vorhandenes, was sich von selbst versteht. Sie brauchen Diskussion und Klärung.[325] Wie bereits zum Liebesgebot angedeutet, ergibt sich die Notwendigkeit, sie ausgehend von den biblisch-theologischen Grundannahmen kontextbezogen und situativ zu interpretieren.[326] Das hat zur Folge, dass Werte (nicht nur) mit neuen Mitarbeitenden zu erhellen sind und dass in Reflexionsprozessen zu klären ist, wie sie im jeweiligen Kontext (z. B. in der Interaktion mit den Patientinnen, im Umgang mit Krankheit, Sterben und Tod uvm.) angemessen zur Anwendung kommen.[327]

2.6.2.3 Sichtbare Symbole

Damit ist die Ebene der sichtbaren Symbole[328] angesprochen, durch die jene biblisch-theologischen Grundannahmen und die daraus abzuleitenden Werte sichtbar werden.

Hier wird die Position vertreten, dass die diakonische Kultur neben den eindeutig religiösen Artefakten wie Gottesdiensten z. B. auch in und durch (non-) verbale Kommunikation und Interaktionen (z. B. in der Pflege oder in der Einführung neuer Mitarbeitender) erlebbar wird.[329] Diese Position ist nicht unumstritten, auch weil sich die Praktiken empirisch von denen in nicht-konfessionellen Krankenhäusern womöglich nicht unterscheiden. Innerhalb des diako-

---

323 Horstmann 2011, S. 158.
324 Hofmann 2008b, S. 30.
325 Vgl. Hofmann 2008b, S. 30.
326 Vgl. Theurich 2016, 251 f.
327 Vgl. Haas und Starnitzke 2019, S. 210; Hofmann 2008b, S. 30. Ein solcher Reflexionsprozess wird in katholischen Krankenhäusern z. B. anhand der *German Identity Matrix* angestoßen. Vgl. Günther 2013, 108 ff.; Günther 2015, 196 ff. Dies geschieht außerdem z. B. in Ethik-Kommitees, die nach *Steiner et al.* in christlichen Krankenhäusern überdurchschnittlich häufig verbreitet sind. Vgl. Steiner et al. 2009, S. 18. Nach *Horstmann* sind Werte und Haltungen »Diakonische Bildungsdimensionen«. Vgl. Horstmann 2011, 155 ff.
328 Vgl. Kap. 2.6.1.
329 Vgl. Haas und Starnitzke 2019, 232 ff.

niewissenschaftlichen Diskurses gehen die Auffassungen recht weit auseinander, ob bzw. in welchen Fällen und in welcher Weise es angebracht erscheint, Hilfehandeln als christlich zu spezifizieren. Folgende kurze Zitate zeigen verschiedene Standpunkte auf:

Haas und Starnitzke argumentieren:

»So stehen (…) die konkreten Verrichtungen, wie sie in der Arbeit konfessioneller Unternehmen tagtäglich millionenfach geschehen, über das reine Hilfehandeln hinausgehend durch Texte wie Mt 25,31 ff unter der Verheißung, dass hier in der konkreten (immanenten) Handlung eine transzendente Dimension mitschwingt, durch die nicht nur die menschliche Begegnung stattfindet, sondern Christus selbst im Hilfebedürftigen präsent ist.«[330]

Horstmann betont:

»Innerhalb des Hilfeprozesses kann das Christliche im Handeln sowohl explizit als auch implizit zum Tragen kommen, beides kann gerade ein Qualitätsmerkmal darstellen.«[331]

Hauschildt hingegen ist der Auffassung:

»Evangelische, katholische oder staatliche Operationen im Krankenhaus sind nicht unterscheidbar; es gibt kein ›evangelisches Poabwischen‹. Diakonische Arbeit hat vielmehr Teil am Humanum zwischenmenschlicher Zuwendung. Es ist kein Manko an Kirchlichkeit oder Christlichkeit, sondern Strukturmerkmal ausdifferenzierten wirksamen Handelns, dass Diakonie in ihrer Arbeit nicht gleichzeitig explizites Bekenntnis sein kann«.[332]

Nach Rüegger et al. bedarf es in diakonischen bzw. caritativen Einrichtungen über eine qualitativ gute menschliche Hilfeleistung hinaus gar keines religiösen »Mehrwerts« – weder explizit noch implizit.[333]

Moos argumentiert mit Verweis auf die Unterscheidung Schleiermachers zwischen darstellendem und wirksamem Handeln, zwischen religiösem Ausdruckshandeln und helfendem Handeln, dass das Helfen kein Zeichen, kein Verkündigungs- oder Bezeugungsakt ist. Die Verbindung von Helfen und Glaubenskommunikation muss *im Bedarfsfall* aktualisiert werden können durch jemanden, der »bei Bedarf auf Glauben und Liebe ansprechbar ist und so ein temporärer Raum religiöser Kommunikation entsteht.«[334]

---

330 Haas und Starnitzke 2019, S. 194; vgl. ähnlich Fischer 2012, S. 143.
331 Horstmann 2011, S. 41.
332 Hauschildt 2000, S. 415.
333 Vgl. Rüegger und Sigrist 2011, 140 ff.
334 Moos 2013b, S. 278.

Mit Rückbezug auf die Ausführungen aus Kap. 2.6.1 sollen an dieser Stelle folgende Aspekte im Hinblick auf die Personaleinführung zusammengefasst werden: Wenn Interaktionen wie z. B. die pflegerische Versorgung von Patientinnen in konfessionellen Krankenhäusern als sichtbare Symbole der diakonischen Kultur aufgefasst werden, dann liegt dem eine christliche Deutung zugrunde. Die interaktionalen, verbalen und artifiziellen Symbole lassen sich jedoch erstens nur durch die Kenntnis von Werten und biblisch-theologischen Grundannahmen und den deutenden Rückbezug darauf entschlüsseln. Zweitens müssen sie sich durch diese qualifizieren und eine Kohärenz aufweisen.[335]

Die Rückbindung der sichtbaren Symbole an die anderen Kulturebenen, also das deutende Zusammenspiel und die innere reflexive Verbindung zwischen ihnen und den biblisch-theologischen Grundannahmen und damit verknüpften Werten und Normen[336] muss nicht immer explizit gemacht werden. In der Einführung neuer Mitarbeitender erscheint dies jedoch wichtig, um sie damit vertraut zu machen. Zudem erscheinen Möglichkeiten für den Abgleich von individuellen und organisationalen Werten ebenso bedeutsam wie Möglichkeiten zur Klärung darüber, wie die Werte im konkreten Arbeitsalltag verstanden und angemessen umgesetzt werden können.

---

335 Vgl. Kap. 2.6.1.
336 Vgl. Abb. 7 in Kap. 2.6.2.

3 Stand der Forschung

Nachdem nun ein erstes theoretisches Vorverständnis zu den im Hinblick auf den Forschungsgegenstand relevanten Aspekten expliziert worden ist, wird der Forschungsrahmen im Folgenden auf Grundlage einer systematischen Analyse der wissenschaftlichen Fachliteratur fundiert weiterentwickelt. Dazu werden theoretische und empirische Erkenntnisse, Konzepte und Modelle aus verschiedenen Disziplinen zusammengefasst vorgestellt, die für das Vorverständnis im Hinblick auf die explorative Studie potentiell relevant erscheinen. Becker weist diesbezüglich darauf hin, dass bei der Erfassung der unterschiedlichen Elemente und der Zusammenhänge im Forschungsrahmen vor allem die Frage der prinzipiellen Möglichkeit und nicht primär die der Wahrscheinlichkeit zu beachten ist.

> »So sind alle im Rahmen der Problemstellungen nach einer ausführlichen Analyse der relevanten Quellen für denkbar gehaltenen Komponenten und deren Beziehungen zu erfassen, ohne unbedingt Aussagen zu deren wahrscheinlichen Beziehungen zu machen.«[337]

Die theoretische Exploration soll in der Breite angemessen und dennoch fokussiert erfolgen, um einen sinnvollen, fundierten wenngleich hypothetischen Ausgangspunkt für die explorative Studie zu bilden.

3.1 Allgemeine Befunde zur Personaleinführung

Im Folgenden werden zunächst unabhängig vom konkreten Erfahrungsobjekt Krankenhaus überblicksartig zentrale theoretische und empirische Erkenntnisse zur Personaleinführung dargestellt.

---

337 Becker 2006, S. 293.

3.1.1 Inhaltsdimensionen und Ziele

Die Analyse der Literatur zeigt zunächst eine Unheitlichkeit in der Verwendung der Termini *content dimensions, outcomes, Inhalte, Ergebnisse* sowie *Ziele* der Einführung neuer Mitarbeitender. Inhaltlich gibt es jedoch zahlreiche Übereinstimmungen, wie die folgenden Ausführungen zeigen.[338]

Chao et al. haben eine Studie zur Erforschung von *Inhaltsdimensionen (content dimensions of the socialization domain)* durchgeführt,[339] die in der Literatur sehr häufig zitiert wird.[340] Sie haben Forschungsbefunde aus mehreren Studien zu organisationaler Sozialisation analysiert, mehrere Inhaltsdimensionen identifiziert und diese wiederum empirisch geprüft, indem sie 594 Mitarbeitende in drei unterschiedlichen Gruppen über drei Jahre befragt haben.[341] Die Forscherinnen definieren folgende sechs Inhaltsdimensionen branchenübergreifend als wesentlich:

- *Performance Proficiency:* Erlernen der Leistungserbringung und des Leistungsniveaus,
- *People:* Kennenlernen zentraler Personen; Entwicklung von erfolgreichen und positiven Beziehungen mit Personen in der Organisation,
- *Politics:* Verstehen von Politik, Machtstrukturen und formalen wie informellen Beziehungen in der Organisation,
- *Language:* Aneignung der organisational üblichen Ausdrucksweisen und der speziellen Fachjargons,
- *Organizational Goals and Values:* Erlernen von spezifischen Zielen und Werten der Organisation,
- *History:* Kennenlernen der Geschichte, Traditionen, Mythen sowie Rituale.[342]

Ähnlich arbeitet *Mess* anhand einer Literaturanalyse diese fünf Dimensionen heraus:[343]

---

338 Ein Beispiel für die divergierenden begrifflichen Zuordnungen ist der Aspekt *role clarity*. Bauer und Erdogan definieren ihn als einen *adjustment faktor*. Vgl. Bauer und Erdogan 2012. Anakwe und Greenhaus definieren ihn als *indikator*. Vgl. Anakwe und Greenhaus 1999. Holton bezeichnet ihn als eine *Lerndimension*. Vgl. Holton 1996. Nach *Ashforth und Saks* ist es ein *proximal outcome*. Vgl. Ashforth und Saks 1997.
339 Vgl. Chao et al. 1994.
340 Vgl. Anakwe und Greenhaus 1999, S. 315; Ashforth und Saks 1997, S. 238; Bauer und Erdogan 2012, 101 f.; Bartscher-Finzer 2004, S. 1481; Lohaus und Habermann 2016, 101 ff.; Mess 2007, 57 f.
341 Die erste Gruppe bildeten jene, die den Arbeitgeber wechselten, die zweite jene, die intern die Stelle wechselten und die dritte jene, die auf derselben Stelle verblieben sind.
342 Vgl. Chao et al. 1994, 730 ff.; *Holton* benennt die vier Dimensionen: Individual, People, Organization, Work Task. Vgl. Holton 1996, 236 ff.
343 *Mess* bietet zudem einen Überblick zur chronologischen Entwicklung der Inhaltsdimensionen. Vgl. Mess 2007, S. 73.

- *Erlernen der Aufgaben,*
- *Erlernen der Rolle,*
- *Kennenlernen der Werte, Ziele, Sprache und Geschichte der Organisation,*
- *Kennenlernen von Personen, sowie »Aufbau eines sozialen Netzwerks, soziale Integration und Unterstützung, das ›Funktionieren in der Arbeitsgruppe‹ im Sinne von Anpassung an deren Normen und Werte«,*
- *individuumsbezogene Lerninhalte.*[344]

Im Gegensatz zu diesen beiden Autoren definiert *Feldman* als einer der Pioniere der Forschung zur Sozialisation neuer Mitarbeitender in den 1970er Jahren nicht Inhalte, sondern *drei Ziele* sowie *sechs Kriterien zur Erfolgsmessung:*[345]
- *Entwicklung von Arbeitsfertigkeiten und -fähigkeiten,*
- *Erwerb einer Reihe von geeigneten Rollenverhaltensweisen,*
- *die Anpassung an die Normen und Werte der Arbeitsgruppe.*

Als Kriterien zur Erfolgsmessung schlägt er die Einstellungsvariablen
- *allgemeine Zufriedenheit,*
- *interne Arbeitsmotivation,*
- *berufliche Entwicklung*

vor sowie die drei Verhaltensvariablen
- *zuverlässige Rollenausführung,*
- *Verbleib in der Organisation,*
- *Innovation bzw. spontane Kooperation.*

Diese frühe Definition von Erfolgskriterien zeichnet aus, dass sie sowohl potentielle Interessen und Ziele von neuen Mitarbeitenden wie von Organisationen einbezieht.

Die in deutschen personalwirtschaftlichen Veröffentlichungen benannten *Ziele* oder zu erzielende *Ergebnisse der Personaleinführung* sind in Tabelle 3 aufgeführt.

---

344 Vgl. Mess 2007, 73f.
345 *Feldman* forschte empirisch mit 118 Angestellten eines Krankenhauses. Vgl. Feldman 1976, 433ff.; Feldman 1981, 309ff.

Althauser 1982	Hohe Motivation und Leistungsbereitschaft, Arbeitszufriedenheit, geringe Kündigungsbereitschaft, Rollenklarheit, Bindung an die Organisation[346]
Kieser et al. 1990	Starke Bindung an das Unternehmen, Beherrschung zentraler Aufgaben, Einbringen von Motivation, an Verbesserungen betrieblicher Prozesse interessiert bleiben[347]
Hentze et al. 2001	Erfolgreiche Aufgabenbewältigung, Einfügen in die Rolle und die Arbeitsumgebung, wechselseitige Zufriedenheit und Identifikation mit dem Unternehmen[348]
Bröckermann 2014	Einfügen in die Rolle und die Arbeitsumgebung, wechselseitige Zufriedenheit, erfolgreiche Aufgabenbewältigung und Identifikation mit dem Unternehmen[349]
Engelhardt 2014	Aufgabenbeherrschung, Ausgleich von Wissens- und Fähigkeitsdefiziten, Loyalität zum Unternehmen, Vertrautsein mit den Werten und der Unternehmenskultur[350]
Scherm und Süß 2016	Zügige Entfaltung des Leistungspotentials, Ausgleich von Wissens- und Fähigkeitsdefiziten, hohe Bindung[351]
Lohaus und Habermann 2016	Rollenklarheit, Beherrschung der Aufgaben, Integration in die Arbeitsgruppe, Arbeitszufriedenheit, Engagement, Commitment, Verbleib in der Organisation, politische Fertigkeiten[352]
Berthel und Becker 2017	Rasche, erfolgreiche fachliche Erfüllung der Arbeitsaufgabe, rasche, erfolgreiche Sozialisation mit Bindungswirkung[353]
Moser et al. 2018	Sicherheit gewinnen, Compliance, Kenntnisse und Fertigkeiten erlangen, Commitment, Rollenklarheit, Stressprävention und -bewältigung[354]

Tabelle 3: Personalwirtschaftliche Ziele der Einführung.

Zusammenfassend lässt sich festhalten, dass häufig *Aufgabenbeherrschung, Verbleib/Bindung/Commitment/Identifikation* und *(Arbeits-) Zufriedenheit* als anzustrebende Ergebnisse genannt werden.

In den internationalen Veröffentlichungen unterscheiden mehrere Autoren hinsichtlich der *outcomes* der Einführung und Sozialisation neuer Mitarbeitender (zum Teil inhaltlich uneinheitlich) zwischen

- *proximal* outcome (in naher Verbindung stehende Ergebnisse) und *distal* outcome (in entfernterer Verbindung stehende Ergebnisse),[355]

---

346 Vgl. Althauser 1982, S. 51.
347 Vgl. Kieser et al. 1990, S. 5.
348 Vgl. Hentze et al. 2001, S. 441.
349 Vgl. Bröckermann 2014, S. 158.
350 Vgl. Engelhardt 2014, S. 83.
351 Vgl. Scherm und Süß 2016, S. 60.
352 Vgl. Lohaus und Habermann 2016, 26 ff.
353 Vgl. Berthel und Becker 2017, S. 439.
354 Vgl. Moser et al. 2018, S. 26.
355 Vgl. Ashforth und Saks 1997; Kammeyer-Mueller und Wanberg 2003.

- *primary* und *secondary* outcome[356] oder zwischen
- *adjustment indicators* und *outcome*.[357]

In den Studien werden als *proximal outcomes* und Indikatoren einer erfolgreichen Einführung häufig die Dimensionen *Rollenklarheit, Soziale Akzeptanz, Kenntnis/Übernahme von Werten und Unternehmenskultur* sowie *Sicherheit hinsichtlich der Aufgabenerfüllung* erforscht. Als *distal outcomes* werden *Arbeitszufriedenheit, Commitment, Bleibebereitschaft* und *Leistungserbringung* untersucht.[358] Bauer et al. bilanzieren:

> »Even though different studies have examined slightly different outcomes, job satisfaction, organizational commitment, turnover and performance emerged in a large number of studies (e.g., Ashford & Black, 1996; Bauer & Green, 1998; Bauer et al., 2007; Kammeyer-Mueller & Wanberg, 2003; Wanberg & Kammeyer-Mueller, 2000). Other outcomes examined have included career effectiveness (Chao et al., 1994; Kirchmeyer, 1995) and stress (C. D. Fisher, 1985).«[359]

Im Hinblick auf die explorative Studie stellt sich die Frage, inwiefern diese Inhaltsdimensionen und proximalen und distalen Ergebnisse auch aus Sicht der neuen Mitarbeitenden anzustreben sind. Oder verfolgen sie andere Ziele mit ihrem Einführungsprozess und halten andere Inhalte für wesentlich?

3.1.2 Phasenmodelle

Ein in der Literatur seit vielen Jahrzehnten etabliertes und weiterentwickeltes theoretisches Konzept beschreibt den Prozess der Personaleinführung in Phasen. Tabelle 4 gibt eine Übersicht zu den Phasenmodellen verschiedener Autoren. Sie veranschaulicht u. a., dass manche Modelle konzeptionell bereits (weit) vor dem Eintritt in die Organisation ansetzen, andere erst mit dem ersten Arbeitstag. Die Bezeichnungen der Phasen weisen auf Unterschiede in der inhaltlichen Ausrichtung hin, auf die im Detail an dieser Stelle jedoch nicht eingegangen werden kann.

---

356 Vgl. Bauer und Erdogan 2012.
357 Vgl. Bauer und Erdogan 2011.
358 Vgl. Ashforth und Saks 1997; Bauer und Erdogan 2011; Kammeyer-Mueller und Wanberg 2003; Wanous 1992.
359 Bauer und Erdogan 2011, S. 57.

	Feldman (1976)	Graen (1976)	Van Maanen (1976)	Schein (1978)	Kieser (1990)	Wanous (1992)	Rohrlack (2011)	Conzen (2016)	Lohaus et al. (2016)	Berthel und Becker (2017)
Voreintritt	1. Phase: Anticipatory Socialization		1. Phase: Anticipatory Socialization		1. Phase: Antizipatorische Sozialisation	1. Phase: Recruitment and Selection: Mutual choice	1. Phase: Vorbereitung		1. Phase: Vor-Eintritt	1. Phase: Vorbereitung
										2. Phase: Voreinstieg resp. Vorbereitung, Auswahl und Entscheidung
Eintritt	2. Phase: Accomodation	1. Phase: Initial Confronting	2. Phase: Encounter	1. Phase: Entry	2. Phase: Konfrontation	2. Phase: Confronting, Accepting org. reality	2. Phase: Umsetzung	1. Phase: Adaption	2. Phase: Eintritt	3. Phase: Konfrontation (Einstiegsphase I)
	3. Phase: Role Management	2. Phase: Working through	3. Phase: Metamorphosis	2. Phase: Socialization	3. Phase: Einarbeitung	3. Phase: Orientation: Achieving role clarity	3. Phase: Kontrolle	2. Phase: Profilierung	3. Phase: Metamorphose	4. Phase: Einarbeitung (Einstiegsphase IIa)
		3. Phase: Integration		3. Phase: Mutual Acceptance	4. Phase: Integration	4. Phase: Socialization: Mutual adjustment		3. Phase: Reife		5. Phase: Integration (Einstiegsphase IIb)

Tabelle 4: Übersicht zu Phasenmodellen.

Damit liegen verschiedene Modellvarianten vor, auf deren Grundlage ein für das spezifische Forschungsinteresse zu modifizierendes phasenbezogenes Rahmenmodell in Kap. 4 konzipiert wird.

3.1.3 Modelle zu Einflussfaktoren

Ein Schwerpunkt der internationalen empirischen Forschung richtet sich auf potentielle *Einflussfaktoren* und ihre Wirkung in Bezug auf einzelne oder mehrere der benannten proximalen und distalen Ziele der Personaleinführung. Dabei sind z. B. als Einflussfaktoren untersucht worden:
- das Vorgehen und die Maßnahmen der Organisation (z. B. Praktiken, tactics,[360] Instrumente wie Mentoring, Trainingsprogramme[361] u. a.),
- die Organisationsmitglieder (sowohl einzelne wie z. B. Führungskräfte als auch die Arbeitsgruppe),[362]
- Merkmale der neuen Mitarbeitenden (z. B. die als *Big Five* bezeichneten Persönlichkeitsmerkmale[363]) oder
- das Verhalten der Neuen, insbesondere ihre Proaktivität.[364]

---

360 Beispielhaft sind zu nennen: Allen und Meyer 1990; Anakwe und Greenhaus 1999; Ashforth und Saks 1996; Ashforth et al. 2007; Kammeyer-Mueller und Wanberg 2003, S. 779; Perrot et al. 2012. Mehrere dieser Studien bestätigen das Forschungsergebnis von *Jones* (1986), dass die von ihm als *institutionalisierte Sozialisation* benannten Taktiken (kollektiv, formal, seriell, fixiert, sequentiell, eingebunden) negativ mit Rollenambiguität, Rollenkonflikten und Fluktuationsneigung und positiv mit Arbeitszufriedenheit und organisationalem Commitment korrelieren.
361 Vgl. beispielhaft Mess 2007, S. 320.
362 Die Forscher *Anakwe und Greenhaus* fanden z. B. heraus, dass die aktive Begleitung durch erfahrene Organisationsmitglieder während der ersten Wochen im Besonderen zur effektiven Einführung neuer Mitarbeitender und zu langfristigem Karriereerfolg beiträgt. Vgl. Anakwe und Greenhaus 1999.
363 *Ashford und Black* kommen in ihrer Studie zu dem Ergebnis, dass *Extraversion* und *Offenheit* mit *Feedbackstreben* und *Beziehungsaufbau* in Verbindung steht, jedoch nicht mit dem *Einholen von Informationen*. Das Merkmal *Neurotizismus* steht in Verbindung mit *geringerer sozialer Integration* sowie mit *höherer Fluktuation*. Die Merkmale *Gewissenhaftigkeit* und *Feedbackstreben* wirken sich positiv auf die *Arbeitszufriedenheit* und letzteres zudem auf die *Fluktuation* aus. Vgl. Ashford und Black 1996. Zu ähnlichen Ergebnissen kommen Wanberg und Kammeyer-Mueller 2000.
364 Nach *Perrot et al.* korreliert Proaktivität positiv mit dem Lernen über die Organisation, die Arbeitsgruppe und die Aufgaben sowie mit Rolleninnovation. Vgl. Perrot et al. 2012, S. 22. Nach *Wanberg und Kammeyer-Mueller* kann proaktives Verhalten Einfluss haben auf Rollenklarheit, soziale Integration, Arbeitszufriedenheit und Fluktuation. Als weitere Studien zu Proaktivität seien beispielhaft genannt: Bauer und Erdogan 2011; Morrison 1993. Einen Überblick bieten zudem Bauer und Erdogan 2012, S. 99.

Auf Grundlage ihrer Forschungsergebnisse haben verschiedene Autoren theoretische Modelle entwickelt, die die Einflussfaktoren wie auch die Ziele bzw. Ergebnisse hinsichtlich des Kontextes/der Umwelt, der Organisation, der Arbeitsgruppe und des Individuums kategorisieren. Die Vorschläge der Forscher *Ashforth und Saks*, *Kammeyer-Mueller und Wanberg* sowie *Bauer und Erdogan* werden in Tabelle 5 zusammengefasst gegenüber gestellt.

	Saks and Ashforth 1997	Kammeyer-Mueller and Wanberg 2003	Bauer and Erdogan 2011
Contextual Factors	Extra-organizational, Organization level, Group level, Job/role level	Perceived alternatives	
Organizational Factors	Socialization tactics, Orientation programs, Training programs, Mentoring programs	Organizational efforts, Leadership	Socialization tactics, Formal orientation, Recruitment/realistic previews
Group Factors	Socialization tactics, Social support, Social learning processes	Work group influence	Organizational insider efforts
Individual Factors	Proactive strategies and behavior	Pre-entry knowledge; Proactive personality	Individual characteristics: Proactive personality, Extraversion, Openness, Veteran employee Individual behaviors: Information seeking, Feedback seeking, Relationship building
Proximal Outcomes (Adjustment)	Skill acquisition, Role clarity, Person-job/organization fit, Social integration, Social identification, Motivation, Personal change, Role orientation	Task mastery, Role clarity, Political knowledge, Work group integration	Role clarity, Self-efficacy, Acceptance by organizational insiders, Knowledge of organizational culture

(Fortsetzung)

	Saks and Ashforth 1997	Kammeyer-Mueller and Wanberg 2003	Bauer and Erdogan 2011
Distal Outcomes Organizational	Stronger culture, Higher morale, More stable membership, Higher effectiveness, Reputation	Organizational commitment, Work withdrawal, Turnover hazard	Organizational commitment, Satisfaction, Turnover, Performance
Distal Outcomes Group	Stronger subculture, Stronger cohesion, More stable membership, Higher effectiveness, Reputation		
Distal Outcomes Individual	Lower stress, Higher job satifaction, Higher organizational commitment, Lower absenteeism and turnover; Higher organizational citizenship behaviors; Higher performance, Role conformity/ role innovation		

Tabelle 5: Gegenüberstellung von Modellen mit Einflussfaktoren und Zielen.

Damit liegen Vorschläge zur Identifikation und Kategorisierung von Einflussfaktoren vor, die Anregungen für ein auf den spezifischen Forschungsgegenstand bezogenes eigenes Rahmenmodell mit potentiell bedeutsamen Einflussfaktoren geben, das in Kap. 5 entfaltet wird.

3.1.4 Passung von Organisation und Person

Nach *Wanous* ist die Frage des *Matchings von Individuum und Organisation* maßgeblich für den nachhaltigen Erfolg der Einführung.[365] In seinem Modell stellt er die Fähigkeiten, Bedürfnisse und Interessen der Bewerberinnen bzw. der dann neu eingestellten Mitarbeitenden auf der einen Seite und die geforderten Fähigkeiten, die Kultur und das Klima in der Organisation auf der anderen Seite gegenüber.[366] Die Passung (*fit*) wirkt sich nach Wanous in der Folge auf die

---
365 Vgl. Wanous 1992, 7 ff.
366 Vgl. Wanous 1992, S. 8.

Leistung, die Zufriedenheit, das Commitment und den Verbleib aus, wie Abbildung 8 veranschaulicht.

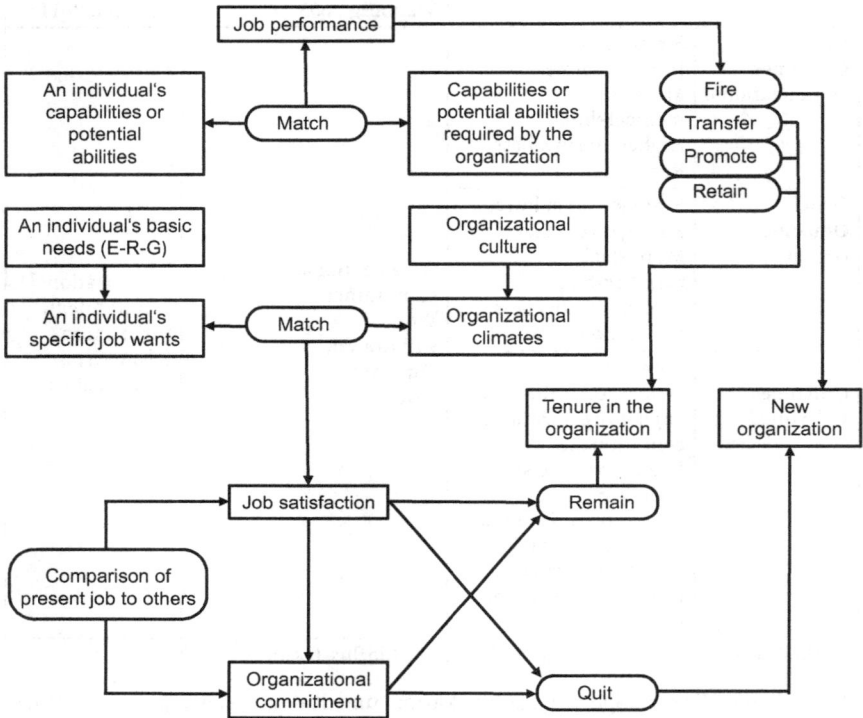

Abbildung 8: Matching Individual and Organization. In enger Anlehnung an Wanous 1992, S. 8.

Dieses Modell macht deutlich, dass die Kenntnis der Interessen und Bedürfnisse der zukünftigen bzw. neuen Mitarbeitenden von großer Bedeutung für die Organisation ist. Es stellt heraus, dass nicht nur das Zueinanderpassen der fachlichen Qualifikation mit den fachlichen Anforderungen, sondern ebenfalls die der individuellen Einstellungen und Präferenzen mit den organisationalen Werten, der Kultur und dem Klima bedeutsam sind für den weiteren Verlauf.

Das belegen auch die Forschungsergebnisse von *Chatman*, die anhand des *Konzepts des Person-Organization-Fit* erforscht hat, wie sich die Werte der Person im Aufeinandertreffen mit den Werten der Organisation auswirken.[367] Sie fand heraus, dass Mitarbeitende zufriedener sind und eine höhere Bleibemotivation haben, wenn ihre Werte mit den in der Organisation vorherrschenden übereinstimmen. Die Zufriedenheit stieg auch bei denen an, deren Wertepräfe-

---

367 Vgl. Chatman 1991.

renzen im ersten Jahr enger mit den Werten der Organisation in Einklang gebracht wurden.

> »When a recruit prefers the values that are prevalent in his or her organization, he or she is more satisfied and more likely to intend to and actually stay longer with the organization. Interestingly, when a recruit's preferences became more closely aligned with the organization's values over the first year, corresponding increases in satisfaction also occurred.«[368]

Sackmann vertritt die Auffassung, dass die neuen Mitarbeitenden nach ca. einem Jahr eine solche Identifikation mit der Organisation entwickelt haben, dass mitgebrachte Vorstellungen über Vorgehensweisen und Werte verschwinden oder in die bestehende Unternehmenskultur integriert werden.[369] *Moser* betont, dass die Angleichung der individuellen und organisationalen Wertvorstellungen sowohl eine Frage der Passung wie des Lernens ist.[370]

Abschließend ist noch ein Konzept zu nennen, dass die beidseitige Beurteilung einer Passung von Organisation und Person bereits vor dem Stellenantritt erleichtern kann und sich auch im weiteren positiv auf die Personaleinführung auswirkt. Das *realistic job preview-Concept (RJP)* von *Wanous* zielt darauf ab, die Wahrscheinlichkeit von negativen Überraschungen und Frustration durch eine realistische Rekrutierung gering zu halten.[371] Die Organisation gibt den Bewerberinnen als eine Art »Schutzimpfung« detaillierte, nicht beschönigende Informationen zur freien Stelle.

> RJP »functions exactly like a vaccination, i.e., it can prevent a problem from occuring, but not cure it once it has begun. (...) Job candidates are presented with a small dose of organizational reality. This vaccination with realism has been shown to have several beneficial effects for the entry process, e.g., more favorable attitudes and lower turnover among newcomers.«[372]

3.1.5 Rollenübernahme und Anpassung

Mit der Frage, ob Rollen einseitig von der Organisation definiert und von neuen Mitarbeitenden lediglich übernommen werden, und der Frage nach einer einseitigen oder beiderseitigen Anpassung wird nun ein weiteres Thema expliziert,

---

368 Chatman 1991, S. 477.
369 Vgl. Sackmann 2002, 65f. mit Verweis auf Elbe 1997 und van Maanen und Schein 1979. Zur Bedeutung der Unternehmenskultur im Einführungsprozess vgl. Kieser et al. 1990, 26ff.; Moser et al. 2018, S. 15; Rehn 1990, 60ff.
370 Vgl. Moser et al. 2018, S. 15.
371 Vgl. Wanous 1992, 53ff.
372 Wanous 1980, S. 6.

das in der Literatur kontrovers verhandelt wird und für die explorative Studie bedeutsam erscheint.

In den frühen Veröffentlichungen der deutschen betriebswirtschaftlichen Organisationslehre wie z. B. bei *Kieser und Kubicek*[373] liegt der Fokus deutlich auf der aus Sicht der Organisation zu erfüllenden Aufgaben und zu erreichenden Ziele.[374] Alle anderen Aspekte werden konsequent als Mittel, d. h. als Funktionen zur Aufgabenerfüllung betrachtet. Neue Mitarbeitende haben jeweils eine fest definierte organisatorische Rolle zu übernehmen, die maßgeblich durch sogenannte organisatorische Regeln bestimmt ist. Diese beinhalten »teilweise unmittelbare Verhaltenserwartungen, indem sie Ziele, Handlungsprogramme, Kommunikationswege u. ä. festlegen.«[375] Außerdem ermächtigen sie Vorgesetzte, Kolleginnen und nachgeordnete Mitarbeitende zur Formulierung offizieller Erwartungen. Die organisatorischen Regeln bilden also das System von Verhaltens- und Funktionserwartungen, welches die Aufgabenerfüllungsprozesse der Mitarbeitenden als personelle Aktionsträger steuern soll.[376] Für die Personaleinführung heißt das, dass die neuen Mitarbeitenden entsprechend zu instruieren sind und sich verhaltensbezogen anzupassen haben.[377]

Dieser theoretische Zugang wird in einer Veröffentlichung von *Frodl* aus dem Jahr 2011 zum Personalmanagement im Gesundheitsbetrieb auch für den Einsatz von Pflegekräften im Krankenhaus zugrunde gelegt.[378]

Mit *Graen et al.*[379] und *Althauser*[380] sind jedoch folgende Aspekte kritisch anzumerken: Zum einen weckt diese Sicht den Anschein einer mechanistischen Steuerbarkeit menschlichen Verhaltens und einer vollkommenen Regelungssi-

---

373 Vgl. Kieser und Kubicek 1977, S. 323.
374 »In Organisationen bzw. durch sie werden Zwecke verselbstständigt, von konkreten, momentanen, individuellen Bedürfnissen oder Motiven entkoppelt und institutionalisiert Bereiche des instrumentellen Handelns geschaffen (Türk 1978, S. 125).« Althauser 1982, S. 69.
375 Kieser und Kubicek 1977, S. 323.
376 Vgl. Grochla 1978, S. 22.
377 »It is process of being indoctrinated and trained, the process of being taught what is important in an organization or some subunit thereof«. Schein 1968, S. 2 zitiert nach Althauser 1982, S. 13.
378 Vgl. Frodl 2011, 95 ff.
379 Vgl. Graen et al. 1973. *Graen et al.* untersuchten den Sozialisationsprozess von 62 nicht akademischen Angestellten in der Universitätsverwaltung anhand von Variablen zur Rollenübernahme (Rollenpräferenzen, Zeit- und Energieaufteilung, Konflikte und Mehrdeutigkeiten) sowie anhand von Erfolgsmaßstäben wie Leistungsbeurteilungen, Zufriedenheit und Verbleib.
380 *Althauser* hat eine verhaltenswissenschaltliche Analyse des Einarbeitungs- und Eingewöhnungsprozesses neuer Mitarbeitende vorgenommen und einen rollenanalytischen Erklärungsansatz organisationaler Sozialisation entwickelt. Vgl. Althauser 1982.

cherheit.³⁸¹ In der Praxis zeigt sich die organisationale Möglichkeit der Steuerung jedoch als begrenzt.³⁸²

Die Autoren plädieren dafür, bei der Analyse von organisationalen Sozialisationsprozessen nicht von quasi-mechanistischen Ansätzen bzw. einem sogenannten »fixed-job-model«, also der einfachen Übernahme geltender Regeln und Verfahrensweisen auszugehen, sondern von einem gegenseitigen Aushandlungsprozess.³⁸³

In Anschluss an Graen et al. vertritt *Altauser* nachdrücklich die Postition, dass bei diesem Prozess vielmehr von »role-making« (Rollenschaffen) als von »role-taking« (Rollenübernahme) im Sinne von bloßem Lernen geltender Regeln und Verfahrensweisen u. ä. gesprochen werden sollte.³⁸⁴ Außerdem betont Althauser:

> »Sozialisation umfasst nach diesen Überlegungen allgemein das sich in einem ständigen Informationsaustausch mit seiner Umwelt vollziehende Lernen des Individuums. Die Sozialisation hat somit stets Folgen für das soziale System als auch für den einzelnen Mitarbeiter.«³⁸⁵

Stiefel vertritt die These, dass bei der Einführung neuer Mitarbeitender zwei (gegenläufige) Prozesse ablaufen: Einerseits wirkt die Organisation auf das Individuum ein, so dass es die üblichen Praktiken, Werte und Besonderheiten möglichst umfassend verinnerlicht. Andererseits bringt das Individuum bisherige Erfahrungen und Überzeugungen mit, wirkt damit seinerseits auf den Prozess ein und kann wertvolle Innovationsimpulse geben, die es organisational zu nutzen gilt.³⁸⁶ Ähnlich beschreiben auch andere Autoren die organisationale Sozialisation neuer Mitarbeitender als einen komplexen, *wechselseitigen* Austausch und Ausgleich der gegenseitigen Ansprüche und Erwartungen.³⁸⁷

Im Hinblick auf die explorative Studie stellt sich die Frage, ob in den Krankenhäusern – in der Wahrnehmung der neuen Gesundheits- und Krankenpflegerinnen – von einer einseitigen Anpassung an die abstrakt definierte organisatorische Rolle ausgegangen wird oder von einer gegenseitigen Anpassung von Individuum und Rolle und welche Erwartungen sie selbst diesbezüglich haben.

---

381 Vgl. Althauser 1982, 70 ff.
382 Grochla bezeichnet dieses Phänomen als ein »besonderes Problem«. Vgl. Grochla 1978, S. 19.
383 Vgl. Graen et al. 1973, S. 417; Graen 1976, S. 1204.
384 Vgl. Althauser 1982, 46 ff.
385 Althauser 1982, S. 51.
386 Vgl. Stiefel 1979, S. 12. *Stiefel* stellt im weiteren 15 praxisrelevante Thesen dazu auf, was die Integration eines neuen Mitarbeitendes befördere.
387 Vgl. Bartscher-Finzer 2004, S. 1481; Berthel und Becker 2017, S. 428; Elbe 2016, 81 ff.

3.2 Befunde zu Gesundheits- und Krankenpflegerinnen und zu deren Personaleinführung

Nach der Darstellung wesentlicher empirischer und theoretischer Erkenntnisse zur Personaleinführung im Allgemeinen werden nun zentrale Befunde zu Gesundheits- und Krankenpflegerinnen sowie speziell zu deren Einführung in Krankenhäusern vorgestellt.

Wie in Kap. 2.3 bereits kurz erwähnt, sind Gesundheits- und Krankenpflegerinnen allen einschlägigen Befunden zufolge verschiedenen *Belastungsfaktoren* wie z. B. arbeitszeitliche Inspruchnahme durch Schicht-, Nacht- und Wochenenddienst (ggf. schwierige Vereinbarkeit mit Familie/Privatleben), körperliche und physische Belastungen (z. B. Stress durch die Begleitung unterschiedlichster Patientinnen in z. T. sehr schweren Krankheitsverläufen und Sterbeprozessen[388]) und besonderen strukturell-arbeitsorganisatorischen Bedingungen ausgesetzt.[389] Die Anforderungen wirken sich insbesondere im Zusammenhang mit der zunehmenden Arbeitsdichte durch steigende Fallzahlen und niedrigere Verweildauern bei nicht (wesentlich) ansteigenden Pflege-Vollkräften häufig negativ aus.[390] Das spiegelt sich zum einen in der Häufigkeit von gesundheitlichen Beschwerden, Überforderung und Stresszunahme wider.[391] Zum anderen stellen verschiedene Forscher deutliche Auswirkungen auf die Motivation, die Fehlzeiten, die Arbeitszufriedenheit sowie die Leistungs- und Bindungsbereitschaft[392] der Mitarbeitenden fest.[393] So folgern die Verfasserinnen des *Picker-Reports* auch mit Verweis auf andere Autoren, dass »die Rahmenbedingungen, die der Ausübung der eigentlichen pflegerischen Tätigkeit und der individuellen Betreuung der Patienten entgegenstehen, die Arbeitszufriedenheit sowie die Identifikation mit dem Arbeitgeber negativ beeinflussen sowie Gedanken an einen Arbeitsplatzwechsel begünstigen (...).«[394] In ihrer *Studie des Picker Instituts* wird neben der Arbeitsbelastung »insbesondere die verfügbare

---

388 Vgl. Berger 2018, 201 ff.; Hoefert 2011, 99 ff.; Nau und Walter 2014, S. 239; Richter 2014, S. 94; Schlechtriemen-Koß 2014, 36 ff.; Wittkowski 2014, S. 159.
389 Vgl. Braun und Müller 2005, S. 132; Gerisch und Oberlies 2011, 15 ff.; Kocks et al. 2017, 24 ff.; Riesterer 2014, S. 5; Winter 2011, S. 48. Nach Erkenntnissen der internationalen NEXT-Studie (Nurses Early Exit Study) mit 39.898 Krankenpflegefachkräften sind die quantitativen Arbeitsbelastungen in keinem anderen Teilnehmerland so hoch wie in Deutschland. Vgl. Hasselhorn et al. 2005a, S. 15.
390 Vgl. Afentakis 2009; Böcken und Kostera 2017, 46 ff. Weidner 2012, 151 f.
391 Vgl. Bundesanstalt für Arbeitsschutz und Arbeitsmedizin (BAuA) 2014, S. 2.
392 Die Bindung an den Beruf ist nach Erkenntnissen der NEXT-Studie bei Pflegefachkräften im ersten Jahr am höchsten, fällt dann etwa bis zum fünfzehnten Jahr ab und steigt danach wieder an. Vgl. Hasselhorn et al. 2005b, S. 30; ähnlich Dannenfeld 2018, S. 30.
393 Vgl. Baum 2013, S. 108 mit Verweis auf eine Studie von Scherf 2005; Buxel 2011; Dannenfeld 2018, S. 30.
394 Stahl und Nadj-Kittler 2013, S. 14.

Zeit für die Kommunikation und Interaktion mit Patienten und Angehörigen sowie eine an den Bedürfnissen der Patienten ausgerichtete Versorgung sehr kritisch beurteilt.«[395] Zudem spielen die Führungs- und die Unternehmenskultur eine Rolle für die Arbeitszufriedenheit, wobei hier ca. die Hälfte der Befragten Handlungsbedarf sieht.[396]

Schließlich erscheinen noch die folgenden Ergebnisse der Studie *Jobwahlverhalten, Motivation, und Arbeitsplatzzufriedenheit von Pflegepersonal und Auszubildenden in Pflegeberufen* von *Buxel* bedeutsam für den Forschungsrahmen.[397] Danach sind für die *Jobwahl* die Arbeit am Menschen, die Möglichkeit zur Hilfeleistung sowie das Interesse an medizinischen Fragestellungen besonders ausschlaggebend.

Für die *Arbeitsplatzzufriedenheit* sind für die Befragten die folgenden Faktoren sehr bedeutsam, wobei es bezogen auf die jeweilige konkrete Arbeitssituation eine recht hohe Unzufriedenheit damit gibt:
- Anzahl der Kolleginnen bei der Schichtbesetzung/ Personaldecke;
- guter Persönlicher Kontakt zu den Patientinnen/ Zeit für den Menschen;
- Stellenwert und Wertschätzung des Pflegepersonals im Krankenhaus;
- Positionierung der Berufsgruppe Pflege in Entscheidungsgremien;
- Verdienstmöglichkeiten/Einkommenshöhe;
- Wertschätzung von Leistung/ Lob und Anerkennung durch Vorgesetzte;
- gute Vereinbarkeit mit dem Privatleben.

Eine hohe Bedeutung und eine hohe Zufriedenheit wird mit diesen Punkten verknüpft:
- unbefristeter Arbeitsvertrag;
- sicherer Arbeitsplatz.

Die Zufriedenheit ist auch mit den folgenden beiden Aspekten recht hoch, doch sie werden als kaum bedeutsam bewertet:
- Durchschnittsalter der Kolleginnen;
- christliche Trägerschaft.[398]

Im Anschluss an diese allgemeinen empirischen Erkenntnisse zu Gesundheits- und Krankenpflegerinnen werden nun zentrale Befunde zu deren Personaleinführung in Krankenhäusern vorgestellt. Es liegen Forschungsarbeiten insbe-

---
395 Stahl und Nadj-Kittler 2013, S. 16; ähnlich Sibbel und Bliesener 2014, S. 507.
396 Vgl. Stahl und Nadj-Kittler 2013, S. 16.
397 Vgl. Buxel 2011.
398 Vgl. Buxel 2011, S. 57.

sondere aus den USA und Australien vor, die in der Regel die Wirkung von speziellen Maßnahmen untersuchen.

Halfer et al. haben die Auswirkungen eines speziellen Einführungsprogramms für Berufsanfängerinnen im Hinblick auf deren Arbeitszufriedenheit und die Fluktuationsrate erforscht.[399] Dazu haben sie eine Kohorte vor und eine Kohorte nach der Implementierung dieses speziellen Programms in einer amerikanischen Pädiatrieklinik untersucht. Das Programm umfasste Gruppenunterricht, Mentoring und Coaching mit einem Schwerpunkt auf emotionalen Belastungen und Bewältigungsstrategien. Die Wirkung des Programms war sehr positiv:

> »In this study overall job satisfaction was significantly higher in the post-internship group as compared to the pre-internship group. Improved job satisfaction was also reflected in a lower turnover rate (12 % vs. 20 % in the pre-internship group) that was sustained during the 2-year post-intervention study period.«[400]

Die Wirkung eines zwölfmonatigen Programms zum Berufseinstieg haben *Hussein et al.* mithilfe einer zweifachen qualitativen Befragung (nach 8–10 Wochen und nach 10–12 Monaten) von 87 neuen Gesundheits- und Krankenpflegerinnen in einem Lehrkrankenhaus in Australien untersucht. Sie fanden heraus, dass solche Übergangsprogramme sowohl zu Beginn als auch zum Ende als hilfreich bewertet werden, um die neuen Mitarbeitenden im ersten Jahr ihrer Praxis zu unterstützen.[401]

Die Bedeutung von Mentoring-Programmen für Gesundheits- und Krankenpflegerinnen untersuchten die Studien *The value of mentorship within nursing organizations*[402] von *Block et al.* sowie *Efficacy of a Mentoring Program on Nurse Retention and Transition Into Practice*[403] von *Szalmasagi*.

Beide Studien ergaben, dass der Bedarf an fachlicher, sozialer und emotionaler Unterstützung zu Beginn der Tätigkeit sehr hoch ist und erfahrene Pflegefachkräfte als Mentorinnen diesbezüglich besonders hilfreich sind. Sie können als konkretes Vorbild genutzt werden und Kompetenzen und Selbstvertrauen der Neuen fördern.

Nach Erkenntnissen einer Studie im Auftrag des Bundesministeriums für Wirtschaft und Energie (BMWi) können längerfristige Einarbeitungs- und Mentoring-Programme insbesondere bei jüngeren Beschäftigten die Berufsbindung im nichtärztlichen Bereich der Gesundheitswirtschaft erhöhen.[404]

---

399 Vgl. Halfer et al. 2008.
400 Halfer et al. 2008, S. 243.
401 Vgl. Hussein et al. 2017.
402 Vgl. Block et al. 2005.
403 Vgl. Szalmasagi 2018.
404 Vgl. Bundesministerium für Wirtschaft und Energie 2017, S. 24.

3.3 Befunde zu diakonischer Identität und Kultur

Da sich ein spezifisches Forschungsinteresse auf die christliche Ausrichtung resp. die diakonische Kultur in der Einführung richtet, sind schließlich noch Studien relevant für den Forschungsrahmen, die zur Erforschung diakonischer Identität und diakonischer Unternehmenskultur sowie zu Auffassungen von Mitarbeitenden zum christlichen Glauben durchgeführt worden sind.

Im Forschungsprojekt *Merkmale diakonischer Unternehmenskultur in einer pluralen Gesellschaft* ist untersucht worden, wie sich die religiöse Pluralisierung der Mitarbeitenden in der Diakonie auf die Identität diakonischer Einrichtungen der Eingliederungs- und Altenhilfe auswirkt.[405] Dazu sind Mitarbeitende aus 33 Einrichtungen nach Merkmalen diakonischer Unternehmenskultur zunächst in Fokusgruppen befragt worden. Die Forscherinnen stellen fest, dass es Teilnehmenden häufiger schwer fiel, sich über »das Diakonische« zu äußern.[406]

> »Dort, wo es Reflexionen über diakonische Identität als Einrichtungskonzeption gab, waren Mitarbeitende deutlich sprachfähiger. Und dort, wo Einrichtungsleitungen klar kommuniziert haben, dass solche Merkmale relevant für die Einrichtung sind und ihre Haltung im Führungsverhalten sichtbar wurde, wird das auch als zutreffend für die Einrichtung gesehen (…).«[407]

In den Fokusgruppen sind im Besonderen *religiöse Artefakte* wie Andachten, Gottesdienste, sakrale Räume, religiöse Symbole, Elemente der Abschiedskultur, religiöse Rituale und Angebote, religiöses Personal, Kontakt zur Kirchengemeinde, Präsenz von Ehrenamtlichen sowie Einführungstage und Fortbildungen zu religiösen bzw. diakonischen Themen als Merkmale genannt worden.[408]

Darüberhinaus betreffen die Aussagen *Werthaltungen sowie explizierte Werte und Regeln im Unternehmen*.[409] Dazu gehören z. B. ein guter Umgang miteinander und ein empathischer und wertschätzender Umgang mit den Klientinnen. Stichworte hier sind Fürsorge, Wärme, Geborgenheit, Freundlichkeit, Herzlichkeit, Offenheit und eine herzliche Willkommenskultur für neue Mitarbeitende. Im Blick auf kodifizierte Wertaussagen wurde häufig das Leitbild als Merkmal genannt.[410]

Im Hinblick auf das in Kap. 2.6.2 angesprochene Thema der Konstitutiva und der Spezifika des Diakonischen erscheint der folgende Befund aufschlussreich:

---

405 Vgl. Hofmann et al. 2018; Hofmann 2020.
406 Vgl. Hofmann et al. 2018, S. 92.
407 Hofmann et al. 2018, S. 98.
408 Vgl. Hofmann et al. 2018, 91 f.
409 Vgl. Hofmann et al. 2018, S. 92.
410 Vgl. Hofmann et al. 2018, S. 92.

> »Bei der Diskussion von Kulturaussagen im Blick auf ihre Diakonizität wurden von den Mitarbeitenden inklusive Aspekte des Profils, d. h. das, was diakonische Einrichtungen mit anderen sozialen Einrichtungen gemeinsam haben, als nicht ›typisch diakonisch‹ bewertet.«[411]

In einer sich anschließenden Fragebogenerhebung ist untersucht worden, wie die Mitarbeitenden, die nicht Mitglied einer christlichen Kirche (ACK) sind, die identifizierten Merkmale im Hinblick auf ihre Relevanz für die Organisation sowie für sie persönlich bewerten. Die persönliche Relevanz wurde divergent beurteilt und wich in mehreren Bereichen von der Relevanz für die Organisation ab. So werden beispielsweise Aspekte, die das Zwischenmenschliche betreffen, als persönlich bedeutsam beurteilt, wobei diese jedoch nicht in gleichem Maße in der Einrichtung erlebt werden.[412] Explizit religiösen Artefakten stehen die Befragten zum Teil eher distanziert gegenüber, doch ihnen ist die Relevanz für die diakonische Identität der Einrichtung und für manche Pflegebedürftige bewusst.[413] Insgesamt zeigt sich, dass die organisationale Identität und die damit verknüpfte Unternehmenskultur weitestgehend akzeptiert, respektiert und mitgetragen werden.[414]

Für die im Rahmen der vorliegenden Arbeit im Fokus stehenden neuen Mitarbeitenden erscheinen schließlich diese Ergebnisse bedeutsam: Einführungsveranstaltungen des Trägers werden weitgehend positiv bewertet. Die nicht kirchlich gebundenen neuen Mitarbeitenden sind auch überwiegend offen für religiöse Veranstaltungselemente, wenn sie keinen Teilnahmezwang erleben.

Hofmann et al. stellen hinsichtlich einer »Inkulturation in die Unternehmenskultur« fest:

> »Als Zukunftsaufgabe erweisen sich diakonische Bildungsangebote, die die Teilnahme von Menschen aus anderen Religionen berücksichtigen. Die bestehenden Konzepte diakonischer Bildung haben vor allem Konfessionslose oder christliche Mitarbeitende im Blick. Als zentraler Ort der Inkulturation in diakonische Unternehmenskultur erweist sich die alltägliche Praxis in der Einrichtung. Bildungsveranstaltungen können diese Praxis rahmen, deuten und reflektieren.«[415] So erscheinen nach dieser Studie zum einen Kommunikations- und Reflexionsräume für Mitarbeitende über »das Diakonische« unerlässlich und zum anderen diakoniewissenschaftliche Modelle, die für den jeweiligen Kontext in Konzepte überführt und mit den Mitarbeitenden diskutiert werden müssen.[416]

---

411 Hofmann 2020, S. 16.
412 Vgl. Hofmann 2020, S. 17.
413 Vgl. Hofmann 2020, S. 16.
414 Vgl. Hofmann 2020, S. 18.
415 Hofmann 2020, 20f.
416 Vgl. Hofmann 2020, S. 22.

Die Sicht von Mitarbeitenden war ebenfalls Gegenstand einer *Studie des Caritasverbandes der Diözese Würzburg*.[417] Darin sind 2200 Mitarbeitende zu ihren Einstellungen zum christlichen Glauben befragt worden. Ein Ergebnis ist: Das Christentum ist für sie eine religiöse Option unter vielen. Sie wird nicht unbedingt präferiert. Von den jüngeren Befragten sagen nicht einmal die Hälfte, dass das Christentum das Fundament ihres persönlichen Wertesystems ist. Der Aussage »Es gibt einen Gott, der sich in Jesus Christus zu erkennen gegeben hat« stimmen ebenfalls nur etwa die Hälfte der jüngeren Mitarbeitenden zu.

> »Die Mitarbeiterschaft ist, so belegt die Studie, hochgradig religiös pluralisiert. (...) Für den Sinn des Lebens, so betonen sie [die Mitarbeitenden] mehrheitlich, ist jeder Mensch selbst verantwortlich (...).«[418]

Die Befragten reagieren laut der Studie ablehnend, wenn es um »Gehorsamsglauben« und »Instruktionsglauben« gehe. Sie wünschen sich Sensibilität für den eigenen Glauben im Kontext der jeweiligen Biografien sowie religiöse Vielfalt und »Inklusion Andersgläubiger«.[419]

Der Fokus der Studie von *Haas und Starnitzke* richtet sich nicht auf die Mitarbeitendenperspektive, sondern auf die Frage der organisationalen Gestaltung einer diakonischen Identität in Zeiten von Säkularisierung und religiöser Pluralisierung. Sie stellen Grunddaten von 21 Unternehmen der Caritas und Diakonie dar, die sie mithilfe von leitfadengestützten Interviews vorwiegend mit Leitungsverantwortlichen zur personellen Ausstattung, den Finanzen sowie Dimensionen christlicher Profilentwicklung und der organisationalen Verankerung der christlichen Profilentwicklung erhoben haben.[420] Ein Ergebnis ist, dass viele der untersuchten Unternehmen eigene Fortbildungsinstitute unterhalten, in denen die christliche Profilierung ein Angebot in einem weiten Themenspektrum ist. Als weitere Schwerpunktthemen der Profilentwicklung werden Ethik, Führung, Leitbild, Gemeinschaft, Spiritualität u. a. identifiziert.

Schließlich ist ein weiteres Ergebnis, dass die »Schwellen der Berufsbiografie« – im besonderen *der Eintritt in die Organisation* – bewusst gestaltet und mit den Selbstdeutungen des Unternehmens als eine christliche Organisation verbunden werden.[421] Nach Aussagen der Autoren ist »die Art, wie ein Unternehmen seine Mitarbeitenden rekrutiert, einarbeitet, entwickelt und verabschiedet, (...) für Bewerber*innen und Mitarbeitende immer auch ein Lackmustest des christlichen Unternehmens.«[422]

---

417 Vgl. Ebertz 2016.
418 Ebertz 2016, S. 26.
419 Vgl. Ebertz 2016, S. 26.
420 Vgl. Haas und Starnitzke 2019, 26ff.
421 Vgl. Haas und Starnitzke 2019, S. 177; Haas und Starnitzke 2019, S. 177.
422 Haas und Starnitzke 2019, S. 233.

Abschließend entwickeln Haas und Starnitzke ein Modell zur Identitätsgestaltung mit den Gestaltungsebenen Personal, Strategie, Praxis und Kultur.[423]

3.4 Zusammenfassung

Abschließend werden die zentralen theoretischen und empirischen Erkenntnisse gebündelt.

1. Als Ziele der Einführung können das (Kennen-) Lernen der Inhaltsdimensionen resp. die Aufgabenbeherrschung, Rollenklarheit, die soziale Einbindung, gegenseitige Zufriedenheit und das Kennenlernen von handlungsleitenden Werten als kurzfristigere Ziele sowie die dauerhaft erfolgreiche Leistungserbringung, kulturkonformes Verhalten/Übernahme der Kultur, Arbeitszufriedenheit, Bleibebereitschaft, Bindung und Loyalität zur Organisation als längerfristigere Ziele angesehen werden.

Aufgrund des hier vertretenen weiten Verständnisses, wonach die Personaleinführung auch die Phase vor dem Stellenantritt umfasst, ist das Erreichen einer Kommensbereitschaft zu ergänzen.[424]

2. Eine möglichst gute Passung von Person und Organisation (*fit*) erscheint bedeutsam für einen positiven Verlauf und das Erreichen der Einführungsziele. Relevant sind dabei neben fachlichen Kompetenzen auch die Interessen und Einstellungen (Werthaltungen) auf Seiten der Mitarbeitenden und das Klima, die Unternehmenskultur bzw. Werteorientierung auf Seiten der Organisation. Der fit hinsichtlich dieser Aspekte kann beidseitig bereits im Auswahlverfahren geprüft werden. Ein Instrument ist die realistische Tätigkeitsvorschau.

3. Die Einführung und Sozialisation neuer Mitarbeitender lässt sich als ein einseitiger Prozess der Vermittlung und Übernahme von organisatorischen Regeln und Verfahrensweisen auffassen und erleben oder als Aushandlungs- bzw. gegenseitiger Beeinflussungsprozess.

4. Eine in der Literatur etablierte Form eines theoretischen Modells zur Exploration des Prozesses der Personaleinführung mit seinen im zeitlichen Verlauf wechselnden Aufgaben und Herausforderungen ist das Phasenmodell, das je nach Autor unterschiedlich früh ansetzt, fokussiert und differenziert. Ein phasenbezogenes Rahmenmodell erscheint geeignet und nützlich für die theoretische Fundierung des Forschungsrahmens.

5. Nach den theoretischen und empirischen Erkenntnissen sind eine ganze Reihe von Einflussfaktoren insbesondere auf den Ebenen der Person der neuen Mitarbeitenden, der Arbeitsgruppe und der Organisation bedeutsam für das

---

423 Vgl. Haas und Starnitzke 2019, 188 ff.
424 Vgl. Kap. 2.5.1.

Erreichen der angenommenen Ziele der Einführung. Faktoren auf der Ebene der Umwelt (perceived alternatives/ extra-organizational factors) finden seltener Erwähnung. Angeregt durch die dargestellten Befunde erscheint es sinnvoll, ein einflussfaktorenbezogenes Rahmenmodell zu entwickeln, welches bezogen auf den konkreten Forschungsgegenstand systematisch *potentielle* Determinanten erfasst.

6. Vorliegende empirische Studien speziell zur Einführung von Gesundheits- und Krankenpflegerinnen liefern interessante Hinweise. Sie untersuchen jedoch in der Regel die Wirkung von spezifischen Einzelfaktoren (wie z. B. Mentoring oder Einführungsprogramme). Sie sind außerdem in Ländern durchgeführt worden, in denen die Rahmen- und Arbeitsbedingungen z. T. deutlich anders sind als in deutschen Krankenhäusern.

7. Die Studien zu Diakonie und Caritas liefern aufschlussreiche Erkenntnisse, was aus Sicht von Mitarbeitenden bzw. Leitungsverantwortlichen Merkmale einer diakonischen Kultur sowie einer christlichen Identität von Einrichtungen in konfessioneller Trägerschaft sind und was organisationale Aufgaben zu deren Gestaltung und Sicherstellung sind. Die Art der Aufnahme neuer Organisationsmitglieder wird als bedeutsam herausgestellt (»Lackmustest«). Zur Frage, wie die konfessionelle Trägerschaft und diakonisch-kulturelle Elemente aus Sicht neuer Mitarbeitender im Rahmen ihrer Einführung wahrgenommen werden, weist der derzeitige Forschungsstand jedoch eine Lücke auf.

Nachdem nun zentrale theoretische und empirische Erkenntnisse, Konzepte und Modelle aus verschiedenen Disziplinen expliziert worden sind, die für die Studie potentiell relevant erscheinen, werden in den folgenden beiden Kapiteln zwei Rahmenmodelle für die explorative Forschung entwickelt.

4 Das phasenbezogene Rahmenmodell

Zur theoretischen Fundierung des Forschungsrahmens wird als eines von zwei Rahmenmodellen für die explorative Studie in diesem Kapitel ein Phasenmodell konzipiert.

4.1 Begründung für die Auswahl

Ein phasenbezogenes Rahmenmodell erscheint aus folgenden Gründen als theoretische Grundlage für das Forschungsanliegen geeignet:

1. Wie bereits in Kap. 3.1 deutlich geworden ist, sind Phasenmodelle ein international von verschiedenen Autoren gewählter bewährter theoretischer Zugang, um den Verlauf, die Aufgaben und die Herausforderungen im Prozess der Einführung darzustellen.

2. Sie bieten gemäß der hier vertretenen weit gefassten Definition von Personaleinführung[425] die Möglichkeit, bereits die Zeit weit vor dem Stellenantritt einzubeziehen. Es können wesentliche Aspekte und Abläufe vor dem ersten Arbeitstag einbezogen werden, wie es u. a. Wanous empfiehlt.[426]

3. Ein Phasenmodell ermöglicht, die organisationale **und** die (vermutete) mitarbeiterbezogene Perspektive einzubeziehen. Als Rahmenmodell bietet es genügend Offenheit um zu erforschen, was aus Sicht der neuen Gesundheits- und Krankenpflegerinnen sowohl im zeitlichen Verlauf wie inhaltlich wesentlich ist.

Zudem erscheint es durch eine entsprechende Modifikation möglich, auch das hier verfolgte diakoniewissenschaftliche Forschungsinteresse an der unternehmenskulturellen Dimension als Gegenstand der Personaleinführung einzubeziehen.

4. Im Modell können optionale Maßnahmen und Instrumente dargestellt werden. Es lässt dabei offen, ob die Einführung im Sinne einer instruktiven

---
425 Vgl. Kap. 2.5.1.
426 Vgl. Kap. 3.1.4.

Vermittlung, einer gegenseitigen Annäherung bzw. eines wechselseitigen Anpassungsprozesses verläuft.

5. Es ist geeignet, die in Kap. 2 explizierten organisationalen Aspekte und Rahmenbedingungen im Erfahrungsobjekt Krankenhaus zu berücksichtigen.

Neben diesen positiven Argumenten sind mit diesem phasenbezogenen Rahmenmodell auch Grenzen verbunden. So erklärt es z. B. nicht, wie und warum ein Lernprozess im Inneren einer neu eingestellten Person vor sich geht, wie oder warum es (nicht) zur Aneignung von kognitiven, motorischen und affektiven Inhalten, sense making oder zur Übernahme von Praktiken bzw. einer Änderung von Verhaltensmustern kommt. So kritisiert Morrisson sie entsprechend: »Stage models provide valuable insight into the changes that occur during socialization. They do not, however, provide insight into how those changes occur.«[427] Schließlich liefert ein Phasenmodell auch keine Prognose, warum es mit welcher Wahrscheinlichkeit zu welchem Maß an Anpassung oder zu anderen spezifischen Ergebnissen kommt.

4.2 Konzeption des Modells

In Tabelle 4 in Kap. 3.1.2 werden die Gemeinsamkeiten und Unterschiede hinsichtlich der Bezeichnungen der Phasen zwischen den jeweiligen Modellen der unterschiedlichen Autoren deutlich. Die aufgeführten Modelle wurden auf ihre Eignung für das konkrete Forschungsinteresse hin analysiert. Eine Erkenntnis dieser Analyse ist, dass keines der Modelle für sich genommen ideal zur hier verfolgten Studie passt, sondern dass eine Kombination und Weiterentwicklung sinnvoll erscheint. In welcher Weise die erfolgt, wird nun dargestellt.

Das phasenbezogene Rahmenmodell dieser Arbeit umfasst folgende Phasen:

(1) Die *Antizipatorische Sozialisation*[428] ist im Vergleich der Modelle die Phase, die den frühesten Zeitraum fokussiert. Sie wird in das Rahmenmodell übernommen, weil davon ausgegangen wird, dass die langjährige individuelle Sozialisation eines neuen Mitarbeitenden Auswirkungen für den Einführungsprozess hat.

(2) Aufgrund der hier vertretenen zeitlich weitgefassten Definition von Personaleinführung ist es sachgerecht, die Zeit vor dem Organisationseintritt entsprechend zu berücksichtigen. Das Modell von Berthel und Becker ist diesbezüglich differenzierter als die anderen in Kap. 3.1.2 dargestellten.[429] Die dort

---

427 Morrison 1993, S. 173; ähnlich vgl. Bauer et al. 1998, S. 153.
428 Vgl. Tabelle 4 in Kap 3.1.2, im Speziellen dort Feldman 1976; Kieser et al. 1990; van Maanen 1976.
429 Vgl. Berthel und Becker 2017, 435 ff.

explizierte *Vorbereitungsphase* wird hier als zweite Phase übernommen. Mit ihr wird der Fokus in diesem Rahmenmodell auf die längerfristigen Aktivitäten der Organisation weit vor einer konkreten Stellenbesetzung gelegt.

(3) Als dritte Phase wird hier die *Voreinstiegsphase* übernommen, die den kurzfristigeren Zeitraum vor dem Stellenantritt umfasst.[430]

(4) Mit dem Stellenantritt und dem Eintritt in die Organisation beginnt die vierte Phase. Sie wird in mehreren Modellen *Konfrontation* genannt, da mit den ersten Tagen und Wochen in Abgrenzung zum weiteren Verlauf meist spezifische Besonderheiten verbunden sind.[431]

(5) Die Konfrontationsphase geht über in die fünfte Phase, die hier *Eingliederungsphase* genannt wird.[432] Sie umfasst in diesem Rahmenmodell im Gegensatz zu anderen Modellen in Anlehnung an Berthel und Becker mehrere Teilphasen resp. Inhaltsdimensionen.

Berthel und Becker differenzieren hinsichtlich der Einstiegsphase mit der *Fachlichen Einarbeitung* und der *Sozialen Integration* in ihrem Modell *zwei parallel* verlaufende Phasen.[433] Dieser konzeptionellen Idee wird hier gefolgt. Angesichts des hier verfolgten diakoniewissenschaftlichen Forschungsinteresses ist es jedoch sinnvoll, darüberhinausgehend die *kulturelle Einführung* als *dritte parallele Teilphase resp. Inhaltsdimension* zu ergänzen. Aus einem heuristischen Interesse heraus wird sie getrennt von den beiden anderen in diesem Rahmenmodell verankert, wenngleich sie in der Praxis eng mit ihnen verwoben ist. Somit werden hier die *fachliche Einarbeitung*, die *soziale Integration* und die *kulturelle Einführung* im Schwerpunkt in der Eingliederungsphase verortet, wenngleich sie bereits Inhaltsdimensionen in den vorangegangenen Phasen sind.[434]

(6) Als letzte Phase wird in Anlehnung an Rohrlack die *Evaluationsphase* in das Rahmenmodell aufgenommen, weil es nach hier vertretener Auffassung zum einen unerlässlich erscheint, dass die Organisation ihre Konzeption und Gestaltung der Personaleinführung durch die Reflexion und Bewertung konkreter Personaleinführungsprozesse durch die Beteiligten prüft und ggf. verändert und

---

430 Vgl. Tabelle 4 in Kapitel 3.1.2, im Speziellen dort Berthel und Becker 2017; Lohaus und Habermann 2016; Wanous 1992.
431 Vgl. Tabelle 4 in Kapitel 3.1.2, im Speziellen dort Berthel und Becker 2017; Graen 1976; Kieser et al. 1990; Wanous 1992.
432 In den vorliegenden Phasenmodellen gibt es bezüglich dieser Phase die größten Unterschiede hinsichtlich der Bezeichnung und des inhaltlichen Geschehens. Vgl. Tabelle 4 in Kapitel 3.1.2.
433 Vgl. Berthel und Becker 2017, S. 440 sowie Abb. 3–68 auf S. 439.
434 In Rückbezug auf Abbildung 4 in Kap. 2.5.1 wird die kulturelle Einführung im Rahmen dieser Arbeit als zeitlich umfassender aufgefasst als die anderen beiden Phasen.

so verbessert.[435] So kann auch überprüft werden, inwiefern es gelungen ist, die Interessen und Bedürfnisse der neuen Mitarbeitenden zu erfüllen. Die Wechselwahrscheinlichkeit und die Leistung der Mitarbeitenden können zudem Evaluationskriterien sein. Allgemein formuliert, sind am Ende der Einführung die Zielerreichung zu beurteilen und Konsequenzen daraus zu ziehen.

Die Grundstruktur des phasenbezogenen Rahmenmodells wird in Abbildung 9 (S. 107) veranschaulicht.

Im Folgenden werden die einzelnen Phasen genauer beschrieben. Dabei werden jeweils (potentielle) Inhalte, Aufgaben, Herausforderungen einerseits mit dem Fokus auf die neuen Mitarbeitenden und andererseits auf die Organisation herausgearbeitet. Außerdem werden jeweils potentielle Akteurinnen, organisationale Maßnahmen und Instrumente genannt.

4.2.1 Antizipatorische Sozialisation der neuen Mitarbeitenden

Die erste Phase wird *Antizipatorische Sozialisation* genannt und fokussiert ausschließlich auf die Person, die sich auf die zu besetzende Stelle bewirbt. Sie beginnt lange vor dem konkreten Organisationseintritt, wirkt sich aber dennoch auf den Prozess der Personaleinführung aus. Sie hat die vielfältigen Sozialisationsprozesse zum Inhalt, die die Person z.B. in Elternhaus, Schule, und Ausbildung geprägt haben.[436]

> Sozialisation bezeichnet mit Hurrelmann »den Prozess der Aneignung von und die Auseinandersetzung mit gesellschaftlichen Werten, Normen und Handlungsmustern, in dessen Verlauf ein Gesellschaftsmitglied die soziale Handlungsfähigkeit erwirbt und/oder aufrechterhält«.[437]

In der berufsqualifizierenden Ausbildung sowie in den ersten Berufsjahren setzt sich dieser Prozess mit der Herausbildung eines spezifischen beruflichen Habitus als Teil der individuellen Persönlichkeit fort.[438] Dabei werden nicht nur fachliche Kenntnisse und Fertigkeiten erworben, sondern ebenso grundsätzliche Werthaltungen, Verhaltensnormen und Strategien, die mit dem angestrebten Beruf verbunden sind.[439]

---

435 Vgl. Tabelle 4 in Kapitel 3.1.2. Rohrlack definiert sie aus Sicht der Organisation als *Kontrollphase*, die die Überprüfung und Besprechung der Leistungsergebnisse, des Verhaltens und des Bindungsgrades beinhaltet. Vgl Rohrlack 2011, S. 60.
436 Vgl. Kieser et al. 1990, 6f.
437 Hurrelmann 1989, S. 610 zitiert nach Steinebach et al. 2016, S. 16.
438 Vgl. Elbe 2016, S. 56.
439 Vgl. Kieser et al. 1990, 6f. mit Verweis auf Jablin 1985.

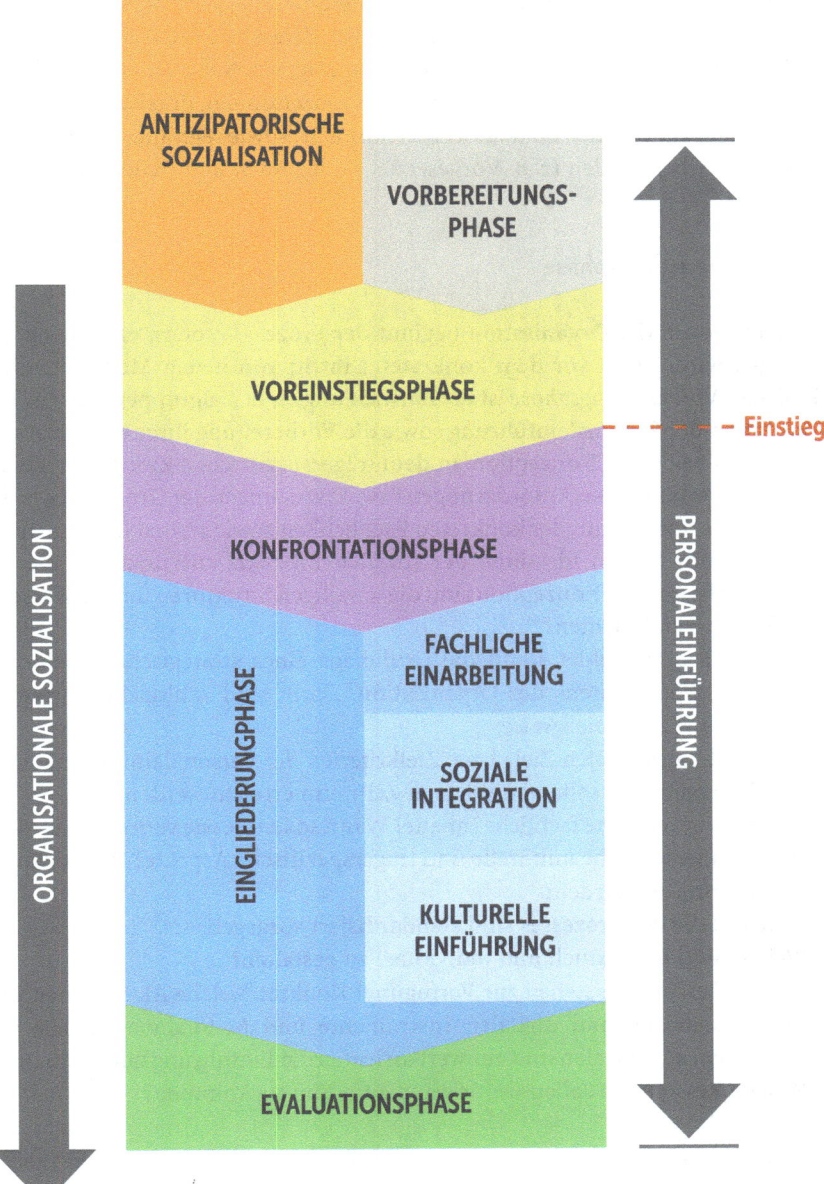

Abbildung 9: Grundstruktur des phasenbezogenen Rahmenmodells.

Akteurinnen sind in dieser Phase der (heranwachsende) Mensch, der sich schließlich auf die zu besetzende Stelle bewirbt, diverse einflussreiche Personen in Kindheit, Jugend und Erwachsenenalter, Beteiligte im Rahmen der Ausbildung in Theorie und Praxis (im Konkreten hier z. B. Dozentinnen, Praxisanleiterinnen, Kolleginnen, andere Auszubildende, Patientinnen) sowie relevante Personen aus bisherigen Arbeitsstellen (z. B. Vorgesetzte, Kolleginnen und Patientinnen).

4.2.2 Vorbereitungsphase

Auch auf Seiten der Organisation beginnt der Prozess – sofern er planvoll angegangen wird – weit vor dem konkreten Eintritt von neuen Mitarbeitenden. Ziel dieser *Vorbereitungsphase* ist die Entwicklung einer zielgruppenspezifischen Konzeption der Personaleinführung sowie die Vorbereitung ihrer Umsetzung.[440] Es empfiehlt sich, die Konzeption an dem trägerspezifischen Zweck, der Vision und damit verbundenen Anforderungen bzw. Erwartungen der Organisation, der Strategie und der Kultur, der konkreten Fachlichkeit sowie an den Interessen der neuen Mitarbeitenden im Sinne der sozialen Effizienz auszurichten. Bei der Implementierung der Konzeption sind die jeweiligen Strukturen und Prozesse zu schaffen bzw. zu beachten.[441]

Die Konzeption bildet somit die Grundlage eines strategischen, zielorientierten Vorgehens seitens der Organisation. Darin sind zahlreiche Fragen zu beantworten wie beispielsweise:
- Was sind die zentralen Ziele bzw. Zielkriterien der Personaleinführung?
- Welche Ergebnisse sollen in welchem Zeitraum erreicht werden?
- Was sind wesentliche fachliche Inhalte? Wann sollen sie wie vermittelt werden?
- Was sind wesentliche kulturelle und trägerspezifische Aspekte? Wie sollen sie wann vermittelt werden?
- Welche Teile des Prozesses sind standardisiert vorgegeben?
- Welche sind kontextuell und individuell zu gestalten?
- Welche Ressourcen stehen zur Verfügung? Konkret: welche Akteurinnen und welche analogen und digitalen Instrumente und Maßnahmen stehen zur fachlichen, zur sozialen und zur werteorientierten Einführung zur Verfügung?
- Welche Ressourcen sollen wofür wann zum Einsatz kommen?

Nach der konzeptionellen Entscheidung für konkrete Maßnahmen und Instrumente werden diese im Rahmen der Vorbereitungsphase konkret ausgearbeitet

---

440 Vgl. Berthel und Becker 2017, S. 435.
441 Vgl. Stiefel 1979, S. 80.

Konzeption des Modells

bzw. vorbereitet (z. B. Entwicklung und Bereitstellung von Checklisten, Training von Anleiterinnen/Mentorinnen[442] u. a.).[443]

In der Vorbereitungsphase können je nach Konkretionsgrad der konzeptionellen Arbeit hier z. B. die Pflegedirektion, Pflegedienstleitung, Stationsleitung, Pflegefachkräfte, insbesondere (mögliche) Mentorinnen und kürzlich neu eingestellte Pflegefachkräfte, Theologische Leitung, Personalleitung und/oder -abteilung beteiligt sein.

4.2.3 Voreinstiegsphase

Die *Voreinstiegsphase* umfasst drei aufeinanderfolgende Abschnitte:
1. Festlegungen und Rekrutierung auf Seiten der Organisation sowie Festlegungen und Bewerbung auf Seiten der Mitarbeitenden;
2. Auswahlverfahren, beidseitige Entscheidung und Verträge;
3. Einstiegsvorbereitung.

1. Festlegungen und Rekrutierung bzw. Bewerbung
Auf Seiten des Krankenhauses steht zunächst eine Arbeitsplatzanalyse[444] an und anschließend die Anforderungsanalyse[445] zur Erstellung eines idealtypischen Anforderungsprofils auf Grundlage der durch die Arbeitsplatzanalyse gewählten Qualifikationsfacetten bzw. Kompetenzarten sowie deren Gewichtung.[446] Auf dieser Grundlage wird eine konkrete, informative Stellenausschreibung formu-

---

442 Nach Berthel und Becker sehen Mentoringkonzepte die Betreuung durch hierarchisch höher gestellte Mitarbeitende vor. Im Kontext der Einführung von Gesundheits- und Krankenpflegerinnen geht es um die Aufgabe der Anleitung, die je nach Einzelfall von einer gleichgestellten Kollegin oder der vorgesetzten Stationsleitung übernommen wird. Daher werden die Begriffe im Folgenden synonym verwendet.
443 Vgl. Becker 2004, S. 516; Berthel und Becker 2017, S. 435.
444 Sie umfasst eine Aufgaben- und Arbeitsanalyse, eine Bedingungsanalyse und eine Rollenanalyse. Vgl. ausführlich dazu Berthel und Becker 2017, 246 ff.
445 Vgl. ausführlich dazu Berthel und Becker 2017, 249 ff. Schließlich folgt die Arbeitsbewertung, um die Vergütungshöhe anforderungsgerecht zu basieren. Vgl. ausführlich dazu Berthel und Becker 2017, 252 ff.
446 Vgl. Berthel und Becker 2017, 367 ff. Krankenhausbezogene Ausführungen dazu in Stachel 2017, S. 206. Bezogen auf christliche Organisationen weist *Einig* auf Folgendes hin: Da letztlich jede Funktion unmittelbar oder mittelbar ein Beitrag zu Diakonie und Spiritualität leisten sollte, ist es sehr hilfreich entsprechende Anforderungen im Anforderungsprofil zu verankern. Vgl. Einig 2014, S. 292.

liert.[447] Schließlich erfolgt die strategische Entscheidung, auf welchen (medialen) Wegen das Recruiting erfolgen soll.[448]

Auf Seiten der Bewerberin werden Kriterien für die Stellenwahl entwickelt und eine mehr oder weniger aktive Stellensuche betrieben. Die Aussagen der Stellenausschreibung nimmt sie nach Berthel und Becker als »Zukunftsbeschreibung«[449] wahr, gleicht diese mit ihren Kenntnissen, Fähigkeiten, Fertigkeiten, Werthaltungen und Interessen ab, bewirbt sich auf dieser Basis und verknüpft bestimmte Erwartungen damit. Darüberhinaus hat sie in dieser Phase die Möglichkeit, sich auf unterschiedliche Weise über den potentiell neuen Arbeitgeber zu informieren.[450]

2. Auswahlverfahren

Auf Seiten der Organisation umfasst das Auswahlverfahren in der Regel eine Eingangsbestätigung der Bewerbung,[451] die Sichtung und Bewertung der Bewerbungsunterlagen (Vorauswahl),[452] die Einladung zu den Auswahlgesprächen und deren Durchführung als Schlüsselfunktion im beidseitigen Auswahlprozess.[453] Gängige Methoden sind hier nach Berthel und Becker *das situative, das biografische* und *das multimodale Auswahlinterview.*[454]

Ziel des Auswahlgesprächs ist die beiderseits möglichst umfassende, fundierte Informationsgewinnung, um die Passung von Organisation und Person einschätzen und eine entsprechende Entscheidung treffen zu können.[455] Nach dem *realistic job preview-concept* von Wanous sind realistische Informationen zur Stelle äußerst bedeutsam, um in den ersten Arbeitstagen einen Realitätsschock und weitreichende Enttäuschungen auf Seiten der neuen Mitarbeitenden zu verhindern.[456] Die Bildung unzutreffender Erwartungen lässt sich auf beiden

---

447 Neben Informationen zu Aufgaben, Anforderungen, Stellenbezeichnung und Arbeitgeber werden hier idealerweise auch wesentliche handlungsleitende Werte der Organisation benannt, um eine erste Einschätzung zum Person-Organisation-Fit zu ermöglichen. Vgl. Kap. 3.1.4.
448 Die Auswahl an analogen wie digitalen auch branchen- bzw. fachspezifischen Optionen ist groß und mit unterschiedlichen Kosten verbunden. Vgl. Gocke 2018, S. 197; Voß 2017, S. 256. Zu internen und externen Beschaffungsmaßnahmen vgl. Berthel und Becker 2017, 330ff.
449 Vgl. Berthel und Becker 2017, S. 437.
450 Eine populäre Möglichkeit sind Internet-Bewertungsportale. Vgl. dazu Gocke 2018, S. 197; Voß 2017, S. 256.
451 Voß weist auf die Bedeutung einer zügigen Reaktion hin. Vgl. Voß 2017, S. 257.
452 Zur Analyse und Bewertung der Unterlagen wie zu weiteren Instrumenten der Vorauswahl vgl. Berthel und Becker 2017, 370ff.
453 Neben un-, teil-, vollstrukturierten Interviews stehen zahlreiche weitere Instrumente zur Verfügung. Vgl. ausführlich dazu Berthel und Becker 2017, 385ff.; Marr et al. 1979, 305ff.
454 Vgl. ausführlich dazu Berthel und Becker 2017, 390ff.
455 Vgl. Berthel und Becker 2017, S. 384; Stachel 2017, S. 206.
456 Vgl. Kap. 3.1.4; Wanous 1992, 53ff.; Berthel und Becker 2017, S. 437; Kieser et al. 1990, 12f.

Seiten nicht ausschließen, da die Informationen durch den jeweiligen Empfänger interpretiert werden und zwischen beiden häufig Informationsasymmetrien bestehen.[457]

Zusätzlich zum Auswahlgespräch kann eine Hospitation bzw. ein Probearbeitstag eine für beide Seiten hilfreiche Maßnahme sein, um die Passung zwischen fachlichen Anforderungen und Unternehmenskultur und den Kompetenzen und Werthaltungen der Bewerberin besser beurteilen zu können.[458]

Am Ende des Auswahlprozesses erfolgt beiderseits die Auswertung und Entscheidung.

Auf Seiten des Krankenhauses erfolgt die Entscheidung anhand des Anforderungsprofils und der Eindrücke und Informationen, die mithilfe der gewählten Instrumente gewonnen wurden. Bei der Eignungsbeurteilung erscheint es (im Sinne der sozialen Effizienz) wichtig, darauf zu achten, dass das Befriedigungspotential der Stelle bezogen auf Interessen, Motive und Werthaltungen zur ausgewählten Fachkraft passen.[459]

Entscheidet sich die ausgewählte Bewerberin für die Stelle, kommt es zum Abschluss eines juristischen Arbeitsvertrags, in dem ex ante alle wesentlichen Rechte und Pflichten bilateral zwischen Arbeitnehmerin und -geber determiniert werden.[460] Neben dem juristischen Vertrag kommt dem sogenannten psychologischen Vertrag große Bedeutung zu.[461] Dessen Grundlage sind die im Auswahlverfahren wahrgenommenen Informationen und aufgebauten Erwartungen sowohl der zukünftigen Mitarbeitenden (z. B. hinsichtlich Tätigkeit, Team, Einarbeitung, Arbeitsbedingungen, Vereinbarkeit von Familie und Beruf uvm.) wie des Arbeitgebers (z. B. hinsichtlich Leistungserbringung, sozialem Verhalten, Loyalität der Bewerberin uvm.).[462] »Stellt sich später heraus, dass hier fehlwahrgenommen oder gar fehlinformiert wurde, dann ist eine erfolgreiche Arbeitsbeziehung nicht sehr wahrscheinlich.«[463]

---

457 Vgl. Becker und Brinkkötter 2005, S. 663 mit Verweis auf Alewell, 1994, S. 60. Zum »Human Branding« vgl. Berthel und Becker 2017, S. 384.
458 Vgl. Becker und Brinkkötter 2005, S. 665.
459 *Berthel und Becker* empfehlen dieses Vorgehen als »idealtypisch«. Vgl. Berthel und Becker 2017, S. 404.
460 Vgl. Berthel und Becker 2017, S. 437. Dabei sind etliche kollektiv- und individualrechtliche Bestimmungen zu beachten. Vgl. ausführlich dazu Berthel und Becker 2017, 424ff.
461 Vgl. Becker 2004, S. 517; Berthel und Becker 2017, S. 437 mit Verweis auf Schein, 1980: S. 24; Martin und Bartscher-Finzer 2015, 156ff.; Rousseau 1995; Schanz 2000, 27ff.
462 Vgl. Becker und Brinkkötter 2005, 664ff.; Berthel und Becker 2017, S. 437; Kieser et al. 1990, 58ff.; Rehn 1990, 162ff.; Wanous 1992, 53ff.
463 Berthel und Becker 2017, S. 437.

3.   Einstiegsvorbereitung
Die verbleibende Zeit bis zum Arbeitsbeginn kann *von beiden Seiten* aktiv genutzt werden.[464] Die Organisation hat nun die Aufgabe, die Einführung der neuen Mitarbeitenden auf Grundlage des Einführungskonzepts mithilfe der jeweiligen Stellenbeschreibung und der Erkenntnisse des Auswahlprozesses vorzubereiten.[465] Dazu gehören neben anderem die Erstellung oder individuelle Anpassung eines konkreten Einarbeitungsplans bzw. einer -checkliste[466]

Die neue Mitarbeitende kann ihrerseits Kontakt zu den Ansprechpersonen suchen und sich auf die zukünftige Stelle und die damit verbundenen Aufgaben vorbereiten. Verschiedene Autoren gehen davon aus, dass die Motivation zur Informationsaufnahme in dieser Zeit besonders hoch ist.[467]

Beteiligte in der Voreinstiegsphase sind die Pflegedirektion, Pflegedienstleitung, Stationsleitung, Personalleitung, -abteilung, Marketing- und Rekrutingexperten, die Mitarbeitervertretung/der Betriebsrat, die/der der Einstellung zustimmen muss, und die Bewerberinnen.[468] Bei einer Hospitation sind außerdem Kolleginnen aus der Pflege, aus dem ärztlichen Dienst, ggf. die zukünftige Anleiterin und Patientinnen beteiligt.

4.2.4   Konfrontationsphase

Die nächste Phase, die mit dem Eintritt in die Organisation am ersten Arbeitstag beginnt, wird als *Konfrontationsphase* bezeichnet.

Für die Organisation besteht die Herausforderung nach Kieser et al. zunächst darin, ein Willkommensgefühl zu vermitteln, Orientierung zu bieten und einen guten Arbeitsstart zu ermöglichen.[469] Berthel und Becker weisen darauf hin,

---

464 Optionen für die Organisation sind bspw. die Zusendung schriftlicher Materialien, Kontaktaufnahme durch die Anleiterin, Bereitstellung einer App, die neben diesen schriftlichen Informationen auch Video-Podcasts, Quizangebote uvm. beinhalten kann. Vgl. Bube 2015, S. 385. *Berthel und Becker* stellen heraus: »Betreuungstätigkeiten während dieses Zeitraums haben, so die weitverbreitete Annahme, meist positive Wirkungen auf die baldigen Mitarbeiter – sowohl für die fachliche als auch die soziale Komponente.« Berthel und Becker 2017, 437f.
465 Vgl. Berthel und Becker 2017, 437f.
466 Beispielhaft seien desweiteren genannt: Auswahl und Schulung einer Anleiterin und deren Einteilung in gemeinsame Dienste mit der neuer Fachkraft in den ersten Wochen, Information des Teams über die neue Kollegin, Beschaffung der Arbeitsmittel uvm. *Conzen et al.* bieten dazu sehr konkrete Hinweise für Personalverantwortliche im Bereich der Pflege. Vgl. Conzen et al. 2009, S. 412.
467 Vgl. Berthel und Becker 2017, S. 437; Stiefel 1979, S. 21.
468 Ausführlich zu den Beteiligten im Personalauswahlverfahren eines Krankenhauses vgl. Stachel 2017, S. 206.
469 Vgl. Kieser et al. 1990, S. 26.

dass die zur Verfügung gestellte Zeit der Vorgesetzten und der Kolleginnen, die Vorbereitung des Arbeitsplatzes sowie Aufnahmerituale den neuen Mitarbeitenden einen Eindruck vermitteln, »wie weit man willkommen ist oder eben nicht.«[470]

Die Organisation setzt in den ersten Tagen diverse Maßnahmen und Instrumente ein, die auf die Vermittlung von Informationen zum neuen Arbeitsplatz, zu den Aufgaben und Aufgabenerfüllungsprozessen, zu wesentlichen Verhaltenserwartungen und Richtlinien, zu den Patienten sowie zur Arbeitsgruppe zielen, um einen ersten Orientierungsrahmen zu schaffen.[471]

Für die neuen Mitarbeitenden ist der Stellenantritt häufig mit Vorfreude, aber ebenso mit Unsicherheit verbunden.[472] Sie sind mit einer Vielzahl von kognitiven sowie emotionalen Eindrücken konfrontiert.[473] Viele Autoren weisen auf ein massives Stresserleben in den ersten Tagen und Wochen hin.[474]

Die vielfältigen subjektiven Wahrnehmungen werden individuell verarbeitet und mit den u. a. im Auswahlverfahren entwickelten Erwartungen abgeglichen. Diese Wahrnehmungen stellen einen individuellen Filter-, Selektions- bzw. Strukturierungsprozess dar und münden in individuellen Hypothesenbildungen und Bewertungen über die neue Situation und den Person-Organisation-Fit.[475] Möglicherweise werden die Erwartungen und die Wahrnehmungen der Gegebenheiten vor Ort individuell als Dissonanz bewertet und führen zu Enttäuschung und inneren Konflikten.[476]

Die Theorie der kognitiven Dissonanz geht von der These aus, dass Menschen bestrebt sind, solche Dissonanzen zu beseitigen.[477] Eine These der Dissonanztheorie besagt, dass Menschen beim Auftreten kognitiver Dissonanz versuchen, diese durch Verdrängung oder kognitive Verzerrungen zu reduzieren.[478] Ist diese

---

470 Berthel und Becker 2017, S. 439.
471 Vgl. Kap. 5.3.2; Dincher und Mosters 2011, 50 ff.; Engelhardt 2014, 20 ff.; Lüthy und Ehret 2014, 68 ff.; Moser et al. 2018, 103 ff.; Stachel 2017, 216 f. Nach § 81 Abs. 1 Betriebsverfassungsgesetz (BetrVG) hat der Arbeitgeber die Verpflichtung, »den Arbeitnehmer über dessen Aufgabe und Verantwortung sowie über die Art seiner Tätigkeit und ihre Einordnung in den Arbeitsablauf des Betriebs zu unterrichten.«
472 Vgl. Conzen et al. 2009, S. 411.
473 Kieser et al. 1990, 17 f.
474 Vgl. Lohaus und Habermann 2016, S. 16; Mess 2007, S. 2 mit Verweis auf Flanagin und Waldeck 2004, Haueter et al. 2003, Louis 1980 und Nelson 1987; Moser et al. 2018, 48 ff.; Schanz 2000, S. 400; Stiefel 1979, S. 25. *Wanous* schlägt verschiedene Maßnahmen vor, um mit diesem Stress umzugehen: provide general support and reassurance; use models to show coping skills; teach self-control of thougths und feelings; target specific stressors for specific newcomers. Vgl. Wanous 1992, 182 ff.
475 Vgl. Conzen et al. 2016, S. 352; Kammeyer-Mueller und Wanberg 2003, S. 779.
476 Vgl. Kieser et al. 1990, S. 8.
477 Vgl. Elbe 2016, S. 56.
478 Vgl. Kieser et al. 1990, 8 f. mit Verweis auf Irle 1975, 310 ff. und Frey 1978, 243 ff.

Dissonanz zu stark, kann von einem Realitäts- oder Kulturschock gesprochen werden. Kieser et al. nennen folgende Arten, die einen solchen Schock kennzeichnen können:

- »Die Aufgabe, die Arbeitsbedingungen, das Betriebsklima usw. sind anders, als man es sich vorgestellt hat.
- Bewusste oder unbewusste Erwartungen über die eigene Person werden nicht erfüllt.
- Unerwartete Bedingungen treten auf oder unbewusste Erwartungen werden nicht erfüllt.
- Vom Mitarbeiter rational vorhergesehene Entwicklungen lösen unerwartete emotionale Reaktionen bei ihm aus.
- Die Normen und Werte sind anders als erwartet (Kulturschock).«[479]

Die erfolgreiche Bewältigung der Konfrontationsphase hängt von verschiedenen Einflussfaktoren auf der Ebene der Organisation, der Arbeitsgruppe wie der Person ab.[480]

Bereits hier spielen die Elemente der Organisationskultur eine wichtige Rolle. »Wie die Konfrontation verläuft, hängt schließlich in hohem Maße davon ab, welche Werte dem neuen Mitarbeiter vermittelt werden und wie sie ihm vermittelt werden.«[481]

4.2.5 Eingliederungsphase

Die Konfrontationsphase geht über in die *Eingliederungsphase*. Nun wird der vorformulierte psychologische Vertrag sowohl von der neuen Arbeitnehmerin wie von der Organisation konkretisiert und geprüft.[482]

Die neue Fachkraft und ggf. auch ihr Arbeitsumfeld stehen vor der Herausforderung, Bewältigungsstrategien im Hinblick auf bereits deutlich gewordene sowie weitere neue Anforderungen zu entwickeln, die sich z. B. in fachlicher, sozialer oder kultureller Hinsicht ergeben.

Die *fachliche Einarbeitung*, die *soziale Integration* und die *kulturelle Einführung* sind somit keine neuen Inhaltsdimensionen, die im Phasenverlauf erst jetzt hinzukommen. In dem hier für den vorliegenden Kontext konzeptionell entwickelten Phasenmodell haben sie jedoch in der Eingliederungsphase ihren

---

479 Kieser et al. 1990, 18 f.; *Moser et al.* benennen als Stressoren der Anfangszeit Erwartungsenttäuschungen, Verunsicherung, interpersonelle Belastungen und Belastungen aus der Arbeit. Vgl. Moser et al. 2018, S. 48.
480 Vgl. Kap. 5.
481 Kieser et al. 1990, S. 26. Im hier konzipierten Modell wird das Thema der Wertevermittlung in Kap. 4.2.5.3 als eigene Teilphase bzw. Inhaltsdimension näher expliziert.
482 Vgl. Becker 2004, S. 518; Berthel und Becker 2017, S. 440.

Schwerpunkt. Im Idealfall werden sie von der neuen Mitarbeitenden und dem Arbeitsumfeld zur beidseitigen Zufriedenheit gemeistert. Die zentralen Beteiligten in der Eingliederungsphase sind die neue Gesundheits- und Krankenpflegerin, die Vorgesetzte, die Anleiterin sowie die Kolleginnen.

4.2.5.1 Fachliche Einarbeitung

Aus Sicht der Organisation ist ein entscheidendes Anliegen, dass die neuen Fachkräfte die Aufgabenerfüllungsprozesse *voll umfänglich* und *fachlich richtig* im Sinne der organisational definierten (Qualitäts-) Standards auffassen und umsetzen.

Für die neue Mitarbeitende ergeben sich aus den jeweiligen Anforderungen einer konkreten Stelle in dieser Phase sowohl kognitive Lernziele (spezifische Kenntnisse), als auch psychomotorische Lernziele (Fertigkeiten) als auch affektive Lernziele (Bereitschaften, Werthaltungen).[483] Sie können von Seiten der Organisation in einer Einarbeitungscheckliste aufgeführt werden. Im Sinne der sozialen Effizienz und einer mitarbeiterorientierten Gestaltung der Einführung kann diese sowohl inhaltlich als auch zeitlich gemeinsam mit der neuen Mitarbeitenden angepasst werden.[484]

Einige Autoren der Personalwirtschaft betonen bezüglich der fachlichen Einarbeitung den Vermittlungsaspekt:

»Eine systematische Unterweisung am Arbeitsplatz sieht eine Wissens- und Erfahrungsvermittlung durch den Vorgesetzten oder (erfahrene) Kollegen vor. (…) Die Notwendigkeit dazu ergibt sich aus der Diskrepanz zwischen den Anforderungen an dem neuen Arbeitsplatz und den Kenntnissen des Mitarbeiters.«[485]

Doch neben den Vermittlungsbemühungen durch das Arbeitsumfeld erscheint die subjektive Redefinition bzw. Konstruktion der jeweiligen Lerninhalte durch die neuen Mitarbeitenden von entscheidender Bedeutung.[486] Sie entwickeln in einem subjektiven Lernprozess *Arbeitskenntnis*.

---

483 Die affektive Dimension wird in der personalwirtschaftlichen Literatur häufig nicht explizit genannt, erscheint aber für Berufe im Sozial- und Gesundheitswesen wesentlich. An dieser Stelle sei auf die Taxonomie von *Bloom* verwiesen. »Neben der Ordnung der Lernziele im kognitiven Bereich haben Bloom et. al die affektive und psychomotorische Taxonomie entworfen.« Glameyer 2020 mit Verweis auf Bloom 1976.
484 *Stiefel* plädiert mit dem Innovationspotential der neuen Mitarbeitenden für eine Mitgestaltung hinsichtlich des Ablaufs und der Inhalte der Einarbeitung. Vgl. Stiefel 1979, S. 12.
485 Scherm und Süß 2016, S. 60; vgl. ähnlich Kieser et al. 1990, 29f. *Moser* beschreibt für einen solchen *Vermittlungsprozess* ein methodisches Vorgehen in vier Stufen. Vgl. Moser et al. 2018, S. 37.
486 Vgl. Nerdinger 2012, S. 197. An dieser Stelle sei beispielhaft verwiesen auf Arnold und Siebert 2006; Horstmann 2011; Reinmann-Rothmeier und Mandl 1997. Sie verstehen Lernen nicht als einen transitiven Vorgang des Machens, sondern als eine persönliche Konstruktion

»Dieser Begriff hat die spezifische Art und Weise zum Inhalt, in der ein Mitarbeiter die ihm übertragene Aufgabe definiert (...) und seine Qualifikation zu ihrer Erfüllung zu nutzen weiß.«[487]

Arbeitskenntnis bezieht sich in diesem Kontext darauf, welches Wissen, welche Fähigkeiten, Fertigkeiten, Werthaltungen sowie Verhaltensweisen im jeweiligen Anwendungsgebiet als wesentlich erachtet werden. Es beinhaltet zudem ein Wissen darum, wie die erforderlichen Arbeitsbedingungen für die erfolgreiche Leistungserbringung gestaltet sein müssen.[488] Mit diesem Verständnis erscheint es einseitig, die Richtigkeit der Arbeitskenntnis ausschießlich dadurch zu beurteilen, ob sie mit der Einschätzung beispielsweise der Vorgesetzten eng korrespondieren.

Ein weiteres häufig genanntes angestrebtes Ergebnis der Personaleinführung ist die *Rollenklarheit und -übernahme,* die ebenfalls als Gegenstand der Eingliederungsphase anzuführen ist. Hier können sich für die neue Fachkraft verschiedene mögliche Erschwernisse bzw. Konflikte auftun. Eines ist mit dem Begriff *Rollenambiguität* angesprochen. Sie liegt vor, wenn nicht genügend Informationen vorhanden sind, um die Erwartungen und Anforderungen zu entschlüsseln, bzw. wenn Unklarheit über Methoden, Arbeitsweisen, Standards und Prioritäten vorherrschen.[489] Im schlimmsten Fall haben unterschiedliche Personen (hier z. B. Vorgesetzte, Anleiterin, Kolleginnen aus der Pflege, aus dem ärztlichen Dienst oder Patientinnen) unvereinbare Rollenerwartungen zur neu besetzten Position.[490] Kieser et al. stellen mit Blick auf die neuen Mitarbeitenden heraus:

»Um unter den Bedingungen der Rollenambiguität erfolgreiche Strategien entwickeln zu können, benötigt man eine hohe Anfangsmotivation und ein hohes Maß an Eigeninitiative, und man muß in der Lage sein, Feedback aktiv herauszufordern (Feldman und Brett 1983). Dafür sind Kontaktfreudigkeit und die Fähigkeit, Konflikte auszuhalten und zu lösen, sehr förderlich. Neue Mitarbeitende, die über diese Eigenschaften nicht verfügen, tun sich sicherlich schwer, Rollenambiguität zu bewältigen.«[491]

Die Organisation hat grundsätzlich verschiedene Möglichkeiten, um ihre Erwartungen an die Position der Fachkraft auf der jeweiligen Stelle deutlich zu machen, bei der Rollenklärung zu unterstützen und Rollenambiguität zu ver-

---

von Bedeutungen. Danach ist Lernen abhängig von den individuellen kognitiven Mustern, Deutungsmodellen, Emotionen und Vorerfahrungen sowie vom Kontext und der Lernumgebung.
487 Berthel und Becker 2017, S. 105.
488 Vgl. Berthel und Becker 2017, S. 105.
489 Vgl. Kieser et al. 1990, 29 ff.; Moser et al. 2018, 44 ff.
490 Vgl. Kieser et al. 1990, S. 32.
491 Kieser et al. 1990, 31 f.

Konzeption des Modells 117

hindern bzw. zu reduzieren.[492] Dazu gehört nach Bröckermann u. a. zu vermitteln, was hinsichtlich des Arbeitsverhaltens, der Arbeitsleistung und des Sozialverhaltens *erwartet* wird und andererseits, wie das *tatsächlich gezeigte Verhalten* bewertet wird.[493]

Mit Verweis auf Kap. 3.1.5 stellt sich an dieser Stelle die Frage, ob die einseitige Anpassung und Rollenübernahme sowohl von der Organisation als auch von der neuen Stelleninhaberin als ein selbstverständlicher Prozess und als anzustrebendes Ergebnis der Personaleinführung angesehen werden.[494] Diese Frage stellt sich insbesondere dann, wenn die Rollenerwartungen der Organisation an die Positionsinhaberin im Konflikt z. B. mit deren Vorstellungen von der beruflichen Rolle stehen. Im Hinblick auf die neuen Mitarbeitenden beschreiben Kieser et al. die Herausforderung,

> »(...) seine Rolle unter Berücksichtigung seiner bisherigen Erfahrungen und auch unter Berücksichtigung anderer Rollenanforderungen außerhalb des Unternehmens so auszufüllen, daß seine Identität gewahrt bleibt, daß er der Rolle seinen ›persönlichen Stempel‹ aufdrücken kann. Er bewältigt dieses Problem, indem er einen eigenen Stil entwickelt, über das geforderte Verhalten hinaus eigenes Verhalten einbringt und auch gefordertes Verhalten modifiziert. Wenn er keine Gelegenheit erhält, seine Identität auch in der neuen Rolle aufzubauen, (...) dann ist mit psychischen Widerständen im Einarbeitungsproß und mit negativen Auswirkungen auf die Bindung an das Unternehmen zu rechnen.«[495]

4.2.5.2 Soziale Integration

Verschiedene Autoren der Personalwirtschaft benennen neben der fachlichen Einarbeitung die *soziale Integration in die Arbeitsgruppe* als anzustrebendes Ergebnis der Personaleinführung.[496] Sie vermindert nach Marr et al. »Unsicherheitsgefühle und kann zu einem höheren Ausmaß an Befriedigung individueller Bedürfnisse (vor allem nach Sicherheit, Kontakt, Wertschätzung) führen.«[497]

---

492 An dieser Stelle seien nur allgemein schriftliche Dokumente sowie klare mündliche Auskünfte der Vorgesetzten und der Anleiterin genannt. Vgl. Kap. 5.3.2 und 5.4.
493 Vgl. Bröckermann 2014, S. 164; Conzen et al. 2009, S. 412; Engelhardt 2014, S. 21; Kieser et al. 1990, 29 f.; Rixgens 2018, S. 73; Rohrlack 2011, S. 60.
494 Hier sei nochmals auf die Position von *Althauser* verwiesen, der die Rollenfindung durch die neuen Mitarbeitenden nicht als Prozess der Übernahme (»role-taking«) auffasst, sondern vielmehr als einen Gestaltungsakt (»role-making«). Vgl. Kap. 3.1.5; Althauser 1982, 109 ff. mit Verweis auf Graen 1976.
495 Kieser et al. 1990, 34 f.; ähnlich vgl. Elbe 2016, S. 56.
496 Vgl. Becker 2004, 514 f.; Berthel und Becker 2017, S. 428; Bröckermann 2014, S. 158; Kolb und Wiedmann 1997, S. 204; Lohaus und Habermann 2016, S. 15; Scherm und Süß 2016, S. 60.
497 Marr et al. 1979, S. 332.

Nach Chao et al. ist die Kenntnis der hierarchischen Strukturen im Großen und der Sozial- und Machtstrukturen im direkten Arbeitsumfeld bedeutsam.[498]

»Das Ausmaß dieser Macht bestimmt weitgehend die Beziehungen zu den anderen Positionsinhabern innerhalb der Organisation. Es entstehen so formale Verhältnisse der Über- und Unterordnung (vertikale Beziehungen zwischen Vorgesetzten und Untergebenen) und der Gleichrangigkeit (horizontale Beziehungen auf gleicher hierarchischer Ebene).«[499]

Diese zur Ausfüllung der Position übertragene formale Macht wird häufig durch ein informales System von Machtbeziehungen überlagert, das weitgehend bestimmt wird durch personale wie situative Einflussgrößen der beteiligten Mitarbeitenden.[500] Dieses System zu durchschauen, kann als eine Anforderung in der Teilphase angesehen werden. Im konkreten Kontext Krankenhaus ist ein besonderer Aspekt, mit welchem Verständnis von Kollegialität und Hierarchiebewusstsein sich die Mitglieder *der verschiedenen Berufsgruppen* zueinander verhalten.[501] Nach der Beobachtung von Schönberg haben junge Menschen »dazu ein völlig anderes Verhältnis als Vertreter der älteren Generation.«[502] Schönberg betont, sie schätzen gleichberechtigte, interdisziplinäre bzw. berufsgruppenübergreifende Zusammenarbeit.[503]

Aus Sicht der neuen Mitarbeitenden können über das Einfinden in die Arbeitsgruppe hinaus der Aufbau befriedigender Arbeitsbeziehungen und eines funktionierenden informellen Netzwerkes Anliegen in dieser Teilphase sein.[504] Das kann sich jedoch schwierig gestalten, wenn eine neue Kollegin von der Arbeitsgruppe als Eindringling empfunden wird.[505] Nach Moser wird es von neuen Mitarbeitenden oftmals als positiv erlebt, wenn die Vorgesetzte bzw. die Anleiterin die Aufnahme durch das Umfeld anspricht und erfragt, was Schwierigkeiten bereitet und was helfen könnte.[506]

---

498 Vgl. Lohaus und Habermann 2016, S. 102 mit Verweis auf Chao et.al.
499 Marr et al. 1979, S. 196.
500 *Marr et al.* verweisen auf French und Raven (1959), die zwischen Sanktionsmacht, Beziehungsmacht, Expertenmacht und aufgrund von Normen und Werten legitimierter Macht unterscheiden. Vgl. Marr et al. 1979, 195 ff.
501 Vgl. Schönberg 2013, S. 192; Sibbel und Bliesener 2014, S. 507. Diesbezügliche Schwierigkeiten stellen u. a. *Grahmann* und *Rixgens* heraus. Vgl. Grahmann et al. 2002, 170 ff.; Rixgens 2018, S. 271.
502 Schönberg 2013, S. 192.
503 Vgl. Schönberg 2013, S. 192.
504 Vgl. Lohaus und Habermann 2016, S. 102.
505 Vgl. Berthel und Becker 2017, S. 440.
506 Vgl. Moser et al. 2018, 53 f.

4.2.5.3 Kulturelle Einführung

Die kulturelle Einführung wird nach hier vertretener Auffassung als bedeutsame Inhaltsdimension angesehen, die sich durch den gesamten Prozess der Personaleinführung und darüber hinaus erstreckt.[507] Als solche ist sie in diesem theoretischen Rahmenmodell schon in den vorherigen Phasen angesprochen worden, sie hat ihren Schwerpunkt jedoch hier in der Eingliederungsphase.

Wenngleich das Kennenlernen der zentralen Aspekte der Organisationskultur und das Hineinwachsen ebenso wie die fachliche Aufgabenerfüllung und die soziale Integration als eigenständiges Ergebnis eines komplexen Lern- und Sozialisationsprozesses angesehen werden kann, *ist diese Inhaltsdimension nur theoretisch von den beiden zuvor dargestellten zu trennen*. Wie in Kap. 2.6 expliziert worden ist, kommen die grundlegenden Annahmen und geltenden Werte und Normen in Handlungen, in der Kommunikation, bei Entscheidungen oder in anderen sichtbaren Symbolen zum Ausdruck. Sie werden somit in der Praxis für neue Mitarbeitende z. B. *gerade durch, mit und in* der fachlichen Dienstleistungserbringung, pflegerischen Versorgung und Begleitung von Patienten und der sozialen Interaktion im Team erlebbar und sind davon kaum zu separieren. Dieser Zusammenhang wird in Bezug auf die drei Dimensionen der Einführung mit Abbildung 10 visualisiert.

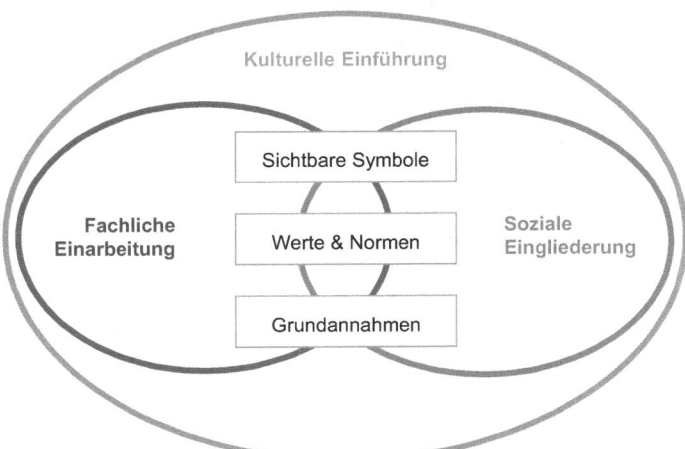

Abbildung 10: Zusammenhang der Inhaltsdimensionen der Eingliederungsphase.

In den folgenden Ausführungen wird der Fokus auf eine *diakonisch*-kulturelle Einführung gelegt. Wie bereits dargelegt, erscheint sie für Einrichtungen in konfessioneller Trägerschaft aufgrund des trägerspezifischen Zwecks wesent-

---
507 Vgl. Abbildung 4 in Kap. 2.5.1.

lich.⁵⁰⁸ Die Ausführungen in Kap. 2.6.2 legen für jene Krankenhäuser nahe, dass sich eine Ausrichtung an den biblisch-theologischen Grundannahmen gerade in und durch die beiden anderen Inhaltsdimensionen als diakonische Praxis erweisen kann. Horstmann spricht in diesem Zusammenhang von diakonischer Kompetenz, die sich quer durch die von Erpenbeck und von Rosenstiel beschriebenen vier Kompetenzklassen (fachlich-methodische, sozial-kommunikative, personale und die Aktivitäts- und Umsetzungskompetenz) zieht.

»Diakonische Kompetenz (...) beschreibt den ›Tiefengrund‹ von Werten, Motivationen, Wissen und Fertigkeiten des Tätigseins in der Diakonie – und zwar grundsätzlich, also ›fachlichkeitsübergreifend‹.«⁵⁰⁹

Die jeweilige Fachlichkeit stellt daher keine Alternative zur diakonischen Kompetenz dar, im Gegenteil: die Mitarbeitenden können ihr berufliches Handeln auf der Grundlage diakonischer Kompetenz ausüben.⁵¹⁰

In der Einstiegsphase kann die Organisation die biblisch-theologischen Grundüberzeugungen und die christliche Sinndeutung in ihrer Bedeutung für die konkrete Arbeit explizit machen und gemeinsam mit den neuen Mitarbeitenden im Alltag erschließen.⁵¹¹ In und durch sie kommt die Überzeugung zum Ausdruck, dass in der Versorgung und Begleitung Kranker Gottes Heilswillen mit den Menschen erfahrbar wird und die Liebe zu Gott auf das Engste mit der Nächstenliebe verknüpft ist.⁵¹² Diese Verknüpfung von fachlichem Handeln und christlicher Deutung zu erklären und zu veranschaulichen, kann als eine spezifische Aufgabe in dieser Einstiegsphase angesehen werden. Dabei geht es sinnvollerweise auch um ethisch-moralische Maßstäbe einer Organisation, die einerseits deren ethisch-moralische und gesellschaftliche Verantwortung verdeutlichen und anderseits das organisationale Handeln und das der Mitarbeitenden legitimieren.⁵¹³ Diese Maßstäbe und Werte müssen nach Hofmann »mit den Wertvorstellungen der Mitarbeitenden ins Gespräch gebracht und inkulturiert werden.«⁵¹⁴ Dabei entdecken sie vielleicht Neues, Unterschiede, Übereinstimmungen oder Ähnlichkeiten. Möglicherweise werden auch kultu-

---

508 So erwartet die Katholische Kirche ebenso wie die Evangelische Kirche, dass Mitarbeitende mit den christlichen Grundsätzen ihrer Arbeit vertraut gemacht werden und Bildung zu Themen des Glaubens und des christlichen Menschenbildes gefördert wird. Vgl. Deutsche Bischofskonferenz 2015; Sekretariat der Deutschen Bischofskonferenz (Hrsg.) 2015; Evangelische Kirche in Deutschland 2016.
509 Horstmann 2011, S. 212.
510 Vgl. Horstmann 2011, S. 212.
511 Vgl. Haas und Starnitzke 2019, S. 210.
512 Vgl. Fischer 2012, S. 143.
513 Vgl. Eichhorn und Oswald 2017, S. 173. Im konkreten Stationsalltag erscheinen diese Maßstäbe von besonderer Bedeutung für die Interaktion mit den Patientinnen und im Hinblick auf den Umgang mit Krankheit, Leben, Sterben und Tod.
514 Hofmann 2008b, S. 30.

relle Praktiken und Werte hinterfragt, die bisher selbstverständlich waren, und Veränderungen angeregt.[515] Im Ergebnis erscheint eine vollständige Übernahme organisationaler Werte in personal anerkannte Werte mit Becker weder möglich noch sinnvoll. »Nicht sinnvoll ist eine totale Anpassung, weil die Persönlichkeit zu einer eigenen Wertegestaltung drängt.«[516] Moser et al. warnen in diesem Kontext vor einem Zwang zur Einordnung, der als Autonomieverlust erlebt werden kann.[517]

Kaum oder nicht möglich erscheint eine totale Werte-Anpassung auch deshalb, weil die Werte und Ziele in einem Krankenhaus aufgrund des dargestellten pluralistischen Kontexts und der gesetzlichen und ökonomischen Rahmenbedingungen zum Teil im Konflikt zueinander stehen.[518]

Auch wenn dies nicht als konfliktär erlebt wird, kommt der kulturellen Einführung eine wichtige Orientierungs- und Reflexionsfunktion zu, z. B. um im Austausch miteinander zu klären, was die jeweiligen Werte im Hinblick auf die Praxisherausforderungen bedeuten und wie sie kontextbezogen angemessen umgesetzt werden können.[519]

Abschließend erscheinen trägerunabhängig folgende Aspekte bedeutsam: Unabhängig von den gewählten Methoden der kulturellen Einführung ist erstens zu bedenken, dass die Organisationskultur und die individuellen Werte auch affektive Komponenten aufweisen und neben den kognitiv-rationalen Dimensionen auch die emotionale Ebene des Daseins und Handelns ansprechen.[520]

Zweitens kommt der Konsistenz von Behauptung und Umsetzung große Bedeutung zu.[521] So prüfen neue Mitarbeitende ihre Erfahrungen u. U. an den in Leitbildern und Grundsätzen postulierten Werten.[522] Sie wirken nur dann

---

515 Vgl. Hofmann 2016, S. 108. *Bartscher-Finzer* verweist darauf, dass es gewissermaßen eine Auseinandersetzung über das Ausmaß von Assimilation und Akkommodation ist. Es wird ausgehandelt, »inwieweit das neue Mitglied die Organisationskultur übernimmt (assimiliert wird) bzw. inwieweit die Organisation die Impulse, die von dem neuen Mitarbeiter ausgehen, aufnimmt, also inwieweit eine Akkomodation der organisationalen Verhaltensmuster stattfindet (vgl. ausführlich Bartscher-Finzer 2002).« Bartscher-Finzer 2004, S. 1481; ähnlich vgl. Elbe 2016, S. 58.
516 Becker 2005, 113 f.
517 Vgl. Moser et al. 2018, S. 22.
518 Vgl. Kap. 2.2.4 und 2.2.5. Möglicherweise stehen auch (situativ) für unerlässlich erachtete normative Werte der Sinngemeinschaft der Pflege in Spannung zu denen anderer Sinngemeinschaften innerhalb des Hauses und können im Extremfall sogar als Infragestellung bzw. Gefährdung der zum Selbstkonzept gehörenden (beruflichen) Grundhaltungen erlebt werden. Vgl. Moos 2018a, S. 91; Moser et al. 2018, S. 22.
519 Vgl. Kap. 2.6.2.2.
520 Vgl. Macharzina und Wolf 2015, S. 244.
521 Vgl. Kieser et al. 1990, S. 28; Sackmann 2004, S. 236; Theurich 2016, S. 46 mit Verweis auf Schein 2010.
522 Zur Bedeutung der Glaubwürdigkeit vgl. beispielhaft Sackmann 2004, 236 f.; Bleicher 2011, S. 225.

glaubhaft, wenn sie auch tatsächlich im täglichen Verhalten von Führungskräften und Kolleginnen gelebt werden und so von den (neuen) Mitarbeitenden nachvollzogen werden können.[523]

4.2.6 Evaluationsphase

Als letzte Phase dieses Rahmenmodells wird im Gegensatz zu den meisten anderen Modellen hier noch die *Evaluationsphase* angeschlossen.

Das Ende der Personaleinführung – häufig am Ende der Probezeit – bietet nach hier vertretener Position Anlass zu einer Auswertung. Mit Kieser et al. ist zu betonen, dass diese Auswertung jedoch kein lediglich punktueller und auch kein nur rationaler Akt ist.[524] Während der ersten Wochen und Monate werden der Verlauf und die Erfahrungen sowohl von der Dienstvorgesetzten und der Anleiterin als auch von der neuen Fachkraft bewertet. Spätestens im Abschluss- oder Probeendzeitgespräch bilanzieren sie schließlich, inwiefern der Verlauf und die erzielten Ergebnisse den jeweiligen Vorstellungen entsprechen.[525] Auf Seiten der Mitarbeitenden führen diese Einschätzungen nach Kieser et al. »zu einer bestimmten Arbeitszufriedenheit, einer Motivation und einer Bindung an das Unternehmen. Ausgangsbasis dieser Bewertung sind vor allem die beim Eintritt gehegten Erwartungen.«[526] Diese Bilanz gibt der Organisation Aufschluss über die Zielerreichung aus Sicht der nun nicht mehr ganz neuen Mitarbeitenden.

Auf der anderen Seite beurteilt auch die Vorgesetzte die erreichten Ziele.[527] Rohrlack unterscheidet dabei die Ergebniskontrolle (Überprüfung der zu erreichenden Ziele im Einführungsprozess insbesondere der Leistungsresultate) und die Verhaltenskontrolle (Überprüfung der Vorgehensweise bei der Dienstleistungserbringung).[528]

Auf Grundlage der jeweiligen Bewertungen entscheiden beide Seiten, ob die Einführung erfolgreich verlaufen ist und damit beendet ist, mit noch zu erreichenden definierten Zielen weitergeführt wird oder ob sie nicht erfolgreich

---

523 Vgl. Stachel 2017, S. 221.
524 Vgl. Kieser et al. 1990, S. 32.
525 Nach *Brenner* fällt die fachliche Integration eines neuen Mitarbeitendes in der Regel eher leichter als die soziale und werteorientierte. So wird die Beendigung eines Arbeitsverhältnisses zum Ende der Probezeit häufig mit Formulierungen wie »die Chemie stimmt nicht« oder »die unterschiedlichen Vorstellungen über Vorgehensweisen und Prioritäten ließen sich nicht vereinbaren« umschrieben. Vgl. Brenner 2014, S. 8.
526 Kieser et al. 1990, S. 33.
527 Vgl. Conzen et al. 2009, S. 412.
528 Vgl. Rohrlack 2011, S. 60.

verlaufen ist und das Beschäftigungsverhältnis mit einer Kündigung beendet wird.[529]

4.3 Zusammenfassender Überblick

Als Zusammenfassung wird das phasenbezogene Rahmenmodell mit den theoretischen Befunden überblicksartig in Abbildung 11 (S. 124) dargestellt. Darin wird der Fokus sowohl auf jene Aspekte gerichtet, die sich auf die neuen Mitarbeitenden beziehen (mittlere Spalte) wie die, die sich auf die Organisation beziehen (rechte Spalte).

Mit diesem auf den Forschungsgegenstand angepassten Phasenmodell liegt ein erstes Rahmenmodell für die explorative Studie vor. Es ist ein hypothetisches Hilfsmittel, um zu erforschen, was aus Sicht der neu eingestellten Gesundheits- und Krankenpflegerinnen im zeitlichen Verlauf der Personaleinführung und inhaltlich wesentliche Aspekte sind. Es bildet eine Basis für die Ausgestaltung der Erhebung und der Auswertung von Datenmaterial im Rahmen dieser Studie.[530]

Zum Teil sind in der Darstellung der Phasen bereits erste potentielle Einflussfaktoren für einen erfolgreichen Einführungsprozess angesprochen worden. In einem zweiten Rahmenmodell werden nun potentielle Determinanten[531] systematisch und hypothetisch breit angelegt erfasst.

---

529 Vgl. Bröckermann 2014, S. 164.
530 Vgl. dazu die Konzeption des Leitfadens in Kap. 6.3.
531 Die Begriffe Einflussfaktoren und Determinanten werden hier synonym verwandt. Sie können ihre Wirkung als Konsequenz aber auch als Antezedenz entfalten. Vgl. Fröhlich 2010, S. 189.

Phase		Mitarbeitende	Organisation
ANTIZIPATORISCHE SOZIALISATION		▶ Prägung durch privates Umfeld, Ausbildung und ggf. berufliche Tätigkeit	
	VORBEREITUNG		▶ Konzeption ▶ Wahl von Instrumenten, Maßnahmen und Ressourcen
	VOREINSTIEG	▶ Stellensuche gemäß eigener Kompetenzen und Motive	▶ Arbeitsplatzanalyse ▶ Anforderungsprofil ▶ Stellenausschreibung

		▶ Schriftliche Bewerbung(-en)
		▶ Auswahlgespräch
		  – Passung von Person und Stelle
		▶ ggf. Hospitation
		▶ Entscheidung
		▶ Verträge
			▶ Sichtung der Bewerbungen
			▶ Auswahlgespräche
			  – Realistische Tätigkeitsvorschau
			  – Passung von Person und Stelle
			▶ ggf. Hospitation
			▶ Entscheidung
			▶ Verträge

		▶ Vorbereitung auf die neue Stelle	▶ Maßnahmen zur Vorbereitung des Arbeitseinsatzes
	KONFRONTATION	▶ Kognitive und emotionale Eindrücke ▶ Konfrontation von persönlichen Erwartungen und organisationaler Realität; ggf. Schock	▶ Begrüßung ▶ Vorstellen von Aufgaben, Abläufe, Personen und Funktionen ▶ Vermittlung von Erwartungen
EINGLIEDERUNG	FACHLICHE EINARBEITUNG	▶ Aneignung von fachlichem Wissen, Fähigkeiten und Fertigkeiten ▶ Entwicklung von Arbeitskenntnis ▶ Rollenklärung	▶ Systematische tätigkeitsbezogene Unterweisung ▶ Förderung der Rollenübernahme
	SOZIALE INTEGRATION	▶ Einfinden in Arbeitsgruppe und Organisation mit den Sozial- und Machtstrukturen ▶ Aufbau befriedigender Arbeitsbeziehungen	▶ Aufnahme in Arbeitsgruppe und Organisation
	KULTURELLE EINFÜHRUNG	▶ Kennenlernen der zentralen Grundannahmen, Werte, Normen und Artefakte resp. Praktiken ▶ Prüfung der Konsistenz ▶ Abgleich mit individuellen Werthaltung	▶ Vermittlung und Abgleich wesentlicher Grundannahmen, Werte, Normen und Artefakte resp. Praktiken
	EVALUATION	▶ Abgleich von Erwartungen und Erleben ▶ Persönliche Bewertung der Einführung	▶ Auswertung der Einführung ▶ Beurteilung der Passung von Mitarbeitendem und organisationale Anforderungen

Abbildung 11: Erweitertes phasenbezogenes Rahmenmodell.

5 Das einflussfaktorenbezogene Rahmenmodell

Zur theoretischen Fundierung des Forschungsrahmens wird in diesem Kapitel das zweite Rahmenmodell für die explorative Studie konzipiert. Es eröffnet eine andere Zugangsweise als das erste, indem darin hypothtisch eine große Bandbreite sehr konkreter Einflussfaktoren systematisch auf vier relevant erscheinenden Ebenen expliziert wird.

5.1 Begründung und Konzeption

Um geeignete theoretische Modelle und Konzepte für die Personaleinführung von Gesundheits- und Krankenpflegerinnen entwickeln und in der Praxis umsetzen zu können, ist es wichtig, die Determinanten zu identifizieren, die diesen Prozess positiv wie negativ beeinflussen können. In Kap. 1 wurde als normatives Anliegen (insbesondere in Bezug auf Einrichtungen in konfessioneller Trägerschaft) dargelegt, die Einführung so zu konzipieren und zu gestalten, dass sie dem Zweck der Organisation dient und ökonomisch wie auch sozial effizient ist, also auch den Bedürfnissen und Erwartungen der Mitarbeitenden Rechnung trägt. Für letzteres ist es bedeutsam, die Determinanten zu erforschen, die aus Sicht der neuen Mitarbeitenden wesentlich sind für eine erfolgreiche Einführung.

Als Vorstufe einer solchen empirischen Studie sollen gemäß der bezugsrahmenorientierten explorativen Forschung nun in einem zweiten Rahmenmodell *mögliche* Einflussfaktoren in Kategorien systematisiert benannt werden, die das Erreichen der Ziele der Personaleinführung (Kommens- und Bleibebereitschaft, Aufgaben- und Rollenklarheit, erfolgreiche Leistungserbringung, Mitarbeiterzufriedenheit, soziale Einbindung, (partielle) Aneignung der Unternehmenskultur, Bindung und Loyalität)[532] beeinflussen können. Dabei wird bewusst keine hypothtische Gewichtung der Relevanz der Faktoren vorgenommen.

---

532 Vgl. Kap. 3.1.1 und Kap. 3.4.

Um ein möglichst umfassendes Rahmenmodell zugrunde legen zu können, erscheint es sinnvoll, die relevanten Kategorien aus Determinantenkonzepten zur organisationalen Sozialisation,[533] zur Fluktuation[534], zum Leistungsverhalten[535] und zur Bindung[536] heranzuziehen.

Häufig werden darin vier Ebenen als Hauptkategorien unterschieden:[537]
- die Umwelt außerhalb der Organisation,
- die Organisation,
- die Arbeitsgruppe sowie
- die Person der neuen Mitarbeitenden.

In Modellen zur organisationalen Sozialisation wird die erstgenannte Ebene nur selten einbezogen.[538] Wenngleich die Umwelt im Gegensatz zur Person der neuen Mitarbeitenden, zu der Arbeitsgruppe und der Gesamtorganisation kein Wirkungsfeld des Personalmanagements ist, können umweltbezogene Faktoren wie z. B. der Fachkräftemangel den Erfolg der Personaleinführung beeinflussen. Dementsprechend erscheint die Differenzierung dieser vier Kategorien inhaltlich und strukturell geeignet, um die potentiellen Einflussfaktoren für den Forschungsrahmen zu systematisieren.

Die Grundstruktur des zweiten Rahmenmodells ist in Abbildung 12 (S. 127) grafisch dargestellt.

Im Folgenden werden nun potentielle Einflussfaktoren entsprechend dieser vier Kategorien systematisiert erfasst.[539]

5.2 Umweltbezogene Faktoren

Hinsichtlich der Faktoren der Umwelt[540] lassen sich politisch-rechtliche (5.2.1), ökonomische (5.2.2), gesellschaftliche (5.2.3) und technologische Rahmenbedingungen (5.2.4) als Unterkategorien differenzieren.[541] Obwohl sie nicht bzw.

---

533 Vgl. Ashforth und Saks 1997; Bauer und Erdogan 2011; Kammeyer-Mueller und Wanberg 2003.
534 Vgl. Sabathil 1977.
535 Vgl. Berthel und Becker 2017, 87 ff.; Nerdinger et al. 2014, 7 f.; Rosenstiel 1975, 230 ff.; Rosenstiel und Nerdinger 2011, S. 13.
536 Vgl. Piezonka 2013; Polenske 2017.
537 Zum Teil legen die zuvor genannten Autoren auch nur drei dieser vier Kategorien zugrunde.
538 Das Modell von *Ashforth und Saks* stellt eine Ausnahme dar. Vgl. Ashforth und Saks 1997.
539 Mit *von Rosenstiel und Nerdinger* sei auf Überschneidungen und Interdependenzen hingewiesen. Vgl. Rosenstiel und Nerdinger 2011, S. 288.
540 Synonym wird auch von »Externen Rahmenbedingungen« gesprochen. Vgl. Marr et al. 1979, S. 241.
541 Vgl. Kolb 2008, S. 57; ähnlich Schanz 2000, 207 ff.

Abbildung 12: Grundstruktur des einflussfaktorenbezogenen Rahmenmodells.

kaum durch die Organisation beeinflusst werden können,[542] ist die Kenntnis dieser Faktoren und ihrer Auswirkungen wichtig, um damit als Organisation aktiv umgehen zu können.

Eine vermutlich zentrale Determinante der Umwelt ist die *Personalknappheit* (und die daraus resultierende *Arbeitsbelastung* in der Pflege[543]), die durch verschiedene der folgenden Rahmenbedingungen beeinflusst wird und darum hier vorab genannt wird. Sie kann sich negativ auf die Arbeitszufriedenheit, die Motivation sowie auf die Leistungs- und Bindungsbereitschaft der neuen Mitarbeitenden auswirken.[544]

5.2.1 Politisch-rechtliche Rahmenbedingungen

Wie in Kap. 2.2.2 dargestellt, werden die Personalaustattung und die Arbeitsbelastung durch die mit dem *GKV-Gesundheitsreformgesetz eingeführten diagnoseabhängigen Fallpauschalen (DRGs) für Krankenhausbehandlungen* sowie die *gesetzlichen Vorgaben zur Qualität(-ssicherung)* maßgeblich beeinflusst.[545]

---

542 Die Einflußnahme ist allenfalls begrenzt z. B. durch Stellungnahmen, Kampagnen und Lobbyismus (hier bspw. als Deutscher Evangelischer Krankenhausverband e. V. oder Katholischer Krankenhausverband Deutschland e.V.) o. ä. möglich.
543 Vgl. Kap. 2.2.3.
544 Vgl. Kap. 3.2.
545 Vgl. Kap 2.2.2.

Der Beschluss des Bundeskabinetts im April 2017 zur *Einführung von Personaluntergrenzen* auf der Ebene einzelner Fachabteilungen ab 2019[546] sowie das *Pflegestellen-Förderprogramm* im Rahmen des *Krankenhausstrukturgesetzes*[547] sollen die Personalsituation verbessern. Vermutlich haben die Maßnahmen zum Zeitpunkt der Untersuchung Mitte 2019 noch keine Wirkung gezeigt.[548]

5.2.2 Ökonomische Rahmenbedingungen

Hinsichtlich der ökonomischen Rahmenbedingungen ist zunächst die *branchenspezifische Wirtschaftslage* als Determinante zu nennen.[549] Der Druck auf die Krankenhäuser, wettbewerbsstärker, kosteneffizienter und qualitätsorientierter zu agieren, hat in den letzten Jahrzehnten deutlich zugenommen.[550] Dies führte u. a. häufig zu Einsparungen beim Personal in der Pflege und dadurch zu starker Arbeitsverdichtung, was letztlich potentiell auch Folgen für die Zielerreichung der Personaleinführung haben kann.[551]

Möglicherweise werden die ökonomischen Rahmenbedingungen von den neuen Fachkräften auch als diskrepant zu ihren medizinisch-pflegerischen sowie normativ-ethischen Ansprüchen erlebt, was negative Auswirkungen auf ihre Zufriedenheit, Motivation und Bleibebereitschaft sowohl in der jeweiligen Stelle als auch grundsätzlich in dem Beruf haben kann.[552]

Schließlich ist die *berufsbezogene Arbeitsmarktsituation* ein potentieller Einflussfaktor.[553] Sie ist durch ein großes Stellenangebot für examinierte Gesundheits- und Krankenpflegerinnen gekennzeichnet,[554] was die Wahrscheinlichkeit der

---

546 Aktuell liegt eine neue Verordnung zur Festlegung von Pflegepersonaluntergrenzen in pflegesensitiven Bereichen in Krankenhäusern für das Jahr 2021 vor. Vgl. Bundesministerium für Gesundheit 2021; GKV-Spitzenverband 2020b.
547 Vgl. Bundesministerium für Gesundheit 2017; GKV-Spitzenverband 2020a.
548 Ähnlich sind Auswirkungen durch die am 13. Juni 2018 durch das Bundeskabinett verabschiedete neue Ausbildungs- und Prüfungsverordnung anzunehmen, nach der ab Januar 2020 *Pflegefachfrauen* und *-männer* generalistisch ausgebildet werden.
549 Vgl. Sabathil 1977, 46 ff.
550 Vgl. Kap. 2.2.2.
551 Vgl. Kap. 2.2.3 und 3.2.
552 Vgl. Kap. 3.2; Böcken und Kostera 2017, S. 94; Deutscher Berufsverband für Pflegeberufe e. V. (DBfK) 2009, 35 ff.; Eibach et al. 2009, 120 ff.; Jörg 2015, S. 14; Kühn 2003, 85 f. Weidner 2012, 151 f.
553 Vgl. March und Simon 1976, S. 58; Polenske 2017, S. 93; Sabathil 1977, 46 ff.
554 Vgl. Kap 1.1; Bundesagentur für Arbeit 2020, 14 f.

Frühfluktuation erhöhen kann, z. B. wenn die gehegten Erwartungen in der neu angetretenen Stelle nicht erfüllt werden.[555]

5.2.3 Gesellschaftliche Rahmenbedingungen

Zunächst ist die *demografische Entwicklung* zu nennen, die die eingangs thematisierte Personalknappheit, die Arbeitsbelastung und darüber potentiell auch die Einführung beeinflusst.[556] In Deutschland stehen zukünftig aller Voraussicht nach weniger junge Menschen für den Arbeitsmarkt zur Verfügung, so dass sich dadurch der Pflegefachkräftemangel noch verstärken wird.[557] Zudem werden die jährlichen stationären Fallzahlen sowie die Anzahl an multiplen und chronischen Erkrankungen, die mit einem vermehrten Hilfe- und Pflegebedarf verbunden sind, weiter ansteigen.[558] Das wird eine quantitative und qualitative Ausweitung der Dienstleistungserbringung und angesichts des Personalmangels eine Steigerung der Arbeitsbelastung zur Folge haben.

Ein weiterer potentieller Einflussfaktor ist der sogenannte *gesellschaftliche Wertewandel*, der von verschiedenen Autoren z. B. mit einer Betonung eigener Selbstentfaltung, einer Höherbewertung von Freizeit, einer sinkenden Bedeutung der Arbeit als Pflicht und einem Abnehmen der Bereitschaft zur Unterordnung skizziert wird.[559] Es ist möglich, dass er auch Auswirkungen auf die Verhaltensbereitschaften bzw. Werthaltungen von (jungen) Gesundheits- und Krankenpflegerinnen hat und sich auf die Ergebnisse der Personaleinführung auswirken kann.

Für konfessionelle Krankenhäuser können die *Säkularisierung*, die *religiöse Pluralisierung* und der *Rückgang der Mitgliederzahlen in den christlichen Kirchen in Deutschland* weitere einflussreiche gesellschaftliche Faktoren sein.[560] Sie können zum einen die Identifikation (neuer) Mitarbeitender mit der christlichen Identität und Kultur von Krankenhäusern in konfessioneller Trägerschaft beeinflussen. Zum zweiten sind durch diese Entwicklungen vermutlich weniger Mitarbeitende auf den Stationen tätig, die als identifizierte und auskunftsfähige

---

555 Vgl. Kieser et al. 1990, S. 8. Einschränkend muss festgehalten werden, dass eine Entscheidung zu einem Stellenwechsel von vielen weiteren Faktoren begünstigt bzw. behindert werden kann.
556 Vgl. Engelke und Oswald 2017b, S. 646; Landau 2015, 10ff.; Schönberg 2013, 179ff.
557 Vgl. Augurzky 2018, S. 70; Bechtel 2012, S. 17; Haubrock 2012, S. 7; Loffing und Loffing 2010, 25ff.
558 Vgl. Bechtel 2012; Lindlbauer 2017, S. 104.
559 Vgl. Rosenstiel und Nerdinger 2011, S. 52; Schanz 2000, 207ff.; Schönberg 2012, S. 172; Scholz 2014, S. 26.
560 Vgl. Ceylan und Kiefer 2017, S. 1; Haas und Starnitzke 2015, 14f.; Neher 2017, S. 240; Schmid 2017, 187ff.

Akteurinnen an einer diakonisch-kulturellen Einführung mitwirken können. Drittens können sich durch diese Entwicklungen gesellschaftliche Legitimationsanfragen verstärken, die eine solche diakonisch-kulturelle Inhaltsdimension grundsätzlich infragestellen.[561]

5.2.4 Technologische Rahmenbedingungen

Technologische Entwicklungen ermöglichen es den Krankenhäusern, ihre Personalgewinnung und -einarbeitung[562] sowie ihre Dienstleistungserbringung digital zu unterstützen. *Assistive Technologien* in der Pflege führen zu einer weitreichenden Vernetzung menschlicher und maschineller Intelligenz mit Auswirkungen sowohl auf den einzelnen Menschen als auch auf die Prozesse. *Informationstechnologien* können diese vielfach unterstützen und vereinfachen.[563]

Die genannten Aspekte werden für die Personaleinführung erst zu konkreten potentiellen Einflussfaktoren, wenn sie in den Krankenhäusern eingesetzt werden. Daher sind sie auch als organisationsbezogene Determinanten anzusehen, die im Folgenden thematisiert werden.

5.3 Organisationsbezogene Faktoren

In dieser Kategorie werden Faktoren benannt, die der Organisation selbst zugeordnet und durch diese in gewissem Maße ausgestaltet werden können. Zum Teil sind diese Determinanten gleichzeitig auch Lerninhalte im Einführungsprozess, denn die neuen Fachkräfte müssen sie zu ihrer Orientierung und Handlungsfähigkeit in der Organisation kennen.

Auch diese Faktoren werden in der Literatur unterschiedlich kategorisiert.[564] Die Modelle zur organisationalen Sozialisation fokussieren insbesondere auf die *Maßnahmen und Instrumente* als *organizational efforts*.[565] Sie werden in

---

561 Vgl. Fischer 2012, 109 ff.; Lob-Hüdepohl 2017, S. 168.
562 Vgl. Brügger 2014, 311 ff.; Bube 2015, 385 f.; Froedge et al. 2018, 323 ff.; Gocke 2018, S. 196.
563 Diese Chancen sind jedoch auch mit Risiken verbunden. Sowohl technisch als auch ethisch ist diese Entwicklung mit hohen Anforderungen an die (neuen) Fachkräfte verbunden. Vgl. Henne 2018; Horneber und Kesberger 2017, S. 59; Klein et al. 2017, S. 115; Schmola 2014, S. 12; Scholz 2014, 11 ff.; Schönberg 2012, S. 172.
564 Vgl. Ashforth und Saks 1997, 239 ff.; Bauer und Erdogan 2011, 52 ff.; Kammeyer-Mueller und Wanberg 2003, S. 779; Kieser et al. 1990, Abb. 6; Nerdinger 2012, S. 28; Rosenstiel 1975, 293 ff.; Sabathil 1977, 33 ff.
565 Vgl. Ashforth und Saks 1997, 244 ff.; Bauer und Erdogan 2011, 52 ff.; Kammeyer-Mueller und Wanberg 2003, S. 779.

Kap. 5.3.2 expliziert. Es erscheint jedoch im Hinblick auf die hier weit gefassten, angenommenen Ergebnisse der Personaleinführung sachgemäß, weitere *Faktoren des organisatorischen Umfelds* (5.3.1)[566] sowie *Faktoren der Arbeit* (5.3.3)[567] als potentielle Einflussgrößen einzubeziehen.

5.3.1 Faktoren des organisatorischen Umfelds

Einflussfaktoren des organisatorischen Umfeldes können die *Trägerschaft* des Krankenhauses und der durch sie geprägte *unternehmungspolitische Rahmen* sein.

Dessen Elemente sind nach Becker:
- Unternehmungsverfassung,
- Unternehmungszweck, -ziele, -vision und -mission,[568]
- Unternehmungskultur[569] sowie
- Unternehmungsumwelt.[570]

Die normgebende Ausrichtung eines Unternehmens wird durch die drei Elemente des normativen Managements *Zweck, Vision, Mission* festgelegt.[571] Mit Bleicher kann als Einflussfaktor für die Personaleinführung auch die konsistente Ausrichtung von strategischem und operativem Management sowie die Ausrichtung von Aktivitäten, Strukturen und Verhalten am Unternehmungszweck bzw. der Philosophie angesehen werden.[572]

Die Elemente des unternehmungspoltischen Rahmens können zum einen als Lerninhalte der Einführung ausgewählt werden. Zum anderen können von ihnen Anreizwirkungen auf das Kommen, Bleiben, die Zufriedenheit und die Leistungserbringung neuer Mitarbeitender ausgehen.[573]

Eine weitere potentielle Determinante des organisatorischen Umfelds ist die *Strukturorganisation*, die die hierarchische Struktur, die Aufgaben- bzw. Rollenstruktur und die Kommunikationsstruktur umfasst.[574] Sie ist im Krankenhaus durch die dreigliedrige berufsständische Organisationsstruktur von Ärztlichem Dienst, Pflege und Verwaltung gekennzeichnet, die sich zumeist auch in

---

566 Vgl. Rosenstiel 1975, 230 ff.
567 Vgl. Kieser et al. 1990, Abb. 6; Nerdinger 2012, S. 28; Rosenstiel 1975, 293 ff.
568 Vgl. Kap. 2.2.1 und 2.2.4.
569 Vgl. Kap. 2.6.
570 Vgl. Becker 2011, Abbildung S. 20 und Becker 2011, 95 ff.
571 Vgl. Kap. 2.2.5; Becker 2011, S. 96; ähnlich Bleicher 2011, 87 ff.
572 Vgl Bleicher 2011, 89 ff.; ähnlich Eichhorn und Oswald 2017, S. 145.
573 Vgl. Berthel und Becker 2017, S. 656. Zum Einfluss der Unternehmenskultur vgl. Chatman 1991, 459 ff.; Rehn 1990, 60 ff.
574 Vgl. Macharzina und Wolf 2015, S. 481; Rosenstiel 1975, 337 ff.

der Besetzung des Vorstands bzw. Direktoriums als dessen obersten Leitungsorgans widerspiegelt.[575] Der Pflegedienst ist in der Regel hierarchisch zentral organisiert. Auf der organisatorischen Ebene der Fachabteilung, der Station bzw. des Funktionsbereiches untersteht der Pflegedienst allerdings der fachlichen, jedoch nicht der disziplinarischen Weisungsbefugnis dem Ärztlichen Dienst.[576] Die Rolle der Ärztinnen hinsichtlich der Einführung und die Zusammenarbeit zwischen den beiden Berufsgruppen können Einflussfaktoren sein.[577]

Wesentlich kann aus Sicht der neuen Mitarbeitenden auch die Frage sein, wie autoritär bzw. partizipativ das hierarchische System ausgestaltet wird. Die Art und Weise der Führung und Machtausübung wirkt sich nach verschiedenen Autoren auf die Zufriedenheit, Leistung und Bleibebereitschaft von (neuen) Mitarbeitenden aus.[578]

Als zentraler Faktor erscheinen des Weiteren die krankenhausspezifischen *Personalzahlen in der Pflege*, im Konkreten die Anzahl der Fälle pro Vollkraft als Leistungs- bzw. Belastungskennzahl für das Personal.[579] Sie können z. B. ausschlaggebend dafür sein, wie ausführlich die Einarbeitung erfolgt und wie schnell neue Mitarbeitende die Aufgaben vollständig ohne Anleitung übernehmen müssen. Zum anderen kann eine hohe Arbeitsbelastung der Kolleginnen zur Folge haben, dass nicht viel Zeit zur Anleitung der neuen Fachkräfte zur Verfügung steht und diese sehr früh (alle) Aufgaben übernehmen müssen, ohne dass sie darin ausreichend eingeführt worden sind. Sind die schon länger beschäftigten Mitarbeitenden stark belastet und ggf. unzufrieden, kann sich das auch negativ auf ihre Motivation auswirken, zusätzlich noch eine neue Fachkraft anzuleiten.

Schließlich können als weitere Faktoren die *Wirtschaftslage* eines Krankenhauses, die den potentiellen Umfang der personellen und finanziellen Ressourcen mitbestimmt, sowie die *Größe*,[580] das *Image*[581] und der *Standort* insbesondere als Kommens- wie auch als Fluktuationsanreiz relevant sein.[582]

---

575 Vgl. Kap. 2.2.5; Eichhorn und Oswald 2017, S. 150; Gottschalk 2017, S. 40; Jung 2010, 318 ff.; Merk 2008, S. 42; Stubenvoll 2007, 13 ff.
576 Vgl. Jung 2010, S. 89 mit Verweis auf Schmid 2003, S. 299; kritisch zur hierarchischen Organisation vgl. Grahmann et al. 2002, 14 ff.
577 Vgl. Dahlgaard und Stratmeyer 2011; Fuchs und Althoff 2013, 162 ff.; Hax-Schoppenhorst 2014, S. 300; Woolforde 2012, 32 ff.
578 Vgl. Oldhafer 2014, S. 1; Schlechtriemen-Koß 2014, S. 40; Schönberg 2013, S. 192. Nach Jung stellen starre Hierarchien und eng geführten Kontrollen strukturelle Lernbarrieren dar. Vgl. Jung 2010, S. 256. Die Mitarbeiterführung durch die Dienstvorgesetzte wird auch in Kap. 5.4.2 thematisiert.
579 Vgl. Kap. 2.2.3.
580 Vgl. Rosenstiel 1975, 334 f.; Hasselhorn et al. 2005b, S. 30.
581 Vgl. Berthel und Becker 2017, S. 656; Lüthy und Ehret 2014, 27 ff.; Merk 2008, S. 139.
582 Vgl. Rosenstiel 1975, S. 231; Sabathil 1977, 50 ff.

5.3.2 Konzeption mit Maßnahmen und Instrumenten

Die Festlegungen hinsichtlich eines *Personaleinführungskonzepts* haben maßgeblichen Einfluss auf den Verlauf und die Ergebnisse des Prozesses.[583] Auf einige Aspekte ist bereits in den Ausführungen zur Vorbereitungsphase in Kap. 4.2.2 eingegangen worden.

In der Konzeptionsentwicklung wird entschieden, welche Ziele, Lernziele und Zielkritieren übergreifend mit der Einführung verbunden werden. Je nach Detaillierungsgrad werden diese abteilungs- und stellenspezifisch festgelegt. Die Entscheidungen zu *Inhalten, Akteurinnen, Maßnahmen, Instrumenten und Methoden* und vor allem zu den einzusetzenden Ressourcen sind weitere bedeutsame Einflussfaktoren. Den Festlegungen geht bei einer planvollen, systematischen Vorgehensweise eine Bedarfsanalyse voraus. Moser et al. schlagen eine dreifache Bedarfsanalyse vor.[584] Auf der Ebene der Organisation werden die Ziele sowie die vorhandenen Ressourcen zur Erreichung dieser Ziele systematisch analysiert. Zudem wird geprüft, welche konkreten Maßnahmen mit der Unternehmensstrategie kompatibel sind und diese im Idealfall sogar unterstützen.[585] Die Aufgabenanalyse betrachtet die Aufgaben der jeweiligen Position sowie die damit verbundenen Anforderungen. Im konkreten Einzelfall erfolgt »die Personanalyse [sic], in der die individuellen Merkmale und Voraussetzungen des Mitarbeiters bestimmt werden.«[586]

Hinsichtlich konkreter *Maßnahmen* und *Instrumente* sind u. a. zu nennen: ein präzises Anforderungsprofil, realistische Tätigkeitsvorschau im Bewerbungsverfahren, Einführungsgespräche zwischen Vorgesetzter bzw. Anleiterin und neuer Fachkraft, ein individueller Einarbeitungsplan bzw. eine Checkliste,[587] Einführungsmappen (die z. B. das (Pflege-) Leitbild, die Unternehmens- und Führungsgrundsätze sowie andere allgemeine Informationen zum Haus beinhalten), weitere schriftliche Dokumente (wie z. B. das Anforderungsprofil, die Stellenbeschreibung, Verfahrens- bzw. Arbeitsanweisungen zu Stationsablauf, Abteilungsstatut, Pflegestandards und Expertenstandards), Onboarding-Apps, Einführungstage bzw. -seminare,[588] Begrüßungsgottesdienste, Pflichtunterwei-

---

583 Vgl. Ashforth und Saks 1997, S. 239; Bauer und Erdogan 2011, 52 ff.; Becker 2004, S. 516; Moser et al. 2018, 60 ff.
584 Vgl. Moser et al. 2018, S. 56.
585 Vgl. Moser et al. 2018, S. 56 mit Verweis auf Solga et al. 2011.
586 Moser et al. 2018, S. 56.
587 Im Rahmen einer Zertifizierung nach der DIN EN ISO 9001:2015 werden Einarbeitungschecklisten klinikweit eingeführt. In der Regel wird mit Unterschrift der Vorgesetzten/Anleiterin wie der neuen Mitarbeitenden dokumentiert, wann welche Inhalte jeweils erklärt bzw. gezeigt und wann sie von der neuen Mitarbeitenden beherrscht werden.
588 Inhalte sind häufig die Vorstellung der Aufgaben und Personen des Direktoriums, der Personalabteilung, des Betriebsrats/MAV, der Organisationsstruktur des Krankenhauses,

sungen (ggf. als E-Learning-Module[589]), Anleitungs- bzw. Mentoringsysteme und Reflexions- und Feedbackgespräche.[590]

5.3.3 Faktoren der Arbeit

Als Faktoren der Arbeit werden hier die von der Organisation gestaltbaren *sachlichen Arbeitsbedingungen*[591] und die *Arbeitsinhalte und -aufgaben* unterschieden.[592] Sie können wesentlichen Einfluss auf die Kommens-, Leistungs- und Bleibebereitschaft sowie auf das Leistungsverhalten und die Zufriedenheit der neuen Mitarbeitenden haben.[593]

Als Determinanten der *sachlichen Arbeitsbedingungen* lassen sich die Ausstattung des Arbeitsplatzes, klassische wie neue Arbeitsmittel (z.B. Technik zur Unterstützung von Pflegetätigkeiten, Einsatz von mobilen, telemedizinischen Gerätschaften, Medizintechnologie, E-Health-Lösungen wie IT-gestützte Vernetzung, digitale Patientenakten u.a.[594]), Arbeitszeiten, Vergütung, Weiterbildungsmöglichkeiten und sonstige Arbeitsbedingungen nennen.[595] Der Einfluss spezifischer Arbeitsbelastungsfaktoren ist bereits in Kap. 3.2 thematisiert worden.

Von *Arbeitsinhalt und -aufgaben* gehen nach Auffassung verschiedener Autoren (nach Möglichkeit gestaltete) Anreize für die Leistung und die Bleibebe-

---

der Ziele, des Qualitätsmanagements, der Unternehmenskommunikation, ggf. der Arbeit des Ethikkomitees sowie der Besonderheiten aufgrund der Trägerschaft (z.B. Angebote von Seelsorge, Andachten, Gottesdiensten, christlich-ethische Beratungen u.a.). In Häusern in christlicher Trägerschaft beginnen diese Veranstaltungen oftmals mit einer Andacht.

589 Vgl. Brügger 2014, 311ff.; Bube 2015, 385f.; Froedge et al. 2018, 323ff.; Gocke 2018, S. 196.
590 Vgl. Bartscher-Finzer 2004, 1485f.; Berthel und Becker 2017, 441ff.; Bröckermann 2016, 129ff.; Hentze et al. 2001, 441ff.; Kolb 2008, S. 133; Lüthy und Ehret 2014, 68ff.; Moser et al. 2018, 103ff.
591 Vgl. Marr et al. 1979, 375ff.; Nerdinger et al. 2014, S. 372; Schanz 2000, 132f. *Berthel und Becker* weisen auf die »Komplizierung« hin, die sich dadurch ergibt, dass die äußeren, »objektiven« Arbeitsbedingungen als solche Wirkung haben, aber »auch Inhalte subjektiver *Wahrnehmungen* und Erfahrungen der Mitarbeiter werden und dadurch das Wollen zur Leistung mitbestimmen.« Berthel und Becker 2017, S. 106. *Berthel und Becker* grenzen die *sachlichen* von den *personalen Arbeitsbedingungen* ab, welche hier in Kap. 5.4 als arbeitsgruppenbezogene Faktoren behandelt werden.
592 Vgl. Marr et al. 1979, S. 362; Nerdinger et al. 2014, 424f.
593 Vgl. Berthel und Becker 2017, S. 106; Rosenstiel 1975, 293ff.
594 Vgl. Kap. 5.2.4.
595 Vgl. Buxel 2011, S. 6; Hasselhorn et al. 2005b, S. 37; Horneber und Kesberger 2017, S. 59; Klein et al. 2017, S. 115; Marr et al. 1979, 375ff.; Rosenstiel 1975, 232ff.; Sabathil 1977, 56ff.; Schanz 2000, 132f.; Schönberg 2012, S. 172; Scholz 2014, 11ff.

reitschaft aus, und sie bestimmen das Ausmaß der Befriedigung zentraler Mitarbeiterbedürfnisse entscheidend mit.[596]

Ein Einflussfaktor kann außerdem das qualitative und das quantitive *Ausmaß der Aufgabenübertragung* sein. Frühe Stressoren wie Überlastung oder zu schwierige Aufgaben zu Beginn können zu Demotivation, Unzufriedenheit und zu einer geringeren anfänglichen Identifikation und Bindung an die Organisation führen.[597]

Schließlich ist wichtig, dass die genannten Faktoren der Arbeit nicht nur die proximalen Ergebnisse der Personaleinführung beeinflussen. Ihre Kenntnis und Bewältigung ist gleichzeitig auch ein distales Ergebnis der fachlichen Einarbeitung, dessen Erreichen wiederum durch Einflussfaktoren, insbesondere durch spezifische Maßnahmen und Instrumente, befördert werden kann.

5.4 Arbeitsgruppenbezogene Faktoren

Innerhalb der übergeordneten Kategorie *Arbeitsgruppe* werden hier in horizontaler Perspektive die *Kolleginnen* (5.4.1) sowie in vertikaler die *Dienstvorgesetzte* (5.4.2) als potentielle Determinanten differenziert.[598] Eng mit beiden verbunden ist das *Arbeitsklima* (5.4.3).[599] Es handelt sich bei allen drei Faktoren um komplexe Größen, für die in der Literatur zahlreiche Variablen benannt werden, welche potentiell Einfluss ausüben können.[600]

---

596 Vgl. Hasselhorn et al. 2005a, S. 29; Marr et al. 1979, S. 362; Nerdinger et al. 2014, 424f.; Rosenstiel 1975, 293ff. Das Job-Characteristics Modell von *Hackmann und Oldham* beschreibt fünf Tätigkeitsmerkmale, die neben intrinsischer Arbeitsmotivation eine hohe Qualität der Arbeitsleistung, hohe Arbeitszufriedenheit und geringe Fluktuation bewirken. Vgl. Nerdinger 2012, 193f.
597 Vgl. Bröckermann 2014, S. 159; Kieser et al. 1990, 20ff.
598 Vgl. Kieser et al. 1990, 20ff.; 5ff.; Rosenstiel 1975, 266ff.; Sabathil 1977, 60ff.
599 Vgl. Sabathil 1977, 60ff.
600 Ebenso zahlreich sind die Ansätze, um die Verknüpfungen dieser Variablen darzustellen. Hinzu kommt die Schwierigkeit, dass es sich bei konkreten Arbeitsgruppen »immer um dynamische Systeme handelt, in denen Wirkungsbeziehungen immer Veränderungen und zeitlichen Einflüssen unterliegen.« Berthel und Becker 2017, S. 132.

5.4.1 Kolleginnen

Wie in Kap. 3 expliziert, kommt der *Kommunikation und Interaktion mit den Kolleginnen* nach Auffassung zahlreicher Autoren eine besondere Bedeutung im Hinblick auf die Einführung neuer Mitarbeitender zu.[601] Kolleginnen sind eine zentrale Informationsquelle für formell und informell bedeutsames Wissen. Sie können nach Kieser et al. den neuen Mitarbeitenden Orientierung geben, Unsicherheit und Stress reduzieren und einen Realitätsschock abfedern.[602] Die Häufigkeit und die Intensität der Interaktionen wirkt sich potentiell auf die Rollenklarheit der Neuen, die Beherrschung der Arbeitsaufgabe, die Arbeitszufriedenheit und die Fluktuationsabsicht aus.[603] Einflussreich erscheinen informative und bewertende Rückmeldungen an den Neuen zu erwartetem und gezeigtem Verhalten. »Furthermore, feedback interventions that direct attention to adequate ontask behavior typically lead to more rapid learning, decreased errors (...), and improved performance«.[604]

Den Kolleginnen kommt auch bezüglich der Einführung in die Unternehmens- und Stationskultur mit den dazugehörigen grundlegenden Überzeugungen und Verhaltensweisen besondere Bedeutung zu.[605] Sie vermitteln als Kulturträgerinnen implizit wie explizit die geltenden Werte und Normen sowie die damit verbundenen Deutungs- und Verhaltensmuster.[606] Gemeinsame Reflexionen können zum einen ermöglichen, die je eigene Perspektive und die Praxis durch das Erfahrungswissen und die Werthaltungen der anderen zu erweitern.[607] Zum anderen können sie ermöglichen, die üblichen Praktiken an den proklamierten Werten kritisch zu prüfen.[608]

Verschiedene Autoren weisen darauf hin, dass die Kolleginnen die Einhaltung von Organisations- wie Gruppennormen durch positive oder negative Sanktio-

---

601 Vgl. Althauser 1982, S. 72; Ashforth und Saks 1997, 250 ff.; Bauer und Erdogan 2011, S. 56; Brenner 2014, S. 29; Hoefert 2008, 246 ff.; Kieser et al. 1990, 24 f.; Wanous 1992, S. 187; *Reichers* bennent sie als »primary vehicle«. Vgl. Reichers 1987, S. 278.
602 Vgl. Kieser et al. 1990, S. 24; Lohaus und Habermann 2016, 86 f.; Mess 2007, S. 5.
603 Vgl. Dutton et al. 1994, S. 248; Kammeyer-Mueller und Wanberg 2003, 779 ff.; Lohaus und Habermann 2016, S. 96; Nelson und Quick 1991, S. 550.
604 Bezuijen et al. 2009, S. 1252 mit Verweis auf Goodman et al. 2004 sowie Kluger und DeNisi 1996. Zu informativen und bewertenden Rückmeldungen vgl. Nerdinger 1995, S. 117.
605 Vgl. Kap. 2.6 und 4.2.5.3; Sackmann 2002, S. 37; Wanous 1992, S. 187.
606 Vgl. Sackmann 2002, 65 f.
607 Vgl. Dahlgaard und Stratmeyer 2011, S. 145. *Sutton* macht deutlich, inwiefern die Einstellung eines neuen Mitarbeitenden u. U. tiefgreifende Auswirkungen auf die Einstellung, Leistung und das Wissen von länger beschäftigten Kollegen haben kann. Vgl. Sutton und Louis 1987, 347 ff.
608 Vgl. Haas und Starnitzke 2019, S. 210; Moos 2018a, 86 f.

nen beeinflussen können[609] und potentiell auch Einfluss darauf haben, ob neue Mitarbeitende ein Verhalten eher zeigen oder eher nicht (»Soziales Dürfen«).[610] Damit haben sie potentiell auch Einfluss auf das quantitative und qualitative Leistungsverhalten der neuen Fachkräfte.[611]

5.4.2 Dienstvorgesetzte

Als weitere Einflussfaktoren werden die *Rolle der Führungskraft*, das *Führungsverhalten*, der *Führungsstil*[612] wie die *Persönlichkeit der jeweiligen Dienstvorgesetzten* aufgefasst.[613] So können von der Gestaltung der Verhaltenssteuerung durch die Dienstvorgesetzten, die neben der Systemhandhabung die direkte Mitarbeiterführung umfasst, vielfältige Anreizwirkungen auf die neuen Mitarbeitenden ausgehen.[614] Der Zusammenhang zwischen der Führung und dem Leistungsverhalten von Mitarbeitenden ist in der Literatur in verschiedenen Theorien und Modellen thematisiert[615] und in vielen Studien untersucht worden – ebenso wie der Zusammenhang zwischen Führung und Zufriedenheit von Mitarbeitenden.[616]

Nach von Rosenstiel »ist die Übereinstimmung des Vorgesetztenverhaltens mit den motivationalen Orientierungen und somit Erwartungen der Unterstellten wesentlich für deren Leistung und Zufriedenheit, die langfristig zu verfestigten Einstellungen führt.«[617]

Die direkte Vorgesetzte ist zunächst bedeutsam für die Orientierung der neuen Mitarbeitenden am Arbeitsplatz. Sie ist verantwortlich dafür, dass sie die zentralen Informationen zur Gesamtorganisation wie zum konkreten Arbeitsbereich bekommen und die Aufgabenerfüllungsprozesse lernen und kennen.[618]

Potentiell einflussreich erscheint einerseits, wie welche Erwartungen, Normen und Werte z.B. hinsichtlich Arbeitsverhalten, Arbeitsleistung und Sozialverhalten vermittelt werden, und andererseits, wie das tatsächlich gezeigte Verhalten

---

609 Vgl. Berthel und Becker 2017, S. 132; Rosenstiel und Nerdinger 2011, 288 f.; Schanz 2000, 207 ff. Zu Konformität vgl. Marr et al. 1979, 201 ff.
610 Vgl. Rosenstiel und Nerdinger 2011, 51 f.
611 Vgl. Berthel und Becker 2017, S. 107; Marr et al. 1979, 201 ff.; Rosenstiel und Nerdinger 2011, S. 291.
612 Zur Differenzierung der Begriffe vgl. Berthel und Becker 2017, S. 175.
613 Vgl. Bröckermann 2014, S. 163; Kieser et al. 1990, 20 ff.; Moser et al. 2018, 78 ff.; Schanz 2000, 405 f.
614 Vgl. Berthel und Becker 2017, 17 f.
615 Einen Überblick zu Führungstheorien und Ansätze aus der Führungsforschung bieten z. B. Berthel und Becker 2017, 175 ff.; Schanz 2000, 649 ff.; Wunderer 2011, 264 ff.
616 Vgl. Hasselhorn et al. 2005a, S. 30; Düllings 2017a, S. 44;. Rixgens 2018, 244 ff.; Sackmann 2009, S. 16; Westerfellhaus 2017, S. 152.
617 Rosenstiel 1975, S. 346.
618 Vgl. Bröckermann 2014, S. 163; Kieser et al. 1990, 20 ff.; Lüthy und Ehret 2014, S. 68.

und das Erreichen der Ziele der Einführung durch die Dienstvorgesetzten überprüft und bewertet werden.[619] Als ein zentrales Instrument gelten auch hier informative und bewertende Rückmeldungen.[620]

Potentiell bedeutsam sind auch die fachliche sowie die emotionale Unterstützung durch die Vorgesetzte.[621] Und schließlich kann auch die Beziehung zwischen ihr und der neuen Mitarbeitenden ein Einflussfaktor für die Fluktuation, die Bindung und die Zufriedenheit sein.[622]

5.4.3 Arbeitsklima

Schließlich ist das *Arbeitsklima*[623] als Faktor anzuführen, der nach verschiedenen Autoren und Studien insbesondere bedeutsam ist in seinem Einfluss auf die Zufriedenheit von (neuen) Mitarbeitenden,[624] aber auch auf die Fluktuation, die Produktivität und die Qualität der Arbeit.[625] Es lässt sich auffassen als »die Art und Weise der Zusammenarbeit der Kollegen untereinander und zwischen ihnen und ihren Vorgesetzten.«[626] Grundlegende Aspekte dieser Zusammenarbeit sind u. a. die Kommunikationskultur, also die Art und Weise, wie Informationen,

---

619 Vgl. Bröckermann 2014, S. 164; Conzen et al. 2009, S. 412; Rohrlack 2011, S. 60.
620 Vgl. Berthel und Becker 2017, S. 103; Marr et al. 1979, 289 f.; Nerdinger 1995, S. 117; van der Heijden und Kümmerling 2005, S. 49.
621 Vgl. Kieser et al. 1990, 20 ff.; Moser et al. 2018, 81 f.; van der Heijden und Kümmerling 2005, S. 49.
622 Vgl. Bauer und Green 1996; Hasselhorn et al. 2005a, S. 30.
623 Die Begriffe Arbeitsklima und Betriebsklima werden hier synonym verwendet. Das Klima ist hinsichtlich seiner Bestimmungsfaktoren ebenfalls eine komplexe Größe. Nach *von Rosenstiel* kann es als Ursache (unabhängige Variable) betrachtet werden, wonach es Wirkung auf die Arbeitsmotivation, und -leistung, Arbeitszufriedenheit und Bleibebereitschaft hat oder als Folge (abhängige Variable), wonach es von unternehmensbezogenen Faktoren sowie vom Verhalten und personalen Merkmalen der Mitglieder abhängig ist. Vgl. Rosenstiel 2014, S. 195. *Schanz u. a.* weisen darauf hin, dass die Organisation das Betriebsklima, die Zusammenarbeit von Mitarbeitenden und insbesondere mit neuen Mitarbeitenden nur bedingt beeinflussen kann. Vgl. Schanz 2000, 207 ff.; Merk 2008, 137 f.
624 Vgl. Hasselhorn et al. 2005a, S. 31; Fuchs und Althoff 2013, S. 159; Schönberg 2013, S. 194; van der Heijden und Kümmerling 2005, S. 49; Wanberg und Kammeyer-Mueller 2000, S. 383.
625 Vgl. Sabathil 1977, 60 ff.; van der Heijden und Kümmerling 2005, S. 49; ähnlich Deutscher Berufsverband für Pflegeberufe e.V. 2012, S. 9. *Nerdinger* und *von Rosenstiel* hingegen betonen, dass die These, ein gutes Betriebsklima führe zu einer Verbesserung des Leistungsverhaltens, nicht dem Stand der sozialpsychologischen Forschung entspreche. Vgl. Rosenstiel und Nerdinger 2011, 288 ff.
626 Kellner 1975, S. 633 zitiert nach Sabathil 1977, S. 61; ähnlich Sackmann 2002, 41 f.; Merk 2008, 137 f. mit Verweis auf Eichhorn und Schmidt-Rettig 1995, S. 154 f. In Bezug auf diese Studie geht es im Engeren um die Zusammenarbeit in der Gruppe der Mitarbeitenden aus der Pflege und im Weiteren auch um die multiprofessionelle Zusammenarbeit, insbesondere mit den Ärztinnen einer Station. Vgl dazu die Ausführungen in Kap. 5.2.1.

Feedback, Meinungen, Absichten oder Gefühle ausgetauscht werden, sowie Vertrauen, Wertschätzung und der Umgang mit Fehlern.[627]
Für diese Aspekte scheinen neue Mitarbeitende in den ersten Tagen und Wochen besonders sensibel zu sein.[628] Erlebte Skepsis, Abwehr bzw. Ablehnung durch Kolleginnen oder Konflikte[629] innerhalb des Teams oder mit der Vorgesetzten wirken sich in der Regel negativ auf den Einführungsprozess aus.[630] Bedeutsam für die Integration eines neuen Mitglieds und seine Leistungsentfaltung kann auch sein, wie eng der Gruppenzusammenhalt ist und wie die Gruppe mit einer Veränderung der Mitgliederzusammensetzung umgeht.[631]

5.5 Personenbezogene Faktoren

Wie der Einführungsprozess verläuft und welche Ergebnisse oder Ziele in welchem Maße erreicht werden, hängt nach verschiedenen Autoren und Studien nicht nur von den bisher genannten Faktoren ab, sondern in besonderer Weise auch von der Person der neuen Mitarbeitenden selbst.[632] Personalwirtschaftlich bedeutsam erscheint, dass die Einflussnahme auf diese personalen Determinanten durch die Organisation begrenzt ist. In der Voreinstiegsphase können die Anforderungen hinsichtlich personenbezogener Merkmale beschrieben und Informationen zur Beurteilung der Passung von Anforderungen und der jeweiligen Bewerberin eingeholt werden. Doch die im weiteren Verlauf der Einführung potentiell bedeutsamen Determinanten lassen sich zum größeren Teil kaum durch die Organisation verändern oder gar »steuern«.[633] Dennoch erscheint es

---

627 Vgl. Bauer et al. 2010, 9 ff.; Deutscher Berufsverband für Pflegeberufe e.V. 2012, S. 9; Kolb 2008, S. 410. Zu Fehlerkultur im Krankenhaus vgl. Westerfellhaus 2017, S. 152. Zu Auswirkungen von Ausgrenzung und Mobbing im Krankenhaus vgl. Grahmann et al. 2002, 170 ff.
628 Vgl. Kieser et al. 1990, 17 f.
629 *Marr et al.* unterscheiden grundsätzlich zielbedingte, persönlichkeitsbedingte und informationsbedingte Konflikte. Vgl. Marr et al. 1979, 201 ff.; ähnlich Rosenstiel und Nerdinger 2011, 288 f.
630 Vgl. Conzen et al. 2009, S. 411; Engelhardt 2014, S. 48; Kieser et al. 1990, 24 f.; Moser et al. 2018, 81 f.
631 Vgl. Kieser et al. 1990, S. 25; Moser et al. 2018, S. 11 und S. 81. Zu Teamentwicklungsphasen durch Mitgliederwechsel vgl. Bröckermann 2014, S. 163; Conzen et al. 2016, 335 f.; Engelhardt 2014, 81 ff.
632 Vgl. beispielhaft Lohaus und Habermann 2016, 94 ff.; Kieser et al. 1990, 31 f.; Moser et al. 2018, 118 ff. Im Folgenden wird auf verschiedene Studien verwiesen, einen Überblick über den Forschungsstand zum Einfluss von »biografischen« und »persönlichen« Einflussfaktoren bietet beispielsweise Mess 2007, 104 ff.
633 *Nerdinger* verweist entsprechend auf die Grenzen in Bezug auf das Personal: »Menschen sind aber keine Marionetten dieser Einflüsse, sie lassen sich durch a-personale und interpersonale Einflüsse nicht beliebig steuern. Vielmehr können sie jeweils ganz unterschiedliche Reaktionen auf diese Bedingungen zeigen.« Nerdinger 2012, S. 28.

grundsätzlich sinnvoll, die personenbezogenen Einflussfaktoren zu kennen, um sie im Prozess zu berücksichtigen und – sofern angemessen und möglich – zu beeinflussen.[634]

Verschiedene Autoren unterscheiden als Kategorien das *Verhalten* und die *Merkmale* der Person, wenngleich das nicht trennscharf möglich ist.[635] Grundsätzlich fällt auf, dass in der Literatur keine einheitliche Systematisierung vorliegt.[636]

In Anlehnung an das Modell von Ashforth und Saks werden hier folgende Aspekte als potentielle Determinanten differenziert, wobei die Zuordnung durch die Stärke ihrer Interdependenzen erfolgt:[637] Proaktives Verhalten (5.5.1), Persönlichkeitsmerkmale (5.5.2), Kenntnisse, Fähigkeiten und Fertigkeiten (5.5.3), Motive und Motivation (5.5.4), Werte und Einstellungen (5.5.5), affektive Dispositionen (5.5.6) und demografische Faktoren (5.5.7).

5.5.1 Proaktives Verhalten

Proaktivität wird häufig als ein wesentlicher Faktor angenommen und untersucht.[638] Nach Bauer und Erdogan kann sie einerseits als Persönlichkeitsmerkmal und andererseits als Verhaltensweise aufgefasst werden.[639] In diesem Rahmenmodell wird damit die Eigenschaft und ein daraus folgendes Verhalten beschrieben, den Einführungsverlauf aktiv mitzugestalten. Beipiele für solch ein proaktives Verhalten sind sich selbstständig Informationen zu beschaffen, Feedback zu erfragen, Beziehungen aufzubauen u. a.[640]

---

634 Ashforth und Saks 1997, 263f. »In den Fokus treten damit Anreizkompetenzen, im Sinne einer Vermittlung von Anreizen für einzelne MitarbeiterInnen und Mitarbeitergruppen, die systematisch nach Kriterien eines differentiellen Personalmanagements die MitarbeiterInnen anspricht und diese dazu befähigt, Anreize wahr- und anzunehmen.« Peters, Elbe und Kunert 2013, S. 676 zitiert nach Elbe 2016, S. 121.
635 Vgl. Bauer und Erdogan 2011, 51ff.; ähnlich Ashforth und Saks 1997, S. 241; Lohaus und Habermann 2016, S. 91. Ganz anders unterscheiden *Berthel und Becker* im Hinblick auf die Leistung von Mitarbeitenden *Determinanten des Wollens* und *Determinanten des Könnens* als personenbezogene Kategorien. Vgl. Berthel und Becker 2017, 87ff.
636 Vgl. Ashforth und Saks 1997, 239f.; Lohaus und Habermann 2016, S. 91; Mess 2007, S. 105.
637 Vgl. Ashforth und Saks 1997, 239ff.; ähnlich Neuberger 1994, 24ff.
638 Vgl. Ashford und Black 1996; Bauer und Erdogan 2011; Cooper-Thomas et al. 2014; Perrot et al. 2012; Wanberg und Kammeyer-Mueller 2000; einen Überblick bieten Bauer und Erdogan 2012, 99f.
639 Vgl. Bauer und Erdogan 2011, 51ff.
640 Vgl. Ashforth und Saks 1997, S. 240; Bauer und Erdogan 2012, S. 99; Wanberg und Kammeyer-Mueller 2000, S. 374.

5.5.2 Persönlichkeitsmerkmale

Im Hinblick auf *Persönlichkeitsmerkmale* oder *Charaktereigenschaften* nehmen verschiedene Autoren Bezug auf das *Big Five Modell*.[641] Aus einer Kombination der fünf folgenden, jeweils verschieden ausgeprägten, relativ unabhängigen Eigenschaftsfaktoren kann danach eine individuelle Persönlichkeit beschrieben werden. Die jeweiligen individuellen Ausprägungen können sich auf den Einführungsprozess auswirken. Dies sind: Extraversion, Verträglichkeit, Gewissenhaftigkeit, Emotionale Stabilität und Offenheit für (neue) Erfahrungen. Andere Autoren nennen Merkmale wie Toleranz, insbesondere Ambiguitätstoleranz,[642] das Bedürfnis nach Mitgliedschaft/Teamkontakten[643] sowie Selbstvertrauen und Selbstachtung[644] als förderliche Charakteristika.

5.5.3 Kenntnisse, Fähigkeiten und Fertigkeiten

Die *Kenntnisse, Fähigkeiten und Fertigkeiten* sind Facetten der Qualifikation, worunter hier ein individuelles Arbeitsvermögen verstanden wird.[645] Von besonderer Bedeutung ist diesbezüglich die Eignung, hier definiert als die Summe all derjenigen Qualifikationsmerkmale, die eine Person dazu befähigen, eine spezifische Arbeitsstelle einnehmen zu können bzw. eine bestimmte Tätigkeit erfolgreich zu vollziehen.[646]

Nach verschiedenen Forschern gibt es einen positiven Zusammenhang zwischen Berufserfahrung und die dadurch erlangten Kenntnisse, Fähigkeiten und Fertigkeiten einerseits und der Aufgabenbewältigung und der Rollenklarheit andererseits.[647] Berufsanfängerinnen haben hingegen weniger fachlich-praktische Erfahrung sowie wenig Erfahrung mit einem neuen Stellenantritt und kaum Bewältigungsstrategien dafür. Einflussreich erscheint bei ihnen, ob sie zuvor bereits in der Organisation und in der Abteilung als Auszubildende gearbeitet, einen Teil der organisationalen Sozialisation vollzogen und Arbeitskenntnis er-

---

641 Vgl. Bauer und Erdogan 2011, S. 53; Berthel und Becker 2017, 101 f. mit Verweis auf Weinert, 2004, 149 ff., Jost, 2014, 24 ff. und Asendorpf, 2007, S. 155; Lohaus und Habermann 2016, S. 91; Wanberg und Kammeyer-Mueller 2000, S. 379.
642 Vgl. Ashforth und Saks 1997, S. 240; Reichers 1987, S. 283.
643 Vgl. Reichers 1987, S. 283.
644 Vgl. Ashforth und Saks 1997, S. 240.
645 Vgl. Kap. 2.3; Berthel und Becker 2017, S. 100.
646 Vgl. Berthel und Becker 2017, S. 100.
647 Vgl. Bauer et al. 1998, S. 170; Bauer und Erdogan 2011, 52 ff.; Chao et al. 1994, S. 736; Kammeyer-Mueller und Wanberg 2003, S. 789.

langt haben. Das kann sich positiv im Sinne einer schnelleren Leistungsentfaltung und der sozialen Integration auswirken.[648]

5.5.4 Motive und Motivation

Von Bedeutung können außerdem die individuelle Verhaltensbereitschaft bzw. die Beweggründe für Verhalten sein. Nach Berthel und Becker legen *Motive* fest, was eine Person will oder wünscht, wie der Person-Umwelt-Bezug auf einem inhaltlich bestimmten Gebiet aussehen sollte, um zuerst anregend und später befriedigend für sie zu sein.[649] Wenn ein Motiv durch Anreize bzw. Stimuli angesprochen wird, gilt es erst als aktiviertes Motiv und als verhaltensverursachend.[650] *Motivation* als Einsatzbereitschaft entsteht, wenn zudem positive Erwartungen ausgeprägt sind, ein spezifisches Verhalten ausüben zu können und die angestrebte positive Wirkung (Belohnung) erreichen zu können.[651] Intrinsische Motivation ist jedoch nicht abhängig von einer späteren (materiellen) Belohnung, sondern die Befriedigung ergibt sich in und während der Handlung selbst.[652]

5.5.5 Einstellungen und Werte

Wie in den vorangegangen Kapiteln bereits expliziert wurde, können die *Werte und Einstellungen* (synonym: Werthaltungen) neuer Mitarbeitender, die sie sich z. B. durch familiäre, berufliche oder religiöse Sozialisation angeeignet haben, als eine bedeutsame Determinante sowohl für distale wie proximale Ergebnisse der Personaleinführung angesehen werden.[653]

---

648 Vgl. beispielhaft St Clair 2013. Zur Bedeutung von Erfahrungen innerhalb einer Unternehmung für das Zustandekommen von Leistungsverhalten vgl. Berthel und Becker 2017, 99 f.
649 Vgl. auch im Folgenden Berthel und Becker 2017, S. 91. Motive lassen sich nach *Berthel und Becker* nach der Entwicklungsgeschichte in primäre und sekundäre Motive sowie nach der Quelle in intrinsische und extrinsische Motive differenzieren.
650 Zu möglichen Motiven von Gesundheits- und Krankenpflegerinnen vgl. Kap. 2.3.
651 Liegt keine Zwangssituation vor, ist nach *Berthel und Becker* außerdem die Valenz als »individuelle affektive, positive oder negative Einstellung einer Person zu angestrebten und/oder angebotenen Ergebnissen« eine wichtige Leistungsdeterminante. Motivation entsteht nach *Berthel und Becker* formal durch die multiplikative Verknüpfung von Valenz und Norm, Anstrengungs- und Konsequenzerwartung, wird durch die Motivstruktur geprägt und ist abhängig von der Volition. Vgl. Berthel und Becker 2017, 102 f.
652 Vgl. Berthel und Becker 2017, S. 89 und S. 95.
653 Vgl. Kap. 2.3 und 4.2.1; Chatman 1991, S. 477; Ising-Volmer et al. 2017, S. 184.

5.5.6 Affektive Dispositionen

Die *affektiven Dispositionen*, die Emotionen neuer Mitarbeitender und ihre Verarbeitung sind weitere mögliche Einflussgrößen für den Verlauf der Einführung.[654] Beispielhaft sind Angst vor einer unbekannten oder unangenehmen Arbeitssituation, das Flow-Erleben während einer Arbeitshandlung sowie Stolz danach, Scham oder Schuldgefühle nach fehlerhaftem Verhalten oder das Erleben von Überforderung und Stress zu nennen.[655] Nach der Theorie affektiver Ereignisse (*Affective-Events-Theory*) haben Ereignisse, die mit starken Emotionen einhergehen, besonderen Einfluss auf die Arbeitszufriedenheit.[656]

5.5.7 Demografische Faktoren

Als mögliche demografische Faktoren, die insbesondere Einfluss auf die Bindung haben können, sind das Alter, das Geschlecht und der Familienstand in Betracht zu ziehen.[657] Frauen weisen nach Felfe ein etwas höheres Commitment auf als Männer.[658] Familiäre Verpflichtungen können die Unstetigkeit im Berufsleben und die Bereitschaft zu einem Wohnortwechsel minimieren.[659]

Eine weitere potentielle demografische Determinante sind die Herkunft und die im Herkunftsland erlernten Ausbildungs- und Berufsstandards.[660] Für ausländische Fachkräfte, die seit einiger Zeit gezielt angeworben werden, können sich diese ebenso wie Sprachbarrieren auf die Ergebnisse auswirken und andere Maßnahmen der Einführung erfordern.[661]

5.6 Zusammenfassender Überblick

Mit den Ausführungen in diesem Kapitel ist der Forschungsrahmen weiterentwickelt und ein Rahmenmodell mit potentiellen Einflussfaktoren auf vier Ebenen bzw. Hauptkategorien mit ihren jeweiligen Unterkategorien konzipiert worden. In Abbildung 13 (S. 144) wird dies überblicksartig dargestellt.

---

654 Vgl. Bauer et al. 2010, S. 14; Ellis et al. 2014, 203 ff.
655 Vgl. Neuberger 1994, S. 25.
656 Vgl. Rosenstiel und Nerdinger 2011, 60 f.
657 Vgl. Felfe 2008, S. 146; Polenske 2017, 109 f.; Sabathil 1977, 77 ff.
658 Vgl. Felfe 2008, S. 146.
659 Vgl. Polenske 2017, S. 109.
660 Vgl. Berger 2018, 213 f.; Kathan und Bonn 2009, S. 73.
661 Vgl. Berger 2018, 201 ff.; Braeseke et al. 2013, S. 1119; Hölzer 2013, 46 f.; Lurie 2016, 427 ff.; Sherwood und Shaffer 2014.

UMWELT
- Politisch-rechtliche Rahmenbedingungen
- Ökonomische Rahmenbedingungen
- Gesellschaftliche Rahmenbedingungen
- Technologische Rahmenbedingungen

ORGANISATION
- Faktoren des organisatorischen Umfelds
- Konzeption mit Maßnahmen und Instrumenten
- Faktoren der Arbeit

ARBEITSGRUPPE
- Kolleginnen
- Dienstvorgesetzte
- Arbeitsklima

MITARBEITENDE
- Proaktives Verhalten
- Persönlichkeitsmerkmale
- Kenntnisse, Fähigkeiten, Fertigkeiten
- Motive und Motivation
- Einstellungen und Werte
- Affektive Dispositionen
- Demografische Faktoren

Abbildung 13: Erweitertes einflussfaktorenbezogenes Rahmenmodell.

Zur Entwicklung dieses einflussfaktorenbezogenen Rahmenmodells sind theoretische Ansätze und empirische Studien aus unterschiedlichen Disziplinen herangezogen worden. Auch wenn ein Teil dieser (Forschungs-) Arbeiten im Schwerpunkt mit der Perspektive der (personalwirtschaftlichen) Organisationsinteressen durchgeführt bzw. verfasst worden ist und nur ein Teil der Arbeiten die Perspektive und Interessen der Mitarbeitenden als Fokus hat, werden mit dem Rahmenmodell *grundsätzlich mögliche Faktoren* aufgezeigt, die von der Gruppe der hier im Fokus stehenden neuen Mitarbeitenden als einflussreich identifiziert und bewertet werden könnten. Es handelt sich bewusst um eine Vielzahl und eine große Bandbreite an potentiell relevanten Determinanten, um für die explorative Forschung einen umfassenden, systematisch strukturierten »Möglichkeitsraum« zu eröffnen. Im Sinne der intendierten Offenheit der Studie sind dabei keine Vorannahmen zu einer Gewichtung der verschiedenen Determinanten entwickelt worden.

Die vorangegangenen Kapitel machen zum einen das Vorwissen transparent, mit dem die explorative Forschung durchgeführt wird. Das phasenbezogene Modell, das mögliche wesentliche Aspekte im zeitlich weitgefassten Verlauf sowie im Hinblick auf inhaltliche Dimensionen umfasst, und das einflussfaktorenbezogene Modell bieten zwei unterschiedliche, sich ergänzende Zugänge. Sie bilden einen strukturellen Rahmen, der die Forschung intersubjektiv nachvollziehbar anleitet. Gleichzeitig bieten beide viel Offenheit, um die Sicht und die Interessen von recht neu eingestellten Gesundheits- und Krankenpflegerinnen[662] im Hinblick auf die Personaleinführung in Krankenhäusern vielschichtig zu erforschen. Beide Modelle erheben somit keinen Anspruch auf Vollständigkeit, sondern rechnen mit empirischer Ergänzung.

Im folgenden Kapitel werden nun Ziele, das daraus abgeleitete Design und der Prozess dieser Forschung erläutert und begründet.

---

662 Damit sind Fachkräfte gemeint, die bereits mindestens drei, aber noch nicht länger als elf Monate eingestellt sind. Vgl. Kap. 6.4.

6 Design und Prozess der Forschung

Nachdem in Kap. 1.3 »Forschungsmethodologie«[663] bereits die explorative qualitative Studie mittels Bezugsrahmen als grundsätzliche Vorgehensweise im gesamten Forschungsprojekt und in den darauf folgenden Kapiteln der Forschungsrahmen dargelegt worden ist,[664] wird nun das Forschungsdesign als pragmatischer Aspekt der Methodologie begründet festgelegt.[665] Die zentrale Komponente bei der Konstruktion eines Forschungsdesigns ist die Zielsetzung,[666] die zu Beginn dieses Kapitels noch einmal kurz expliziert wird, um davon ausgehend zunächst das Basisdesign zu bestimmen. Es folgen Ausführungen zur Wahl der Erhebungsmethode, zur Konzeption und Testung des Leitfadens, zu Kriterien für das Sample, zum Zugang zu den Krankenhäusern wie den Gesundheits- und Krankenpflegerinnen sowie zu den Methoden zur Gewinnung, Aufbereitung und Auswertung des erhobenen Materials. Abschließend erfolgt eine Reflexion auch in Bezug auf bedeutsame Gütekriterien.

---

663 Die methodologische Positionierung hat entsprechende Konsequenzen für das weitere Vorgehen. Vgl. Atteslander 2010, S. 73; Przyborski und Wohlrab-Sahr 2008, S. 20. Zur Unterscheidung von Forschungsmethodologie und Forschungsmethodik vgl. Becker 2006, S. 296.
664 Mit *Becker* ist darauf hinzuweisen, dass sich auch während der Erprobung und Erhebung noch Weiterentwicklungen des Forschungsrahmens hinsichtlich einzelner Elemente wie der Struktur ergeben können. Vgl. Becker 2006, S. 296.
665 Hier werden die Begriffe *Forschungsdesign* und *Forschungsmethodik* synonym verwendet. In der Literatur sind in diesem Zusammenhang noch weitere Begriffe üblich, und es liegt keine einheitliche Verwendung vor. So unterscheidet *Mayring* z. B. die *Forschungskonzeption* bzw. das -*design* (synonym *Untersuchungsplan*) von den *Untersuchungsverfahren*, also den Methoden der Erhebung, Aufbereitung und Auswertung der Daten. Vgl. Mayring 2016, S. 40. *Atteslander* versteht unter *Forschungsdesign* die »Art und Weise des Einsatzes von Forschungsinstrumenten«. Vgl. Atteslander 2010, S. 49. *Becker* verwendet als Oberbegriff »*Forschungsmethodik*« und differenziert darunter 1. die Formulierung des Untersuchungsverfahrens und -designs, also Ausführungen zur Art und Weise des Einsatzes von Forschungsinstrumenten sowie des vorgesehenen Prozesses, 2. die Wahl der sinnvollen Erhebungsmethodik, 3. die Wahl der Auswertung- und Darstellungsmethodik, 4. die Festlegung der Untersuchungseinheiten. Vgl. Becker 2006, 296 f.
666 Vgl. Flick 2013, S. 253.

6.1 Ziele der Studie und Basisdesign

Mit dieser Studie soll die Perspektive von noch recht neu eingestellten Gesundheits- und Krankheitspflegerinnen in der Retrospektive auf ihre Personaleinführung im jeweiligen Krankenhaus erforscht werden. Dabei liegt hier das Verständnis zugrunde, dass es sich bei der Personaleinführung für die neuen Mitarbeitenden um vielschichtige, subjektiv erlebte Prozesse handelt. Sie interpretieren diese und konstruieren darüber prozesshaft soziale Wirklichkeit.[667]

Offen und subjektorientiert[668] Auskünfte darüber zu generieren, was aus ihrer Sicht wichtig ist, und diese interpretativ nachzuvollziehen und zu beschreiben, ist ein grundlegendes Anliegen. Von Interesse ist dabei nicht ein einzelner Fall in seiner Ganzheit und Komplexität oder der allgemeine Verlauf der Einführung, sondern die subjektiv qualifizierende Wahrnehmung wesentlicher Elemente dieses komplexen Phänomens durch eine Mehrzahl von Fachkräften im Vergleich.

Konkret soll erhoben werden, was für die neuen Gesundheits- und Krankheitspflegerinnen im zeitlichen Verlauf und inhaltlich wesentlich ist, was eine hohe Bedeutung hat bzw. worauf sie Wert legen und was nach ihrer Einschätzung zentrale Faktoren sind, die die Personaleinführung positiv bzw. negativ beeinflussen. Ein speziell diakoniewissenschaftliches Erkenntnisinteresse richtet sich auf die Rekonstruktion der individuellen Wahrnehmung unternehmenskultureller Elemente in der Einführung.

Ausgehend von den dargestellten Zielen wird für diese Forschung ein Basisdesign ausgewählt, das Flick als »Zwischenstufe« zwischen den Basisdesigns *Einzelfallstudie*[669] und *Vergleichsstudie*[670] ansiedelt und das hier als *vergleichende Fallstudie* bezeichnet wird.[671] Es ist zum einen gut geeignet, weil damit mehrere Fälle im Hinblick auf die interessierenden Fragen analysiert und dann komparativ oder kontrastierend gegenübergestellt werden.[672] Zum anderen ist es ein

---

667 Vgl. Atteslander 2010, S. 77.
668 Zu den Prinzipien Offenheit und Subjektorientierung vgl. Atteslander 2010, 77f.; Flick et al. 2013b, S. 17; Gläser und Laudel 2010, S. 30; Lamnek und Krell 2010, S. 274; Mayring 2016, S. 24.
669 Mit der Einzelfallstudie werden ein konkreter Einzelfall oder sehr wenige Fälle analysiert und rekonstruiert. Vgl. Flick 2014b, 177f.; Mayring 2016, S. 40. Nach *Lamneck und Krell* stellt die Einzelfallstudie einen *Forschungsansatz* dar. Sie siedeln sie zwischen konkreter *Erhebungstechnik* und *methodologischem Paradigma* an. Vgl. Lamnek und Krell 2010, S. 272.
670 Die Vergleichsstudie kennzeichnet ein hoher Grad an Standardisierung oder Konstanthaltung all der Bedingungen, die in der Studie nicht Gegenstand des Vergleichs sind. Vgl. Gläser und Laudel 2010, S. 98; Flick 2013, S. 254. *Flick* benennt hinsichtlich dieses Designs die Gefahr einer zu starken Konzentration auf die zu vergleichende Dimension und eine Vernachlässigung des Kontextes und der inhärenten Struktur des Materials.
671 Vgl. Flick 2013, S. 254.
672 Vgl. Flick 2013, S. 254; Flick 2014b, S. 180.

Design, das sich für eine durch den Forschungsrahmen angeleitete Exploration eignet.[673]

6.2 Auswahl der Erhebungsmethode

Hinsichtlich der Erhebungsmethoden lässt die explorative Forschung grundsätzlich eine breite Methodenvielfalt zu.[674] Von verschiedenen Autoren werden *Interviews* (z. B. offene, narrative oder problemzentrierte o. a.), *teilnehmende Beobachtung, Gruppendiskussionsverfahren* sowie *Dokumenten- bzw. Quellenanalyse* als gängige qualitative Methoden vorgestellt.[675] Die Wahl muss dem Forschungsanliegen, dem Erfahrungs- und dem Erkenntnisobjekt angemessen sein und hängt auch von aktuellen Gegebenheiten ab.[676] Vor diesem Hintergrund kommen das *Gruppendiskussionsverfahren*[677] ebenso wie das *Einzelinterview*[678] in Betracht. Daher sind die Vor- und Nachteile beider Methoden in Pretests in der Erprobungsphase des Forschungsrahmens getestet worden. Die Wahl fällt auf das *Interview*, da der einzelnen Studienteilnehmenden gemäß des Untersuchungsziels so in geschütztem Rahmen mehr Raum für die Darstellung ihrer Wahrnehmungen und Positionen in ihrem individuellen Kontext gegeben werden kann. Sie kann so spontan ihre explizit verfügbaren Annahmen äußern, es können aber auch je nach Art der Fragestellung implizites Wissen und subjektive

---

673 Es wird diesbzüglich mit *Meinefeld* entgegen mancher Einwände angenommen, dass reflektiertes und im Forschungsrahmen ausformuliertes Vorwissen mit dem subjektiven Rekonstruieren gegenstandsspezifischer Bedeutungsgehalte durch die Befragten durchaus zu vereinbaren sind. Vgl. Meinefeld 2013, S. 272.
674 Vgl. Becker 2006, S. 288.
675 Vgl. Flick et al. 2013a, 349 ff.; Flick 2014b, 194 ff.; Lamnek und Krell 2010, S. 289; Mayring 2016, 65 ff.
676 Vgl. Przyborski und Wohlrab-Sahr 2008, 22 f. Aus diesem Grund wird z. B. eine *teilnehmende Beobachtung* insbesondere aufgrund forschungsethischer Gründe für dieses Forschungsprojekt im Krankenhaus ausgeschlossen. Auch die *Dokumentenanalyse* wird nicht als zentrales Erhebungsmethode gewählt. Sie ist eine geeignete Methode, um in den Krankenhäusern vorhandenes schriftliches Material wie Konzeptionen zur Personaleinführung, Checklisten, Leitbilder oder Einführungsmappen u. a. auszuwerten. Die Analyse kann Aufschluss geben, wie die Einführung theoretisch erfolgen soll bzw. welche Inhalte und Ziele von Seiten des Krankenhauses dort definiert werden. Solche Dokumente zu kennen, erscheint für das Forschungsanliegen grundsätzlich hilfreich. Sie geben jedoch weder Auskunft darüber, ob bzw. wie sie in der Praxis umgesetzt werden, noch darüber, was aus Sicht der neuen Mitarbeitenden als wesentlich für ihre Einführung eingeschätzt wird. Daher werden diese Dokumente lediglich als Vorinformation für die Forschung genutzt.
677 Zu allgemeinen Merkmalen sowie Vor- und Nachteilen des *Gruppendiskussionsverfahrens* vgl. Atteslander 2010, S. 141; Bohnsack 2013, 369 ff.; Mayring 2016, S. 23.
678 Vgl. Atteslander 2010, S. 133; Gläser und Laudel 2010, S. 40.

Deutungen zutage gebracht werden,[679] ohne dass es zu einer Beeinflussung durch andere Teilnehmende oder durch die Gruppendynamik kommt.[680]

In der Literatur finden sich unzählige Bezeichnungen für *Interviews*, die nach Gläser und Laudel meist gebraucht werden, ohne dass dabei irgendeine Systematik im Hintergrund steht.[681] Wichtige Klassifizierungen zur Unterscheidung der Varianten sind der *Grad der Standardisierung*[682] und der *Grad der Strukturiertheit*.[683]

Angesichts des formulierten Untersuchungsziels und der Offenheit der Fragestellung erscheinen weder eine starke Standardisierung noch eine starke Strukturierung angemessen oder geeignet. Stattdessen wird als Erhebungsmethode ein *teil-standardisiertes, teil-strukturiertes Interview* gewählt, das durch einen *Leitfaden gestützt* wird.[684] Dieser bietet Spielräume hinsichtlich der Frageformulierungen, der Nachfragestrategien sowie der Abfolge der Fragen und gewährt gleichzeitig ein gewisses Maß an Vergleichbarkeit der Interviews.[685]

Als besondere Form des Interviews wird das *Experteninterview* gewählt, das als spezielles Verfahren zu explorativen Zwecken zum Einsatz kommt.[686] Es soll

---

679 Vgl. Flick 2014b, S. 203; Göthlich 2003, S. 10.
680 Vgl. Gläser und Laudel 2010, S. 43; Przyborski und Wohlrab-Sahr 2008, S. 144. *Przyporski und Wohlrab-Sahr* verweisen in diesem Zusammenhang auf »Präsentationsfassaden«. Vgl. Przyborski und Wohlrab-Sahr 2008, S. 22. *Mayring* weist darauf hin, dass fast jeder forschende Zugang eine Verzerrung mit sich bringt. Diese ist so weit wie möglichst gering zu halten und explizit zu machen. Vgl. Mayring 2016, S. 23.
681 Vgl. Gläser und Laudel 2010, S. 40. *Gläser und Laudel* zählen diesbezüglich z. B. *fokussierte, biografische, narrative, qualitative, problemzentrierte, standardisierte, halbstandardisierte, nichtstandardisierte, leitfadengestützte, offene, freie und themenzentrierte Interviews* auf. *Atteslander* unterscheidet sieben Typen der Befragung. Vgl. Atteslander 2010, S. 133.
682 Dieser bezieht sich nach *Atteslander* auf die Fragen und auf die Verwendungsweise von Antwortkategorien. Vgl. Atteslander 2010, S. 144. *Gläser und Laudel* definieren die Standardisierung ähnlich bezogen auf die Handlungsoptionen der Beteiligten (Interviewerin und Befragte). In der standardisierten Befragung sind die Fragen für den Interviewer und die Antwortmöglichkeiten für den Befragten vorgegeben. Bei den halbstandardisierten sind die Fragen, jedoch nicht die Antworten standardisiert. Im nicht-standardisierten Interview sind weder die Fragen des Interviewers noch die Antworten des Befragten inhaltlich festgelegt. Vgl. Gläser und Laudel 2010, S. 41.
683 Dieser bezieht sich auf den Interviewablauf und »lässt auf das Erkenntnisziel schließen: je geringer die Strukturiertheit, desto eher dient sie dem Erfassen qualitativer Aspekte.« Atteslander 2010, S. 144. Bei *stark strukturierten* Interviews ist der Ablauf strikt festgelegt, bei *teilstrukturierten* ist er offener, sich ergebende Themen können aufgenommen werden. Vgl. Atteslander 2010, S. 135; Gläser und Laudel 2010, 41 f.
684 Vgl. Atteslander 2010, 141 ff.; Hopf 2013, S. 351. *Gläser und Laudel* definieren ein solches Leitfadeninterview als *nicht-standardisiertes* Interview. Vgl. Gläser und Laudel 2010, S. 43.
685 Vgl. Gläser und Laudel 2010, S. 43; Hopf 2013, S. 351.
686 Vgl. Helfferich 2014, 559 ff.; Meuser und Nagel 2009, S. 465. *Atteslander* sowie *Flick* stellen das *Experteninterview* als eine *Variante des Leitfadeninterviews* vor. Vgl. Atteslander 2010, S. 142; Flick 2014b, 214 ff.

mit Flick in einer vergleichenden Perspektive eingesetzt werden.[687] Der Begriff des Experten ist mit Przyborski und Wohlrab-Sahr »für solche Personen zu verwenden, die – soziologisch gesprochen – über ein spezifisches Rollenwissen verfügen, solches zugeschrieben bekommen und diese besondere Kompetenz für sich selbst in Anspruch nehmen.«[688] Ersteres trifft auf neu eingestellte Gesundheits- und Krankenpflegerinnen im Hinblick auf ihre Personaleinführung im Krankenhaus in jedem Fall zu und letzteres mindestens auf diejenigen, die sich für ein Interview dazu freiwillig zur Verfügung stellen.

6.3 Konzeption des Leitfadens

Der Leitfaden des Experteninterviews wird in Anlehnung an Flick nach thematischen Blöcken mit jeweils offen formulierten Fragen konstruiert.[689] Er ist in jeweils modifizierten Versionen in mehreren Pretests hinsichtlich seiner Inhalte, Struktur und der Verständlichkeit der Fragen erprobt worden.[690] Die Erfahrungen mit diesen Probedurchläufen sind sowohl mit den Probanden als auch in der Coachingsgruppe reflektiert worden.

Nach diesen Entwicklungsschritten umfasst der letztlich eingesetzte Leitfaden die im Folgenden kurz skizzierten einleitenden Erläuterungen und neun Frageblöcke mit vorwiegend erzählgenerierenden, offenen Fragen. Inhaltlich wird er durch die Elemente der beiden Rahmenmodelle des Forschungsrahmens geprägt. Er bietet eine sinnvolle Reihenfolge, die der Strukturierung dient, die jedoch je nach Gesprächsverlauf variiert werden kann.

Am Anfang des Interviewtermins stehen Erläuterungen zum Forschungsprojekt und zum Datenschutz sowie die Erhebung demografischer Daten (Al-

---

687 Vgl. Flick 2014b, S. 271.
688 Przyborski und Wohlrab-Sahr 2008, S. 132; ähnlich Meuser und Nagel 2009, S. 465; *Flick* weist darauf hin, dass es sehr unterschiedliche Ansichten darüber gibt, wer als Experte anzusehen ist. Vgl. Flick 2014b, 214ff. Nach *Atteslander* sind es Menschen mit besonderer und umfassender Erfahrung. Vgl. Atteslander 2010, S. 141. Nach *Gläser und Laudel* sind die Experten ein Mittel bzw. ein »Medium« und nicht der eigentliche Fokus des Interesses. Vgl. Gläser und Laudel 2010, S. 26.
689 Vgl. Flick 2014b, 203f.
690 Eine Modifikation, die sich im Verlauf der Pretests als sinnvoll erwiesen hat, war z. B., den Frageblock zu den drei Inhaltsdimensionen der fachlichen, der sozialen und der werteorientierten Einführung an das Ende des Leitfadens zu setzen. So soll sichergestellt werden, differenziert Auskünfte zu allen drei Aspekten zu bekommen, ohne die Gesundheits- und Krankenpflegerinnen von Beginn an auf diese drei Dimensionen zu fokussieren bzw. sie dahingehend zu beeinflussen. Zudem wird so ersichtlich, inwiefern von den Interviewten selbst im Verlauf des Gesprächs Aspekte zu diesen Inhaltsdimensionen in ihren Ausführungen als wesentlich thematisiert werden, bevor sie am Ende explizit danach gefragt werden. Eine weitere Modifikation des Leitfadens wird in Kap. 6.8 thematisiert.

ter, Familienstand, Konfession, Zeit der Berufstätigkeit, Zusatzqualifikationen, Ausbildungshaus) in einem Kurzfragebogen.

Die **erste**, erzählgenerierende Frage ermöglicht den Rückblick auf die jeweilige Einführung in den ersten Wochen und Monaten. Es schließt sich die Frage nach der Gesamtbewertung an.

Der **zweite** Themenblock bezieht sich auf die Ziele bzw. Ergebnisse der Personaleinführung aus Sicht der Befragten.

Der **dritte** richtet sich auf die Zeit des Voreinstiegs und fragt danach, was hier wichtig ist und welche Erwartungen und Befürchtungen es vor Dienstbeginn gab. Die Phase der Antizipatorischen Sozialisation wird nicht explizit im Leitfragebogen aufgenommen, weil die diversen Prägungen in der Regel eher unbewusst sind und zu umfassend, als dass sie im Rahmen des Interviews angemessen erhoben werden könnten.

Es folgt ein **viertes** Bündel von Fragen zur Konfrontationsphase, die sich auf das Erleben der ersten Tage und Wochen und den Abgleich mit den Erwartungen vor dem Eintritt richten. Weitere Fragen beziehen sich auf die Konfrontation mit den Erwartungen der Organisation sowie auf die individuelle Bewertung und Bewältigung der wahrgenommenen Herausforderungen.

Im **fünften** Block werden Informationen zu konzeptionell verankerten und standardmäßig eingesetzten Instrumenten und Maßnahmen im Ablauf der Einführung und zu deren Bewertung erhoben.

Der **sechste** Fragenblock zu den Einflussfaktoren wird mit einem erweiterten Verständnis von Einführung eingeleitet. Es wird anknüpfend allgemein gefragt, was diesen umfassenden Einführungsprozess aus Sicht der jeweiligen Befragten im Wesentlichen beeinflusst und was im Speziellen hilfreiche und was negativ wirkende Faktoren sind. Es schließen sich Fragen an, die sich auf die Ebene der umwelt-, der organisations-, der arbeitsgruppen- und der personenbezogenen Einflussfaktoren richten.

Die kulturelle Einführung wird im **siebten** Frageblock thematisiert. Um wesentliche Werte und Normen zu erforschen, wird zunächst durch eine kurze Hinführung ein gedanklicher Rollenwechsel inszeniert. Dabei soll die Befragte aus der Rolle einer Anleiterin schildern, was sie der Interviewerin in der Rolle einer Auszubildenden beibringen würde, worauf hier in diesem Krankenhaus Wert gelegt wird. Was muss sie unbedingt beherzigen und umgangssprachlich formuliert: Was geht hier gar nicht? Anschließend wird konkret erfragt, inwiefern das Leitbild bzw. Pflegeleitlinien zur kulturellen Einführung genutzt und die darin benannten Werte thematisiert worden sind. Um zu erfahren, was aus Sicht der Befragten wesentliche Werte und Normen der Organisation sein sollten, werden sie nach eigenen inhaltlichen Ideen für ein Leitbild befragt, bevor im Folgenden die Bedeutung der Trägerschaft thematisiert wird. Die Interviewpartnerinnen werden gebeten zu reflektieren, welche Rolle diese aus ihrer Sicht in der Arbeit, in der Einführung und für sie persönlich spielt. Anschließend werden die Interviewteilnehmenden hinsichtlich der beiden anderen Inhaltsdimensionen befragt: Was ist wesentlich hinsichtlich der fachlichen Einarbeitung? Was im Hinblick auf die soziale Integration ins Team? Gegebenfalls wird folgende Situationsbeschreibung genutzt: »Stellen Sie sich vor, dieses Krankenhaus möchte die Personaleinführung von Gesundheits- und Krankenpflegerinnen hier weiter verbessern und Sie werden als eine Vertreterin Ihrer Berufsgruppe zu einer Arbeitsgruppe eingeladen. Was würden sie als wesentlich hinsichtlich der fachlichen Einarbeitung, der sozialen Integration ins Team und einer werteorientierten Einführung[691] benennen?«

Im achten Block werden Beweggründe für eine potentielle Kündigung und somit für Frühfluktuation erfragt.

Der letzte Block zielt auf ein persönliches Fazit der Befragten dazu, was einen guten Einführungsprozess ausmacht.

6.4 Auswahl der Stichprobe

Die Zusammenstellung des Samples auf Ebene der Krankenhäuser erfolgt planvoll nach systematisch festgelegten Ein- und Ausschlusskriterien,[692] die im Folgenden dargestellt werden.

Die Studie wird in Krankenhäusern in evangelischer, katholischer und öffentlich-rechtlicher Trägerschaft durchgeführt. Private Krankenhäuser werden nicht einbezogen. Als Anzahl werden jeweils zwei festgelegt, um innerhalb derselben Trägerschaft von zwei unterschiedlichen Organisationen die Erfahrungen der neuen Mitarbeitenden erheben und vergleichen zu können. Angesichts des Aufwandes, der mit der Akquise von kooperierenden Krankenhäusern und den dort neu eingestellten Gesundheits- und Krankenpflegerinnen sowie mit der Durchführung der empirischen Studie verbunden ist, und der Begrenztheit zeitlicher Ressourcen erscheint die Begrenzung der Anzahl auf sechs Häuser gerechtfertigt.

Die Auswahl hinsichtlich der Tätigkeitsschwerpunkte und des Versorgungsumfangs richtet sich auf Allgemeinkliniken,[693] die der Grund-, Regel- und Schwerpunktversorgung dienen. Universitätskliniken, Belegkliniken und Psychiatrische Kliniken werden ausgeschlossen, um die Heterogenität zu begrenzen.

---

691 Im Leitfragebogen ist diese dritte Inhaltsdimension mit dem Terminus *werteorientierte Einführung* statt *kulturelle Einführung* bezeichnet worden.
692 Vgl. Lamnek und Krell 2010, S. 351 mit Verweis auf Helfferich 2009, S. 175.
693 Vgl. Bundesministerium für Gesundheit 2020, S. 18; Civello et al. 2018, S. 37; Janssen und Augurzky 2018a.

Die Untersuchung wird auf eine bestimmte Region in einem Bundesland begrenzt. Die konkrete geografische Auswahl erfolgt aus forschungspraktischen Gründen.[694] Da vor Ort in jeder der sechs Einrichtungen an mindestens zwei verschiedenen Tagen Gesprächstermine stattfinden, wird eine maximale Anfahrtszeit von 90 Minuten festgelegt. Jedes Krankenhaus hat seinen Standort in der Region Westfalen. Dieser befindet sich in Städten mit zwischen rund 50.000 und 150.000 Einwohnerinnen. In den Kreisen, die zum Einzugsgebiet des jeweiligen Hauses zählen, leben zwischen rund 250.000 und 400.000 Einwohner. Das nächste Krankenhaus liegt jeweils weniger als 25 km entfernt, so dass potentiell alternativ ein oder mehrere Arbeitgeber in der näheren Umgebung zur Verfügung stehen.

Die Größe des Krankenhauses kann ein Einflussfaktor aus Sicht der Gesundheits- und Krankenpflegerinnen sein. Um dazu Erkenntnisse zu generieren, werden hinsichtlich der Anzahl der Betten und der Vollkraftstellen in der Pflege bewusst unterschiedlich große Krankenhäuser ausgewählt. Hinsichtlich der Anzahl an Vollkraftstellen in der Pflege und der jährlichen Fallzahlen ist ebenfalls keine Einheitlichkeit angestrebt. Damit die potentielle Kohorte groß genug ist, wird die Mindestanzahl von Neueinstellungen von Gesundheits- und Krankenpflegerinnen im letzten Kalenderjahr auf mindestens sieben festgelegt. Die Fluktuationszahlen werden nicht als Auswahlkriterium definiert, denn es soll die Möglichkeit bestehen, sowohl Krankenhäuser mit höherer Bindung von Mitarbeitenden als auch solche mit höherer Fluktuation einzubeziehen.

Damit sind die planvoll festgelegten Ein- und Ausschlusskriterien transparent und intersubjektiv nachvollziehbar dargestellt worden.

Die Auswahl der *konkreten Krankenhäuser* hat »keinem Zufallsprinzip (Independent and Identically Distributed (iid)-Samples in der quantitativen Forschung) zu folgen.«[695] Wie bereits angesprochen wurde, ist Repräsentativität[696] kein Anliegen dieser qualitativ und explorativ angelegten Studie. So werden unter Achtung der festgelegten Kriterien so viele Krankenhäuser willkürlich[697] kontaktiert, bis letztendlich die angestrebten Zahlen von zwei katholischen, zwei evangelischen und zwei öffentlich-rechtlichen Krankenhäusern mit den angestrebten Zahlen an Interviewpartnerinnen erreicht sind.

Damit ist nun auch die Auswahl der Gesundheits- und Krankenpflegerinnen als Fallauswahl[698] angesprochen, zu der die folgenden Kriterien sowie das Vorgehen planvoll festgelegt worden sind.[699]

---

694 Vgl. Gläser und Laudel 2010, 100 f.
695 Göthlich 2003, S. 8.
696 Vgl. Atteslander 2010, S. 61; Becker 2006, S. 286.
697 Vgl. Göthlich 2003, S. 8 mit Verweis auf Eisenhardt 1989, S. 537 und Stake 1995, S. 4.
698 *Flick* unterscheidet die gerade zuvor dargestellte *Fallgruppenauswahl* und die (nun zu treffende) *Fallauswahl*. Vgl. Flick 2014b, S. 154.

Zur empfohlenen Anzahl von Fällen gibt es in der Literatur unterschiedliche Aussagen. Nach Flick hängt die Entscheidung hinsichtlich der Anzahl von Fällen »einerseits von den Ressourcen ab (Wie viele Interviews können in der gegebenen Zeit durchgeführt, transkribiert und ausgewertet werden?), andererseits von den Zielen der Untersuchung.«[700] Übertragen auf diese Studie stehen sich auf der einen Seite die begrenzten Ressourcen und auf der anderen Seite das Interesse gegenüber, »das Feld in seiner Vielschichtigkeit durch möglichst unterschiedliche Fälle abzubilden, um darüber Aussagen über die Verteilung beispielsweise von Sicht- und Erfahrungsweisen treffen zu können.«[701] Nach entsprechenden Abwägungen wird die Anzahl der Fälle mit vier bis sechs pro Krankenhaus angesetzt.

Ein Auswahlkriterium ist, dass die Gesundheits- und Krankenpflegerinnen zum Zeitpunkt des Interviews seit mindestens vier Monaten und seit höchstens elf Monaten bei einem der sechs kooperierenden Krankenhäuser arbeiten. Diese Entscheidung wird damit begründet, dass Konzepte zur Einführung von Gesundheits- und Krankenpflegerinnen häufig eine Zeit von drei bis sechs Monaten umfassen.[702] Die Teilnehmenden haben somit ihre Einführung zumeist schon beendet, sie liegt aber noch nicht zu lang zurück. Ein Nachteil dieser Festlegung ist, dass damit jene Personen nicht einbezogen werden, die in den ersten drei Monaten wieder gegangen sind. Hinsichtlich der Faktoren Alter, zeitliche Berufserfahrung, Ausbildungsort, Geschlecht, Konfession und Familienstand werden bewusst keine Ein- oder Ausschlusskriterien festgelegt, um die in der Mitarbeiterschaft vorfindliche Variationsbreite und Unterschiedlichkeit einzubeziehen.[703] Das Maß an Zufriedenheit der Gesundheits- und Krankenpflegerinnen mit ihrer Personaleinführung ist ebenfalls kein Kriterium. Schließlich sind weitere wesentliche Bedingungen, dass Teilnehmende der Studie nicht mit der Forscherin bekannt sind und dass sie freiwillig am Interview teilnehmen.[704]

Aufgrund dieser Entscheidungen zum Sample wird ermöglicht, ein potenziell breites Spektrum an Perspektiven zu generieren.

---

699 Vgl. Lamnek und Krell 2010, S. 351.
700 Flick 2014b, S. 156. *Kromney* schlägt eine Anzahl zwischen zehn und dreißig Fällen vor. Vgl. Kromrey 1991, S. 265. Nach *Merkens* sowie *Kvale* sind genug Interviews geführt worden, wenn eine theoretische Sättigung eintritt. Vgl. Merkens 2013, S. 294 mit Verweis auf Kvale 1996, S. 102.
701 Flick 2014b, S. 167.
702 Die Sichtung der Einführungskonzepte und QM-Handbücher verschiedener Krankenhausträger belegt dies.
703 Vgl. Flick 2014b, S. 165 mit Verweis auf Patton 2002, 230ff. und Kleining 1982; Lamnek und Krell 2010, S. 351 mit Verweis auf Helfferich 2009, S. 175.
704 Vgl. Flick 2014b, S. 152.

Die Auswahl der *konkreten Interviewpartnerinnen* erfolgt als »sekundäre Selektion«.[705] Damit beschreibt Morse das Vorgehen, bei dem die Fälle per Anzeige o. ä. zur Teilnahme aufgefordert werden. In dieser Studie werden alle zur definierten Kohorte gehörenden Gesundheits- und Krankenpflegerinnen per postalischem Anschreiben gebeten, an einem Interview teilzunehmen. Daraufhin müssen sie sich selbst aktivieren.[706] Das unterstreicht das forschungsethische Gebot der Freiwilligkeit, kann aber zu kleinen Fallzahlen führen. Außerdem birgt es die Gefahr der Verzerrung, weil sich u. U. nur bestimmte Personen von sich aus für ein Interview im Rahmen einer wissenschaftlichen Studie melden und bestimmte andere nicht.

Damit wird noch einmal deutlich, dass keine Generierung generalisierender Aussagen möglich ist. Stattdessen wird mit diesen sowohl auf die Fallgruppenauswahl wie auf die Fallauswahl bezogenen Kriterien ein Rahmen gesteckt, der eine explorative Forschung in einem Bereich ermöglicht, in dem bisher vergleichsweise wenige wissenschaftliche Erkenntnisse vorliegen.

6.5 Zugang zum Feld

Den Kriterien entsprechend sind nach Internetrecherchen insgesamt 18 Krankenhäuser über die E-Mail-Adresse der Geschäftsführung, der Pflegedirektion und der Personalleitung kontaktiert worden. Dabei wurden erste Informationen zum Forschungsziel und zum Vorgehen gegeben und um eine Kooperation zur Durchführung der Studie geworben. Von den angeschriebenen Häusern haben zwölf die Teilnahme sofort, auf Nachfrage oder im Verlauf abgelehnt, oder sie sind aufgrund mangelnder Teilnehmerzahlen ausgeschieden. Als Grund wurde in der Regel angeführt, dass keine zeitlichen und personellen Ressourcen zur Teilnahme an dem Forschungsprojekt vorhanden seien. Ein Geschäftsführer antwortete, dass er keinen Einblick in »solche personalwirtschaftlichen Interna« gewähren möchte.

Im nächsten Schritt sind die leitungsverantwortlichen Personen angerufen worden, die positiv reagiert haben und somit zu »gatekeepern« für die Studie im jeweiligen Krankenhaus wurden.[707] Telefonisch sind ihnen nähere Informationen zum Vorgehen und zum Datenschutz gegeben worden. Außerdem wurden sie gebeten, die Zustimmung der Mitarbeitervertretung/des Betriebsrats einzuholen,

---

705 Vgl. Merkens 2013, 288f. mit Verweis auf Morse 1994.
706 Vgl. Merkens 2013, S. 289.
707 Vgl. Merkens 2013, S. 288. Die Verbindlichkeit und das Engagement der Pflegedirektionen bzw. Personalleitungen in Bezug auf die Studie wurde als sehr divergent wahrgenommen.

Zugang zum Feld 157

der Forscherin die Konzepte und Dokumente rund um die Personaleinführung[708] zur Verfügung zu stellen und zu klären, ob die Interviews in der Dienstzeit stattfinden können.[709]

Zum Informationsaustausch und zur Absicherung der nächsten Schritte wurde ab April 2019 mit den Pflegedirektionen sowie mit den Personalleitungen der gewonnenen Kooperationshäuser jeweils ein Gesprächstermin vor Ort vereinbart.[710] In den Gesprächen sind Informationen zu Ablauf, Maßnahmen und Instrumenten in der Personaleinführung von Gesundheits- und Krankenpflegerinnen ebenso erfragt worden wie Erfolgskriterien und Ziele aus Arbeitgeberperspektive. Außerdem wurden Zeitabsprachen hinsichtlich des bereits angekündigten weiteren Vorgehens der sekundären Selektion getroffen. Im Anschluss ist das ausformulierte Schreiben der Forscherin mit ihren Kontaktdaten an die Gesundheits- und Krankenpflegerinnen, die seit mindestens vier und maximal elf Monaten dort beschäftigt sind, aus Datenschutzgründen jeweils über die Personalabteilung des Krankenhauses verschickt worden. Darin ist das Forschungsanliegen erläutert, Anonymisierung und Datenschutz zugesichert und darum gebeten worden, sich bei Teilnahmebereitschaft innerhalb von drei Wochen direkt per E-Mail bei der Forscherin zu melden. Zu dieser Kohorte gehörten insgesamt 237 neue Mitarbeitende.

Die an der Teilnahme Interessierten bekamen daraufhin per E-Mail sehr ausführliche Informationen zum Datenschutz, die Einverständniserklärung zur Verarbeitung personenbezogener Daten sowie Terminvorschläge für das Interview vor Ort im Krankenhaus.

Der Rücklauf war zunächst sehr gering, so dass die Akquise von weiteren Studienteilnehmenden nochmals intensiviert werden musste.[711] Letztlich konn-

---

708 Dazu zählen z. B. Einarbeitungskonzepte, Auszüge aus dem QM-Handbuch, allgemeine Checklisten zur Einführung neuer Mitarbeitender, spezifische Einarbeitungschecklisten einer Station, Lernzielkataloge, Leitbilder u. ä. Dieser Bitte kamen zunächst nur vier Krankenhäuser nach.
709 Diese Anforderungen an die Kooperationspartner veranschaulichen die Aussage von *Flick*, dass Forschungsanliegen eine Zumutung für die jeweilige Institution darstellen. Er betont, dass die Aushandlung des Zugangs weniger ein Informationsproblem als die Herstellung einer Beziehung ist, in der es um Vertrauen in die Forschenden und daraus resultierendes Engagement für die Studie geht. Vgl. Flick 2014b, S. 147.
710 In diesem Stadium sagten zwei Krankenhäuser aufgrund von Zeitmangel wieder ab, zwei neue wurden akquiriert.
711 *Flick* u. a. beschreiben »das Problem der Bereitschaft« bzw. die »Verweigerung der Teilnahme« als häufig anzutreffendes Phänomen. Vgl. Flick 2014b, 148 f.; Merkens 2013, S. 288. Mit großem zeitlichen Aufwand ist zunächst per E-Mail und dann auch telefonisch sowohl bei den Pflegedirektionen und der Mitarbeitervertretung bzw. dem Betriebsrat um die Bewerbung der Studie in Leitungskonferenzen, bei Mentorinnen und den potentiellen Teilnehmenden gebeten worden. Im Sinne des sogenannten »Schneeballprinzips« (vgl. Flick 2014b, 148 f.) sind die wenigen Freiwilligen ebenfalls gebeten worden, andere neue Kolleginnen auf das Anschreiben und die Studie anzusprechen. Alle Kontaktpersonen wurden

ten in sechs Krankenhäusern 23 Gesundheits- und Krankenpflegerinnen für ein Interview gewonnen werden.[712]

6.6 Durchführung und Transkription der Experteninterviews

Bei der Durchführung der Experteninterviews und der Gewinnung von Daten kommt dem örtlichen, zeitlichen und atmosphärischen Rahmen große Bedeutung zu.[713] Entsprechend der Empfehlungen von Gläser und Laudel sind die Interviewtermine und -orte so gewählt worden, dass der Aufwand für die Gesundheits- und Krankenpflegerinnen möglichst gering ist, dass sie sich sicher fühlen und Störungen vermieden werden.[714]

Die Interviews sind in den Monaten Juni bis August 2019 alle jeweils in einem extra reservierten Besprechungs- bzw. Seminarraum im jeweiligen Krankenhaus vor Ort geführt worden. Die Gesprächstermine konnten alle im Rahmen der Dienstzeit stattfinden, wurden jedoch meist auf 60 Minuten begrenzt. Sie sind im Vorfeld entsprechend zeitlich geplant worden.[715]

Die Interviews sind als Audiodateien aufgezeichnet worden, um die Äußerungen unverändert und authentisch für die spätere Analyse und Interpretation zu sichern.[716] Der Einführungsblock des Interviews wurde allerdings nicht aufgezeichnet. Hier ging es zunächst darum, durch eine freundliche Begrüßung, Dank für die Teilnahme, persönliche Vorstellung und kurze Erläuterungen zu Forschungsinteresse und Ziel des Interviews ein entspanntes und offenes Klima zu schaffen.[717] Die Datenschutzerklärung[718] wurde überreicht und die Anonymisierung der Aussagen zusätzlich mündlich zugesagt, um entsprechende Sor-

---

zudem nach möglichen Gründen für ausbleibende Rückmeldungen gefragt. Zeitmangel und Desinteresse waren die am häufigsten vermuteten Gründe, vereinzelt auch Ängste vor der Weitergabe von Informationen und vor negativen Sanktionen trotz der umfassenden Datenschutzerklärung. Ähnliche Gründe führt auch *Flick* an. Vgl. Flick 2014b, S. 150.

712 Genaue Informationen zu den Interviewpartnerinnen folgen in Kap. 6. Zum »convenience sampling« (es werden diejenigen Fälle ausgewählt werden, die unter den gegebenen Bedingungen zugänglich sind) vgl. Flick 2014b, S. 166 mit Verweis auf Patton.
713 Vgl. Flick 2014b, S. 224; Gläser und Laudel 2010, S. 165; Hermanns 2013, S. 363.
714 Vgl. Gläser und Laudel 2010, S. 165.
715 Vgl. Flick 2014b, S. 218.
716 Vgl. Gläser und Laudel 2010, S. 158; Lamnek und Krell 2010, S. 301; Mayring 2016, 85ff.
717 Dazu gehörte auch der Hinweis, dass es bei den Antworten nicht auf eine perfekte Ausdrucksweise ankommt, sondern darauf, die eigene Sicht auf die Personaleinführung zu entfalten und dass die Beantwortung von Fragen auch abgelehnt werden kann. Vgl. Gläser und Laudel 2010, S. 170. So sollten die spürbare Aufregung der Teilnehmenden und das z. T. vorhandene »Recorder-Unwohlsein« reduziert werden. Vgl. Hermanns 2013, S. 362.
718 Die Datenschutzerklärung ist den Teilnehmenden zudem im Vorfeld per mail geschickt worden.

gen zu nehmen, so dass die neuen Pflegefachkräfte ihre Perspektive ohne Befürchtungen zum Ausdruck bringen konnten.[719] Die zuvor zugestellte schriftliche Einverständniserklärung zur Aufzeichnung, Speicherung und Verarbeitung der Daten wurde beiderseits unterschrieben. Zentrale demografische Daten sind zu Beginn schriftlich mit einem Kurzfragebogen erfragt worden.

Anschließend sind die Experteninterviews mithilfe des entwickelten Leitfadens geführt worden. Die Reihenfolge ist dann verändert worden, wenn es dem Gesprächsverlauf angemessen erschien. Mit Sensibilität für den Verlauf sind die Frageblöcke behandelt und auch Ad-Hoc Fragen gestellt worden.[720] Die aufgezeichneten Gesprächszeiten umfassen zwischen 25 und 55 Minuten.

Im Anschluss an die Gewinnung der Daten sind alle 23 Interviews wörtlich und vollständig transkribiert worden, um eine schriftliche, sehr genaue Basis für die Auswertung zu haben.[721] Die Transkripte sind durch die Forscherin anhand der Audioaufzeichnung nochmals kontrolliert und Namen und Ortsangaben anonymisiert worden.[722]

6.7 Auswahl und Anwendung der Auswertungsmethode

Auch die Entscheidung für die Methode/-n zur Auswertung der Experteninterviews folgt aus den eingangs formulierten Forschungszielen.[723] Diese sprechen aus folgenden Gründen für eine *qualitativ inhaltsanalytische Auswertung*:[724] Zum einen kann mit dieser Methode das komplexe und informationshaltige erhobene Material hinsichtlich bestimmter Bedeutungsinhalte systematisiert, interpretiert und zusammenfassend beschrieben werden.[725] Zum zweiten eignet sie sich im Gegensatz zu anderen Methoden, weil sie die Kombination von theoriegeleitetem deduktivem Vorgehen mit einer induktiven Zugangsweise ermöglicht.[726] Konkret bedeutet dies, dass die im Forschungsrahmen explizier-

---
719 Vgl. Hermanns 2013, S. 363; Gläser und Laudel 2010, S. 170.
720 Vgl. Flick 2014b, S. 223.
721 Die Transkription erfolgte in Anlehnung an Kuckartz 2007, S. 42.
722 Vgl. Flick 2014b, S. 380.
723 Die explorative Forschung lässt auch hier grundsätzlich eine breite Methodenvielfalt zu. Vgl. Becker 2006, S. 288. »Wesentlich ist, dass Formen der Erhebung und Auswertung eng aufeinander bezogen sind.« Przyborski und Wohlrab-Sahr 2008, S. 23.
724 Zu Grundlagen der qualitativ inhaltsanalytischen Auswertung vgl. Kuckartz 2014; Mayring 2015.
725 Durch dieses Vorgehen unterscheidet sich diese Methode z. B. grundlegend von sequenzanalytischen Methoden, mit welchen die Sinnstrukturen anhand der inneren Verlaufslogik des jeweiligen Textes rekonstruiert werden. Vgl. Bücker 2020, S. 1 mit Verweis auf Flick 2009 und Krumm 2009.
726 Vgl. Kuckartz 2014, 69ff.; Kuckartz 2007, S. 62; Schreier 2014, S. 6. Dies ist nach *Bücker* ein Unterscheidungsmerkmal dieser Methode zur Grounded Theory Methode, die »ohne sys-

ten Vorkenntnisse und insbesondere die beiden Rahmenmodelle als Auswertungsgrundlage dienen, die durch neue, darüberhinausgehende Aspekte aus dem Datenmaterial ergänzt werden. Die in den Rahmenmodellen identifizierten Phasen und Inhaltdimensionen sowie die Kategorien von Einflussfaktoren[727] fungieren als Haupt- und Unterkategorien für die Analyse, und sie können induktiv mit weiteren Unterkategorien erweitert werden.

Weitere Argumente für die qualitative Inhaltsanalyse sind die Ausrichtung am Forschungsgegenstand, die Fundierung des Verfahrens in der Hermeneutik,[728] das interpretative Vorgehen,[729] die systematische, regelgeleitete Vorgehensweise, mit der auch größere Datenmengen qualitativ ausgewertet werden können,[730] und die Orientierung an Gütekriterien.[731]

In der Literatur werden verschiedene Formen (Basismethoden) der qualitativen Inhaltsanalyse unterschieden. Kuckartz differenziert beispielsweise die *inhaltlich-strukturierende*, die *evaluative* und die *typenbildende qualitative Inhaltsanalyse*.[732] Einig sind sich die Autoren darin, dass die Kategorienorientierung ein zentrales Definitionsmerkmal und das Kategoriensystem das zentrale Instrument bzw. »Herzstück« all dieser Varianten ist.[733] Zur Erstellung sowie zur Anwendung des Kategoriensystems gibt es in der Literatur jedoch wiederum unterschiedliche Vorgehensweisen.[734]

Ausgehend von den Forschungszielen wird hier zunächst die *inhaltlich strukturierende Inhaltsanalyse* nach Kuckartz gewählt.[735] Für herausstechende Elemente wird daran anschließend eine *evaluative Inhaltsanalyse* vorgenommen.[736] Das heißt, zunächst ist die Analyse auf die *Inhalte des Expertenwissens*

---

tematischen Rückgriff auf bereits vorhandene Wissensbestände und somit vor allem materialbasiert erfolgen soll (…).« Bücker 2020, S. 3.
727 Vgl. Abbildung 9 in Kap. 4.2 und Abbildung 14 in Kap. 5.6.
728 Vgl. Kuckartz 2014, 29 ff.; Mayring 2015, 29 ff.
729 Vgl. Schreier 2014, S. 3.
730 Vgl. Mayring 2015, S. 131; Schreier 2014, S. 3.
731 Vgl. Kuckartz 2014, 29 ff.; Mayring 2015, 123 ff. Zu Reliabilität und Validität in der qualitativen Inhaltsanalyse vgl. Schreier 2014, S. 3.
732 Vgl. Kuckartz 2014, 72 ff. *Schreier* differenziert als zwei Basisformen *die strukturierende qualitative Inhaltsanalyse* und *die qualitative Inhaltsanalyse durch Extraktion*. Als Varianten hinsichtlich des Ablaufs der strukturierenden Inhaltsanalyse stellt sie *die evaluative, die formale, die zusammenfassende, die typenbildende, die explikative* sowie *die summative qualitative Inhaltsanalyse* vor. Vgl. Schreier 2014, 1 ff. *Mayring* differenziert als drei Grundformen des Interpretierens *die Zusammenfassung, die Explikation* und *die Strukturierung*. Letztere unterteilt er in *die formale, die inhaltliche, die typisierende* und *die skalierende Strukturierung*. Vgl. Mayring 2015, 67 ff.
733 Vgl. Kuckartz 2014, 72 ff.; Mayring 2015, 67 ff.; Schreier 2014, S. 3.
734 Vgl. Gläser und Laudel 2010, S. 46 und 199 ff.; Kuckartz 2014, 78 ff.; Mayring 2015, 67 ff.; Schreier 2014, S. 3.
735 Vgl. Kuckartz 2014, 77 ff.
736 Vgl. Kuckartz 2014, 98 ff.

gerichtet, um bestimmte Themen, Inhalte, Determinanten u. ä. aus dem Material zu identifizieren und es dann zusammenzufassen bzw. systematisch zu beschreiben.[737] Aufbauend auf der inhaltlich strukturierenden Codierung können dann für bestimmte Aspekte Kategorien gebildet werden, die eine Bewertung dieser Aspekte beinhalten.[738]

Die Inhaltsanalyse folgt einem systematischen Ablaufschema mit sieben definierten Einzelschritten,[739] wodurch sie intersubjektiv nachvollziehbar und überprüfbar wird:
1. initiierende Textarbeit, Markierung wichtiger Textstellen und Schreiben von Memos;
2. Festlegung von thematischen Hauptkategorien;
3. erster Codierprozess des Materials mit den Hauptkategorien;
4. Zusammenstellung aller mit der gleichen Hauptkategorie codierten Textstellen;
5. induktives Bestimmen von Subkategorien am Material; u. a. Identifizieren von evaluativen Subkategorien und Festlegung der Ausprägungen;
6. zweiter Codierprozess des Materials mit dem ausdifferenzierten Kategoriensystem; Verfassen fallbezogener thematischer Summaries zu den Haupt- und ggf. zu den Subkategorien;
7. kategorienbasierte Auswertung und Ergebnisdarstellung.

Hier wurde zusätzlich eine Analyse von Zusammenhängen hinsichtlich der Gesamtbewertung und der Bewertung von Einzelaspekten mithilfe von Summary-Tabellen vorgenommen, die aus dem MAXQDA-Projekt[740] exportiert wurden.

6.8 Gütekriterien und kritische Reflexion

Abschließend wird eine kritische Reflexion hinsichtlich des Vorgehens und der Berücksichtigung von Gütekriterien und Qualitätsstandards[741] vorgenommen.

---

737 Vgl. Flick 2014b, S. 219; Mayring 2015, S. 103; Schreier 2014, S. 5.
738 Vgl. Kuckartz 2014, S. 114. Nach Schreier »handelt sich bei der evaluativen Inhaltsanalyse (…) weniger um ein eigenständiges Verfahren als vielmehr um die Erstellung und Anwendung einer bestimmten Art von Kategorien, die (…) der Logik der inhaltlich-strukturierenden Inhaltsanalyse folgt.« Schreier 2014, S. 9.
739 Vgl. auch im Folgenden Kuckartz 2014, 78ff.
740 Die Software MAXQDA fungiert als Hilfsmittel für den Codierprozess. Vgl. Kuckartz et al. 2007, S. 8.
741 Nach *Mayring* sind die klassischen Gütekriterien Validität, Reliabilität und Objektivität für qualitativ orientierte Forschung oft wenig tragfähig. Vgl. Mayring 2016, S. 141. Gleichwohl versuchen verschiedene Autoren u. a. entlang dieser Kriterien eine Verständigung über gemeinsame Standards voranzutreiben. So stellen *Przyborski und Wohlrab-Sahr* diese

Für diese Arbeit sind zunächst ein *begründetes, systematisches* und *regelgeleitetes Vorgehen*[742] und eine entsprechende *Verfahrensdokumentation*[743] wichtige Kriterien, die u. a. *intersubjektive Nachvollziehbarkeit* ermöglichen. Um diese bestmöglich zu erfüllen, sind die Forschungsepisoden systematisch festgelegt, durchlaufen und dokumentiert worden.

Ein weiteres Kriterium ist die *Stimmigkeit von Zielen und Methoden.*[744] Wie die Ausführungen in diesem Kapitel verdeutlichen, sind die Forschungsmethoden gemäß der Ziele ausgewählt und die Entscheidungen entsprechend begründet worden.

Hinsichtlich des Samples lässt sich kritisch anmerken, dass sowohl bezogen auf die Krankenhäuser als auch auf die Interviewteilnehmenden ein »Selektionsbias« vorliegt.

Es konnte in jenen Organisationen geforscht werden, in denen es eine Bereitschaft und eine Offenheit für die Studie gab und entsprechende Ressourcen dafür zur Verfügung gestellt werden konnten. So sind möglicherweise jene Krankenhäuser nicht beteiligt, in denen die Personalknappheit und die Arbeitsbelastung noch höher ist als bei anderen. Außerdem konnte z. B. jene Organisation nicht einbezogen werden, in der ein Entscheidungsträger die Teilnahme abgelehnt hat, weil er keinen Einblick in »solche personalwirtschaftlichen Interna« gewähren möchte.

Bei den Gesundheits- und Krankenpflegerinnen konnten zum einen nur von jenen Auskünfte erhoben werden, die zum Zeitpunkt der Befragung noch in einem teilnehmenden Krankenhaus tätig waren. Mitarbeitende, die hier in den ersten Monaten gekündigt haben, konnten nicht einbezogen werden. Es konnten jedoch Personen befragt werden, die bei einem vorherigen Arbeitgeber im Laufe des ersten Jahres gekündigt haben. Zum anderen konnten nur die Mitarbeitenden befragt werden, die sich von sich aus für ein Interview gemeldet haben. Dies sind nur jene Menschen, die sich freiwillig einer solchen Situation und Herausforderung stellen, die bereit und in der Lage sind, Zeit dafür zu investieren, die ein Interesse an der Thematik haben und/oder einen Nutzen in dieser Studie sehen. Jene neuen Fachkräfte, auf die das nicht zutrifft, hätten vielleicht andere

---

»klassischen« Gütekriterien in Beziehung zu qualitativen Forschungen. Vgl. Przyborski und Wohlrab-Sahr 2008, 35 ff. *Mayring* benennt zunächst die 13 Säulen qualitativen Denkens. Vgl. Mayring 2016, 24 ff. Außerdem definiert er schließlich sechs allgemeine Gütekriterien qualitativer Forschung. Vgl. Mayring 2016, 144 ff. *Gläser* identifiziert vier methodologische Prinzipien. Vgl. Gläser und Laudel 2010, 30 f. Zu Gütekriterien in der qualitativen Forschung vgl. außerdem Atteslander 2010, 77 f.; Flick 2014a, 411 ff.; Kuckartz 2014, 165 ff.; Lamnek und Krell 2010, 127 ff.

742 Vgl. Atteslander 2010, S. 77; Becker 2006, S. 289; Gläser und Laudel 2010, 30 f.; Mayring 2016, S. 29; Schreier 2014, S. 3.
743 Vgl. Mayring 2016, 144 ff.
744 Vgl. Lamnek und Krell 2010, S. 153.

wesentliche Aspekte und Einflussfaktoren der Personaleinführung benannt. Die Studie kann und will u. a. aus diesem Grund keinen Anspruch auf *Repräsentativität* erheben. Weitere Gründe sind die geringe Größe der Kohorte und die Beschränkung auf eine Region.

Bezüglich der Durchführung der Experteninterviews besteht stets die Gefahr, dass das Antwortverhalten der Teilnehmenden aus verschiedenen Gründen beeinflusst werden könnte.[745] Die Teilnehmenden hier sind zum Großteil völlig unerfahren mit Interviews. Möglich ist, dass eine Befragte aus Unsicherheit in dieser besonderen Situation das antwortet, was die Interviewerin ihrer Vermutung nach hören will.[746] Denkbar ist auch, dass sie ihren Arbeitgeber nach außen nicht schlecht darstellen will und deswegen negative Erfahrungen nicht thematisiert. Ebenso ist das Gegenteil vorstellbar. Grundsätzlich ist es auch möglich, dass Teilnehmende in einem anderen, vertrauteren Setting andere oder weitere inhaltliche Aspekte benennen würden.

Um die von Mayring beschriebenen »Verzerrungen«, die fast jeder forschende Zugang mit sich bringt,[747] so gering wie möglich zu halten, war die Forscherin sehr darauf bedacht, die Studienteilnehmenden durch ihre Fragen und Reaktionen nicht zu beeinflussen. *Offenheit* und *Subjektorientierung*[748] waren wichtige Kriterien in der Planung und Durchführung des Forschungsprojekts.

Hinsichtlich der Interviewdurchführung ist schließlich selbstkritisch anzumerken, dass ein hartnäckigeres Nachfragen zu bestimmten Aspekten ggf. noch mehr Aufschluss gegeben hätte. Darauf wurde situativ verzichtet, so z. B. bei einer ausländischen Teilnehmenden mit Sprachschwierigkeiten.

Bei der Datenaufbereitung wird der *Validität* dieser Studie mit Schreier dadurch Rechnung getragen, dass das Kategoriensystem so erstellt worden ist, dass damit wesentliche Bedeutungsaspekte des Materials erfasst und induktiv Kategorien ergänzt wurden.[749]

Um der *intersubjektiven Nachvollziehbarkeit*[750] in der Datenauswertung Rechnung zu tragen, sind für die Codierung möglichst präzise Definitionen oder Kodierregeln formuliert worden.[751] Der zweite Codierdurchlauf erfolgt idealerweise

---

745 Vgl. Przyborski und Wohlrab-Sahr 2008, S. 138.
746 Vgl. Göthlich 2003, S. 10.
747 Vgl. Mayring 2016, S. 23.
748 Vgl. Atteslander 2010, 77 f.; Gläser und Laudel 2010, S. 30; Lamnek und Krell 2010, S. 274; Mayring 2016, S. 24.
749 Vgl. Schreier 2014, S. 3. Nach *Przyborski und Wohlrab-Sahr* wird die *Validität* oder *Gültigkeit* qualitativer Forschung kaum in Frage gestellt. Vgl. Przyborski und Wohlrab-Sahr 2008, S. 36.
750 Vgl. Lamnek und Krell 2010, S. 154.
751 Für die Kategorien der evaluativen Datenauswertung werden diese in Kap. 7.6 dargelegt. Dies ist aufgrund der Anzahl an Kategorien für die inhaltlich-strukturierende Analyse im Rahmen dieser Arbeit nicht möglich. Sie sind in der Software MAXQDA als Memos formuliert.

durch zwei Personen, die unabhängig voneinander codieren und auftretende Unterschiede diskursiv klären.[752] Dazu standen in dieser Studie keine Ressourcen zur Verfügung. Das Kategoriensystem und beispielhaft codiertes Material sind jedoch in der IDM-Coachinggruppe und mit den beiden Betreuenden zur Prüfung der Schlüssigkeit und Nachvollziehbarkeit vorgestellt worden. Auf gleiche Weise wurde die intersubjektive Nachvollziehbarkeit hinsichtlich der Forschungsergebnisse geprüft und sichergestellt. Im Sinne einer *kommunikativen Validierung*[753] sind die Ideen zur tiefergehenden Auswertung und zur Interpretation der Befunde regelmäßig zur Diskussion gestellt worden.

Im Erklärungsrahmen wird eine *Interpretationsabsicherung*[754] dadurch angestrebt, dass die Interpretationen argumentativ begründet und mögliche Alternativdeutungen aufgezeigt werden.

Abschließend ist noch ein inhaltlich-methodischer Punkt kritisch zu reflektieren. Es stellt eine große Schwierigkeit dar, individuelle Werthaltungen oder die Ebene der Grundannahmen sowie die der Werte und Normen einer Organisation zu erforschen.[755]

So hat sich in der Erprobungsphase des Forschungsrahmens gezeigt, dass es den Teilnehmenden der ersten Pretests äußerst schwer fiel, die Fragen zu den eigenen Werthaltungen sowie zu einer diakonisch-kulturellen Einführungsdimension zu beantworten. Wie in Kap. 2.6 dargelegt, sind Werte meist unbewusst und werden oftmals implizit vermittelt. Dem Ausspruch »We know more than we can tell«[756] von Polanyi ist mit den Erfahrungen aus den Pretests nur zuzustimmen. Eine Konsequenz aus der Reflexion dieser Erfahrungen war, die Fragen zu modifizieren und sie in einen konkreteren Kontext zu stellen. So ist zum Beispiel letztlich gefragt worden, was die jeweilige Gesundheits- und Krankenpflegerin in der Rolle einer Anleiterin einer Auszubildenden oder neuen Kollegin vermitteln würde, worauf in diesem Krankenhaus besonders Wert gelegt wird. Ähnlich ist die Frage entstanden, was die Befragten selbst in ein Leitbild schreiben würden. In den folgenden Pretests zeigte sich, dass diese Fragen etwas leichter beantwortet werden konnten als die abstrakteren im Leitfragebogen zuvor. So konnten die Ebenen der Organisationskultur und der individuellen Werthaltungen zumindest ein Stück weit zugänglich gemacht werden.

---

752 Vgl. Kuckartz 2007, S. 90. *Kuckartz* weist daraufhin, dass dies insbesondere bei Qualifiktionsarbeiten nicht immer möglich ist. Vgl. Kuckartz 2014, 72 ff. und S. 83.
753 Vgl. Mayring 2016, 144 ff.
754 Vgl. Mayring 2016, 144 ff.
755 Vgl. Rehn 1990, S. 116. Auch Hofmann et al. weisen auf verschiedene Schwierigkeiten und Gefahren hin. Ein so aufwendiges trianguläres Verfahren wie bei ihrem Forschungsprojekt, das mit den Methoden Concept Mapping und Pattern Matching arbeitet, war im Rahmen dieser Studie nicht möglich. Vgl. Hofmann 2020, 58 ff.
756 Polanyi und Sen 1966, S. 4.

Damit sind nun sowohl die Festlegung der Forschungsmethodik begründet dargelegt als auch die relevanten Informationen zur Anwendungsphase des Forschungsrahmens gegeben worden. So können nun im anschließenden Erklärungsrahmen die Erkenntnisse stufenweise formuliert werden.[757] Zunächst erfolgt die deskriptive Darstellung der Ergebnisse in Kap. 7, darauf aufbauend deren Reflexion, Interpretation und Diskussion in Kap. 8 und schließlich einige Impulse für die Praxis in Kap. 9.

---

757 Vgl. Becker 2006, S. 298.

7 Ergebnisse der Forschung

In diesem ersten deskriptiven Teil des Erklärungsrahmens werden zunächst sowohl die sechs kooperierenden Krankenhäuser als auch die 23 Interviewpartnerinnen grob charakterisiert. Entsprechend des Vorgehens nach Kuckartz werden dann die Ergebnisse der inhaltlich-strukturierenden Inhaltsanalyse deskriptiv dargestellt.[758] Nach einer kurzen Zusammenfassung der explizit zu Interviewbeginn genannten Einführungsziele strukturieren die beiden Rahmenmodelle des Forschungsrahmens die weitere Ergebnisdarstellung. Bei inhaltlichen Überschneidungen werden die Aspekte jeweils in einem der beiden Kapitel 7.3 bzw. 7.4 nur kurz genannt und in dem anderen dann ausführlicher dargestellt. Es folgt die Auswertung der Frage nach potentiellen Kündigungsgründen in der Einführungszeit, bevor dann mit der evaluativen Auswertung der Fokus auf die Bewertungen im Datenmaterial gerichtet wird.

7.1 Beschreibung der Krankenhäuser und der Gesundheits- und Krankenpflegerinnen

Um die folgende Darstellung der Untersuchungsergebnisse besser einordnen zu können und die anschließende Interpretation nachvollziehen zu können, werden nun einige Angaben zu den kooperierenden Krankenhäusern und anschließend zu den interviewten Gesundheits- und Krankenpflegerinnen gemacht. Die Angaben basieren auf einem Abwägungsprozess hinsichtlich der Absicherung der Anonymität der Teilnehmenden und der Transparenz und Nachvollziehbarkeit.

Die Anzahl der Vollkraftstellen in der Pflege liegt in den Krankenhäusern zwischen rund 150 und 600, die der Betten zwischen 300 und etwas über 750 und die jährlichen Fallzahlen zwischen 10.000 und etwas über 30.000. Das evangelische Krankenhaus 1 (ev.KH1) ist nach diesen Zahlen deutlich kleiner und das

---

758 *Kuckartz* weist darauf hin, dass dabei durchaus auch Zahlen berichtet werden können. Vgl. Kuckartz 2014, S. 94.

öffentlich-rechtliche Krankenhaus 1 (kom.KH1) deutlich größer als die anderen vier.

Tabelle 6 zeigt die in Gruppen zusammengefassten Zahlenangaben,[759] die die Krankenhäuser zum Erhebungsjahr 2018 gemacht haben.

Krankenhaus	Vollkräfte Pflege	Neueinstellungen	Bettenzahl	Fallzahlen pro Jahr	Interviews
kath.KH1	250–300	26–30	400	20.000	5
kath.KH2	250–300	40–45	400	20.000	3
ev.KH1	150–200	20–25	300	10.000	4
ev.KH2	200–249	20–25	300	12.000	3
kom.KH1	550–600	46–50	750	30.000	4
kom.KH2	350–400	31–35	450	25.000	4

Tabelle 6: Informationen zu den teilnehmenden Krankenhäusern.

In den teilnehmenden Krankenhäusern kommen im Rahmen der Personaleinführung von Gesundheits- und Krankenpflegerinnen unterschiedliche schriftliche Materialien und Dokumente zum Einsatz. Die Pflegedirektionen haben der Verfasserin ihr jeweiliges Einarbeitungskonzept mit Checklisten, beispielhaft schriftliche Arbeitsanweisungen z.B. zu Stationsabläufen und spezifischen Aufgaben, die Begrüßungsmappe für neue Mitarbeitende sowie ihr (Pflege-)Leitbild zur Verfügung gestellt.

Leitbilder sind ein potentiell wichtiges Instrument für die kulturelle Einführung von Mitarbeitenden.[760] Da diese ein spezifisches Forschungsinteresse darstellt,[761] werden diese Dokumente in Tabelle 7 kurz inhaltlich umrissen.[762]

---

759 Aus Gründen der Anonymisierung sind die Zahlenangaben gerundet.
760 Vgl. Kap. 2.6 und 5.3.3.
761 Vgl. Kap. 1.1 und 6.1.
762 Aus zwei Krankenhäusern liegt kein Leitbild vor.

Themenfelder	Textausschnitte
> Nächstenliebe leben; > Ehrlichkeit und Transparenz wertschätzen; > Lebendige Kirche sein; > Würde bewahren; > Verantwortungsvoll wirtschaften; > Verantwortung wahrnehmen	»Das Leitbild beschreibt in sechs Themenfeldern unsere christliche Grundhaltung. Diese wird verbunden mit der Konkretisierung unserer Haltung im alltäglichen Handeln. Ihnen, den Mitarbeiterinnen und Mitarbeitern, steht das Leitbild als Orientierung und Kompass für den Alltag zur Verfügung. Wie gehen wir miteinander um? Wie begegnen wir den uns anvertrauten Menschen? Welche Motivation treibt uns an? Welche Leitplanken helfen uns bei Entscheidungen in schwierigen Arbeitssituationen? Wir wünschen uns sehr, dass mit dem Leitbild ein im wahrsten Sinne ›leb(ens)haften‹ Austausch über unsere grundlegenden Werte gelingt. Dass dies mit Fragen und Reibungen verbunden sein kann, ist und bleibt Betandteil des auf Zukunft angelegten Leitbildprozesses. Lassen Sie uns gemeinsam diesen Weg in gegenseitiger Wertschätzung und großer Offenheit gehen. Mit dem Leitbild haben wir ein Navigationssystem im Rucksack, das uns gemeinsam als (Name des Trägers) in eine gute Zukunft führt.«
> Pflegeverständnis (s. Zitat); > Gesundheit/Krankheit/Sterben; > Pflegequalität; > Aus-, Fort- und Weiterbildung; > Führung; > Teamarbeit; > Kooperation; > Wirtschaftlichkeit	»Unser Pflegeverständnis Christliches Menschenbild: Für uns ist der Mensch ein Geschöpf Gottes und von ihm geliebt. Dadurch hat er seine eigene Würde. Niemand muss sich seine Würde verdienen und niemand verliert sie (…). Wenn wir uns gemeinsam so verhalten, dann wird bei uns die frohe Botschaft des christlichen Glaubens spürbar und erfahrbar, unabhängig davon, welches Bild wir im Einzelnen von Gott und den Menschen haben.«
> Menschenwürde (s. Zitat); > Diakonische Identität; > Exzellenzorientierung; > Führungskultur; > Wirtschaftlichkeit; > Prozessoptimierung; > Regionale Betreuung	»Wir verstehen den Menschen als Geschöpf Gottes. Seine Würde ist von Gott gegeben und unabhängig von seiner Leistungsfähigkeit und seinem gesellschaftlichen und wirtschaftlichen Nutzen. Ihre Achtung ist die Grundlage all unseres Handelns.«
> Auftrag; > Menschenbild; > wertschätzender Umgang; > Qualitätssicherung; > Prozessoptimierung; > Ethik-Kommission, Seelsorge und Gottesdienst; > Kooperation zur Region	»Jeder Mensch ist ein Geschöpf Gottes. Seine Würde zu schützen und zu bewahren, ist unser Anliegen. Auf der Grundlage unseres Glaubens verstehen wir unsere Arbeit als Dienstgemeinschaft und Ausdruck christlicher Nächstenliebe.«

Tabelle 7: Inhalte der Leitbilder.

Zu den Gesundheits- und Krankenpflegerinnen, die an den Experteninterviews teilgenommen haben, können nur begrenzt detaillierte Informationen gegeben werden, um ihre Anonymität zu wahren.[763] Folgende Informationen werden als für die Studie bedeutsam eingeschätzt: Geschlecht (*w/m/d*), Alter, Status (externe Berufsanfängerin (*externe BA*), interne Berufsanfängerin (*interne BA*), externe neue Mitarbeitende (*Externe*), Wiederkehrerin oder interne Wechslerin), Dauer der Berufstätigkeit als Gesundheits- und Krankenpflegerin, Konfession der Person (*ev., kath., griech.-orth., muslimisch, jesidisch* oder *keine*) und die Trägerschaft des Krankenhauses (*ev., kath.* oder *kom.*).

Es haben sich insgesamt 23 Personen zur Teilnahme bereit erklärt, davon sechs Männer (m) und 17 Frauen (w). Bis auf eine Ausnahme arbeiten die Männer ausschließlich in den beiden katholischen Krankenhäusern.

Das Verhältnis von Berufsanfängerinnen (BA) und Berufserfahrenen ist 9: 14. Bis auf eine Ausnahme arbeiten die Berufsanfängerinnen in konfessionellen Häusern. Drei haben in ihrem Ausbildungshaus ihre neue Stelle als examinierte Fachkraft angetreten (interne BA). Vier Gesundheits- und Krankenpflegerinnen sind als Wiederkehrerinnen nun wieder »neu« beim früheren Arbeitgeber tätig. Eine Person hat innerhalb des Hauses eine ganz andere neue Stelle angenommen (interne Wechslerin).

Acht Befragte sind unter 25 Jahren, acht sind zwischen 25 und 30 Jahre alt, vier sind zwischen 31 und 40 Jahre alt und drei sind zwischen 41 und 50 Jahre alt.

Acht Personen geben als Konfession evangelisch an und acht römisch-katholisch. Drei Personen sind konfessionslos, zwei griechisch-orthodox, eine ist Muslima und eine ist Jesidin.

Sechs Personen sind seit weniger als sechs Jahren als Gesundheits- und Krankenpflegerin tätig, drei seit weniger als zehn Jahren, vier seit weniger als 15 Jahren und eine Person seit über 25 Jahren. Die neun Berufsanfängerinnen sind seit weniger als einem Jahr in dem Beruf tätig.

In Tabelle 8 sind diese Angaben zusammengefasst dargestellt.[764]

---

763 Im Ethik- Kodex der Deutschen Gesellschaft für Soziologie (DGS) und des Berufsverbandes Deutscher Soziologen (BDS) heißt es in § 2.5: »Personen, die in Untersuchungen als Beobachtete oder Befragte (…) einbezogen werden, dürfen durch die Forschung keinen Nachteilen oder Gefahren ausgesetzt werden. (…) Die Anonymität der befragten oder untersuchten Personen ist zu wahren.«
764 Aus Gründen der Anonymisierung sind die Zahlenangaben gerundet.

Geschlecht	Alter in Jahren	Status	Berufstätigkeit in Jahren	Konfession	Trägerschaft
w	< 25	externe BA	< 1	keine	kom.
w	< 25	externe BA	< 1	ev.	kath.
w	< 25	interne BA	< 1	kath.	kath.
w	< 25	interne BA	< 1	ev.	ev.
w	< 25	externe BA	< 1	ev.	ev.
w	< 25	externe BA	< 1	ev.	ev.
w	< 25	Externe	< 6	jesidisch	kom.
w	< 30	Externe	< 6	ev.	kom.
w	< 30	Externe	< 6	griech-orth.	kom.
w	< 30	Externe	< 6	griech-orth.	kath.
w	< 30	Wiederkehrerin	< 10	kath.	ev.
w	< 30	interne BA	< 1	keine	ev.
w	< 40	Externe	< 10	keine	kom.
w	< 40	Wiederkehrerin	< 15	ev.	kom.
w	< 40	Externe	< 15	ev.	kom.
w	< 50	interne Wechslerin	> 25	ev.	kom.
w	< 50	Externe	< 15	muslimisch	ev.
m	< 50	Wiederkehrer	< 10	kath.	ev.
m	< 40	Wiederkehrer	< 15	kath.	kath.
m	< 25	externer BA	< 1	kath.	kath.[765]
m	< 30	Externer	< 6	kath.	kath.
m	< 30	externer BA	< 1	kath.	kath.
m	< 30	Externe	< 6	kath.	kath.

Tabelle 8: Informationen zu den Interviewteilnehmenden.

---

[765] Diese Person ist erst seit wenigen Wochen in dem teilnehmenden Krankenhaus tätig und berichtet im Interview fast ausschließlich von negativen Erfahrungen mit der Einführung in einem **anderen** konfessionellen Krankenhaus, in dem sie nach der Ausbildung übernommen wurde und dann nach neun Monaten als examinierte Fachkraft gekündigt hat.

7.2 Inhaltliche Auswertung in Bezug auf die Einführungsziele

Die Aussagen der Befragten, die sich auf die explizite, frühzeitig gestellte Frage nach den Zielen der Personaleinführung beziehen, richten sich – unabhängig von den Merkmalen der Person und der Trägerschaft[766] – zu einem Großteil auf diese drei Themenblöcke:

1. Für 16 Befragte liegt das Ziel darin, die *fachliche Leistung eigenverantwortlich, selbstständig* und *qualitativ gut erbringen* zu können. Eng damit verbunden ist das Ziel, das nötige Wissen und Know-how zu erlangen, was sieben Personen benennen.
2. Der zweite Themenblock kann mit *Bewältigung von Unsicherheit* umschrieben werden. Von 11 Befragten wird als Ziel benannt, Sicherheit zu erlangen bzw. sich sicher zu fühlen und von zwei weiteren, keine Angst zu haben.
3. Als drittes Hauptziel wird von sieben Personen die *Integration ins Team* benannt.

Viele Befragte nennen mehrere Ziele der Personaleinführung, wie es bei folgender Aussage der Fall ist:

> GKPf_1: *Also, dass man sich sicher fühlt, in dem was man jetzt tut. Dass man eigenständig arbeiten kann. Dass man sich im Team wohl fühlt und auch nicht Unsicherheiten hat und keine Angst hat zur Arbeit zu kommen.* #00:03:01#

Von jeweils einer einzelnen Person werden über die genannten Ziele hinaus noch folgende angegeben:
- *gut zurecht kommen, auch mit der Zeiteinteilung,*
- *innerhalb der Probezeit prüfen, ob das die richtige Stelle ist,*
- *auch Angehörigen gegenüber kompetent auftreten können,*
- *Entscheidungen und Handlungen sinnvoll begründen können,*
- *für Notfallsituationen gewappnet sein,*
- *zufrieden seinen Job erledigen.*

---

766 Falls es bei den folgenden Ergebnissen auffällige Unterschiede in den Antworten gibt und darin gleichzeitig Gemeinsamkeiten hinsichtlich einzelner Merkmale der Person (wie Berufserfahrung, Geschlecht, Konfession) oder der Trägerschaft, so wird dies explizit angesprochen.

7.3 Inhaltliche Auswertung mittels des phasenbezogenen Rahmenmodells

Nun werden die Befunde der qualitativen Inhaltsanalyse dargestellt und aufgezeigt, was aus Sicht der Gesundheits- und Krankenpflegerinnen im zeitlichen Verlauf und inhaltlich wesentlich ist bzw. worauf sie Wert legen.

Abbildung 14 (S. 174) gibt einen systematischen Überblick über die Ergebnisse zu den jeweiligen Phasen und Inhaltsdimensionen des ersten Rahmenmodells des Forschungsrahmens, die anschließend expliziert und mit Interviewzitaten unterlegt werden. Zur groben Unterscheidung sind die Nennungen fett markiert, die von mindestens zehn Befragten genannt worden sind. Nennungen von nur einer oder zwei Befragten werden hier nicht aufgelistet, werden aber in der ausführlichen Darstellung im Anschluss genannt.

7.3.1 Antizipatorische Sozialisation

Zur *Antizipatorischen Sozialisation* sind gemäß des Leitfragebogens keine *expliziten* Fragen gestellt worden.[767] Dennoch nehmen mehrere Gesundheits- und Krankenpflegerinnen implizit Bezug auf die Sozialisation durch ihre Ausbildung und verweisen auf die dort erlernten Kenntnisse, Fähigkeiten, Fertigkeiten, Werte und Normen. Einige Personen mit Berufserfahrung verweisen zudem darauf, dass insbesondere die vorangegangenen Dienstjahre sie und ihre berufliche Professionalität geprägt haben und dass sie ihre gewohnten Arbeitsweisen auch in die neue Stelle mitbringen.

> *GKPf_7: Aber ich denke nach all den Jahren, man hat schon seinen gewissen Ablauf und man weiß, wie man es zu tun hat. Und ich mache es dann auch weiter. Wenn das halt funktioniert, klar. Aber wenn nicht, dann bin ich auch gerne lernbereit und sage: »Ok, dann versuche ich es halt doch mal anders.« Aber bis jetzt hatte ich das noch nicht. #00:16:58#*

7.3.2 Vorbereitungsphase

Hinsichtlich der *Vorbereitungsphase*, die ausschließlich auf die Aktivitäten der Organisation fokussiert, benennen neun Befragte das Konzept für die Personaleinführung von Gesundheits- und Krankenpflegerinnen als wichtige Grundlage. Viele Befragte äußern sich zu verschiedenen Maßnahmen und Instrumenten und den Ressourcen, die zu einem Großteil bereits in der Vorbe-

---
767 Vgl. Kap. 6.3.

Abbildung 14: Empirische phasenbezogene Befunde.

reitungsphase festgelegt werden. Darauf wird später in Kap. 7.4.2.2 näher eingegangen.

7.3.3 Voreinstiegsphase

Zur Phase vor dem Einstieg in die Organisation werden u. a. die Motive für die Stellensuche und die Bewerbung thematisiert. Hier zeigen sich gruppenbezogen Übereinstimmungen und Unterschiede.

Von den *übernommenen Auszubildenden* resp. *internen Berufsanfängerinnen* werden als Motive für den Verbleib vor allem *positive vorherige Erfahrungen* auf der jeweiligen Station genannt. Darüber hinaus werden auch eine bislang *positive Bewertung des Arbeitgebers* und der Wunsch zunächst *im gewohnten Kontext mehr Erfahrungen sammeln* zu wollen als Motiv für die Bewerbung genannt.

Bei den *externen Berufsanfängerinnen* ist der Wechsel z. B. durch die *vorherige als negativ bewertete Team- oder Vertragssituation, Lust auf Veränderung* und/ oder durch das *Image des neuen Krankenhauses* motiviert.

Bei den *Berufserfahrenen* ist das Motiv für den Wechsel in erster Linie die *Verringerung des Arbeitsweges*. Aber auch das Interesse an einem *neuen Fachgebiet* oder an einer Veränderung wegen der vorherigen als (eher) *negativ bewerteten Vertrags-, Team- oder Arbeitssituation* und das *Image* der Fachabteilung oder des neuen Arbeitgebers werden als ausschlaggebend genannt.

Bei den *Wiederkehrerinnen* sind es *mit dem früheren Weggang verbundene, aber dann nicht erfüllte Motive*, die grundsätzliche *Zufriedenheit* mit dem ersten und gleichzeitig nun wieder neuen Arbeitgeber und die *Wohnortnähe*.

Jenseits dieser Gruppen ist zudem die jeweilige *Trägerschaft* für vier Personen ein Motiv für die Bewerbung.[768]

Hinsichtlich der *Stellensuche* oder zur weiteren Informationsgewinnung erwähnen fünf Personen, dass sie den Internetauftritt des jeweiligen Krankenhauses genutzt haben.

Zum *Auswahlverfahren* liegen vorwiegend positiv qualifizierende Aussagen vor. Für diejenigen, die vor der Einstellung als Gesundheits- und Krankenpflegerinnen ihre Ausbildung bereits bei dem Träger absolviert haben, ist ein zentraler positiver Einflussfaktor für die Bleibebereitschaft, dass ihnen bereits *vor dem Examen ein Arbeitsvertrag als Fachkraft angeboten* wurde. Für die externen neuen Fachkräfte sind eine *schnelle Rückmeldung* auf das Bewerbungsschreiben, eine *schnelle Einladung zum Gespräch* sowie eine *schnelle Zusage* durch die Organisation wichtig.

---

768 Vgl. Kap. 7.4.2.1.

In beiden Personengruppen wird von insgesamt 15 Befragten eine *freundliche Atmosphäre im Auswahlgespräch* als positiv herausgestellt.

> *GKPf_13: Das war richtig gut. Das Gespräch war in einer sehr entspannten Atmosphäre. Also, die Pflegedienstleitung ist total nett auf einen zugekommen. Offen. Ja, es war jetzt halt nicht so –. Es hat sich teilweise nicht wie ein Auswahlgespräch angefühlt, sage ich jetzt mal. Also, man hat sich sehr wohl gefühlt in dem Gespräch. Man hat sich nicht ausgequetscht gefühlt, sondern wirklich so auf Augenhöhe. Was denn einem wichtig ist. Also, da konnte man wirklich offen, sage ich mal, sein. Man hatte nicht das Gefühl: Oh nein, sage ich das jetzt besser oder sage ich das nicht? Also man konnte tatsächlich in dem Gespräch sehr offen sein. #00:04:59#*

Im Hinblick auf das Auswahlgespräch wird von acht Personen das Thema der *Passung* angesprochen. Vier beschreiben, dass sie bereits in diesem (oder einem früheren) Auswahlgespräch den Eindruck gehabt hätten, dass die fachlichen Interessen und Kompetenzen und die aktuell freie Stelle nicht passen, sie die Stelle dennoch angetreten und kurze Zeit später wieder gekündigt hätten oder dies aktuell erwägen.

Vier Personen sprechen an, dass es für sie wichtig sei, dass sie bereits im Auswahlgespräch *Anliegen zur Einarbeitung* thematisieren konnten und dass es sich stark auf ihre (Un-) Zufriedenheit auswirke, inwieweit die Organisation bzw. die Führungskraft deren Umsetzung realisiert bzw. zu realisieren versucht.

> *GKPf_9: (…) Ich habe wenig neurologische Erfahrung. Ich hatte in meiner Ausbildung leider nur einen Einsatz in der Neurologie. Das hatte ich im Vorstellungsgespräch auch gesagt. Und man sagte, das wäre auch nicht so schlimm. Es hätten wohl alle Verständnis dafür. Ich werde wohl gut eingearbeitet. Und damit ich auch alles verstehe. Aber, ich glaube, das ist bei den Mitarbeitern dann nicht so angekommen. (…) #00:16:05#*

Das *Auswahlgespräch* und die *Hospitation* wird von 13 Personen als nützlich angesprochen, um einen grundsätzlichen Eindruck und eine *realistische Tätigkeitsvorschau* zu bekommen. Dies trifft insbesondere auf diejenigen zu, die das Krankenhaus noch nicht aus der Ausbildung oder einer früheren Tätigkeit kennen.

Bezüglich der Zeit nach der Stellenzusage und vor dem ersten Arbeitstag sprechen nur drei Befragte an, dass sie *Materialien und Informationen* zugeschickt bekommen haben bzw. sich abholen konnten.

Schließlich wird deutlich, dass die Voreinstiegsphase von *Erwartungen, Hoffnungen* und *Befürchtungen* geprägt ist. Acht Gesundheits- und Krankenpflegerinnen äußern, dass sie eine *gute Einarbeitung* erwarten und zehn, dass sie eine *freundliche Aufnahme ins Team* erleben möchten.

> *GKPf_4: Aber auch Erwartungen an die Kolleginnen und Kollegen, dass ich alles wirklich gut beigebracht bekomme. Das war mir sehr wichtig, genau. Und auch dass ich auch*

relativ gut ins Team integriert werde. Das sorgt ja auch für das Wohlbefinden im Team und dann kann man, finde ich auch besser arbeiten. (...) #00:07:01#

Weitere Einzelnennungen zu Erwartungen sind *Freude an der Arbeit*, eine *gute Vorbereitung des Einstiegs* und »*dass ich noch mehr Medizinisches lerne*«.

Elf Befragte thematisieren, dass sie vor dem Stellenantritt Sorgen oder Ängste hatten. Fünf befürchten insbesondere, dass sie sich *überfordert* fühlen bzw. *großem Druck* ausgesetzt werden könnten. In dieser Weise äußern sich nicht nur gerade neu Examinierte wie diese junge Frau:

GKPf_11: Naja, also mir ist ja immer sehr wichtig, dass ja, ich nicht das Gefühl hatte, irgendwie ja so unter Druck gesetzt zu werden. Und manchmal heißt es nämlich, ja du bist jetzt examiniert, du musst alles können, so. Mach du mal, du musst das jetzt wissen. Ja das war mir ganz wichtig, dass das eben nicht so ist. Weil nur, weil ich jetzt ein Examen habe, heißt das nicht, dass ich sofort alles weiß und können muss. Weil es gab halt Sachen, die hatte ich als Schülerin noch nicht erlebt und noch nicht gemacht. (...) Ja das war mir dann ganz wichtig, dass der Druck da nicht kam. #00:05:21#

Eine spezifische große Sorge der beiden ausländischen Pflegefachkräfte ist, dass sie *aufgrund der fremden Sprache nicht alles verstehen* oder Dinge falsch verstehen.

Positive Emotionen wie *Vorfreude* auf den ersten Arbeitstag werden nur von zwei Personen thematisiert.

7.3.4 Konfrontationsphase

Das *emotionale Befinden* ist eines der herausstechenden Themen in den Äußerungen zur Konfrontationsphase. 13 Personen schildern, dass sie zunächst *aufgeregt und unsicher* waren, 14 sprechen auch davon, dass sie *Angst* empfunden haben. Diese Emotionen schildern Männer ebenso wie Frauen, Berufsanfängerinnen ebenso wie jene mit Berufserfahrung.

GKPf_17: Ja, also ich war erstmal supernervös und aufgeregt. Es war was ganz anderes, was ich überhaupt gemacht habe vorher. Vorher war ich auf (Name der Station) und das hier ist eine ganz andere Tätigkeit. Und ich hatte auch erst Angst. Also ich war schon ängstlich, so neue Sachen (...). #00:01:27#

Angst wird zum einen benannt als *Angst zu versagen* bzw. dem eigenen oder dem Anspruch anderer nicht gerecht zu werden und zum anderen als *Sorge davor, den Kolleginnen eine große zusätzliche Belastung* zu sein.

Das Erleben von *Stress und Überforderung* benennt mehr als die Hälfte der Befragten als wesentliches Merkmal der Konfrontationsphase. Als eine Ursache wird die *Menge an Informationen* in den ersten Tagen benannt.

> *I: Wie haben Sie die ersten Tage oder den allerersten Tag erlebt? #00:07:02#*
> *GKPf_15: Das war viel. Das war viel. Also, es war so viel, was auf mich eingeprasselt ist. Ich habe gedacht, ich lerne das nie. Das war –. Weil es einfach fachlich so viel war, weil ich vorher keine Erfahrung im (Name Fachgebiet) hatte, oder auch so generell. Wenn man nicht frisch aus der Ausbildung kommt, dann –. Das Wissen, was man nicht braucht, das verschwindet ja dann irgendwann aus dem Kopf und dann sich da neu reinzufuchsen (…). Man fühlt sich schon erschlagen. #00:07:29#*

Einzelne betonen, dass die Aufregung der ersten Tage auch mit *Freude* an der neuen Stelle verbunden war.

Nach Aussagen sehr vieler Interviewpartnerinnen sind in diesen ersten Tagen und Wochen eine *freundliche Aufnahme im Team* und eine *feste Anleiterin* sehr wichtig.

Außerdem wird von 17 Befragten ein Aspekt als sehr bedeutsam angesprochen, der oftmals mit der Redewendung »*nicht ins kalte Wasser geworfen werden*« umschrieben wird. Auf diese drei wesentlichen Aspekte wird im Weiteren noch näher eingegangen.

Dass ihr Arbeitseinsatz mit den entsprechenden Arbeitsmaterialien u. ä. gut vorbereitet sein müsse, wird explizit nur von wenigen Fachkräften als Einflussfaktor angesprochen.

Gruppenspezifisch zeigen sich schließlich folgende Befunde hinsichtlich der Konfrontationsphase: Die *übernommenen Auszubildenden* und die *Wiederkehrerinnen* betonen, dass es ihnen in dieser Phase geholfen und Sicherheit gegeben habe, dass sie *bereits Kolleginnen und andere Organisationsmitglieder kannten und einschätzen konnten*. Für die *externen neuen Fachkräfte* hingegen ist das *Kennen- und Einschätzenlernen* von Führungs- und Pflegekräften sowie Ärztinnen eine erhebliche Herausforderung in der Anfangszeit, ebenso wie die Orientierung im Haus, die acht Personen thematisieren:

> *GKPf_20: Ich habe zum Beispiel nie eine Führung im Haus bekommen. Also ich –, das ist ein Problem, also ich weiß gar nicht, wo irgendetwas ist. Ich kenne gerade den Weg zur Cafeteria. (…) Da ist ein Reha-Ruf und man läuft und weiß auch gar nicht, wohin man läuft. Weil man das Haus gar nicht kennt. Weil man nicht da gelernt hat. (…) #00:35:56#*

7.3.5 Eingliederungsphase

Wenngleich es Überschneidungen und Interdependenzen zwischen den hier zwecks theoretischer Analyse separierten Inhaltsdimensionen der *Eingliederungsphase* gibt, werden im Folgenden die jeweiligen Ergebnisse zur *fachlichen Einarbeitung*, zur *sozialen Integration* und zur *kulturellen Einführung* nacheinander dargestellt.

Zu Beginn seien drei Aspekte vorangestellt, die mehrere Befragte als wesentlich benennen. Sie lassen sich der Eingliederungsphase allgemein zuordnen, bleiben aber auch darüberhinaus wichtig. Zehn Befragte thematisieren, dass für sie *Mitsprache* wichtig sei, und neun, dass für sie *Freude und Spaß* wesentlich seien. Acht Gesundheits- und Krankenpflegerinnen finden es wichtig, dass sie sich *wohl fühlen*.

7.3.5.1 Fachliche Einarbeitung

Die Äußerungen der neuen Gesundheits- und Krankenpflegerinnen machen deutlich, dass sie alle in den ersten Wochen und Monaten eine *fundierte Vermittlung von Informationen, Fähigkeiten und Fertigkeiten in fachlicher Hinsicht* mit entsprechenden *personellen und zeitlichen Ressourcen* erwarten, um die Aufgabenerfüllung und die entsprechenden Prozesse zu erlernen.

Um fachliche Sicherheit zu erlangen und Aufgaben selbstständig und eigenverantwortlich erfüllen zu können, erwarten die neuen Mitarbeitenden eine kontinuierliche *Anleitung möglichst durch eine feste Person*, die alles zunächst zeigt und erklärt und die die eigenständige Aufgabenübernahme durch die neue Fachkraft begleitet und überprüft. Fehlt diese Einarbeitung und Anleitung, wird das häufig als emotional belastend empfunden, da damit u. a. Gefahren für die Patientinnen verbunden sein können.

Manche der Interviewteilnehmenden kritisieren, dass sie in Folge von zu knappen Personalressourcen sehr schnell vollumfänglich und selbstständig bei der Aufgabenerfüllung im Dienst eingeplant und so »*ins kalte Wasser geworfen*« worden seien. Das führt nach Aussagen der meisten Betroffenen zu *Überforderung, Stress und Unzufriedenheit*.

GKPf_7: Es war zur Anfangszeit, dass wir wirklich schon als volle Kraft gezählt wurden, obwohl wir nichts konnten. Das fand ich immer ganz schwierig. Da wurde halt gesagt: »Ok, ihr seid fünf Examinierte. Das ist das Minimum. Ihr schafft das schon.« Aber dass dann gesagt wurde: »Wir haben aber doch eine Einarbeitungszeit!«, das zählte nicht. Und das, finde ich, ist immer ganz schwierig. Und darunter leidet alles. #00:24:15#

Stattdessen, so betonen 17 Befragte, sei eine *sukzessive Übertragung von Aufgaben und Verantwortung* aus Gründen des Schutzes von Patientinnen wie von Mitarbeitenden unerlässlich. Das Tempo solle sich an den Kompetenzen der neuen Fachkräfte orientieren.

GKPf_6: (...) Dass ich halt etwas längere Zeit über bin oder dass man dann auch, wenn ich sage: »Ich fühle mich noch nicht sicher, ich möchte noch nicht allein im Dienst sein.« – Also eigenverantwortlich schon, aber nicht nachts alleine arbeiten, dass darauf nochmal Rücksicht genommen wird. Dass man das individuell anpasst. Dass man irgendwie auch in Zeiten des Personalmangels das irgendwie anpassen kann. #00:24:06#

Zwei Personen äußern, dass sie sich dem früh vorgesehenen Einsatz *allein im Nacht- bzw. Bereitschaftsdienst* nicht gewachsen fühlten. Für sie sei es wichtig gewesen, dass sie ihre Befürchtungen mit der jeweiligen Dienstvorgesetzten besprechen konnten und diese ihnen zur Absicherung im Notfall ihre private Telefonnummer gegeben habe.

Daneben nennen die Gesundheits- und Krankenpflegerinnen einen *Einarbeitungsplan, schriftliches Informationsmaterial,* terminierte *Reflexionsgespräche* sowie spontane *Rückmeldungen* als weitere wesentliche Maßnahmen und Instrumente.[769]

Unterstützung durch Kolleginnen und Dienstvorgesetzte[770] wird von vielen Interviewpartnerinnen als wesentlich eingeschätzt. Sie wirke sich positiv auf die Reduktion von Unsicherheit in fachlicher wie auch sozialer Hinsicht aus und erhöhe die Zufriedenheit und die Bleibebereitschaft.[771] Ein konkretes, bedeutsames Merkmal, das von 16 Befragten umschrieben wird, ist *dauerhaft Fragen stellen zu dürfen und sie angemessen beantwortet zu bekommen.* Drei Befragte schildern, ihr Team hätte sie explizit dazu ermutigt, jederzeit Fragen zu stellen, insbesondere bei Unsicherheiten.

Inhaltlich eng damit verbunden ist der *Wunsch nach Verständnis* für die neuen Mitarbeitenden und ihre Situation durch die Kolleginnen. Beispielhaft wird dieser Wunsch durch das folgende Zitat verdeutlicht:

> *GKPf_6: Dass die Kollegen, mit denen ich im Dienst bin, im Hinterkopf haben, dass ich noch nicht so lange da bin. Und dass mir vielleicht manche Sachen noch nicht so geläufig sind. (...) Dass da dann auch irgendwie ja, das beachtet wird, dass ich das vielleicht noch nicht weiß oder dass ich halt anders Sachen vorbereite, weil ich es anders kenne als es hier im Haus ist. #00:23:14#*

Um fachliche Sicherheit zu erlangen und Aufgaben selbstständig und eigenverantwortlich erfüllen zu können, wird von einer ausländischen Fachkraft der Wunsch nach einem *speziellen Sprachkurs für Gesundheits- und Krankenpflegerinnen* geäußert, um die Fachbegriffe und Abkürzungen zu erlernen.

Eine andere Befragte hat die Idee einer »*Einführungs-Pflegefachkraft*« als Ansprechperson für alle neuen Pflegekräfte im Haus, die für alle Fragen und Sorgen da ist und Ratschläge gibt. Dies könnte z. B. eine ältere, berufserfahrene Person sein, die z. B. aufgrund von körperlichen Beschwerden nicht mehr voll in der Pflege arbeiten kann.

---

769 Näheres dazu in Kap. 7.4.2.2.
770 Auf das Thema der interdisziplinären Zusammenarbeit wird in Kap. 7.4.2.1 und 7.4.3.1 eingegangen.
771 Die Determinanten *kollegiale Unterstützung* und *Wunsch nach Verständnis* sind Beispiele für die enge Verbindung zwischen den drei hier theoretisch getrennten Inhaltsdimensionen. Sie könnten ebenso als Ergebnisse im Kapitel *7.3.5.2 Soziale Integration* wie im Kap. *7.3.5.3 Kulturelle Einführung* dargestellt werden.

Schließlich wird in den Interviews deutlich, dass auch die *Klärung der neuen Rolle* und der *Umgang mit den Rollenerwartungen* eine weitere Herausforderung in dieser Phase sein kann. Acht der neun Berufsanfängerinnen benennen den mit der Einstellung verbundenen *Rollenwechsel von der Auszubildenden zur examinierten Fachkraft* als Herausforderung. Die eigene Unsicherheit und die mit der neuen Rolle verbundene Verantwortung löse zunächst Stress aus.

> *GKPf_13:* (...) *Bin ich dem Ganzen da so gewachsen, da so eine große Patientengruppe zu übernehmen? Weil dann hat man natürlich die Verantwortung alleine. Und man ist nicht nur mehr Auszubildender und kann dann die Verantwortung, sage ich mal, abgeben. Das war schon Stress.* (...) *#00:07:05#*

Drei Fachkräfte schildern, dass sie in ihrer Rolle als Pflegefachkraft in dem neuen Krankenhaus *weniger medizinische Aufgaben übernehmen* dürften, als sie das in früheren Stellen gewohnt gewesen seien, und dass sie das negativ bewerteten.

> *GKPf_2: Was mir aber tatsächlich aufgefallen ist, ist, dass von einem erwartet wird, dass man gar nicht so –, wie soll ich das jetzt sagen –, dass man nicht so sehr in die Arbeit der Ärzte reinrutscht.* (...) *Also, man versucht schon, einem klarzumachen: Das ist klar deine Aufgabe, und das ist klar Ärzteaufgabe. Und das finde ich dann blöd.* (...) *Also, dass man in seiner Rolle als Krankenschwester bleibt, das ist hier tatsächlich so strikt. Nur, ich habe ein bisschen mehr gelernt als nur Krankenschwester. Und ich bringe halt noch ein bisschen mehr Wissen mit.* (...) *Das war dann so: Ich möchte etwas machen, aber ich muss aufpassen, dass ich mich nicht überschätze, hieß es dann. #00:19:05#*

Fünf Personen benennen Schwierigkeiten mit der Erwartung der Pflegekolleginnen und vier mit der Erwartung aus der Ärzteschaft, dass sie die Rolle als Fachkraft direkt voll erfüllen sollten:

> *GKPf_23: Wenn man am Anfang noch nicht so viel weiß, ist auch sehr viel Kontra. Weil die gleich denken, man kann am ersten Tag alles. Das ist dann –. Ja, da hat man dann auch so Momente, wo man am liebsten weinen möchte. Weil das dann einfach alles zu viel auf einmal ist. Und man lernt es ja eigentlich erst gerade.* (...) *#00:15:39#*

Im Gegensatz dazu äußern zwei Personen, dass es keine Erwartungen gegeben hätte und acht Personen, dass die Erwartungen »angemessen« oder »ganz normal« gewesen seien bzw. das erwartet würde, was sie selbst für selbstverständlich hielten.

7.3.5.2 Soziale Integration

Hinsichtlich der parallel verlaufenden Teilphase der sozialen Integration beschreiben die Befragten das *Kennen- und Einschätzenlernen der Arbeitsgruppenmitglieder* und das *Hineinfinden in die Gruppe* als wichtig, aber auch als Herausforderung.

Elf Personen halten es für wichtig, dass sie *selbst offen und freundlich* auf andere zugehen und so Beziehungen aufbauen und ihren Platz im Team finden. Viel stärker wird in den Aussagen jedoch das Agieren der Arbeitsgruppe und einzelner Kolleginnen in den Fokus gerückt. Deren *Offenheit, Wertschätzung, Akzeptanz, Verständnis* sowie eine *freundliche Aufnahme* und *Unterstützung* werden als wichtige Faktoren genannt.[772] Sie reduzierten die anfängliche Unsicherheit und förderten die Bleibebereitschaft.

Auf die Frage, wie sie sich die soziale Eingliederung vorstelle, die sie vermisse, antwortet eine Person:

GKPf_22: Dass nicht nur fachlich mit mir gesprochen wird, sondern auch schon einmal ein bisschen über mich gesprochen wird, oder ich auch ein bisschen privat mit den Kollegen sprechen kann. Dass mit mir gelacht wird, und nicht nur mit den anderen. Dass nicht hinter meinem Rücken über mich gesprochen wird, was ich dann erfahre. Das sind so Merkmale. #00:44:33#

Als förderlich für die soziale Integration werden schließlich von einzelnen Befragten *gemeinsame Pausen mit Kolleginnen, Betriebsfeiern, eine Mentorin als Brücke ins Team, aktives Einbeziehen der neuen Kollegin in die Teamsitzungen, Einladungen zu gemeinsamen Aktivitäten in der Freizeit, private Kontakte zu Kolleginnen, die Aufnahme in die WhatsApp-Gruppe* sowie »*miteinander Späße machen*« genannt.

7.3.5.3 Kulturelle Einführung

Die Frage, welche Aspekte die neuen Gesundheits- und Krankenpflegerinnen in einem Krankenhaus-Leitbild wichtig fänden, führte in der Regel zu kurzen oder längeren Gesprächspausen. Unabhängig von der Trägerschaft und personenbezogenen Merkmalen äußerten mehrere Befragte, dass das eine sehr schwierige Frage sei. Am häufigsten wurden dann die folgenden Aspekte genannt:
- *ein wertschätzender Umgang mit Patientinnen, Achtung ihrer Individualität, ihrer Bedürfnisse und ihres Wohlbefindens* (13 Nennungen),
- *ein respektvoller, freundlicher Umgang mit allen* (11) und
- *gute Zusammenarbeit, Unterstützung im Team* (9).

Dabei fällt auf, dass sich die Nennungen unabhängig von der Trägerschaft über alle sechs Krankenhäuser verteilen.

Als weitere Themen für ein Leitbild werden genannt:

---

772 Diese Aspekte könnten auch in Kap. 7.3.5.3 als Erwartungen an eine Organisations- bzw. Stationskultur dargestellt werden.

Professionelle Behandlung der Krankheit (4), gute Kommunikation zwischen allen Beteiligten (4), anerkennender Führungsstil (2), Vertrauen (1), Gewissenhaftigkeit (1), Ehrlichkeit (1), Menschlichkeit (1), gute Organisation der Abläufe (1), Nächstenliebe (1) und Offenheit für alle Weltreligionen (1).[773]

Mehrere Befragte äußern, dass sich diese Leitbildvorschläge insbesondere hinsichtlich einer guten Patientinnenversorgung im Arbeitsalltag z. T. nur schwer umsetzen lassen. Es sei oftmals einfach nicht genug Zeit.

> *GKPf_10: In der Zeit, in der ich auf dieser Station gearbeitet habe, bin ich immer mit einem schlechten Gefühl nach Hause gegangen. Und das wollte ich nicht. Ich wollte für mich das Gefühl haben, ich habe genug Zeit, meine Patienten so zu versorgen, dass sie zufrieden sind, und vor allem, dass ich auch zufrieden mit meiner Arbeit sein kann. (…) Und dafür ist einfach keine Zeit. #00:20:42#*

Auf die Frage, was die Gesundheits- und Krankenpflegerinnen Auszubildenden vermitteln würden, worauf im jeweiligen Krankenhaus Wert gelegt wird, sind am häufigsten und organisationsübergreifend die folgenden Aspekte genannt worden:[774]
- *Einhaltung von Standards und Hygieneregeln, ordentliches und effizientes Arbeiten* (18 Nennungen),
- *Freundlichkeit, Offenheit, Interesse* (15),
- *empathische, professionelle Versorgung der Patientinnen* (9).

Als weitere, an Auszubildende zu vermittelnde Werte, Normen bzw. daraus folgende Verhaltensweisen werden angesehen:

> sich absichern/ Kompetenzen nicht überschreiten (7), ehrlich sein, Fehler benennen (6), trotz Zeitdruck für Patientinnen da sein (2), keine Handynutzung im Dienst (2), »Nicht die Hände in die Taschen stecken« (2), Motivation/Engagement zeigen (1), pünktlich sein (1), keine verbale oder physische Gewalt anwenden (1), ein offenes Ohr für die Angehörigen haben (1), Flexibilität (1), Ruhe bei Notfällen (1) sowie Spaß an der Arbeit haben (1).

Abschließend werden nun die Ergebnisse zu folgenden drei Fragestellungen zusammengefasst dargestellt:
1. Wie erleben die Befragten die christliche Trägerschaft als Thema in ihrer Einführung?
2. Wie erleben sie diese in ihrem Arbeitsalltag?

---

773 Die beiden letzten religiös konnotierten Aspekte sind von einer muslimischen Gesundheits- und Krankenpflegerin in einem konfessionellen Krankenhaus genannt worden.
774 Die Nennungen sind wiederum trägerübergreifend gemacht worden.

3. Welche Vorschläge haben sie, um neue Mitarbeitende in die Werteorientierung des Krankenhauses bzw. eine diakonische Kultur einzuführen?[775]

Beim Thema Erkennbarkeit der evangelischen bzw. katholischen Trägerschaft wird der Fokus der Auswertung nun sachgemäß auf die Aussagen der 15 Fachkräfte aus den konfessionellen Häusern gerichtet. Anschließend werden sie ergänzt von jenen aus den kommunalen Krankenhäusern, die zuvor bei einem konfessionellen Träger gearbeitet haben.

Zu 1.: Zunächst äußern die Befragten überwiegend, dass die Trägerschaft während ihrer Einführung in ihrer Wahrnehmung keine oder kaum eine Rolle gespielt habe und dass damit keine bestimmten Erwartungen an neue Mitarbeitende verknüpft seien.

Auf Nachfrage geben alle 15 Fachkräfte aus den konfessionellen Krankenhäusern an, dass das *Leitbild* entweder auf der Station aushänge, Teil der Einführungsmappe sei oder dass es ihnen überreicht worden sei. Manche vermuten, andere wissen, dass darin auch etwas zum Selbstverständnis als Krankenhaus in evangelischer bzw. katholischer Trägerschaft steht, können dazu in der Regel jedoch keine genauere Auskunft geben.[776]

Der Großteil der neuen Mitarbeitenden aus drei konfessionellen Häusern[777] spricht – ebenfalls erst auf Nachfrage – den *Einführungstag* an, an dem die Trägerschaft thematisiert und eine *Andacht bzw. ein Gottesdienst* gefeiert und/ oder ein *Segen* für die neuen Mitarbeitenden gesprochen wurde.

GKPf_3: Das war am Einführungstag, ja. Da hatten wir dann einen Gottesdienst. Und das ist das, was mich eben halt da, ja, das realisierbar gemacht hat, dass das eben ein katholischer Verbund ist. Und genau, so kenne ich das nämlich nicht. #00:14:33#

Zu 2.: Auf die Frage, inwiefern die evangelische oder katholische Trägerschaft für sie als Mitarbeitende oder für Patientinnen erkennbar oder erlebbar ist, entsteht häufig zunächst eine Gesprächspause, oder die Befragten äußern zunächst auch diesbezüglich, dass diese für sie nicht erlebbar sei. So auch diese beiden:

GKPf_5: Woran man merkt, dass es katholisch ist? Da gibt es sicherlich Sachen, aber ich achte jetzt ehrlich gesagt nicht so sehr darauf. Deswegen kann ich jetzt Ihnen kein Beispiel nennen. #00:18:26#

GKPf_11: Ich muss sagen, mittlerweile [merkt man das] eigentlich nicht mehr. Weil eigentlich ist das international. Viele Ärzte sind, kommen nicht aus Deutschland, zum Beispiel. Oder auch Schwestern, die nicht, die dann einer anderen Religion angehören

---

775 Welche Rolle die Trägerschaft als Teil des unternehmenspolitischen Rahmens z. B. für die Kommens- und Bleibebereitschaft spielt, wird in Kap. 7.4.2.1 dargestellt.
776 Vgl. Kap. 7.4.2.1.
777 In einem konfessionellen Krankenhaus gibt es keinen Einführungstag für neue Mitarbeitende.

und so. Also ich denke, das ist teilweise jetzt so gemischt, dass man das jetzt gar nicht so mitkriegt. #00:10:54#

Die meisten der 15 Befragten aus den vier konfessionellen Krankenhäusern benennen im weiteren Interviewverlauf dann doch einzelne Merkmale, am häufigsten diese:
- *Gottesdienste* (8 Nennungen),
- *Priester, Pastorin oder Seelsorgerin* (8).

Als weitere Merkmale werden angesprochen:

Kapelle (mit Fürbittenbuch) (3), Begleitung für Sterbende und deren Angehörige (2), Kommunion am Krankenbett (2), Krankensalbung (1), Geschenke zu hohen Feiertagen (1), Fisch am Freitagmittag (1), Sparsamkeit mit Pflegematerial (1), Kreuze und Bibeln (1), Internetauftritt (1), Kerze und Gebetskärtchen für Verstorbene (1), jährliches Verstorbenen-Gedenken (1), die Beratungen der Ethikkommission (1).

Zwei Befragte nennen als Merkmale die *Interaktionen bzw. Praktiken auf der Station*. Für beide wird sie durch »*das menschliche Miteinander*« erlebbar, wobei eine Person unmittelbar einschränkt, dass das eigentlich nicht etwas Christliches, sondern »etwas ganz Normales« sei.

Auffällig ist, dass mehrere der Befragten beim Aspekt der christlichen Ausrichtung einen Vergleich mit ihrem früheren katholischen Anstellungsträger anstellen. Sie erschien ihnen dort klarer erkennbar.

GKPf_12: (4 sek.) Wüsste ich jetzt nicht. Also mein anderes Haus war katholisch, da hat man es schon gemerkt, dass es katholisch ist. Da war halt Donnerstag und Freitag gab es das Abendmahl auf Station. Da sind die Nonnen, die wir im Haus hatten, die sind herumgegangen und haben das Abendmahl verteilt und sonntags gab es auch immer den Gottesdienst. Aber hier würde ich jetzt sagen, merkt man das fast gar nicht, dass das evangelisch ist. #00:19:00#

Eine Gesundheits- und Krankenpflegerin ist u. a. deswegen zu einem öffentlich-rechtlichen Krankenhaus gewechselt, weil sie sich nicht mit der katholischen Ausrichtung identifizieren konnte.

GKPf_15: Dass in jedem Zimmer ein Kreuz hängt und immer alle –. Ach, ich weiß nicht. Jeden Sonntag wieder, da muss man durch die Zimmer gehen und abfragen, wer von den Patienten da irgendwie die Kommunion empfangen möchte oder was weiß ich. Das ist –. Also, das sehe ich halt nicht als Teil meiner Arbeit. (...) #00:06:50#

Zwei andere Personen hingegen äußern, dass sie mehr Erkennbarkeit der christlichen Ausrichtung des Hauses erwarten würden.

GKPf_2: Ich muss halt sagen, dass ich an sich keine großen Unterschiede bemerke. Und ich sage jetzt einmal: Ich hätte vielleicht auch teilweise, was einige ethische Dinge angeht

–, bei Patienten, die zum Beispiel im Sterben liegen –, dass man da vielleicht noch mehr den Glauben da nochmal reinholt. (…) #00:22:17#

Die zweite Person hat bereits früher für längere Zeit in diesem Krankenhaus gearbeitet. Sie äußert sich kritisch zur Erlebbarkeit der christlichen Trägerschaft angesichts der massiv zunehmenden Arbeitsbelastung und des wirtschaftlichen Drucks.

GKPf_21: Das – (12 Sek.). Mal von den offensichtlichen Möglichkeiten wie Teilnahme am Gottesdienst und Krankenkommunion am Bett, Krankenhausseelsorge, die entsprechend verfügbar ist, mal abgesehen, ist es momentan, glaube ich, tatsächlich schwierig, uns als christlichen Arbeitgeber wahrzunehmen oder als kirchlichen Träger wahrzunehmen, aufgrund der wirtschaftlichen Situation. Weil einfach der Arbeitsalltag so überfordernd ist. Vieles ist einfach viel wirtschaftlicher orientiert, als es sein –. Nein, nicht als es sein müsste, stimmt nicht. Es ist einfach wirtschaftlich geprägt. Da zählt das reine Machen. Natürlich soll immer der Raum da sein, wenn es Patienten gibt, die bedürftig sind in diese Richtung. Dass da dann auch eben entsprechend die Mitarbeiter sensibel drauf gucken, die Möglichkeiten schaffen. Kontakt herstellen zur Seelsorge oder zum Ehrenamt oder eben Raum schaffen für alternative Angebote (…) #00:38:27#

Zu 3.: Auf die explizite Frage, was aus ihrer Sicht für die Gestaltung einer kulturellen Einführung wichtig sei, antworten die Befragten:

- *Werte, die für das Krankenhaus maßgeblich sind, müssen neuen Mitarbeitenden konkret von den anderen vorgelebt werden* (4 Nennungen);
- *die Organisation sollte die Werte (z. B. beim Einführungstag) thematisieren (3);*
- *ein kollegiales Miteinander und gegenseitige Unterstützung sollte gefördert werden (2);*
- *Werte sollten klar benannt werden, sie sollten vorgelebt und reflektiert werden und es sollte offen angesprochen werden, wenn die jeweils geforderten Werte in Konflikt zueinander stehen (2);*
- *Austausch darüber im Team (1), sowie ein stationsunabhängiger Austausch/Treffen für neue Mitarbeitende sind wichtig (2);*
- *Werteorientierung lernt man als neue Kollegin durch Abgucken, Mitgehen und Zuhören (2);*
- *man braucht auch dafür eine Anleiterin/Mentorin (1);*
- *»Das kommt einfach mit der Zeit!« (1);*
- *»Da weiß ich jetzt auch leider keine Antwort drauf.« (3).*

Und eine weitere konkrete Idee ist folgende:

GKPf_23: Sowas wie –, so fortbildungsmäßig. (…) Aber vielleicht eher so in kleineren Gruppen, nicht so in größeren. Dass man auch dann nicht präsentationsmäßig, sondern eher so klein, vielleicht eine Stunde ganz gemütlich. Dass das so einem dann nochmal vermittelt wird. Weil das nimmt man eher auf, als wenn man nur zwei, drei Stunden so eine Präsentation einfach runtergelabert wird. Dann versteht man das auch besser. Und traut sich vielleicht auch mehr zu fragen, wenn es nur in so kleinen Gruppen ist. Bei den größeren, da meldet sich ja doch keiner und denkt man nur, oh, schnell Schluss, schnell Schluss. Und in den kleineren, also, hat man ein besseres Gefühl, finde ich einfach. #00:36:38#

Diese vielschichtigen Ergebnisse zum spezifisch diakoniewissenschaftlichen Forschungsinteresse an der impliziten oder expliziten Vermittlung einer diakonisch-kulturellen Inhaltsdimension werden nun abschließend noch einmal gebündelt. Die Studie zeigt demnach:
- Sowohl die inhaltlichen Vorschläge für ein Leitbild wie auch die zur Wertevermittlung gegenüber den Auszubildenden zeigen große Übereinstimmungen hinsichtlich der individuellen und alltagsrelevanten Werthaltungen. Es lassen sich weder bezüglich des Trägers noch der individuellen Religionszugehörigkeit Unterschiede ausmachen.
- Diese Werthaltungen werden *nicht (explizit) in Beziehung gesetzt zu biblisch-theologischen Grundüberzeugungen*, wie dies z. B. in Leitbildern der konfessionellen Krankenhäuser gemacht wird.
- Die christliche Trägerschaft und eine diakonische Kultur werden am ehesten an *religiösen Artefakten* wie dem Gottesdienst und dem Priester, der Pastorin/ Seelsorgerin festgemacht und kaum an den Interaktionen z. B. zwischen Pflegefachkräften und Patientinnen.
- Eine *diakonisch-kulturelle Inhaltsdimension* wird in der Einführung nicht (bewusst) wahrgenommen, und/oder es fällt schwer, diese zu fassen und zu benennen. Auf Nachfrage werden die Vorträge und ein Gottesdienst am *Einführungstag für neue Mitarbeitende* sowie das ausgegebene *Leitbild* des Hauses genannt. Die Aspekte *freundliche Aufnahme, Wertschätzung, Akzeptanz, Verständnis* und *Unterstützung*, die den Befragten sehr wichtig sind, werden **nicht** als Merkmale einer diakonischen Kultur genannt.
- Es werden bis auf wenige Ausnahmen keine expliziten Erwartungen an die Einführung oder die Arbeit aufgrund der Trägerschaft deutlich.

7.4 Inhaltliche Auswertung mittels des einflussfaktorenbezogenen Rahmenmodells

Anhand des einflussfaktorenbezogenen Rahmenmodells erfolgt nun die Darstellung der Determinanten, die aus Sicht der Befragten zum Erreichen der beschriebenen Ziele der Personaleinführung bedeutsam sind.

Abbildung 15 (S. 188) gibt vorab einen zusammenfassenden Überblick über die Ergebnisse, systematisiert nach den vier Ebenen des zweiten Rahmenmodells des Forschungsrahmens. Zur groben Unterscheidung sind die Nennungen fett markiert, die von mindestens zehn Befragten genannt worden sind. Einzelnen-

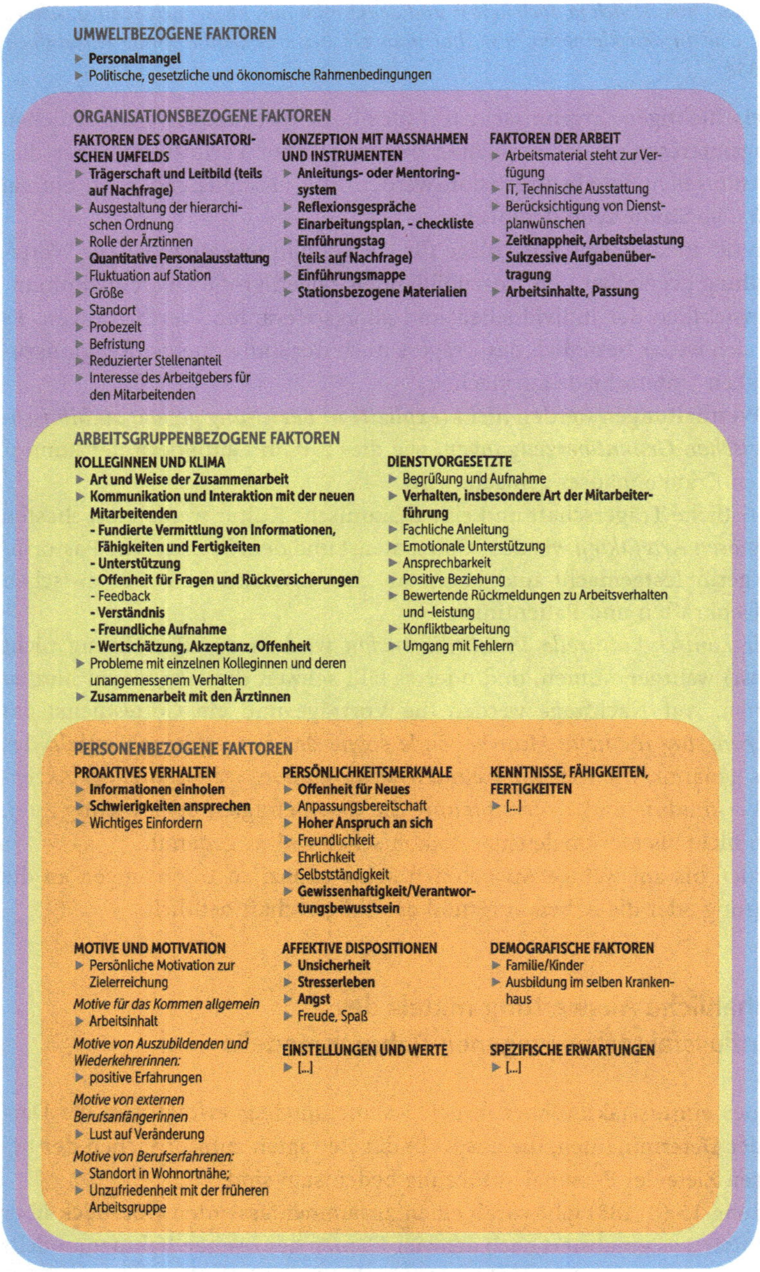

UMWELTBEZOGENE FAKTOREN
- Personalmangel
- Politische, gesetzliche und ökonomische Rahmenbedingungen

ORGANISATIONSBEZOGENE FAKTOREN

FAKTOREN DES ORGANISATORISCHEN UMFELDS
- Trägerschaft und Leitbild (teils auf Nachfrage)
- Ausgestaltung der hierarchischen Ordnung
- Rolle der Ärztinnen
- Quantitative Personalausstattung
- Fluktuation auf Station
- Größe
- Standort
- Probezeit
- Befristung
- Reduzierter Stellenanteil
- Interesse des Arbeitgebers für den Mitarbeitenden

KONZEPTION MIT MASSNAHMEN UND INSTRUMENTEN
- Anleitungs- oder Mentoringsystem
- Reflexionsgespräche
- Einarbeitungsplan, - checkliste
- Einführungstag (teils auf Nachfrage)
- Einführungsmappe
- Stationsbezogene Materialien

FAKTOREN DER ARBEIT
- Arbeitsmaterial steht zur Verfügung
- IT, Technische Ausstattung
- Berücksichtigung von Dienstplanwünschen
- Zeitknappheit, Arbeitsbelastung
- Sukzessive Aufgabenübertragung
- Arbeitsinhalte, Passung

ARBEITSGRUPPENBEZOGENE FAKTOREN

KOLLEGINNEN UND KLIMA
- Art und Weise der Zusammenarbeit
- Kommunikation und Interaktion mit der neuen Mitarbeitenden
  - Fundierte Vermittlung von Informationen, Fähigkeiten und Fertigkeiten
  - Unterstützung
  - Offenheit für Fragen und Rückversicherungen
  - Feedback
  - Verständnis
  - Freundliche Aufnahme
  - Wertschätzung, Akzeptanz, Offenheit
- Probleme mit einzelnen Kolleginnen und deren unangemessenem Verhalten
- Zusammenarbeit mit den Ärztinnen

DIENSTVORGESETZTE
- Begrüßung und Aufnahme
- Verhalten, insbesondere Art der Mitarbeiterführung
- Fachliche Anleitung
- Emotionale Unterstützung
- Ansprechbarkeit
- Positive Beziehung
- Bewertende Rückmeldungen zu Arbeitsverhalten und -leistung
- Konfliktbearbeitung
- Umgang mit Fehlern

PERSONENBEZOGENE FAKTOREN

PROAKTIVES VERHALTEN
- Informationen einholen
- Schwierigkeiten ansprechen
- Wichtiges Einfordern

PERSÖNLICHKEITSMERKMALE
- Offenheit für Neues
- Anpassungsbereitschaft
- Hoher Anspruch an sich
- Freundlichkeit
- Ehrlichkeit
- Selbstständigkeit
- Gewissenhaftigkeit/Verantwortungsbewusstsein

KENNTNISSE, FÄHIGKEITEN, FERTIGKEITEN
- [...]

MOTIVE UND MOTIVATION
- Persönliche Motivation zur Zielerreichung

Motive für das Kommen allgemein
- Arbeitsinhalt

Motive von Auszubildenden und Wiederkehrerinnen:
- positive Erfahrungen

Motive von externen Berufsanfängerinnen
- Lust auf Veränderung

Motive von Berufserfahrenen:
- Standort in Wohnortnähe;
- Unzufriedenheit mit der früheren Arbeitsgruppe

AFFEKTIVE DISPOSITIONEN
- Unsicherheit
- Stresserleben
- Angst
- Freude, Spaß

EINSTELLUNGEN UND WERTE
- [...]

DEMOGRAFISCHE FAKTOREN
- Familie/Kinder
- Ausbildung im selben Krankenhaus

SPEZIFISCHE ERWARTUNGEN
- [...]

Abbildung 15: Empirische einflussfaktorenbezogene Befunde.

nungen (von nur ein oder zwei Personen) werden hier nicht aufgelistet. Die Determinanten werden anschließend expliziert und mit Interviewzitaten veranschaulicht.

7.4.1 Umweltbezogene Faktoren

Von nahezu allen Befragten werden der *Personalmangel* und die daraus folgende *Arbeitsverdichtung* als die zentralen umweltbezogenen Einflussfaktoren genannt, die sich negativ auf die Einführung auswirken (könnten). Auf die Ursachen wird von Seiten der Interviewpartnerinnen kaum differenziert Bezug genommen. Lediglich drei Gesundheits- und Krankenpflegerinnen mit mehreren Jahren Berufserfahrung thematisieren in diesem Zusammenhang *politische und ökonomische Rahmenbedingungen*.

> *GKPf_23: Ja, ich glaube, da werden –. In der Politik werden einfach Prioritäten falsch gesetzt. In meinen Augen. #00:22:33#*
> *I: Wodurch? #00:22:35#*
> *GKPf_23: Na ja, es wird halt überall rein investiert, aber nicht in die sozialen Geschichten und da ist egal, ob es ein Krankenhaus, Kindergarten, Schule oder ein Altenheim ist.*

Darüberhinaus werden nur wenige umweltbezogene Faktoren angesprochen.

Hinsichtlich *politisch-rechtlicher Rahmenbedingungen* gibt es eine weitere Äußerung von einer ausländischen Interviewpartnerin. Sie benennt immense *bürokratische Hürden für Nicht-EU-Bürgerinnen*, um als Pflegefachkraft in einem deutschen Krankenhaus angestellt und eingeführt werden zu können.

Hinsichtlich *gesellschaftlicher Rahmenbedingungen* wird einmal das Thema *Wertewandel* angesprochen, der dazu führe, dass die Bereitschaft abnehme, aktiv etwas für *das Miteinander unter den Kolleginnen* zu tun.

Technologische Entwicklungen werden von einer Person angesprochen, indem sie kritisiert, dass diese und im Besonderen die Digitalisierung noch viel zu wenig und in zu wenigen Krankenhäusern Einzug gehalten habe, obwohl sie auch in der Einführung vieles vereinfachen würde. Bezüglich des Themas *technische Ausstattung des jeweiligen Krankenhauses* gibt es weitere einzelne Äußerungen, die als *Faktoren der Arbeit* in Kap. 7.4.2.3 thematisiert werden.

7.4.2 Organisationsbezogene Faktoren

Bezogen auf die Organisation werden zahlreiche Determinanten angesprochen. Sie werden gemäß der Kategorisierung des Rahmenmodells in drei Unterkategorien dargestellt.

7.4.2.1 Faktoren des organisatorischen Umfelds

Es liegen wenige explizite Äußerungen zu Elementen des *unternehmenspolitischen Rahmens* vor. Zwei Personen geben an, dass die Frage der Unternehmensziele und der Schwerpunktsetzung für sie als neue Mitarbeitende relevant sei. Sie äußern außerdem, dass die Konsistenz von Unternehmensphilosophie und erlebten Managemententscheidungen für sie wichtig sei.

Eine Person merkt hierzu kritisch an, dass der christliche Auftrag und die Vision zwar »draußen auf dem Plakat« und in den Grundsätzen benannt werde, die Umsetzung im Alltag aber schwierig sei.

> *GKPf_21: Weil da ist kein Platz mehr für das »freigemeinnützig Christliche« in Anführungszeichen. Dafür sind wir zu sehr den wirtschaftlichen Fakten unterworfen. (...)« #00:24:36#*

Fünf Personen sprechen an, dass sie sich bei der Stellensuche sehr allgemein die *Präsentation der Organisation* im Internet angesehen haben und eine spricht im Besonderen das dort veröffentlichte Leitbild an.

Nur wenige Befragte äußern, dass die *Trägerschaft* aus ihrer Sicht einen Einfluss auf ihre Kommens- oder Bleibebereitschaft habe.

Das folgende Zitat bringt die überwiegende Einstellung auf den Punkt:

> *GKPf_13: Ja, gut, ich bin da jetzt ehrlich. Mich stört es nicht. (...) Also ich sag mal so, ob es jetzt ein christliches Haus ist oder nicht, hat für meine Entscheidung für das Haus selber keine Auswirkungen. (...) #00:23:31#*

Ausnahmen sind zwei katholische Pflegefachkräfte, die sich explizit wegen der katholischen Trägerschaft in dem Krankenhaus beworben haben, eine muslimische Pflegekraft, die sich bewusst für ein christliches entschieden hat, und eine Konfessionslose, die unbedingt in ein öffentlich-rechtliches Krankenhaus wechseln wollte.

Das *Leitbild* als ein konkretes organisationales Instrument, um die normative Ausrichtung des unternehmenspolitischen Rahmens zum Ausdruck zu bringen, thematisieren die Befragten in der Regel erst auf direktes Nachfragen. Folgendes Zitat erscheint aufschlussreich hinsichtlich der Haltung zu einem Leitbild:

> *GKPf_3: Ich muss ehrlich gestehen, ich habe mich nie damit auseinander gesetzt. Ich habe mich auch nie dafür interessiert, was in einem Leitbild drinsteht. Oder was in einem christlichen Leitbild drinsteht. Muss ich passen, wenn ich ehrlich bin. #00:24:42#*
> *I: Und können Sie mir sagen warum? Also warum interessiert das nicht? Das ist ja eine spannende Sache. #00:24:48#*
> *GKPf_3: (5 sek.) Ich muss mal kurz überlegen. (5 sek.) Weil ich persönlich das als irrelevant empfinde. Ich meine natürlich ist das eine wichtige Sache, klar. Dass man sich an gewisse Sachen hält oder eben halt die Philosophie eines Arbeitgebers eben halt auch dargestellt wird, oder was eben auch für den Arbeitgeber wichtig ist. Dass das auch nach*

außen getragen wird, also dass das Personal, sprich wir, das dann auch den Patienten vermitteln oder überhaupt allen Menschen, die hier im Haus tätig sind. Aber ich finde das als eine, für mich persönlich, das ist so selbstverständlich, dass man das vielleicht nicht nochmal niederschreiben müsste. Aber anscheinend gilt das nicht für alle, würde ich jetzt einfach mal in den Raum stellen. Genau. #00:25:50#

Die *Organisationsstruktur* wird hinsichtlich der hierarchischen Ordnung im Krankenhaus von fünf Personen thematisiert. Dabei ist festzustellen, dass sie nicht grundsätzlich kritisiert oder hinterfragt wird, sondern lediglich in ihrer als *zwischenmenschlich positiv oder negativ wahrgenommenen Ausgestaltung* als Einflussfaktor angesprochen wird:

GKPf_19: Negativ fände ich auch, wenn man mitbekommen würde, dass sich pflegerische und ärztliche Krankenhausleitung und Verwaltung oder wenn sich die einzelnen Abteilungen untereinander –, wenn die so zerstritten sind, dass sie nicht miteinander reden. Dass eine gewisse Arroganz vorhanden ist gegenüber neuen Mitarbeitenden. Das kann ich hier aber überhaupt nicht feststellen. Und da muss ich sagen, egal, ob es der Verwaltungsleiter –, ob es die Verwaltungsleitung, der Klinikchef, ob es der Chefarzt ist –. Also sie sind alle sehr, sehr offen und sehr, sehr positiv. Also ich könnte mir vorstellen, durch solche Erfahrungen wird auch der Einführungsprozess dann positiv oder negativ beeinflusst. #00:32:53#

Hinsichtlich der *Aufgaben- bzw. Rollenstruktur* als Teilaspekt der Organisationsstruktur wird insbesondere die *Rolle der Ärztinnen* in der Einführung und als fachlich Weisungsbefugte angesprochen. Dazu werden sowohl positive als auch negative Erfahrungen geschildert, die sich entsprechend auf die Zufriedenheit und die Befähigung zur Leistungserbringung ausgewirkt hätten. Einige kritisieren, dass die Ärztinnen z. B. sehr fordernd gegenüber den Neuen seien, ohne bereit zu sein, ihnen Wissen und Fertigkeiten zu vermitteln. Vier Pflegefachkräfte sprechen an, dass es ihnen Schwierigkeiten bereite, wenn Ärztinnen die Aufgabenstruktur nicht einhalten. Diese erwarteten manchmal die Erledigung von Aufgaben, die nicht Aufgaben der Pflege seien.

GKPf_13: (…) Teilweise ein bisschen schwierig, weil dann –. Der Arzt sagt einem: »Kannst du bitte das und das machen?« Und dann sagt man natürlich nicht: »Nein, das ist deine Aufgabe. Das mache ich nicht.« Und bei machen Aufgaben sagt man: »Jaja klar, ich mache das.« Obwohl es dann aber nachher so war, dass die Ärzte es hätten selber machen müssen. (…) Ich habe teilweise immer noch Hemmungen zu sagen: »Nein, das ist jetzt eure Aufgabe.« Oder den Ärzten auch sagen: »Nein, das müsst ihr mir anordnen. Sonst kann ich es nicht ausarbeiten.«(…)#00:13:27#

Die quantitative Ausstattung mit Pflegefachkräften wird von 18 Befragten als bedeutsamer Faktor des organisatorischen Umfelds genannt. Wenn diese zu knapp bemessen würde, wirke sich das in dreifacher Weise negativ auf die Einführung aus. Erstens sorge dies für eine hohe Unzufriedenheit, wenn die Neuen deswegen nicht fundiert und in angemessenem zeitlichen Umfang eingeführt werden könnten.[778] Zweitens sorge es für ein hohes Maß an Unsicherheit und Überforderung bei den Neuen, wenn sie aufgrund des Mangels sehr schnell als volle Kraft im Dienstplan eingeplant würden.[779] Drittens führe es allgemein zu einer enormen Arbeitsbelastung und zu Zeitdruck auf der Station, was zum Teil das Arbeitsklima und zum Teil die Leistungserbringung beeinflusse. So äußern mehrere Personen, dass sie deutlich zu wenig Zeit hätten, um sich bei der Versorgung den einzelnen Patientinnen angemessen zuwenden zu können.

> *GKPf_10: Das war ein Grund, weswegen ich nicht auf der Station arbeiten wollte. Weil ich einfach durch diesen Zeitdruck das Gefühl bekommen habe, ich kann meine Patienten nicht anständig versorgen. Und das wollte ich nicht. Weil ich dann einfach –. In der Zeit, in der ich auf dieser Station gearbeitet habe, bin ich immer mit einem schlechten Gefühl nach Hause gegangen. Und das wollte ich nicht. Ich wollte für mich das Gefühl haben, ich habe genug Zeit, meine Patienten so zu versorgen, dass sie zufrieden sind, und vor allem, dass ich auch zufrieden mit meiner Arbeit sein kann.(…). #00:20:42#*

So habe die *zu knappe Personalbemessung* mit ihren Folgen bei drei der Befragten die Bleibebereitschaft so negativ beeinflusst, dass sie bereits einmal die Stelle gewechselt hätten.

Für drei Personen wirkt sich die *Fluktuation auf ihrer Station* negativ auf die Einarbeitung und die Zufriedenheit aus. Für eine von ihnen gelte dies auch für den Einsatz von *Fachpersonal von Leiharbeitsfirmen*.

Eine Person fordert vehement, dass die Krankenhausführung über die Themen Arbeitsbelastung und Personalmangel offensiv in einen Kommunikationsprozess mit den neuen, aber auch allen anderen Mitarbeitenden gehen solle.

Die *Größe des Krankenhauses* thematisieren drei der vier Befragten aus dem Haus mit der kleinsten Bettenanzahl als einen positiven Einflussfaktor für ihr Kommen bzw. ihr

Bleiben im Anschluss an die Ausbildung. Alle drei benutzen das Adjektiv »familiär«.

Eine weitere Person, die ein 400 Betten-Haus mit ihrem vorherigen, deutlich größeren Krankenhaus vergleicht, sieht bei beiden Vor- und Nachteile für die Einführung.

Der *Standort des Hauses* und die individuell damit verbundene Anfahrtszeit ist ein Einflussfaktor für die Kommensbereitschaft mehrerer Befragter.[780]

Die *Probezeit* wird von 9 Personen thematisiert, wovon zwei Wechslerinnen es positiv bewerten, dass es sie gibt. Zwei übernommene Auszubildende bewerten es

---

778 Vgl. Kap. 7.3.5.1.
779 Vgl. Kap. 7.4.2.1.
780 Vgl. Kap. 7.3.3.

positiv, dass sie keine haben und drei Personen geben an, dass sie sich aufgrund der Probezeit nicht getraut hätten, Schwierigkeiten anzusprechen.

Die *Befristung von Arbeitsverträgen* wird von zwei Befragten als negativer Einflussfaktor für die Bleibebereitschaft angesprochen. Eine von ihnen habe deswegen auch nach wenigen Monaten den Arbeitgeber gewechselt.

Ein *reduzierter Stellenanteil* wird von drei Personen als negativer Faktor genannt, weil weniger Stunden am Arbeitsplatz zur Verfügung stehen, in der Regel aber die zu lernenden Inhalte und deren Umfang unabhängig davon sehr umfangreich seien und dies für mehr Stress sorge.

Eine Person thematisiert als positiven Einflussfaktor für das Kommen und Bleiben, dass sie bei ihrem Träger *Weihnachts- und Urlaubsgeld* bekommt.

Schließlich stellen drei Personen heraus, dass es für sie bedeutsam sei, dass der *Arbeitgeber Interesse für die Belange der Mitarbeitenden zeige und sie unterstütze* bzw. Alternativen biete, wenn es massive Schwierigkeiten in einer neuen Stelle gebe.

7.4.2.2 Maßnahmen und Instrumente

In den Äußerungen der Befragten ist das herausstechende Instrument ein *Anleitungs- bzw. Mentoringsystem*. Eine feste, kompetente Anleiterin soll Sicherheit hinsichtlich der Aufgaben und Erwartungen vermitteln, alles zeigen und erklären, was für die Leistungserbringung und darüberhinaus wichtig sei, für Fragen zur Verfügung stehen und Feedback geben. Wichtig seien auch terminierte und spontane Reflexionsgespräche.

GKPf_15: Also, die ersten Tage und, keine Ahnung, zwei, drei, vier Wochen, das weiß ich nicht so ganz genau, hatte ich tatsächlich immer Dienst mit ein und derselben Kollegin, die auch für meine Einarbeitung zuständig war. Und da fand ich halt wirklich gut, dass ich einen hatte, der es mir gezeigt hat und dass ich nicht fünf hatte, die sich eingemischt haben und gesagt haben: »*Nein, mach lieber so oder so*«*. Sondern man hat eben so einen roten Faden von einem übernommen quasi. Das fand ich gut.(…) #00:01:28#*

13 Personen geben an, dass es einen *Einarbeitungsplan bzw. eine Checkliste* zum Ausfüllen und Ankreuzen für ihren Bereich gebe, zwei, dass der gerade konzipiert werde und vier andere, dass es keinen gebe.

GKPf_13: Also, ich hatte die immer in meinem Fach auf Station. In dem Kasten. Und wenn es soweit war, haben wir dann immer die Liste rausgeholt, wenn vielleicht mal zehn, zwanzig Minuten mehr Zeit da waren, haben wir dann immer durchguckt, was muss man noch sehen. Und dann hat man sich quasi daran lang gehangelt. #00:11:16#

Elf Gesundheits- und Krankenpflegerinnen erleben eine solche Checkliste als hilfreich. Zwei Personen kritisieren, dass sie in ihrer Einführung nur ausgeteilt, aber nicht ernsthaft genutzt worden sei.

Eine bereichsübergreifende Maßnahme zur Information durch die Krankenhausführung ist der *Einführungstag für neue Mitarbeitende.* Da sich dieser in der Gestaltung und Dauer z. T. sehr unterscheidet, erscheint eine krankenhausbezogene Ergebnisdarstellung sinnvoll.

In einem der Krankenhäuser gibt es viermal im Jahr einen Einführungstag für alle neuen Mitarbeitenden des Hauses. Drei der Befragten bewerten ihn als hilfreich, um das Haus, die Strukturen und Personen besser kennen zu lernen und etwas über die katholische Trägerschaft zu erfahren. Die vierte Befragte ist als übernommene Auszubildende nicht eingeladen und bedauert dies.

Hinsichtlich eines zweiten Krankenhauses äußert eine Person, dass die Veranstaltung beim ersten Arbeitgeber sehr bürokratisch und hier beim neuen Arbeitgeber in guter Atmosphäre mit gemeinsamem Essen sehr informativ gewesen sei. Die zweite Befragte benennt als inhaltliche Aspekte die vielen Vorträge, das nette Kennenlernen und den kleinen Gottesdienst mit Segen und bewertet den Tag als ganz schön, ein bisschen hilfreich und zu lang. Die dritte Person äußert:

GKPf_21: So rein für die Organisation Krankenhaus ist es natürlich, sind so Einführungstage nicht schlecht, weil man einfach –. Ob sie wirklich immer im praktischen Alltag hilfreich sind, ist die Frage, aber um als Mitarbeitende im Unternehmen anzukommen, ist das unabdingbar in irgendeiner Form einer Einführungsveranstaltung und im Zweifel auch eben was Fortgesetztes durchzuführen. Dass der Mitarbeitende den Kontakt zum Arbeitgeber nicht gleich wieder verliert. (...) #00:43:50#

In einem weiteren Krankenhaus gibt es einen Begrüßungsvormittag, der Orientierung zum Haus und der Trägerschaft gebe. Man lerne dort die Verantwortlichen des Krankenhauses und berufsübergreifend andere Neue kennen, erlebe eine kleine Andacht und freue sich über das gemeimsame Frühstück. Eine der Wiederkehrerinnen war nicht dazu eingeladen und findet das in Ordnung.

In einem weiteren Krankenhaus ist der Einführungstag nach Äußerungen der Befragten wegen der grundlegenden Informationen und der Unterweisungen zu Brandschutz und Hygiene recht sinnvoll.

In den beiden weiteren teilnehmenden Krankenhäusern gibt es keinen Einführungstag für neue Mitarbeitende.

Zu weiteren *Seminaren bzw. Pflichtunterweisungen* (z. B. zu EDV, Hygiene, Brandschutz, Datenschutz, Compliance u. a.) werden kaum inhaltlich qualifizierende Äußerungen gemacht. Einzelne Befragte kritisieren lediglich, dass sie keine transparente Übersicht dazu hätten, wann welche Schulungen anständen.

Elf Personen geben an, dass sie in den ersten Wochen eine auf das ganze Krankenhaus bezogene *Einführungsschrift* bzw. *eine Mappe für neue Mitarbeitende* erhalten haben. Die Bewertung ist divergent.

Stationsbezogene schriftliche Materialien z. B. zu Abläufen oder zu Standards bei Untersuchungen und Krankheitsbildern finden 14 Personen wichtig, doch nur elf Befragte geben an, dass diese bei ihnen vorhanden seien.

Das *Intranet* wird von wenigen Personen angesprochen und als weniger relevantes Medium zur Einführung beurteilt. Eine Person äußert dazu, dass sie erst spät durch Eigeninitiative auf die Informationen dort gestoßen sei. Andere digitale Instrumente wie *E-Learning-Module* oder *Onboarding-Apps* spricht niemand an.

7.4.2.3 Faktoren der Arbeit

Zu den Faktoren der Arbeit werden nun zunächst die Ergebnisse bezüglich der *sachlichen Arbeitsbedingungen* und dann bezüglich der *Arbeitsinhalte und -aufgaben* zusammengefasst dargestellt.

Die Erfahrung, dass das benötigte *Arbeitsmaterial*, insbesondere Dienstkleidung, PC-Zugang, Schlüssel oder Transponder/Chip nicht am ersten Arbeitstag vorhanden gewesen seien, nennen drei Personen als Aspekt, der sich negativ auf die Arbeitsfähigkeit und die Zufriedenheit auswirke. Eine Person habe mehrere Wochen auf ihren PC-Log-In warten müssen und sei dadurch sehr beeinträchtigt gewesen.

Die direkt zu Beginn vorhandene Ausstattung ist für zwei andere ein positiver und wesentlicher Faktor:

GKPf_2: Ich hatte auch das Glück –, ich war da auch sehr hartnäckig, gerade, was Chip und Zugang für den PC und so weiter angeht. Da war ich ziemlich hinterher. Das hatte ich alles schon am ersten Tag, damit ich direkt selbstständig arbeiten kann. Das war mir auch sehr wichtig. Das war in meinem alten Haus, glaube ich, ein bisschen besser. Weil, das kam da schon von alleine. (…) #00:02:32#

Zum Thema *technische Ausstattung* äußern zwei Personen, dass die weniger moderne Ausstattung des neuen Arbeitgebers (insbesondere die EDV bei der digitalen Patientenakte) ein negativer Aspekt sei, der die Arbeitsfähigkeit behindere. Eine ausländische Pflegefachkraft betont die Vorteile der Technik ausdrücklich:

GKPf_14: (…) Weil machen unsere Arbeit einfach so schwer, weil wir sind 2019 und wir müssen bisschen mehr mit Computer arbeiten, nicht so viel mit Papier. In andere Krankenhäuser, große Krankenhäuser wir haben mehr mit Computer und unsere Arbeit geht schneller und einfacher. (…) In der andere Klinikum, wir müssen nur ankreuzen. Es war alles fertig, wir müssen einfach ankreuzen, zack, zack, zack, zack, zack, fertig. Also in drei Minuten wir waren fertig. Und jetzt brauche ich ein bisschen mehr Zeit, bisschen mehr überlegen, bisschen mehr schreiben, viel mehr schreiben. (…) #00:05:03#

Der zweite Aspekt ist der *Stand der Medizintechnologie*, der einzelne Fachkräfte motiviert, weil er viel besser sei als beim früheren Arbeitgeber, während andere kritisieren, dass die schlechtere Ausstattung eine qualitativ hochwertige Leistungserbringung erschwere.

Ein weiterer Einflussfaktor insbesondere für die Zufriedenheit ist die *Dienstplan- und Urlaubsplangestaltung*. Sowohl junge Mitarbeitende als auch solche mit Kindern äußern, dass es für sie sehr bedeutsam sei, dass ihre Wünsche nach Möglichkeit Berücksichtigung fänden – auch wenn sie neu im Team seien.

Schließlich werden auch hinsichtlich der Arbeitsbedingungen wiederum die Themen *Zeitknappheit* und *Arbeitsbelastung* als negative Determinanten für die Leistungserbringung, die Bleibebereitschaft und die Zufriedenheit genannt.

Eng damit verbunden ist der Aspekt, wie *schnell* einem neuen Mitarbeitenden *die umfassende Aufgabenerfüllung und Verantwortung übertragen* wird. Für 17 Befragte ist es wichtig, dass dies sukzessiv und nach Möglichkeit individuell angepasst erfolge.[781]

Die *Arbeitsinhalte und -aufgaben* kennen und erfüllen zu lernen ist zum einen ein zu erreichendes distales Ergebnis der fachlichen Einarbeitung und für mehrere Befragte eine große Herausforderung. Zum anderen zeigt das Datenmaterial, dass von den Inhalten Wirkungen auf die Leistungs- und Bleibebereitschaft sowie auf die Zufriedenheit ausgehen. Das wird z. B. sehr deutlich in den Äußerungen zur »*Wunschstelle*« bzw. zur *Passung von Stelle und Person*. Es wird von sieben Personen als Einflussfaktor für eine hohe Arbeitszufriedenheit angesprochen, dass sie eine Stelle bekommen haben, die ihren fachlichen Interessen und Kompetenzen entspreche. Drei davon sind übernommene Auszubildende.

Vier andere geben, an gewechselt zu haben, weil die vorherige Stelle nicht die eigentliche Wunschstelle gewesen sei. Zwei davon sind übernommene Auszubildende, von denen eine Person folgende Erfahrung schildert:

> *GKPf_22: Auf der (Name der Station) bin ich durch den Vorschlag der Pflegedienstleitung gekommen. Es hieß, im Kurs würden alle übernommen. Man solle nur schreiben, wohin man möchte. Dann sagte die PDL aber ja, sie würde mich gerne auf der (Name der Station) einsetzen, obwohl ich im Auswahlgespräch eigentlich klar und deutlich geäußert habe, ich möchte nicht auf die (Name der Station), weil das nicht meine Fachabteilung ist, wo ich gern arbeiten möchte. Leider hat sie es trotzdem getan. (…) Was nicht meinem Willen entsprach. Nur konnte ich mich dagegen leider nicht mehr wehren. Ich war dann froh, dass ich überhaupt eine Arbeitsstelle hatte. Habe mich dann nach einer Zeit dafür entschieden, mich in einem ganz anderen Krankenhaus zu bewerben. #00:03:50#*

Und schließlich geben drei Personen an, dass sie aktuell über einen Stellenwechsel nachdenken, weil diese nicht ihren Vorstellungen entspreche.

---

781 Vgl. Kap. 7.3.5.1.

Für die beiden befragten ausländischen Pflegefachkräfte ist ein negativer aufgabenbezogener Faktor, dass sie hier *weniger medizinische und mehr pflegerische Aufgaben* übernehmen müssten als in ihren Heimatländern. Dort übernähmen Angehörige die Tätigkeiten rund um die Körperpflege.

7.4.3 Arbeitsgruppenbezogene Faktoren

GKPf_13: Und tatsächlich, wenn das Team schlecht gewesen wäre, wäre das für mich ein Kündigungsgrund gewesen. Ja. Also, wie gesagt, für mich ist Team das A und O. #00:30:44#

Dieses kurze Zitat bringt stellvertretend für sehr viele ganz ähnliche Äußerungen auf den Punkt, dass die Arbeitsgruppe eine zentrale Determinante ist.
Wie in Kap. 7.3.5 deutlich wurde, sind die *Interaktion* und die *Kommunikation* mit den *Kolleginnen* ebenso wie mit der *Dienstvorgesetzten* sowohl für die fachliche Einarbeitung, als auch für die soziale Integration sowie für die kulturelle Einführung von entscheidender Bedeutung.
Für die übernommenen Auszubildenden und für die Wiederkehrerinnen sind zudem die früheren positiven Erfahrungen mit der Arbeitsgruppe eine wichtige Einflussgröße für ihre Kommensbereitschaft.

7.4.3.1 Die Kolleginnen

Die Aussagen der Befragten machen deutlich, dass das Verhalten insbesondere der Kolleginnen aus der Pflege ein zentraler Einflussfaktor sowohl für die distalen wie für die proximalen Ergebnisse der Einführung sind. Danach sind im Konkreten eine *fundierte Vermittlung von Informationen, Fähigkeiten und Fertigkeiten, Unterstützung, Offenheit für Fragen und Rückversicherungen der neuen Mitarbeitenden, Reflexionsmöglichkeiten, Feedback* sowie *Verständnis für sie* zentral für die fachliche Einarbeitung.[782] Diese Aspekte beeinflussen zudem die Zufriedenheit und die Bleibebereitschaft der neuen Mitarbeitenden, ebenso wie die Determinanten *Freundliche Aufnahme, Wertschätzung, Akzeptanz, Offenheit* und *Unterstützung*.[783] Mit diesen Aspekten beschreiben die Befragten den erwarteten und zum Teil erlebten Umgang mit ihnen als neue Mitarbeitende, der über die rein fachliche Einarbeitung hinausgeht.
Die Kolleginnen beeinflussen nach Aussage mehrerer Befragter auch das quantitative und qualitative Leistungsverhalten einer neuen Fachkraft. Die Befragten nennen, dass diesbezüglich z. B. Gewissenhaftigkeit, Fleiß und ein zügiges

---
782 Vgl. Kap. 7.3.5.1.
783 Vgl. Kap. 7.3.5.2.

Arbeitstempo gefordert seien. Einzig eine Fachkraft schildert hinsichtlich des erwarteten Tempos das Gegenteil:

> GKPf_14: (...) Weil ich war hier, ich war einfach zu schnell und ich musste wegen die Kollegen bisschen langsamer arbeiten. (...) Aber die wollen, dass ich bisschen langsamer machen, bisschen. Ich versuche das wirklich. Aber ich bin wie Person so. Ich habe so gelernt zu arbeiten, bisschen schneller, schneller, schneller, schneller. Qualität, Sicherheit und schnell. Und es läuft ein bisschen anders in diese Station. #00:13:58#

Sechs Gesundheits- und Krankenpflegerinnen nennen *Probleme mit einzelnen Kolleginnen* aus der Arbeitsgruppe als negative Determinante. Sie beschreiben Situationen, in denen sie deren Verhalten als unangemessen erlebt haben, was sich insbesondere in der Anfangszeit sehr negativ auf die Zufriedenheit auswirke und vereinzelt auch auf die Bleibebereitschaft.

Schließlich wird die Zusammenarbeit mit den Kolleginnen aus dem ärztlichen Dienst von zehn Befragten als ein wichtiger Einflussfaktor für die Einführung und darüberhinaus angesprochen.[784]

> GKPf_10: Was noch? Vielleicht auch ein besseres Zusammenspiel zwischen Pflegekräften und Ärzten. So dass sich die Ärzte vielleicht auch ein wenig an der Einarbeitung beteiligen. (...) Es gibt auch Ärzte, da weiß man: Den brauche ich nichts fragen. Der wird mir keine Antwort darauf geben. Oder er wird mir sagen: Schau in das und das Buch und lies es nach! Man hat ja auch einfach einmal Fragen zu einem bestimmten Krankheitsbild, wo man sich dann nicht sicher ist. Vielleicht gibt es bestimmte Dinge in Bezug auf Medikamenten-Wechselwirkungen, die man beachten muss. Und da können einem die Kollegen auch nicht immer eine vernünftige Antwort geben, sondern da muss man schon an die Ärzte herantreten und sie fragen können. #00:33:37#

7.4.3.2 Dienstvorgesetzte

Das Verhalten der Vorgesetzten und insbesondere die Art der Mitarbeiterführung benennen 18 der Befragten als wesentlichen Einflussfaktor für den Verlauf und Erfolg der Einführung. Es sei von Bedeutung, wie autoritär bzw. partizipativ diese agieren. Bei vielen sorge das Führungsverhalten und die Personalsystemhandhabung durch die Vorgesetzten für Orientierung und Zufriedenheit. Doch ebenso können sie der Grund für einen Stellenwechsel sein wie bei dieser Fachkraft:

> GKPf_17: Und die Stationsleitung hat dich halt immer angesehen wie eine Schülerin oder eine Praktikantin. Also die hat immer hinterhergeguckt, die hat dich nie alleine machen lassen. Dann kamen immer so Spitzen rüber, wenn sie nicht da wäre, dann würde hier nichts laufen, und wir jungen Leute, wir können sowieso nicht mehr pflegen wie die anderen Leute. Und das hat dich einfach runtergezogen, und irgendwann dachtest du,

---

784 Vgl. Kap. 7.4.2.1.

nein, das hältst du nicht mehr aus, und das hat man auch dann nicht mehr nötig. #00:07:52#

In den Äußerungen vieler Fachkräfte wird deutlich, dass die *Begrüßung und Aufnahme* und die *fachliche und emotionale Unterstützung durch die direkte pflegerische Führungskraft* wichtige Einflussfaktoren sind. Sieben neue Mitarbeitende geben an, dass die Stationsleitung selbst die fachliche Anleitung übernehme und sie das alle positiv erlebt hätten.

GKPf_10: Naja, weil sie mich wirklich teilweise an die Seite genommen hat, mit mir in einen separaten Raum gegangen ist, mir bestimmte Dinge noch einmal ganz in Ruhe erklärt hat, und mich dann auch aus dem Geschehen herausgezogen hat. Um einfach noch einmal bestimmte Sachen mit mir zu besprechen. Dann auch wirklich die Tür zugemacht und gesagt hat: »So, wir sprechen jetzt erst einmal.« #00:28:48#

Für sieben Personen ist es wichtig, dass die Stationsleitung *ansprechbar* ist und *ein offenes Ohr* hat. Zwei Personen benennen explizit, dass sie *die Integration ins Team befördern* soll. Die *persönliche Beziehung zur Vorgesetzten* thematisieren drei Fachkräfte als Einflussfaktor für die Fluktuation bzw. Bindung und die Zufriedenheit.

GKPf_17: (...) und mit der Stationsleitung, also mit der kam ich überhaupt nicht klar. Und ich bin jeden Tag nach Hause gegangen und dachte: Nächsten Tag wieder da hin? Ne, habe ich überhaupt keine Lust mehr und keine Motivation mehr gehabt. Da habe ich gesagt, so, jetzt muss ich doch was anderes suchen. #00:07:15#

Die Bedeutung der Stationsleitung wird häufiger im Kontext des Probeendzeitgespräches thematisiert. Dies sei wesentlich, weil dort die *Beurteilung von Arbeitsleistung, Arbeits- und Sozialverhalten* explizit erfolgt und über die Weiterbeschäftigung gesprochen werde.

Im Hinblick auf *Konfliktsituationen* thematisieren fünf Personen ihre Bedeutung und Zuständigkeit.

Schließlich wird der *Umgang mit Fehlern* von fünf Befragten als Determinante angesprochen. Für die meisten ist der zentrale Aspekt, in welcher Art und Weise sie auf Fehler hingewiesen werden. In diesem Zusammenhang sprechen zwei junge Befragte das Führungsverhalten von Personen aus dem ärztlichen Dienst als negative Determinante an, weil sie es als unangemessen beurteilen und sie angeben, sogar Angst vor ihnen zu haben. Eine junge Frau berichtet sehr emotional davon und endet mit:

GKPf_9: (...) Ich dachte nur: »Oh Gott, das macht der jetzt nicht wirklich – mich vor einem Patienten anschreien?« So –. #00:24:12#

7.4.3.3 Arbeitsklima

Das Arbeitsklima, also die Art und Weise der Zusammenarbeit in der Arbeitsgruppe, ist für fast alle Befragten ein zentraler Einflussfaktor. Welche Determinanten eine gute Zusammenarbeit aus Sicht der Interviewpartnerinnen kennzeichnet, ist zu Beginn von Kap. 7.4.3.1 bereits dargestellt worden. Die Aussagen machen deutlich, dass sie sich nicht nur auf die Zufriedenheit und die Bleibebereitschaft, sondern auch auf die Dienstleistungserbringung auswirken.

> *GKPf_10: Naja, es ist immer wichtig, dass ein Team in sich gut funktioniert. Sonst überträgt sich das einfach auf die Arbeit, auf die Patienten. Wenn das Team nicht gut zusammenarbeitet, nicht gut harmoniert, wirkt sich das immer negativ auf die Arbeit aus. Das habe ich selber schon so erlebt. (...) #00:25:11#*

7.4.4 Personenbezogene Faktoren

Abschließend wird dargestellt, welche personenbezogenen Faktoren aus Sicht der Gesundheits- und Krankenpflegerinnen den Einführungsprozess positiv bzw. negativ beeinflussen. Eine Person kommt zu der Einschätzung:

> *GKPf_21: Ich glaube, das ist ein ganz entscheidender Faktor. Also 50 Prozent dieses erfolgreichen Verfahrens hängen am neuen Mitarbeiter.(...) #00:41:24#*

7.4.4.1 Proaktives Verhalten

Die positive *Mitgestaltung der Einführung*, die eigene *Proaktivität* ist nach Ansicht der überwiegenden Mehrheit der Interviewten ein wesentlicher Einflussfaktor. Eine Person formuliert das so:

> *GKPf_1: (...) Aber es ist wichtig, dass man sich selber miteinbringt. Also man kann nicht erwarten, dass einen alle immer so abholen. Man hat ja auch die Pflicht, dass man sich eben selber jetzt einbringt, Fragen stellt, guckt, wo (...) fehlt mir jetzt noch was? Vielleicht Sachen selbst nochmal nachholen. Man kann sich ja nicht alles immer merken, jetzt von der Ausbildung auch. Dass ich auch gucke, dass ich Sachen nochmal mir gründlich angucke. #00:27:16#*

Die drei am häufigsten genannten Determinanten hinsichtlich des proaktiven Verhaltens sind:
1. *Informationen einholen,*
2. *wichtige Aspekte einfordern* und
3. *Schwierigkeiten ansprechen.*

Sie werden in den Äußerungen zum einen als wichtiges, normatives Verhaltensideal genannt. Zum anderen beschreiben einige neue Fachkräfte Erfahrungen, in denen sich ein solches Verhalten positiv auf die Aufgabenklarheit und -erbringung, die Rollenklarheit und die Zufriedenheit ausgewirkt habe. Manche beschreiben, dass sie oder andere neue Mitarbeitende sich nicht so verhalten könnten oder es unerwünscht erscheine und es sich aus ihrer Sicht zum Teil negativ auswirke.

Zum eigenständigen *Einholen von Informationen* äußern sich 18 Befragte. Sechs davon nennen als eine nützliche Form das Lesen von Fachliteratur vor allem zuhause in der Privatzeit, die sich positiv auf ihre fachgerechte Leistungserbringung auswirke. Noch wichtiger sei das Nachfragen bei Kolleginnen (14 Personen), was jedoch nur dann ein positiver Einflussfaktor sei, wenn die Kolleginnen auskunftsbereit seien und nicht negativ reagierten, wie es das folgende Beispiel veranschaulicht:

> *GKPf_9: (...) Und manchmal habe ich noch so ein bisschen Angst auch die anderen zu fragen. Weil dann kommen da manchmal auch schon so Sprüche:* »*Wie, du weißt das nicht? Und warum weißt du das nicht?*« *Und da fühlt man sich dann doch unwohl. #00:04:25#*

Die zweite Verhaltensweise, *schwierige Situationen anzusprechen*, benennen elf Fachkräfte als wichtige Determinante. Auch dabei hängt das Zeigen dieses Verhaltens einerseits von den Persönlichkeitsmerkmalen der neuen Fachkraft ab, andererseits vom Verhalten der Kolleginnen. Die beiden folgenden Zitate veranschaulichen die unterschiedliche Umgehensweise einer berufserfahrenen Mitarbeitenden und einer gerade examinierten Fachkraft.

> *GKPf_18: Oder auch sehr schwere Patienten von über 130, 140 Kilo - zu sagen:* »*Schieb den mal zum Röntgen alleine!*« *Also das war dann nicht so schön, natürlich habe ich dazu auch was gesagt. Das fand ich dann nicht so schön und es wurde einem auch ganz wenig gezeigt da. #00:02:56#*
> *I: Sie haben gerade gesagt, Sie haben das angesprochen. Wie haben die Kollegen dann darauf reagiert? #00:03:02#*
> *B: Ja, dann haben sie mitgeholfen, das war dann einsehbar, aber sie wollten es natürlich erst mal versuchen, dass man das alleine macht. (...) #00:03:17#*
> *GKPf_9: (...) Ja, eigentlich hätte ich, wenn mich etwas irgendwas gestört hatte, schon da nach einer Woche, ich hätte es eigentlich schon ansprechen sollen. Das habe ich aber nicht gemacht. (...) Man hatte auch ein bisschen Angst irgendwas zu sagen. (...) Es kommt, glaube ich, auch von mir aus, dass ich dann einfach nur Sorge habe, dass das nicht gut ankommt. Und dass ich dann einen schlechten Eindruck hinterlasse. Vielleicht muss ich das einfach als Person von mir auch ablegen. #00:09:24#*

Die dritte als bedeutsam eingeschätzte Determinante ist *wichtige Anliegen selbst einzufordern* (wie z. B. mehr Unterstützung, mehr Feedback o. a.). Dies wird als wichtig und von mehreren Berufserfahrenen auch als selbstverständlich angesehen, wie dieses Zitat deutlich macht:

> *GKPf_21: Aber eben auch ganz klar für sich zu gucken, wo habe ich jetzt noch Unterstützungsbedarf und den dann eben auch hartnäckig einzufordern. Zu gucken, dass ich eben genau das kriege, was mir noch fehlt. (...) #00:41:24#*

Neben der Bedeutung von Proaktivität zeigt das Datenmaterial, dass die Einstellungen und Reaktionen der Führungskraft, der Anleiterin und anderer Kolleginnen das Zeigen von proaktivem Verhalten recht deutlich positiv bzw. negativ beeinflussen. Hier zeigen sich unterschiedliche Ergebnisse, wenn man die Gruppe der Berufserfahrenen mit der Gruppe der Berufsanfängerinnen vergleicht. Erstere äußern, dass sie sich dadurch nicht einschüchtern ließen und weiterhin nachfragen, weil es schließlich wichtig sei. Mehrere Berufsanfängerinnen hingegen äußern, dass sie sich dann seltener trauten, Fragen zu stellen.

7.4.4.2 Persönlichkeitsmerkmale

Neben diesen Verhaltensweisen werden auch etliche *Persönlichkeitsmerkmale* oder *Charaktereigenschaften* genannt, die die Einführung nach Einschätzung der Interviewten positiv beeinflussen.

Aus Sicht von 19 Befragten sind *Offenheit für Neues, Interesse, Neugier* und *Lernbereitschaft* von zentraler Bedeutung. Dabei fällt auf, dass Offenheit mehrmals im Zusammenhang mit *Anpassungsbereitschaft* genannt wird. Diese wird von neun Befragten als wichtig angesehen.

> *GKPf_11: Naja, ich bin relativ offen und kann mich eigentlich auch ganz gut anpassen. Also ich glaube das ist -, also ich bin jetzt keine Person, die ja den Willen durchsetzen möchte. Oder sofort alles schlecht findet. Also ich bin da eher -, warte erst einmal die Situation ab und gucke, wie ich mich da dann einbringen kann. Ich glaube, das war schon ganz wichtig und vielleicht auch der Ausschlag, dass das so gut geklappt hat. #00:19:17#*

Als Selbstbeschreibung und einflussreiche Determinante wird von zehn Gesundheits- und Krankenpflegerinnen formuliert, dass sie einen *hohen Anspruch an sich* hinsichtlich des Lernens und Arbeitens hätten. Dieser wirke sich in der Regel positiv auf die Einführung aus. Es gibt jedoch auch zwei Beispiele, wo die Betreffenden die Auswirkungen reflektieren und eher kritisch bewerten.

> *GKPf_6: Ich mache mir selber ziemlichen Druck. Ich bin selber perfektionistisch veranlagt. Und da mache ich mir selber einen großen Druck, wie gesagt, mit diesem Kontrollzwang, das hatte ich früher nie. Da habe ich einfach funktioniert sozusagen, und jetzt stehe ich schon sehr unter Druck alles perfekt und alles richtig zu machen. #00:20:56#*

Freundlichkeit führen sieben Personen als bedeutsame Eigenschaften an, *Selbstständigkeit* und *Ehrlichkeit* jeweils sechs. *Gewissenhaftigkeit* bzw. *Verantwortungsbewusstsein* thematisieren zehn Personen als wesentliche Eigenschaften.

Inhaltliche Auswertung mittels des einflussfaktorenbezogenen Rahmenmodells **203**

7.4.4.3 Kenntnisse, Fähigkeiten und Fertigkeiten

Einige wenige Personen benennen die Aspekte *berufliche Erfahrung, vorhandene Kenntnisse, Fähigkeiten und Fertigkeiten* explizit als wichtige Faktoren, um mit den Anforderungen und der Unsicherheit beim Stellenantritt besser umgehen zu können.

Darüberhinaus werden sie eher von jenen Befragten als Einflussfaktoren genannt, die der Meinung sind, dass sie ihnen fehlten. Sie bräuchten entsprechend intensivere Anleitung. Ansonsten wären Schwierigkeiten oder Fehler bei der Aufgabenerfüllung sowie Unzufriedenheit die Folge.

> *GKPf_9: Ja, das war jetzt mit den Monitoren zum Beispiel. Da hatte ich keine Erfahrungen in der Ausbildung. Das war jetzt für mich was komplett Neues. Ja, und womit ich immer noch ein bisschen zu kämpfen habe. (…) Mit den Medikamenten habe ich halt noch ein bisschen Probleme. Da wurde ich auch so ein bisschen im Stich gelassen. Es sind da einige Dinge schiefgelaufen. Das wurde mir am nächsten Tag auch gesagt. (…) #00:10:55#*

Von zwei Personen werden mangelnde Sprachkenntnisse als negativer Faktor genannt.

7.4.4.4 Motive und Motivation

Von mehreren Befragten wird sehr allgemein die *persönliche Motivation* als Einflussfaktor genannt, um die Ziele der Einführung zu erreichen:

> *GKPf_17: Also dass man lernfähig ist, motiviert, dass man halt auch Interesse daran zeigt: Okay, ich möchte das jetzt lernen! Zeigt mir das jemand? So was finde ich auch ganz wichtig. #00:20:01#*

In Kap. 7.3.3 sind bereits Motive für die Bewerbung thematisiert worden und auch in Kap. 7.4 sind an verschiedenen Stellen Motive der Befragten thematisiert worden. Im Datenmaterial wird die Bedeutung von Motiven und Motivation insbesondere von jenen Personen betont, deren Vorstellungen nicht/kaum mit dem Erleben der angetretenen Stelle übereinstimmten. Die Arbeitsinhalte und zum Teil auch das Arbeitsklima stellten keine Anreize für sie dar.[785]

7.4.4.5 Einstellungen und Werte

Der Einfluss von *Werten und Einstellungen* (synonym: Werthaltungen) der neuen Mitarbeitenden wird von den Befragten selbst kaum explizit thematisiert. Gleichzeitig schwingen in den Äußerungen in vielfacher Weise Werte und

---

[785] Vgl. Thema »Wunschstelle« in Kap. 7.4.2.3.

Werthaltungen mit. Die bereits dargestellten Ergebnisse geben in verschiedenster Hinsicht Auskunft darüber, was den neuen Gesundheits- und Krankenpflegerinnen »am Herzen liegt« und worauf sie »Wert legen«.[786] An dieser Stelle wird daher keine weitere diesbezügliche Ergebnisdarstellung vorgenommen.

7.4.4.6 Affektive Dispositionen

Wie bereits ausgeführt worden ist, sprechen die Gesundheits- und Krankenpflegerinnen vielfach ihr emotionales Erleben an, das die Einführung bei der Mehrzahl der Befragten in der Konfrontationsphase beeinflusst.[787] Hier stechen das *Erleben von Unsicherheit, Stress, Überforderung* und *Angst* deutlicher heraus als *Freude* und *Spaß*. Es gibt auch Einzelfälle, in denen die negativen Emotionen länger anhalten und sich dann nicht nur auf die Zufriedenheit, sondern auch auf die Leistungserbringung und die Bleibebereitschaft negativ auswirken.

> *GKPf_9: Bei mir ist jetzt das Problem, ich habe die Stationsleitung jetzt schon mal darauf angesprochen, dass ich die Station wechseln möchte. Einfach nur, weil es –. Ich möchte nicht so gerne so häufig mit Bauchschmerzen und Angst zur Arbeit kommen. (...) Wenn das nicht möglich wäre, dass ich dann sage, ich suche mir woanders eine Stelle. Weil ich mich schon sichtlich unwohl fühle. (...) #00:30:38#*

7.4.4.7 Demografische Faktoren

Als *demografische Einflussfaktoren* nennen vier Personen die eigenen Kinder und damit verbundene Verpflichtungen. Sie werden meist zusammen mit entsprechenden organisationalen Unterstützungsangeboten thematisiert, die ihrerseits als einflussreich insbesondere im Hinblick auf die Stellensuche und den Stellenanteil benannt werden.

Schließlich wird als positiver Einflussfaktor genannt, die Ausbildung im selben Krankenhaus gemacht zu haben. Es erleichtere den Einstieg und sorge für ein Gefühl von Sicherheit und Orientierung, das externen neuen Mitarbeitenden fehle.

7.4.4.8 Erwartungen

Zusätzlich zu den bisher dargestellten personenbezogenen Faktoren werden im Datenmaterial personenbezogene Erwartungen deutlich. Sie lassen sich für vier verschiedene Gruppen bündeln, zwischen denen sich Unterschiede zeigen und innerhalb derer Gemeinsamkeiten deutlich werden. Die sind die internen Be-

---

786 Dies kommt u. a. in Kap. 7.3.5.3 explizit zum Ausdruck.
787 Vgl. Kap. 7.3.4.

rufsanfängerinnen (1.), die externen Berufsanfängerinnen (2.), die externen Berufserfahrenen (3.) und die internen Wechslerinnen bzw. Wiederkehrerinnen (4.).

Die Aspekte sind nicht von allen Befragten geäußert worden und gelten keineswegs pauschal für alle Personen der jeweiligen Gruppe.

1. Interne Berufsanfängerinnen erwarten beispielsweise:
- Anleitung und Rollenvorbilder für die neue Rolle der »examinierten Fachkraft«,
- Nachsicht statt Druck (GKPf_1: »Welpenschutz«),
- dass sie nicht »nur« übernommen werden, sondern auf einer Stelle gemäß ihrer Kompetenzen und Interessen eingesetzt werden,
- keine Befristung und keine Probezeit im Arbeitsvertrag, weil man sich ja schon kennt sowie
- denselben »Service« zum Einstieg, wie ihn alle anderen neuen Mitarbeitenden erfahren.

Diesen letzten Aspekt veranschaulicht folgendes Zitat:

GKPf_11: Gut, zur Organisation muss ich sagen, die fand ich nicht ganz so gut gelungen. Weil man sich, also ich weiß jetzt nicht, ob es wieder daran liegt, dass man die Ausbildung hier gemacht hat und dann direkt übernommen worden ist. Aber eigentlich musste man sich am Anfang um alles selber kümmern. Das heißt, man musste sich einen Spind suchen, man musste sich den Chip anders freischalten lassen, man musste die -, dafür sorgen dass die Klamotten gewechselt werden, dass man jetzt dieses lila hat, anstatt dieses grüne. (…) Also so ein Einführungstag oder noch mal so ein herzlich Willkommen, oder so. Fände ich eigentlich ganz nett und wichtig. Auch direkt andere Kollegen, die gerade erst angefangen sind, auch kennenzulernen, oder so. Ja das war jetzt bei mir so nicht der Fall. (…) #00:21:43#

2. Externe Berufsanfängerinnen erwarten beispielsweise:
- Anleitung und Rollenvorbilder für die neue Rolle der »examinierten Fachkraft«,
- Nachsicht statt Druck sowie
- Unterstützungsangebote, um das Haus, die Besonderheiten, die Personen und Räumlichkeiten schnell kennenzulernen.

Diese externe Berufsanfängerin beschreibt ihre Überforderung, weil die Besonderheiten von externen Berufsanfängerinnen ihrer Meinung nach nicht berücksichtigt worden sind:

GKPf_9: Also, das kam dann so nach einer Woche, dass die dann schon erwartet haben, dass ich wusste, wo alles liegt. Dass ich wusste, wie die Dokumentation hier im Haus ist. Weil bei mir in der Ausbildung war das dann schon ein bisschen anders. #00:07:36#

3. Externe Wechslerinnen erwarten beispielsweise:
- die nötige Anleitung zum Erwerb aller noch nicht vorhandenen, benötigten Kenntnisse, Fähigkeiten und Fertigkeiten und gleichzeitig
- Anerkennung der vorhandenen Kompetenzen sowie
- eine daran angepasste Übertragung von Aufgaben und Verantwortung.

Diese externe Wechslerin hat den zweiten Aspekt vermisst:

> *GKPf_2: Und das fand ich dann schwierig, dass man das bei mir gar nicht so gesehen hat. Ich bin mit Erfahrung in dieses Haus gekommen. Und ich komme nicht als frisch Examinierte in dieses Haus. Ich glaube, das konnte man nicht so ganz auf der Station betrachten, hatte ich das Gefühl. Man hat mich als Neuling, wie als frisch Examinierte, aufgenommen. Und das finde ich dann so ein bisschen schwierig.(...) #00:48:55#*

4. Interne Wechslerinnen und Wiederkehrerinnen schließlich erwarten:
- Anleitung nach dem jeweiligem Bedarf, die ggf. sehr komprimiert sein kann, sowie
- eine den vorhandenen Kompetenzen entsprechende Übertragung von Aufgaben und Verantwortung.

Letzteres kann ggf. sehr schnell vollumfassend sein, aber auch hier gibt es Situationen, wo sich Pflegefachkräfte mehr Zeit erhoffen:

> *GKPf_2: Ich hatte das tatsächlich thematisiert, weil ich für mein Empfinden relativ früh Nachtdienst machen sollte. (...) Und ich mich eigentlich nicht in der Lage gesehen habe, das schon allein zu machen. Ich fühlte mich dafür noch nicht eingearbeitet genug. (...) #00:11:40#*

7.5 Inhaltliche Auswertung zu Kündigungsgründen in der Einführung

Wenngleich die meisten Aspekte bereits angeführt worden sind, erscheint eine tabellarische Zusammenfassung der Antworten auf die explizite Frage nach *potentiellen Kündigungsgründen in der Einführungszeit* aufschlussreich.

Potentielle Kündigungsgründe	Nennungen
> sich im Team nicht wohl fühlen	10
> Überforderung (z. B. wegen Personalmangel)	5
> Vorstellungen zur Stelle passen nicht	3
> keine Unterstützung	3
> Mobbing	3
> Konflikte mit Kolleginnen	2

(Fortsetzung)

Potentielle Kündigungsgründe	Nennungen
> Fachrichtung passt nicht	2
> Dienstplangestaltung ohne Rücksicht	2
> Unzufriedenheit mit den Rahmenbedingungen auf Station	1
> zu viel Druck	1
> Ungleichverteilung von Arbeit	1
> Unzufriedenheit mit Stationsleitung	1
> autoritärer Umgang mit Mitarbeitenden	1
> viele Überstunden machen müssen	1

Tabelle 9: Potentielle Kündigungsgründe.

Tabelle 9 veranschaulicht, dass arbeitsgruppenbezogene Faktoren den überwiegenden Teil der Gründe ausmachen, die die Befragten zu einer frühen Kündigung veranlassen würden.

7.6 Evaluative Auswertung

Nachdem auf Basis der beiden Rahmenmodelle dargestellt worden ist, was nach Einschätzung der Gesundheits- und Krankenpflegerinnen im zeitlichen Verlauf und inhaltlich wesentlich erscheint und was bedeutsame Einflussfaktoren sind, soll nun der Fokus auf die *Bewertungen* ihrer Personaleinführung gerichtet werden.

7.6.1 Gesamtbewertung der Einführung

Zunächst richtet sich der Fokus auf die *Gesamtbewertung,* nach der gemäß des Leitfragebogens in der Regel relativ früh im Interview gefragt worden ist und für die im Rahmen der Auswertung entsprechende Ausprägungen definiert werden müssen.[788]

Die Zuordnung zu einer bestimmten wertenden Ausprägung wird in der Regel aufgrund der Antwort auf diese konkrete Frage vorgenommen. Es gibt jedoch zwei Fälle, in denen die Befragten zu Beginn angegeben haben, dass die Einführung positiv verlaufen sei und sie zufrieden seien, im weiteren Verlauf des Interviews jedoch deutlich negativer urteilen. Diese Entwicklung mag zum einen darin begründet sein, dass konkrete Fragen und die eigene sich dann intensi-

---
[788] Vgl. Kuckartz 2014, S. 102.

vierende Reflexion spezifischer Aspekte zu einem kritischeren Urteil geführt haben. Ein anderer Grund mag darin liegen, dass die Befragten erst im Verlauf des Gesprächs Vertrauen zur Interviewerin gefasst haben und erst nach einiger Zeit den Mut gefunden haben, ihre teils schwierigen und unerfreulichen Erfahrungen anzusprechen und offen zu bewerten. In diesen Fällen wird im Rahmen dieser interpretativen Auswertung dem Gesamteindruck mehr Gewicht gegeben als der zu Beginn abgegebenen Bewertung.

Die Analyse des Datenmaterials legt die vier verschiedenen Ausprägungen *sehr zufrieden, recht zufrieden, unzufrieden* sowie *sonstige* nahe. Sie werden wie folgt definiert:

Die Ausprägung *sehr zufrieden* wird dann zugewiesen, wenn die Befragten eine sehr positive Bewertung zu ihrer Einführung abgeben.

Die Ausprägung *recht zufrieden* wird dann vergeben, wenn die Einführung »grundsätzlich eigentlich ganz gut verlaufen ist«, jedoch im weiteren Verlauf mehrere Aspekte genannt werden, die kritisiert bzw. vermisst werden.

Die Ausprägung *unzufrieden* wird vergeben, wenn das Urteil negativ ist und die Kritik deutlich überwiegt.

Zur Ausprägung *sonstige* werden die Befragten zugeordnet, die in der Beantwortung dieser Frage nach dem Leitfragebogen Sonderfälle darstellen, weil sie krankenhausintern die Stelle wechseln (interne Wechslerinnen) oder nach max. 1,5 Jahren wieder in denselben bzw. einen ähnlichen Arbeitsbereich zurückgekehrt sind (Wiederkehrerinnen). Das folgende Zitat veranschaulicht die Zuordnung zu dieser Ausprägung:

> I: *Wie zufrieden sind Sie mit diesem Einführungsprozess, und woran liegt das?* #00:01:40#
> GKPf_21: *Das –. Ich würde jetzt nicht in der Kategorie zufrieden oder unzufrieden messen, sondern das ist eigentlich ein relativ nahtloser Übergang wieder zurück. (...)* #00:02:30#

Die evaluative Ergebnisdarstellung hinsichtlich der Gesamtbewertung der Einführung erfolgt gemäß des Vorgehens nach Kuckartz in statistisch-tabellarischer Form in Tabelle 10.[789]

	sehr zufrieden	recht zufrieden	unzufrieden	sonstige
gesamt	10	5	5	3
weiblich	8	4	3	2
männlich	2	1	2	1
Berufsanfängerinnen	6	1	2	0
Berufserfahrene	4	4	3	3
ev.KH1	4	0	0	0

---

789 Vgl. Kuckartz 2014, S. 109.

(Fortsetzung)

	sehr zufrieden	recht zufrieden	unzufrieden	sonstige
ev.KH2	0	1	1	1
kath.KH1	2	2	1	0
kath.KH2	1 (+1)	0	1^{790}	1
kom.KH1	0	1	2	1
kom.KH2	3	1	0	0

Tabelle 10: Die Gesamtbewertung statistisch-tabellarisch.

Die Tabelle zeigt, dass die Frauen im Durchschnitt zufriedener mit ihrer Einführung sind als die Männer und die Berufsanfängerinnen etwas zufriedener sind als die Berufserfahrenen.

Im Hinblick auf die Zugehörigkeit zu den Krankenhäusern fällt ins Auge, dass alle vier Befragten aus dem ev.KH1 sehr zufrieden sind, aber niemand aus dem kom.KH1 und dem ev.KH2. Offen ist, ob die Personaleinführung im ev.KH1 einfach keinen Grund zur Kritik bietet oder ob die dort befragten vier jungen, gerade examinierten Fachkräfte nicht so kritisch urteilen wie die Kolleginnen aus anderen Häusern.[791]

Mit einer durchschnittlich negativeren Bewertung der Gesamtzufriedenheit fällt das kom.KH1 auf. Hier sei jedoch der Hinweis gegeben, dass sich die negativen Erfahrungen der beiden unzufriedenen Personen auf dieselbe Station beziehen.

7.6.2 Bewertung wesentlicher Aspekte

Zum Teil sind bereits in den vorherigen Kapiteln des Erklärungsrahmens Bewertungen der Befragten zu wesentlichen Determinanten angesprochen worden. Diese und weitere Befunde aus einer auf der inhaltlich strukturierenden Inhaltsanalyse aufbauenden evaluativen Auswertung werden nun separat und ge-

---

790 Diese Fachkraft ist erst seit wenigen Wochen in dem teilnehmenden Krankenhaus tätig und dort **sehr zufrieden**. Sie berichtet im Interview fast ausschließlich von negativen Erfahrungen mit der Einführung **in einem anderen Krankenhaus**, in dem diese Person nach der Ausbildung übernommen wurde und dann nach neun Monaten als examinierte Fachkraft gekündigt hat. Aus diesen Gründen wird diese Person hier und in den weiteren Ausführungen der Ausprägung **unzufrieden** zugeordnet.
791 Da es sich um spontane subjektive Bewertungen ohne festgelegte Messkriterien handelt, lässt sich die Frage nach der Vergleichbarkeit der Gesamtbewertungen natürlich grundsätzlich stellen.

bündelt vorgestellt.[792] Es werden die Ausprägungen *positiv erlebt/ positiv erfüllt* sowie *negativ erlebt/ negativ erfüllt* sowie *keine Bewertung* gewählt.[793] Da das Material für viele Determinanten keine Auskunft für eine differenziertere Zuordnung bietet, erscheint dieses Vorgehen angemessen und gerechtfertigt. Sie werden wie folgt definiert:

Die Ausprägung *positiv erlebt/ positiv erfüllt* wird zugeordnet, wenn die Befragte den Einsatz bzw. das Erleben des jeweiligen Aspektes positiv bzw. nützlich bewertet.

Die Ausprägung *negativ erlebt/ negativ erfüllt* wird als Bewertung einer Determinante dann vergeben, wenn die Befragte diesen Aspekt gänzlich vermisst hat oder unzufrieden ist, weil er nur wenig oder negativ erlebt worden ist.

Die Ausprägung *keine Bewertung* wird zugeordnet, wenn die Befragte den jeweiligen Aspekt als einflussreich benennt, aber im Hinblick auf die eigene Einführung nicht bewertet.

Die zentralen Ergebnisse der Auswertung der evaluativen Kategorien werden statistisch-tabellarisch zusammengefasst in Tabelle 11 dargestellt.[794] In der ersten Spalte sind jene Einflussfaktoren genannt, die von mindestens der Hälfte der Befragten als bedeutsam benannt worden sind, in der zweiten die Anzahl der Nennungen und in der dritten und vierten die Anzahl der positiven und negativen Bewertungen. Einzelne Befragten haben zwar den jeweiligen Faktor als bedeutsam benannt, ihn aber nicht im Hinblick auf die eigene Einführung bewertet. Diese Anzahl ist in der letzten Spalte angegeben.

Es werden hier nur jene Faktoren aufgeführt, die als *organisational gestaltbar bzw. beeinflussbar* eingeschätzt werden können.[795] Wenngleich bei einzelnen Aspekten die organisationalen Möglichkeiten beschränkt sein mögen, markieren sie doch zentrale Ansatzpunkte für ein erfolgreiches Personal-Einführungsmanagement, das auch dem Kriterium der sozialen Effizienz Rechnung trägt.

---

792 Dieses kombinierte Auswertungsverfahren ermöglicht es, für bestimmte Aspekte evaluative Kategorien zu definieren, die auf der inhaltlich strukturierenden Codierung aufbauen und die dort geleistete Arbeit weiter zu nutzen. Vgl. Kuckartz 2014, S. 114.
793 Diese Festlegung hat den Vorteil, dass nur eine Trennungslinie fokussiert wird. Vgl. Kuckartz 2014, S. 104. Für die Zuordnung sind somit keine schwierigeren interpretativen Abwägungsprozesse bezüglich weiterer Bewertungsstufen nötig, die große Anforderungen hinsichtlich der Nachzuvollziehbarkeit stellen würden und entsprechender Erläuterungen bedürften. Nachteilig ist, dass die Bewertung damit nicht in differenzierterer Abstufung vorgenommen werden kann.
794 Vgl. Kuckartz 2014, S. 109.
795 Ergänzend sei darauf hingewiesen, dass der Personalmangel als einzige häufiger genannte *umweltbezogene* Determinante grundsätzlich als wesentlich und negativ wirkend eingeschätzt wird. Zu den *personenbezogenen* Determinanten liegen insgesamt jeweils nur wenige Bewertungen vor.

Evaluative Auswertung

	Nennungen	positiv erlebt/ positiv erfüllt	negativ erlebt/ nicht erfüllt	keine Bewertung
Fachlich Einarbeitung	23	15	7	1
Anleiterin	22	14	6	2
Klima/ Zusammenarbeit	21	17	4	0
Unterstützung	21	15	3	3
Reflexionsgespräche	19	13	6	0
Allgemeine Arbeitsbelastung	18	3[796]	15	0
Personelle Ressourcen für Einarbeitung	18	7	7	4
Verhalten Dienstvorgesetzte	18	9	4	5
Freundliche Aufnahme	18	16	2	0
Sukzessive Übertragung von Aufgaben und Verantwortung	17	11	6	0
Auswahlverfahren	18	15	3[797]	0
Dauerhaft Fragen stellen dürfen	16	8	3	5
Einarbeitungsplan /-checkliste	20	11	6	3
Stationsbezogenes Material	14	11	3	0
Wertschätzung und Akzeptanz	14	9	5	0
Passung Person und Stelle	12	7	4	1

Tabelle 11: Bewertungen wesentlicher Aspekte statistisch-tabellarisch.

Die Tabelle visualisiert, dass in dieser Kohorte die meisten der als bedeutsam eingeschätzten Aspekte in der eigenen Einführung positiv bewertet werden. Die höchste Anzahl an positiven Bewertungen erreichen die arbeitsgruppenbezogenen Aspekte *Klima/Zusammenarbeit* und *Freundliche Aufnahme*, die gleichzeitig von einer hohen Anzahl von Befragten als wesentlich angesehen werden. Der

---
796 Die Arbeitsbelastung wird als angemessen erlebt.
797 Die Atmosphäre im Auswahlverfahren wird als freundlich bewertet, aber die Passung von Stelle und Person wird bereits hier als nicht gegeben wahrgenommen und angesprochen. Es wird negativ bewertet, dass der Einsatz dennoch auf dieser Stelle erfolgt.

Aspekt *Fachliche Einarbeitung*, der von allen Befragten als wesentlich genannt worden ist, sowie der Aspekt *Anleiterin*, der von nahezu allen als wesentlich genannt worden ist, erreichen jeweils eine positive Bewertung von etwas mehr als der Hälfte der Befragten.

Als negativ bewerteter Einflussfaktor sticht die *allgemeine Arbeitsbelastung* aufgrund der knappen personellen Besetzung mit 15 negativen Bewertungen heraus. Die personellen Ressourcen für die Einarbeitung werden hingegen seltener negativ und häufiger positiv bewertet.

Im Fallvergleich lassen sich drei verschiedene bewertende Beschreibungen zu diesen beiden Determinanten identifizieren.
1. Ein Teil der Befragten hält die personellen Ressourcen sowohl grundsätzlich auf der Station als auch für die Einführung für *angemessen* bzw. *gut*.
2. Andere halten die für die Personaleinführung zur Verfügung gestellten personellen Ressourcen für *gut*, *obwohl* auf der Station aufgrund des Personalmangels ein starker Zeitdruck und eine grundsätzlich hohe Arbeitsbelastung erlebt werden.
3. Schließlich gibt es diejenigen, die die Personalausstattung auf ihrer Station sowohl für die Einführung als auch für alle anderen Aufgaben als *(viel) zu knapp* bewerten.

7.6.3 Zusammenhangsanalyse

Die bisher dargestellten Befunde geben Antworten auf die Forschungsfrage, was aus Sicht der Gesundheits- und Krankenpflegerinnen im Verlauf und inhaltlich wesentlich ist und welche Einflussfaktoren aus ihrer Sicht die Personaleinführung in der Retrospektive auf die ersten Tage, Wochen und Monate positiv bzw. negativ beeinflussen. Auf der Basis dieser Ergebnisse ist dann nochmals eine intensive fallvergleichende Analyse vorgenommen worden, um tiefergehende Zusammenhänge für das Gelingen dieses Prozesses zu erschließen. Dabei erwies sich eine Zusammenhangsanalyse mithilfe einer Kreuztabelle[798] als sehr aufschlussreich. Darin sind die zentralen Faktoren mit den vorliegenden individuellen Bewertungen[799] den vier Ausprägungen der Gesamtbewertung (*sehr zufrieden* u. a.)[800] gegenüber gestellt worden. Tabelle 12 zeigt entsprechend, welche Aspekte in welcher der vier Gruppierungen von der Mehrheit positiv bzw. negativ bewertet worden sind. Sie beinhaltet in den Zeilen der ersten Spalte links die Aspekte, die von mindestens der Hälfte der Befragten (12 Personen) als wichtig

---
798 Vgl. Kuckartz 2014, 109 ff.
799 Vgl. Kap. 7.6.2.
800 Vgl. Kap. 7.6.1.

Evaluative Auswertung 213

angesehen werden und die zumindest in gewissem Maße als organisational beeinflussbar oder gestaltbar eingeschätzt werden können. Zu jedem Aspekt wird die Anzahl derer angegeben, die diesen als positiv erfüllt ansieht, die ihn als negativ bzw. nicht erfüllt ansieht, die keine bewertende oder gar keine Aussage dazu gemacht hat sowie die Gesamtzahl. In den weiteren Spalten sind die vier Ausprägungen zur Gesamtzufriedenheit mit den entsprechenden Zahlen aufgeführt. Felder mit einer jeweils hohen Anzahl an positiven Bewertungen (min. 7/ 10 bzw. 3/5 bzw. 3/3) sind gelb und mit einer hohen Anzahl an negativen Bewertungen sind rot markiert. Sind 2/5 der Bewertungen zu einem Aspekt negativ, ist das Feld orange markiert. Die Felder, in denen die Anzahl der negativen Bewertungen 0 ist, sind grün markiert.

Damit sind die deutlichen Unterschiede zwischen den vier Gruppierungen visuell herausgestellt.

		Gesamtbewertung				
		sehr zufrieden	recht zufrieden	unzufrieden	sonstige	
		10	5	5	3	gesamt
Fachliche Einarbeitung	positiv	10	3	0	2	15
	negativ	0	2	5	0	7
	keine bewertende Aussage	0	0	0	1	1
	gesamt	10	5	5	3	23
Anleiterin	positiv	9	3	1	1	14
	negativ	0	2	4	0	6
	keine bewertende Aussage	1	0	0	2	3
	gesamt	10	5	5	3	23
Reflexionsgespräche	positiv	8	3	1	1	13
	negativ	0	2	4	0	6
	keine bewertende Aussage	2	0	0	2	4
	gesamt	10	5	5	3	23
Einarbeitungsplan/-checkliste	positiv	7	2	1	1	11
	negativ	1	2	3	0	6
	keine bewertende Aussage	2	1	1	2	6
	gesamt	10	5	5	3	23
Klima/Zusammenarbeit	positiv	9	5	0	3	17
	negativ	0	0	4	0	4
	keine bewertende Aussage	1	0	1	0	2
	gesamt	10	5	5	3	23
Unterstützung	positiv	8	3	1	3	15
	negativ	0	0	3	0	3
	keine bewertende Aussage	2	2	1	0	5
	gesamt	10	5	5	3	23
Dauerhaft Fragen stellen dürfen	positiv	7	1	0	0	8
	negativ	0	0	3	0	3
	keine bewertende Aussage	3	4	2	3	12
	gesamt	10	5	5	3	23
Freundliche Aufnahme	positiv	7	5	1	3	16
	negativ	0	0	2	0	2
	keine bewertende Aussage	3	0	2	0	5
	gesamt	10	5	5	3	23
Sukzessive Übergabe von Aufgaben und Verantwortung	positiv	8	3	0	0	11
	negativ	1	1	4	0	6
	keine bewertende Aussage	1	1	1	3	6
	gesamt	10	5	5	3	23

(Fortsetzung)

		Gesamtbewertung				
		sehr zufrieden	recht zufrieden	unzufrieden	sonstige	
		10	5	5	3	gesamt
Bewerbungsverfahren	positiv	7	4	2	2	15
	negativ	0	1	3	0	3
	keine bewertende Aussage	3	1	1	1	6
	gesamt	10	5	5	3	23
Verhalten Dienstvorgesetzte	positiv	6	2	1	0	9
	negativ	0	1	3	0	4
	keine bewertende Aussage	4	2	1	3	10
	gesamt	10	5	5	3	23
Wertschätzung und Akzeptanz	positiv	5	2	1	1	9
	negativ	0	1	4	0	5
	keine bewertende Aussage	5	2	0	2	9
	gesamt	10	5	5	3	23
Stationsbezogenes Material	positiv	3	3	2	3	11
	negativ	1	2	0	0	3
	keine bewertende Aussage	6	0	3	0	9
	gesamt	10	5	5	3	23
Passung Person und Stelle	positiv	3	2	0	2	7
	negativ	0	1	3	0	4
	keine bewertende Aussage	7	2	2	1	12
	gesamt	10	5	5	3	23
Personelle Ressourcen für die Einführung	positiv	5	1	0	1	7
	negativ	1	1	5	0	7
	keine bewertende Aussage	4	3	0	2	7
	gesamt	10	5	5	3	23
Arbeitsbelastung	hoch	7	3	5	0	15
	in Ordnung	0	1	0	2	3
	keine bewertende Aussage	3	1	0	1	5
	gesamt	10	5	5	3	23

Tabelle 12: Gegenüberstellung von Gesamtbewertung und Bewertungen wesentlicher Aspekte.

Vergleicht man die Gruppe *sehr zufrieden* mit der Gruppe *recht zufrieden*, zeigt sich als *Unterschied*, dass folgende Determinanten in ersterer gar keine, in zweiterer hingegen je zwei negative von ingesamt fünf Bewertungen bekommen:
- *Fachliche Einarbeitung,*
- *Anleiterin,*
- *Reflexionsgespräche,*
- *Einarbeitungsplan/-checkliste.*

Die Tabelle veranschaulicht, dass es hinsichtlich der anderen Aspekte nur geringfügige Unterschiede zwischen diesen beiden Gruppen gibt. Als *Gemeinsamkeit* lassen sich folgende Bewertungen herausstellen:
1. Es gibt eine hohe Anzahl (min. 7/10 bzw. 4/5) an positiven Beurteilungen zu:
- *Klima/Zusammenarbeit,*
- *Freundliche Aufnahme,*
- *Auswahlverfahren.*
2. Es gibt keine einzige negative Bewertung zu:
- *Klima/Zusammenarbeit,*

- *Freundliche Aufnahme,*
- *Unterstützung,*
- *Dauerhaft Fragen stellen dürfen.*
3. Die *Arbeitsbelastung* wird mehrheitlich als hoch erlebt.

Im Vergleich der Gruppe *unzufrieden* und der Gruppe *recht zufrieden* fällt auf, dass die erstere *fast alle* Aspekte deutlich häufiger negativ bewertet. Ausnahmen sind wiederum die vier Determinanten, die auch den Unterschied zwischen den Gruppen *sehr zufrieden* und *recht zufrieden* ausmachen:
- *Fachliche Einarbeitung,*
- *Anleiterin,*
- *Reflexionsgespräche,*
- *Einarbeitungsplan/-checkliste.*

In der Gruppe *sonstige* (drei Wiederkehrerinnen/ interne Wechslerinnen) sticht heraus, dass keine der in der Tabelle aufgeführten Determinanten negativ bewertet und dass die Determinanten *Klima/Zusammenarbeit, Unterstützung* und *freundliche Aufnahme* durchweg positiv bewertet werden. Ansonsten fällt auf, dass bei den *sonstigen* einige Aspekte und Maßnahmen weder positiv noch negativ bewertet werden, die die anderen Befragten mehrheitlich bewertet haben. Die genaue erneute Fallanalyse machte deutlich, dass sie diese Aspekte zwar grundsätzlich für wesentlich halten, aber aufgrund ihrer Situation nicht benötigen. Das folgende Statement veranschaulicht dies:

> **GKPf_21:** *Nein, ich hatte keinen fest zugeordneten Praxisanleiter in dem Sinne. Also das haben wir tatsächlich relativ entspannt gehandelt. Wenn ich was gebraucht habe, habe ich mich gemeldet. Klar, Stationsleitung, Stellvertretung haben sich mal kurz mit mir zusammengesetzt, haben so die Eckdaten besprochen. Wo finde ich die Standards, wo finde ich das Stationshandbuch. An wen wende ich mich, wenn ich Probleme habe. Aber das war auch nichts, was ich nochmal in einem Extragespräch gebraucht hätte. (...) #00:16:45#*

Zusammenfassend lässt sich festhalten:

Die Determinanten für eine **aufgabenspezifische Einarbeitung** (z.B. *Fachliche Einarbeitung, Anleiterin, Reflexionsgespräche* und *Einarbeitungsplan/-checkliste*) sind aus Sicht der Befragten wichtige Faktoren und Kriterien zur Bewertung der Personaleinführung. Ebenso bedeutsam sind jene Aspekte, die den Umgang der Arbeitsgruppe mit der neuen Mitarbeitenden, also die **Aufnahmekultur** beschreiben (z.B. *Freundliche Aufnahme, Unterstützung, Dauerhaft Fragen stellen dürfen, Klima/Zusammenarbeit, Wertschätzung und Akzeptanz*). Werden sie positiv erlebt, obwohl es einzelne Kritikpunkte hinsichtlich der erstgenannten Aspekte gibt, ist die Gesamtzufriedenheit dennoch relativ hoch. Werden beide

Themenbündel negativ erlebt, sind die Betroffenen unzufrieden und die Einführung ist aus ihrer Sicht nicht gelungen.

Ein drittes bedeutsames inhaltliches Themenbündel bilden die **personellen Ressourcen** mit den Aspekten *Allgemeine Arbeitsbelastung, Personelle Ressourcen für die Einarbeitung* sowie *Sukzessive Übertragung von Aufgaben und Verantwortung*. Hier fällt auf, dass diese insbesondere von jenen Befragten bewertend thematisiert werden, die damit unzufrieden sind.

In diesem ersten Teil des Erklärungsrahmens sind Anliegen und Interessen, Erfahrungswissen, Bewertungen und Interpretationen der neuen Gesundheits- und Krankenpflegerinnen in Bezug auf ihre Personaleinführung systematisch dargestellt worden, die durch die Forschungsbemühungen rekonstruiert worden sind.[801] Ausgehend von einer der Diakoniewissenschaft eigenen interdisziplinären Perspektivenvielfalt[802] gilt es diese im zweiten Teil zu diskutieren.

---

801 Diese Interpretationen der neuen Mitarbeitenden können als »Konstruktionen ersten Grades« und deren Auswertung und Interpretation durch die Forscherin als »Konstruktionen zweiten Grades« aufgefasst werden. Vgl. Przyborski und Wohlrab-Sahr 2008, S. 27 mit Verweis auf Schütz.
802 Vgl. Benad et al. 2015b, 21 f.

8 Diskussion der Ergebnisse

Im Folgenden wird nun eine übergeordnete Perspektive eingenommen, von der aus die herausgearbeiteten Befunde diskutiert und mögliche Erklärungen aufgezeigt werden. Dazu wird auf das heuristische Potential des Forschungsrahmens Bezug genommen.[803]

Zunächst werden kurz die Ergebnisse bezüglich der Einführungsziele in Beziehung gesetzt zu den im Forschungsrahmen explizierten Zielen. Dann erfolgt eine kurze kritische Reflexion des phasenbezogenen sowie des einflussfaktorenbezogenen Rahmenmodells und ihrer Erträge. Anschließend werden die empirischen und theoretischen Erkenntnisse der beiden Rahmenmodelle in einem großen Gesamtmodell gebündelt visualisiert. Die herausstechenden Befunde der Studie werden dann ausführlicher diskutiert, wobei der Schwerpunkt auf die Aspekte gelegt wird, die im Rahmen eines sozial effizienten Personal-Einführungsmanagements als Schlüsselfaktoren gestaltet oder beeinflusst werden können. Abschließend werden die Befunde zur diakonisch-kulturellen Inhaltsdimension in Rückgriff auf prominente diakoniewissenschaftliche Positionen diskutiert.

8.1 Einführungsziele

Zunächst erscheint aus organisationaler resp. personalwirtschaftlicher Perspektive der Befund bedeutsam, dass die Befragten sich mit keinerlei Aussage gegen die *personalwirtschaftlich anzustrebenden Ziele der Personaleinführung* aussprechen.

Auf die **explizite**, recht frühzeitig gestellte Frage nach den Zielen der Einführung werden mit dem *Erlangen von Aufgabenklarheit*, dem *Erlernen der selbstständigen umfänglichen Leistungserbringung*, der *Integration ins Team*, der *Reduktion von Unsicherheit* und dem *Umgang mit anfänglichem Stress* Ant-

---

[803] Vgl. Becker 2006, S. 298.

worten gegeben, die auch in der personalwirtschaftlichen Literatur angeführt werden.[804] Markant ist hier jedoch der Befund, dass sich die Interessen der Befragten hinsichtlich der veranschlagten Zeit und der Ressourcen, die zur Zielerreichung (wie z. B. zum Erlernen der selbstständigen umfänglichen Leistungserbringung) notwendig sind, z. T. deutlich von der Handhabung durch die Organisation unterscheiden.

Auffallend ist, dass die im Forschungsrahmen genannten proximalen Ziele wie *Bindung und Loyalität zum Unternehmen, Bleibebereitschaft* oder *Zufriedenheit* nicht auf die explizite Frage nach den Zielen genannt werden. Wie die Ausführungen in Kap. 7 deutlich machen, ist die eigene *Zufriedenheit* jedoch ein bedeutsames *implizites* Anliegen der Befragten und auch ein Maßstab zur Beurteilung ihres Einführungsprozesses. Die Ziele *Bindung und Loyalität* sind zwar aus organisationaler Perspektive bedeutsam, es zeigt sich jedoch, dass es keine explizit angestrebten Anliegen der Befragten sind. Möglicherweise verbinden diese sie nicht mit der Personaleinführung, oder sie halten sie im Vergleich zu den von ihnen genannten Zielen für nicht so relevant oder für selbstverständlich.

Auch *das Kennenlernen bzw. das Einfinden in die Organisationskultur* mit ihren Werten, Normen und sichtbaren Symbolen wird ebenfalls nicht auf die konkrete Eingangsfrage nach den Zielen angesprochen. Die Befragten äußern zwar durchaus bestimmte Erwartungen hinsichtlich der Organisationskultur und sie schildern auch (eher unbewusst) Beispiele, wo ihnen implizit oder explizit Werte und Normen vermittelt werden.[805] Doch an dieser Stelle ist zunächst festzuhalten, dass das im Forschungsrahmen aus diakoniewissenschaftlicher wie organisationaler Perspektive als bedeutsam herausgestellte Ziel der *Mitgestaltung oder Umsetzung der Organisationskultur* von den neuen Mitarbeitenden *nicht explizit* angestrebt wird.

Welche Erklärungen dafür in Betracht kommen, wird in Kap. 8.5 ausgeführt.

8.2 Das phasenbezogene Rahmenmodell

Ein kritisch-reflexiver Blick auf das im Forschungsrahmen entwickelte *phasenbezogene Rahmenmodell* führt zu folgender Einschätzung:

Das Modell hat sich im Rahmen dieser Studie als ein geeignetes Gerüst zur Strukturierung des Datenmaterials erwiesen. Die Analyse des Materials zeigt jedoch deutlich, dass die Befragten nicht »in Phasenmodellen denken«, sondern im Interview ihre Erlebnisse insbesondere ab dem Stellenantritt mehr oder we-

---

804 Vgl. Kap. 3.1.1.
805 Vgl. Kap. 7.3.5.3.

niger unsystematisch schildern und reflektieren.[806] Die am Rahmenmodell orientierten Leitfragen haben sie angeregt, diese Reflexion im Laufe des Interviews u. a. auch auf die Zeit vor dem Eintritt sowie auf bestimmte Inhaltsdimensionen zu richten.

Grundsätzlich hat das Modell die nötige Offenheit geboten, um zu erforschen, was für die neuen Mitarbeitenden in ihrer Personaleinführung im zeitlichen Verlauf und inhaltlich wesentlich ist. Es konnten sowohl induktiv wie auch deduktiv vielfältige Erkenntnisse generiert werden. Wie Abbildung 15 in Kap. 7.3 zeigt, können die Interessen der neuen Mitarbeitenden, die aus ihrer Sicht im chronologischen Verlauf zu bewältigenden Phänomene, Aufgaben und vielfältigen, auch emotionalen Herausforderungen mithilfe dieses Modells systematisch dargestellt werden.

Die theoretische Differenzierung der Eingliederungsphase in die fachliche Einarbeitung, die soziale Integration und die kulturelle Einführung und die entsprechenden Fragen im Verlauf des Interviews förderten einige aufschlussreiche Ergebnisse zutage. Zugleich zeigen sich in der Analyse des Datenmaterials auch einige inhaltliche Überschneidungen zwischen diesen drei Inhaltsdimensionen.[807]

8.3 Das einflussfaktorenbezogene Rahmenmodell

Mithilfe des zweiten Rahmenmodells konnten die Einflussfaktoren differenziert nach den vier Ebenen der Umwelt, der Organisation, der Arbeitsgruppe und der Person erhoben und systematisch ausgewertet werden. Dabei zeigt sich im Datenmaterial eine klare Gewichtung. Den Schwerpunkt legen die Befragten in ihrer Reflexion auf die Determinanten im jeweiligen Krankenhaus.[808] Die umweltbezogenen Faktoren hingegen spielen kaum eine Rolle in der Reflexion der neuen Gesundheits- und Krankenpflegerinnen – zumindest nicht in der Interviewsituation. Hier kann kritisch gefragt werden, ob das Rahmenmodell im Forschungsrahmen nicht zu weit gefasst worden ist. In der Literatur finden sich durchaus entsprechende Modelle, in denen die Ebene der Umwelt mit ihren Determinanten ganz außer Acht gelassen wird.[809] Da jedoch insbesondere politisch-rechtliche und ökonomische Vorgaben maßgeblichen Einfluss auf die ge-

---

806 Beispielhaft ist der Befund zur Vorbereitungsphase zu nennen. Wenngleich hier die grundlegende Konzeption erfolgt und Entscheidungen zu Instrumenten, Maßnahmen, Methoden und Ressourcen getroffen werden, steht in der Reflexion der Befragten deren Wirkung ab dem ersten Arbeitstag im Mittelpunkt. Vgl. Kap. 7.3.2.
807 Vgl. die Unterkapitel von Kap. 7.3.5.
808 Diese werden in Kap. 8.5 entsprechend ausführlicher diskutiert.
809 Vgl. Bauer und Erdogan 2011, 51 ff.; Kammeyer-Mueller und Wanberg 2003, 779 ff.

samte Arbeit eines Krankenhauses und im Speziellen auf die Rahmenbedingungen des Personalmanagements und damit der Personaleinführung haben, erschien es sachgemäß, diese außerorganisationale Ebene einzubeziehen.[810]

Abschließend lässt sich im Hinblick auf die beiden entwickelten *Rahmenmodelle* festhalten, dass mit ihnen zwei unterschiedliche Zugänge zu den vielfältigen Erfahrungen der neuen Mitarbeitenden im Blick auf ihre Personaleinführung eröffnet worden sind. Mit ihrem jeweiligen Fokus haben sie den »Möglichkeitsraum« für die explorative Forschung erweitert. Kritisch einzuwenden ist, dass diese beiden Zugänge nicht überschneidungsfrei sind und in der Auswertung Doppelungen auftreten. Aus dem vielschichtigen Forschungsinteresse heraus erschien es jedoch wichtig, den Fokus nicht auf die Einflussfaktoren zu reduzieren. Es richtete sich auch darauf, was aus Sicht der neuen Mitarbeitenden im Hinblick auf die Einführung *wesentlich* ist. So konnten auch Aspekte ermittelt werden, die subjektiv eine hohe Bedeutung haben, unabhängig davon, ob sie Einflussfaktoren für das Erreichen von personalwirtschaftlich angestrebten Zielen sind.

8.4 Die phasen- und einflussfaktorenbezogene Gesamtmatrix

Um eine Gesamtbündelung zu bieten, werden die beiden Rahmenmodelle des Forschungsrahmens an dieser Stelle des Erklärungsrahmens nun in *einer* Matrix in Abbildung 16 (S. 221f.) zusammengeführt. In diese Matrix mit den Phasen (s. erste Spalte) und den vier Ebenen von Einflußfaktoren (s. zweite bis fünfte Spalte) sind zum einen die theoretischen Erkenntnisse übertragen worden, die in Kap. 4.3 und in Kap. 5.6 dargestellt worden sind. Zum anderen sind darin die empirisch generierten Erkenntnisse gebündelt aufgeführt, die bisher getrennt in Abbildung 14 in Kap. 7.3 und Abbildung 15 in Kap. 7.4 visualisiert worden sind. Diese empirisch ermittelten Ergebnisse sind in rot aufgeführt. Jene Aspekte, die von mindestens zehn Befragten genannt wurden, werden fett hervorgehoben. Jene Aspekte aus den theoretischen Rahmenmodellen, die von den Befragten nicht explizit genannt wurden, sind in schwarzer Schrift aufgeführt.

---

810 Beispielhaft seien hier nochmals politische Entscheidungen und gesetzliche Vorgaben zur Finanzierung im Krankenhaussektor erwähnt, die u. a. zu einer kaum steigenden Zahl an Vollkräften in der Pflege bei gleichzeitigem Anstieg der Fallzahlen geführt haben, obgleich der Vollkraftanteil im ärztlichen Dienst anstieg. Vgl. Kap. 2.2.3.

Die phasen- und einflussfaktorenbezogene Gesamtmatrix

Phase	Mitarbeitende	Arbeitsgruppe	Organisation	Umwelt
ANTIZIPATORISCHE SOZIALISATION	▶ Prägung durch privates Umfeld ▶ Sozialisation durch die Ausbildung ▶ Prägung durch berufliche Praxis			
VORBEREITUNG			▶ Konzeption ▶ Wahl von Instrumenten, Maßnahmen und Ressourcen	
VOREINSTIEG	▶ **Stellensuche gemäß eigener Kompetenzen und Motive** (z.B. Arbeitsinhalt, Vorerfahrungen, Größe, Standort in Wohnortnähe, Probezeit, Befristung, Stellenanteil, Trägerschaft, Lust auf Veränderung, Unzufriedenheit mit der früheren Arbeitsgruppe)		▶ Arbeitsplatzanalyse ▶ Anforderungsprofil ▶ Stellenausschreibung ▶ Übernahmeangebot an Auszubildende	▼ ▼ **Personalmangel** — Politische, gesetzliche, ökonomische Rahmenbedingungen
	▶ Schriftliche Bewerbung(-en) ▶ **Auswahlgespräch** – Ansprechen eigener Erwartungen – Passung von Person und Stelle ▶ ggf. Hospitation ▶ Entscheidung ▶ Verträge	▶ Hospitation: realistische Tätigkeitsvorschau	▶ Sichtung der Bewerbungen ▶ Schnelle Einladung zum Gespräch ▶ **Auswahlgespräche** – Freundliche Atmosphäre – Passung von Person und Stelle – **Realistische Tätigkeitsvorschau** (u.a. durch Hospitation) – Abgleich von Erwartungen ▶ Schnelle Entscheidung ▶ Verträge	
	▶ Vorbereitung auf die neue Stelle *Erwartungen:* ▶ Gute fachliche Einarbeitung ▶ **Freundliche Aufnahme ins Team** ▶ Gute Vorbereitung des Einstiegs *Emotionen:* ▶ Ängste, Befürchtungen ▶ Sorge vor zu großem Druck ▶ Vorfreude	▶ Maßnahmen zur Vorbereitung des Arbeitseinsatzes	▶ Maßnahmen zur Vorbereitung des Arbeitseinsatzes ▶ Zusendung von Informationsmaterial und Unterlagen	▼ ▼ Gesellschaftliche Rahmenbedingungen — Technologische Rahmenbedingungen
KONFRONTATION	▶ **Kennen(-lernen) der Aufgaben, Abläufe, Personen und Funktionen** ▶ Konfrontation von persönlichen Erwartungen und organisationaler Realität; ggf. Schock ▶ **Kognitive Eindrücke, Informationsflut** *Emotionen:* ▶ **Unsicherheit und Aufregung** ▶ Angst und Sorge ▶ Stress, Überforderung ▶ Freude	▶ Begrüßung der Mitarbeitenden, freundliche Aufnahme ▶ Ausstattung mit Arbeitsmaterial ▶ **Vorstellen von Aufgaben, Abläufen, Personen und Funktionen** ▶ Vermittlung von Erwartungen ▶ **Feste Anleiterin** ▶ **Personelle Ressourcen** („Nicht ins kalte Wasser werfen")	▶ Begrüßung der Mitarbeitenden, freundliche Aufnahme ▶ Ausstattung mit Arbeitsmaterial ▶ Vorstellen von Aufgaben, Abläufen, Personen und Funktionen ▶ Vermittlung von Erwartungen ▶ **Anleitungssystem** ▶ **Personelle Ressourcen** („Nicht ins kalte Wasser werfen")	
EINGLIEDERUNG	▶ Sich wohl fühlen ▶ Spaß, Freude an der Arbeit	▶ Mitspracheglichkeiten		

Phase		Mitarbeitende	Arbeitsgruppe	Organisation	Umwelt

EINGLIEDERUNG	**FACHLICHE EINARBEITUNG**	▶ Berufliche Erfahrung, Kenntnisse, Fähigkeiten, Fertigkeiten
		▶ Aneignung von fachlichem Wissen, Fähigkeiten und Fertigkeiten
		▶ Entwicklung von Arbeitskenntnis
		▶ **Passung von Arbeitsinhalten und Person**, Freude an der Arbeit
		▶ **Umgang mit Rollenerwartungen**
		▶ **Umgang mit Rollenwechsel**
		▶ **Proaktivität**
		  – **Einholen von Informationen**
		  – **Ansprechen von Schwierigkeiten**
		  – Einfordern wichtiger Anliegen
		▶ **Offenheit für Neues**
		▶ Anpassungsbereitschaft
		▶ hoher Anspruch an sich selbst
		▶ **Freundlichkeit**
		▶ **Ehrlichkeit**
		▶ Selbstständigkeit
		▶ Gewissenhaftigkeit, Verantwortungsbewusstsein
			▶ **Fundierte Vermittlung von Informationen, Fähigkeiten und Fertigkeiten**
			▶ **Feste Anleiterin**
			▶ **Genug Zeit für Anleitung**
			▶ **Verhalten der Dienstvorgesetzten**, Art der Mitarbeiterführung
			▶ **Sukzessive Aufgabenübertragung gemäß der Kompetenzen**
			▶ **Einarbeitungsplan**
			▶ **Stationsbezogene Materialien**
			▶ Einführungsmappe
			▶ **Einführungstag**
			(teils auf Nachfrage)
			▶ **Terminierte Reflexionsgespräche**
			▶ Spontanes Feedback
			▶ **Förderung der Rollenübernahme**, Erwartungen zur Rollenübernahme
			▶ **Unterstützung durch Kolleginnen und Dienstvorgesetzte**
			▶ **Offenheit für Fragen und Rückversicherungen**
			▶ Verständnis
			▶ **Art und Weise der (interdisziplinären) Zusammenarbeit**
			▶ Umgang mit Fehlern
			▶ Unangemessenes Verhalten einzelner Kolleginnen
				▶ **Fundierte Vermittlung von Informationen, Fähigkeiten und Fertigkeiten**
				▶ **Anleitungssystem**
				▶ **Personelle Ressourcen**
				▶ **Sukzessive Aufgabenübertragung gemäß der Kompetenzen**
				▶ **Stationsbezogene Materialien**
				▶ **Einführungsmappe**
				▶ **Einführungstag**
				▶ **Einarbeitungsplan inkl. Reflexionsgespräche**
				▶ Förderung der Rollenübernahme
				▶ IT, technische Ausstattung
					▼ ▼ **Personalmangel**
					Politische, gesetzliche, ökonomische Rahmenbedingungen

	SOZIALE INTEGRATION	▶ **Einfinden in die Arbeitsgruppe** ▶ **Aufbau befriedigender Arbeitsbeziehungen** ▶ **Offenheit, Freundlichkeit** (u.a. siehe fachliche Einarbeitung)	▶ **Freundliche Aufnahme** ▶ **Wertschätzung, Akzeptanz, Offenheit** ▶ **Unterstützung und Verständnis** ▶ Fluktuation auf Station ▶ Berücksichtigung von Dienstplanwünschen	▶ Aufnahme in die Organisation	▼ ▼ Gesellschaftliche Rahmenbedingungen Technologische Rahmenbedingungen
	KULTURELLE EINFÜHRUNG	▶ Kennenlernen der zentralen Grundannahmen, Werte, Normen und Artefakte resp. Praktiken ▶ Prüfung der Konsistenz ▶ Abgleich mit individuellen Werthaltungen *Eigene Leitbildideen:* ▶ **Wertschätzender Umgang mit den Patienten, Achtung ihrer Individualität, ihrer Bedürfnisse und ihres Wohlbefindens** ▶ **Respektvoller, freundlicher Umgang mit allen** ▶ Gute Zusammenarbeit, Unterstützung *Kulturelle Vermittlung an Auszubildende:* ▶ **Einhaltung von Standards und Hygieneregeln, ordentliches und effizientes Arbeiten** ▶ **Freundlichkeit, Offenheit, Interesse** ▶ Empathische, professionelle Patientenversorgung ▶ Zusammenarbeit, Teamfähigkeit, Hilfsbereitschaft ▶ Absicherung, keine Kompetenzüberschreitung ▶ Ehrlichkeit, Fehler benennen	▶ Vermittlung wesentlicher Grundannahmen, Werte, Normen und Artefakte resp. Praktiken *Auf Nachfrage:* ▶ **Kommunikation und Vorleben von Werten** ▶ Kollegialer Austausch dazu ▶ Förderung eines kollegialen Miteinanders und gegenseitiger Unterstützung *Erkennbarkeit der konfessionellen Trägerschaft in der Einführung:* ▶ Nicht oder kaum erkennbar	▶ Vermittlung und Abgleich wesentlicher Grundannahmen, Werte, Normen und Artefakte resp. Praktiken ▶ **Explizite Kommunikation und Vorleben von Werten** ▶ Reflexionsmöglichkeiten ▶ Förderung eines kollegialen Miteinanders und gegenseitiger Unterstützung *Erkennbarkeit der konfessionellen Trägerschaft in der Einführung:* ▶ Nicht oder kaum erkennbar ▶ Im Vergleich zum vorherigen Arbeitgeber weniger erkennbar ▶ **Leitbild** (auf Nachfrage) ▶ **Einführungstag** (auf Nachfrage) *Erkennbarkeit der konfessionellen Trägerschaft allgemein:* ▶ Gottesdienste ▶ Priester, Pastorin, Seelsorgerin ▶ Kapelle/Andachtsraum	
EVALUATION		▶ Abgleich von Erwartungen und Erleben ▶ Persönliche Bewertung der Einführung	▶ Auswertung der Einführung	▶ Auswertung der Einführung ▶ Beurteilung der Passung von Mitarbeitenden und organisationalen Anforderungen ▶ Gespräch zum Probezeitende	

Abbildung 16: Gesamtmatrix mit zentralen theoretischen und empirischen Befunden.

Diese Gesamtmatrix zeigt grundsätzlich große Übereinstimmungen zu den beiden Rahmenmodellen im Forschungsrahmen.[811] Auffallend ist zunächst, dass einige theoretisch explizierte Aspekte der Voreinstiegsphase empirisch keine Erwähnung finden. Es handelt sich um organisationale Aufgaben, die im Vorfeld erfüllt werden müssen, aber die in der Interviewsituation nicht bewusst reflektiert werden.

Wie bereits angesprochen, finden auch die umweltbezogenen Faktoren kaum Erwähnung. Angesichts der im Forschungsrahmen besonders herausgestellten Bedeutung insbesondere von politisch-rechtlichen und ökonomischen Einflussfaktoren stellt sich die Frage, wie dieses Ergebnis der überwiegenden »Nicht-Erwähnungen« zu erklären ist. Mögliche Gründe können sein:
- Die Faktoren werden wie »Naturgesetze« wahrgenommen, die man sowieso nicht ändern kann.
- Den Befragten sind die Zusammenhänge zwischen Arbeitsbedingungen und ökonomischen und rechtlichen Rahmenbedingungen nicht deutlich.
- Diese Faktoren haben aus ihrer Sicht für das Thema Personaleinführung im engen Sinne keine Bedeutung.
- Sie haben sich bisher keine Gedanken darüber gemacht, weil der wesentliche Bezugspunkt für sie die konkrete Station ist.

Auf Grundlage des Datenmaterials kann keine Aussage darüber gemacht werden, welcher Grund für die Mehrheit der Befragten zutrifft. Hierzu könnte an anderer Stelle geforscht werden.

Aspekte wie die Vermittlung und der Abgleich von wesentlichen Grundannahmen, Werten, Normen und Symbolen der Organisationskultur werden von den Befragten selbst nicht explizit als Dimensionen ihrer Einführung thematisiert. Sie erzählen zwar beiläufig Beispiele, wo die Wirkung solcher Vermittlungs- und Abgleichprozesse als Zufriedenheit oder als Irritation oder Frustration deutlich wird, doch sie reflektieren dieses nicht bewusst als Inhaltsdimension. Das ist vermutlich auch nur aus einer hier eingenommenen Metaperspektive möglich. Für die Befragten ist mit dem bereits erwähnten Zitat von Polanyi anzunehmen, dass sie mehr wissen, als sie in Worten zum Ausdruck bringen können.[812]

Auf entsprechende Nachfragen, die auf die kulturelle Einführung zielen, konnten dennoch Erkenntnisse generiert werden, die in Abbildung 16 in rot angeführt sind und in Kap. 8.6 diskutiert werden.

---

811 Vgl. Abbildung 12 in Kap. 4.3 und Abbildung 14 in Kap. 5.6.
812 »We can know more than we can tell.« Polanyi und Sen 1966, S. 4.

Schließlich zeigt die Gesamtmatrix, dass insbesondere die im einflussfaktorenbezogenen Rahmenmodell theoretisch abstrakt formulierten Aspekte wie z. B. *affektive Dispositionen*[813] empirisch konkretisiert werden konnten.

8.5 Phasenbezogene Schlüsselfaktoren

Im Folgenden werden nun phasenbezogen die zentralen Aspekte unter Rückbezug auf den Forschungsrahmen diskutiert, die aufgrund der inhaltlich-strukturierenden und der evaluativen qualitativen Inhaltsanalyse als organisational zu beeinflussende Schlüsselfaktoren für ein sozial effizientes Personal-Einführungsmanagement angesehen werden können.

Aufgrund der inhaltlichen Überschneidungen bezüglich der fachlichen, der sozialen und der kulturellen Inhaltsdimensionen[814] erfolgt die Diskussion dieser Aspekte dimensionenübergreifend. In Kap. 8.6 werden dann separat noch jene Ergebnisse diskutiert, die sich explizit auf die diakonisch-kulturelle Einführung beziehen.

8.5.1 Voreinstiegsphase

Wie die Ergebnisdarstellung zeigt, stehen bezüglich der *Voreinstiegsphase* das *Auswahlverfahren* sowie *Erwartungen und Befürchtungen* im Blick auf den Stellenantritt im Vordergrund. Die einzelnen Schritte im Verlauf dieser Phase, die im Forschungsrahmen detailliert dargestellt worden sind, werden kaum thematisiert. Anhand einiger letztlich negativ verlaufener Fälle zeigt sich jedoch, wie bedeutsam z. B. ein klares Anforderungsprofil, eine realistische Rekrutierung und die Passung von Person und Stelle sind. In der Studie zeigt sich das Phänomen, dass einzelne Gesundheits- und Krankenpflegerinnen eine Stelle angetreten haben, obwohl diese nach ihrem Eindruck nicht zu ihren fachlichen Interessen und Kompetenzen passt.[815] Dies betrifft einerseits Personen, die sich auf eine unspezifische Stellenausschreibung beworben haben, und andererseits Auszubildende kurz vor dem Examen, denen vom bisherigen Arbeitgeber lediglich eine Stelle angeboten worden ist, die ihren Vorstellungen wenig entspricht.

---

813 Vgl. Abbildung 14 in Kap. 5.6.
814 Ein Beispiel ist die Determinante »Unterstützung erleben«, die alle drei Inhaltsdimensionen tangiert.
815 Vgl. Kap. 7.4.2.3.

Dieses Phänomen bestätigt die in Kap. 3.1.4 dargestellten Erkenntnisse von Wanous, die das *matching* und den *fit* als sehr bedeutsam für den erfolgreichen Verlauf herausstellen.[816]

Angesichts des grundsätzlich großen Stellenangebots verwundert es, dass *die jeweiligen Bewerberinnen* zusagen, obwohl ihre fachlichen Motive nicht zum Motivierungspotential des jeweiligen medizinischen Fachbereichs und der Arbeitsaufgabe passen.[817] Hinsichtlich der Gründe können an dieser Stelle nur Hypothesen aufgestellt werden. Bei den Auszubildenden sind vermutlich die positiven Erfahrungen in der Ausbildungszeit und die hier entwickelte Bindung ausschlaggebend. Vielleicht hält sie auch die Ungewissheit darüber, ob die Passung in einem anderen Krankenhaus besser wäre. Vermutlich ist außerdem sowohl für sie als auch für die berufserfahrenen Bewerberinnen die Wohnortnähe ein ausschlagebendes Motiv.

Warum diese Gesundheits- und Krankenpflegerinnen trotz ihrer Vorbehalte gegen die Fachrichtung und trotz kaum vorhandener fachbezogener Kenntnisse andererseits vom *jeweiligen Krankenhaus* eingestellt worden sind, könnte zum einen darin begründet sein, dass nicht viel Wert auf eine Prüfung der Passung gelegt worden ist. Wahrscheinlicher ist, dass die Personalverantwortlichen die Bedenken aufgrund des Bewerberinnenmangels übergehen und vermutlich darauf hoffen, dass sich die Fachkräfte im Laufe der Einführung arrangieren. Hier zeigen die Interviews jedoch, dass es in den folgenden Phasen nicht nur zu einer inneren Kündigung, sondern auch zum tatsächlichen Verlassen der Stelle oder des Arbeitgebers kommt und alle Mühen und Kosten der Einführung vergebens waren.

Grundsätzlich fällt auf, dass zum *Auswahlverfahren* vorwiegend positiv qualifizierende Aussagen vorliegen.[818] Das legt die These nahe, dass diese Phase vom Personalmanagement der sechs beteiligten Krankenhäuser in weiten Teilen angemessen gestaltet wird. Es ist jedoch offen, ob diese These auch auf eine größere Anzahl anderer Krankenhäuser zutrifft. Da der »war for talents« bereits seit mehreren Jahren besteht, ist anzunehmen, dass das Personalmanagement inzwischen flächendeckend im Bereich des Recruitings große Anstrengungen unternimmt und auch überwiegend ähnlich gut agiert.

Schließlich ist hinsichtlich der *vor Stellenantritt* gehegten *Erwartungen* der Befund auffällig, dass eine *freundliche Aufnahme ins Team* noch häufiger genannt wird als eine *gute fachliche Einarbeitung*. Wie die evaluative Analyse gezeigt hat, kommt der Erfüllung dieser beiden Erwartungen eine besondere Be-

---

816 Vgl. Kap. 3.1.4 sowie Wanous 1992.
817 Auf die Bedeutung von Arbeitsinhalten wird später noch näher eingegangen.
818 Vgl. Kap. 7.3.3.

deutung zu. Da sich dies in den folgenden Phasen vollzieht, werden sie dort diskutiert.

8.5.2 Konfrontationsphase

Wie auf Grundlage der theoretischen Exploration zu erwarten war, ist mit dem Eintritt in die Organisation auch aus Sicht der Befragten das Kennenlernen von Aufgaben, Abläufen, Personen und Funktionen wesentlich,[819] wie auch Abbildung 17 zeigt. Damit verbindet sich in prägnanter Weise ein *hohes Erleben von Stress und Überforderung*. Es sticht heraus, dass fast alle Gesundheits- und Krankenpflegerinnen dies unabhängig von Alter, Geschlecht und Berufserfahrung in der Konfrontationsphase erleben und benennen – selbst jene, die die Organisation zuvor schon kannten und über eine Praxiserfahrung von bis zu 27 Jahren verfügen. Das Datenmaterial bestätigt entsprechende Ausführungen in der Literatur.[820] Verunsicherung, Belastungen aus der Arbeit, interpersonelle Belastungen und enttäuschte Erwartungen u. a. werden in verschiedenen Publikationen als Stressoren der Anfangszeit benannt.[821]

Auf Grundlage der Datenanalyse lässt sich schlussfolgern, dass für eine positive Bewertung der Personaleinführung entscheidend ist, *was* für Stress sorgt und *wie lange* er belastet. Das anfängliche Unsicherheitsgefühl und die Überforderung durch eine massive Informationsflut können nach der Analyse der Interviews als Phänomene angesehen werden, die im Laufe der Zeit in der Regel gut individuell bewältigt werden. Hält das Erleben von Stress jedoch über Wochen an, weil die neuen Mitarbeitenden sich z. B. aufgrund fehlender Einarbeitung dem *Ausmaß an Aufgaben und Verantwortung* sowohl zu Beginn als auch dauerhaft nicht gewachsen fühlen, oder weil sie z. B. keine *Akzeptanz* und (gegenseitige) *Unterstützung* im Team erleben, wirkt sich das meist negativ auf die Zufriedenheit und z. T. auch auf die Bindung und Bleibebereitschaft aus. Das verdeutlichen zum einen die Aussagen derjenigen, die hier der Gruppe der *Unzufriedenen* zugeordnet worden sind, und zum anderen derjenigen, die sich aus diesen Gründen zu einem Wechsel in eines der sechs teilnehmenden Krankenhäuser entschlossen haben.

Der zweite zentrale Aspekt in der *Konfrontationsphase* ist die *Aufnahme* am Arbeitsplatz und insbesondere durch die Arbeitsgruppe. Erleben neue Mitarbeitende von Seiten der Dienstvorgesetzten oder der Kolleginnen deutliche

---

819 Vgl. Kap. 3.1.1.
820 Vgl. beispielhaft Ellis et al. 2014, 203 ff.; Lohaus und Habermann 2016, 96 ff.; Moser et al. 2018, 48 ff.; Schanz 2000, 400 f.; Stiefel 1979, S. 25; Wanous 1992, 182 ff.
821 Vgl. Moser et al. 2018, S. 48; ähnlich Berthel und Becker 2017, S. 439; Kieser et al. 1990, 18 ff.; Lohaus und Habermann 2016, 96 f.

Skepsis oder Abwehr, wirkt sich das aus Sicht der Befragten negativ aus. Gründe für die Ablehnung und für eine geringe Unterstützungsbereitschaft können häufige Personalwechsel und der mit der Einführung verbundene Aufwand zusätzlich zur bereits hohen Arbeitsbelastung sein.

In Rückbezug auf den Forschungsrahmen überraschen diese Befunde nicht. Sowohl bezogen auf die Berufsgruppe der Pflege als auch auf andere Branchen belegen verschiedene Studien die Bedeutung der Arbeitsgruppe zur Bewältigung der Herausforderungen in den ersten Tagen und Wochen.[822]

Die Ergebnisse der evaluativen Zusammenhangsanalyse legen nahe, dass die Erwartung und Erfahrung, sich *freundlich aufgenommen zu fühlen*, in Kombination mit weiteren Determinanten eine erlebte (oder vermisste) *Aufnahmekultur* beschreibt, die sich auch über die Konfrontationsphase hinaus als *unterstützend* und *wertschätzend* erweisen soll. Ob und inwiefern dies tatsächlich erlebt wird, hat für *nahezu* alle Gesundheits- und Krankenpflegerinnen eine überaus hohe Bedeutung für die Zielerreichung und für das Gelingen der Einführung.

Auf diese Aufnahmekultur und die entsprechenden Determinanten wird in der folgenden Diskussion zur Eingliederungsphase eingegangen.

8.5.3 Eingliederungsphase

Der überwiegende Teil der Aspekte, die aufgrund der Anzahl der Nennungen und Bewertungen der Befragten als Schlüsselfaktoren anzusehen sind,[823] sind in der Gesamtmatrix (Abbildung 17) in der *Eingliederungsphase* aufgeführt. Im Fokus der folgenden Diskussion stehen die organisations- und arbeitsgruppenbezogenen Aspekte sowie zwei personenbezogene Faktoren, da sie (in gewissem Ausmaß) zu gestalten bzw. zu beeinflussen sind. Mit diesen Schlüsselfaktoren haben die Organisation, das Personalmanagement und die unterschiedlichen Beteiligten auf der Station die Möglichkeit, das Erreichen von *Aufgabenklarheit*, *Leistungsbereitschaft*, *Zufriedenheit*, *Bindung* und *Bleibebereitschaft* im Zuge der Personaleinführung nachhaltig zu fördern.[824]

Sie werden nun in fünf Themenblöcken diskutiert. Die inhaltliche Bündelung der ersten drei Blöcke wird aus Kap. 7.6.3 aufgegriffen.

---

822 Vgl. Kap. 3.2 und 5.4.1 sowie beispielhaft Buxel 2011; Kieser et al. 1990, 20ff.; Mess 2007, S. 113; Wanberg und Kammeyer-Mueller 2000, S. 383.
823 Vgl. Tabelle 11 in Kap. 7.6.2 und Tabelle 12 in Kap. 7.6.3.
824 Es ist nicht erhoben worden, welche individuellen *Leistungsergebnisse* die neuen Fachkräfte nach der abgeschlossenen Einführung jeweils erreichen. Es kann nur vermutet werden, dass sich die Faktoren auch darauf positiv auswirken.

1. Die personellen Ressourcen (dazu zählen die Faktoren *Arbeitsbelastung aufgrund der allgemeinen Personalausstattung*, die *personellen Ressourcen für die Einarbeitung* sowie die *sukzessive Übertragung von Aufgaben und Verantwortung*);
2. die fachliche Einarbeitung (*aufgabenspezifische Einarbeitung, Anleiterin, Reflexionsgespräche* und weitere *Instrumente und Maßnahmen*);
3. die Aufnahmekultur (*Unterstützung, dauerhaft Fragen stellen dürfen, Wertschätzung und Akzeptanz, Verständnis, Zusammenarbeit, Arbeitsklima, Verhalten von Ärztinnen sowie einzelner Kolleginnen aus der Pflege*);
4. die Dienstvorgesetzte;
5. die neuen Mitarbeitenden selbst.

8.5.3.1 Personelle Ressourcen

Grundsätzlich zeigt sich, dass die für die Einführung zur Verfügung gestellten personellen und zeitlichen Ressourcen aus der Perspektive der neuen Mitarbeitenden ein zentraler Einflussfaktor für das Gelingen der Einführung sind, insbesondere für das Erlernen der selbstständigen umfassenden Aufgabenerfüllung bzw. Leistungserbringung und der zugrundeliegenden Werte und Normen, für die Erlangung von Sicherheit und Zufriedenheit, für die Bleibebereitschaft und für die Entwicklung von Bindung. Dies passt zu Erkenntnissen anderer Studien mit Pflegefachkräften, wonach die Personalausstattung zentral ist für die Arbeitszufriedenheit, die Motivation sowie für die Leistungs- und Bindungsbereitschaft von Mitarbeitenden.[825]

Mehrere Gesundheits- und Krankenpflegerinnen betonen, dass sie gern eigenständig arbeiten und Verantwortung übernehmen wollen, plädieren jedoch nachdrücklich für ein den individuellen Kompetenzen zeitlich angepasstes Vorgehen.[826] Sie kritisieren deutlich, dass neue Gesundheits- und Krankenpflegerinnen »*ins kalte Wasser geworfen werden*«. Dieser Einflussfaktor der *sukzessiven Übertragung der Aufgaben und der Verantwortung* sticht hier deutlicher als in der Literatur heraus. Autoren wie Kieser et al. bemerken nur kurz, dass neue Mitarbeitende gefordert, aber nicht unter- oder überfordert werden sollten, weil dies zu Demotivation, Unzufriedenheit und einer geringeren anfänglichen Bindung führen könne.[827]

Insgesamt zeigen insbesondere die Ergebnisse der Zusammenhangsanalyse in Kap. 7.6.3, wie bedeutsam die organisationalen Entscheidungen über die zur

---

825 Vgl. Kap. 3.2.
826 Vgl. Kap. 7.3.5.1.
827 Vgl. Kieser et al. 1990, 20 ff.; ähnlich Bröckermann 2014, S. 164.

Verfügung gestellten personellen Ressourcen sind. Ausgesprochen bemerkenswert sind die Unterschiede und Gemeinsamkeiten in den Bewertungen der Befragten hinsichtlich der *grundsätzlichen Personalausstattung und der personellen Ausstattung für die Einführung*.[828] Wenngleich dies individuelle Einschätzungen und Bewertungen sind, legen sie auch Rückschlüsse auf die organisationalen Entscheidungen zu Personaleinsatz und Prioritätensetzungen nahe:

Von einer ersten Gruppe wird die Personalausstattung für *beides als angemessen* bewertet, von der zweiten wird sie *grundsätzlich als zu gering*, aber *für die Einführung als angemessen* bewertet und in der dritten wird sie für *beides als zu knapp* erlebt. Die Personen der beiden ersten Gruppen sind insgesamt sehr oder recht zufrieden. Damit zeichnet sich – zumindest in der Wahrnehmung der befragten neuen Fachkräfte – ein Bild ab, wie in den jeweiligen organisationalen Entscheidungen *soziale Effizienz* auf der einen und *ökonomische Effizienz* auf der anderen Seite gewichtet werden.

Es veranschaulicht auch das konfliktäre Verhältnis dieser beiden Formalziele. Die hier ermittelten Erwartungen, Bedürfnisse und Interessen der neuen Mitarbeitenden stehen dem Formalziel eines möglichst sparsamen Personaleinsatzes entgegen.[829] Die Pflegefachkräfte erwarten Investitionen in ihre Einführung, damit sie in die Lage *kommen* und Investitionen in die grundsätzliche Personalausstattung, damit sie auch langfristig in der Lage *sind*, qualitativ und quantitativ gute Leistungsergebnisse zu erzielen – auch wenn das (zunächst) eine schlechtere personalwirtschaftliche Leistungs-Kosten-Relation mit sich bringen mag.

Für die Personalverantwortlichen auf den verschiedenenen Hierarchieebenen der Organisation folgt daraus, dass die aktive Steuerung – keineswegs die Unterdrückung – derartiger Konflikte im Sinne eines Interessenausgleichs eine zentrale Aufgabe ist.[830]

Grundsätzlich lässt sich schlussfolgern, dass die *Konzeption des Interessenausgleiches zwischen ökonomischer und sozialer Effizienz* nicht nur eine enorme Herausforderung angesichts der in Kap. 2 explizierten Rahmenbedingungen darstellt, sondern auch richtungsweisend ist für die *Konzeption der Personaleinführung* und die damit verbundenen Entscheidungen. Die dort vorzunehmenden Festlegungen zur Dauer der Einarbeitung durch eine feste Anleitungsperson, zur Anzahl von terminierten Reflexionsgesprächen, zu Möglichkeiten der individuellen Anpassung des Zeitplans uvm. legen die Basis für eine gelingende Einführung.

---

828 Vgl. Kap. 7.6.2.
829 Vgl. Marr et al. 1979, 79f.; ähnlich Eichhorn und Oswald 2017, S. 131.
830 Vgl. Marr et al. 1979, 19f.

8.5.3.2 Fachliche Einarbeitung

Die befragten Gesundheits- und Krankenpflegerinnen sind sich einig, dass die *fachliche Einarbeitung* im Sinne einer Vermittlung von Kenntnissen und Fertigkeiten, die sie zur Erfüllung von Arbeitsaufgaben benötigen, wesentlich ist. Die Bedeutung der Determinanten *feste Anleiterin, ausreichend Zeit für die Anleitung* sowie *Reflexionsgespräche* wird auch in verschiedenen anderen Veröffentlichungen betont.[831] Diese Ergebnisse decken sich mit Studien in anderen Ländern mit dieser Berufsgruppe und mit Studien in Deutschland in anderen Branchen.[832]

Bemerkenswert ist allerdings der Befund, dass es Arbeitsbereiche/Stationen gibt, wo Reflexionsgespräche mit der Anleiterin und/oder der Dienstvorgesetzten formal zum konzeptionellen Standard gehören, diese jedoch nicht entsprechend stattfinden. Es ist anzunehmen, dass dies wiederum dem Personal- bzw. Zeitmangel geschuldet ist. Ein Ausfall dieser Gespräche erscheint jedoch gerade in den Fällen fatal, wo die personellen Ressourcen knapp sind und die neuen Mitarbeitenden früher und mehr auf sich allein gestellt sind. Sie benötigen in besonderem Maße Gelegenheiten, um ihre Erfahrungen zu reflektieren, Unklarheiten zu beseitigen und um aufgetretene Fehler oder Konflikte in der Zukunft zu vermeiden. Doch auch den anderen fehlen wichtige Rückmeldungen zum Arbeitsverhalten, zur Arbeitsleistung und zum Sozialverhalten. Zudem werden die ausbleibenden Gespräche u. U. als mangelnde Wertschätzung der eigenen Person und des Engagements bewertet, was sich ebenfalls negativ auswirken kann.

Hinsichtlich der Instrumente zur Einführung fällt auf, dass mehrere Befragte angeben, dass sie keinen *Einarbeitungsplan* bzw. keine *Checkliste* bekommen hätten bzw. dass nicht damit gearbeitet worden sei, obwohl die jeweiligen Krankenhäuser nach Auskunft der Pflegedirektion solche Dokumente einsetzen und für diese Studie auch zur Verfügung gestellt haben. Damit wird zwar einerseits nachvollziehbar, warum diese nur von gut der Hälfte der Befragten als wichtige Instrumente benannt werden. Andererseits stellt sich jedoch die Frage, ob bzw. warum diese Dokumente nicht zum Einsatz kommen oder ob dies von den Neuen einfach nicht erinnert wird.

Dort, wo sie sachgemäß zum Einsatz kommen, werden sie überwiegend auch als nützlich bewertet. Somit sprechen die Ergebnisse keineswegs dafür, perso-

---

831 Vgl. Althauser 1982, S. 72; Bauer und Erdogan 2011, 54 ff.; Bröckermann 2016, 130 f.; Dahlmanns 2014, S. 80; Engelhardt 2014, 60 f.; Schmola 2016, S. 164; Kieser et al. 1990, S. 24; Kolb 2008, S. 129; Lohaus und Habermann 2016, S. 94; Reichers 1987, S. 278; Wanberg und Kammeyer-Mueller 2000, 373 ff.; Wanous 1992, S. 187.
832 Vgl. Block et al. 2005, 134 ff.; Bundesministerium für Wirtschaft und Energie 2017, S. 24; Halfer et al. 2008; Hussein et al. 2017; Kieser et al. 1990, 133 ff.; Mess 2007; Slate et al. 2018; St Clair 2013; Szalmasagi 2018.

nalwirtschaftlich auf diesen Standard zu verzichten, sondern dafür, ihn konsequent wie vorgesehen umzusetzen.

8.5.3.3 Aufnahmekultur

In anderen Veröffentlichungen wird ebenso wie in dieser Studie deutlich, dass in der Berufsgruppe der Pflege *gegenseitige soziale Unterstützung* grundsätzlich als sehr wichtig bewertet wird.[833] Im vorliegenden Datenmaterial kann sie nicht nur als ein zentraler Einflussfaktor für die Erreichung von Personaleinführungszielen aufgefasst werden, sondern ebenso als ein erwartetes (und in großen Teilen erlebtes) *Merkmal der Aufnahmekultur*. Das *Erleben einer freundlichen Aufnahme*, von *Wertschätzung*, *Akzeptanz* und *Verständnis* sowie *die Erlaubnis, dauerhaft Fragen stellen zu dürfen,* sind nach dieser Studie weitere bedeutsame Charakteristika einer Aufnahmekultur. Diese ist dadurch gekennzeichnet, dass sie sowohl die fachliche, die soziale als auch die kulturelle Dimension betrifft. Das wird sehr gut an dem Beispiel deutlich, ob neue Fachkräfte auch über die ersten Tage und Wochen hinaus Fragen stellen dürfen und ob sie auch dann noch angemessene Antworten bekommen. Dieses Fragen zielt zum einen auf fachliche Information oder Absicherung. Zum zweiten spiegelt sich darin das Phänomen des »Sozialen Dürfens«[834] wider, und zum dritten zeigen sich in den Reaktionen darauf Werte der Arbeitsgruppe wie z.B. Respekt und Unterstützungsbereitschaft.

Vor dem Deutungshorizont der in Kap. 2.6.2 beschriebenen biblisch-theologischen Grundannahmen können die genannten Merkmale als Charakteristika einer *diakonischen* Aufnahmekultur in konfessionellen Krankenhäusern aufgefasst werden. Die Art und Weise des Umgangs mit neuen Mitarbeitenden kann somit als Artefakt bzw. sichtbares Symbol einer diakonischen Kultur interpretiert werden.

Ob diese Aufnahmekultur erlebt wird oder nicht, markiert in der Zusammenhangsanalyse eindeutig eine Trennungslinie zwischen der Gruppe der *Unzufriedenen* und den anderen Gruppen.[835] Diese Trennungslinie besteht auch hinsichtlich der Bewertung der Determinante *Klima/Zusammenarbeit*. Das heißt (zumindest bezogen auf diese Kohorte), dass jene Arbeitsgruppen, die eine kollegiale Zusammenarbeit und einen freundlichen Umgang miteinander pflegen, auch neuen Mitarbeitenden so begegnen und sie hineinnehmen.

---

833 Vgl. Braun und Müller 2005, S. 136; Höppner 2003, S. 214; Riesterer 2014, S. 5.
834 Darunter wird in Anlehnung an die Überlegungen von *Nerdinger und von Rosenstiel* die Erlaubnis bestimmter Personen oder der ganzen Arbeitsgruppe verstanden, bestimmte Verhaltensweisen zeigen zu dürfen oder nicht zeigen zu dürfen. Vgl. Rosenstiel und Nerdinger 2011, 51 f.
835 Vgl. Kap. 7.6.3.

Prägnant ist, dass das Erleben einer positiven Aufnahmekultur in mehreren Fällen von so entscheidender Bedeutung zu sein scheint, dass es das Gesamturteil über die individuelle Personaleinführung positiv beeinflusst, obwohl andere wichtige Faktoren durchaus kritisch beurteilt oder vermisst werden.[836] Das legt die These nahe, dass die Arbeitsgruppe die Auswirkungen von enttäuschten Erwartungen in gewissem Maße auffangen kann. Diese These findet Bestätigung bei anderen Autoren. »Ähnlich fanden Maior, Kozlowski, Chao und Gardner (1995), dass die Qualität der anfänglichen Arbeitsbeziehungen die negativen Auswirkungen unerfüllter Erwartungen moderiert (...).«[837]

Wenn jedoch – wie bei vier der fünf *Unzufriedenen* – die Determinanten *Aufnahme* und *Klima* negativ erlebt werden, hat das nicht nur Auswirkungen auf die *Zufriedenheit* von (neuen) Mitarbeitenden. Die Studie zeigt zudem, dass deren *Bindung und Bleibebereitschaft* äußerst niedrig ist.[838] Zu Auswirkungen auf die *Qualität der Leistungserbringung* kann keine verlässliche Aussage gemacht werden.[839]

Für die Organisation besteht die Schwierigkeit darin, dass sich das Arbeitsklima bzw. eine kollegiale Zusammenarbeit der Mitarbeitenden insgesamt und insbesondere mit einer neuen Kollegin nur bedingt beeinflussen lässt.[840] In der Literatur wird u. a. auf die Verantwortung und Vorbildfunktion der *Dienstvorgesetzten* hingewiesen.[841]

---

836 Im Gegensatz dazu gibt es keine einzige Befragte, die insgesamt und mit Aspekten der fachlichen Einarbeitung sehr oder recht zufrieden ist, ihre Aufnahme im Team jedoch negativ bewertet.
837 Moser et al. 2018, S. 80.
838 Das wird bei der Gruppe der Unzufriedenen besonders explizit. So hat eine Person deswegen bereits ins kath.KH2 gewechselt, eine Person hat den Wunsch eines Stellenwechsels ihrer Pflegedirektion gegenüber und eine weitere im Interview geäußert, aber noch nicht gegenüber dem Arbeitgeber.
839 Die folgende Äußerung einer Befragten legt den Schluss nahe, dass es in einer solchen negativ erlebten Situation vermehrt zu Fehlern kommen kann.
GKPf_9: Aber da sind immer noch so einige mit dabei, wo man auch das Gefühl hat, die hoffen auch, dass ich irgendwas falsch mache, damit die mir einen draufsetzen können. Und das finde ich halt ein bisschen –. Manchmal kommt man auch mit Bauchschmerzen zur Arbeit, weil man weiß, dass man gerade mit den Kollegen arbeitet. Und da läuft dann erst recht viel falsch, weil man sich so sehr konzentriert, ja nichts falsch zu machen. Weil man weiß, dass man dann Ärger bekommt. Und toll ist das nicht. #00:16:05#
840 Vgl. Merk 2008, 137 f.; Schanz 2000, 207 ff. Nach Sackmann werden der Einflussnahme möglicherweise »durch emotionale und historisch gewachsene Aspekte Grenzen gesetzt.« Sackmann 1999, S. 35. Zu möglichen Maßnahmen vgl. Lohaus und Habermann 2016, S. 90; ähnlich Conzen et al. 2016, 335 f.; Engelhardt 2014, S. 80.
841 Vgl. Rixgens 2018, S. 73; Conzen et al. 2009, S. 411.

8.5.3.4 Dienstvorgesetzte

Die dargestellten Ergebnisse[842] bestätigen die Annahmen im Forschungsrahmen, dass von der Personalsystemhandhabung und der direkten Mitarbeiterführung durch die Dienstvorgesetzten u. a. Wirkungen auf die Aufgaben- und Rollenklarheit, die Leistungserbringung und die Zufriedenheit der neuen Mitarbeitenden ausgehen.[843]

Im Hinblick auf die zuvor thematisierte *Aufnahmekultur* mit ihren Merkmalen kommt den Dienstvorgesetzten besondere Bedeutung und Verantwortung zu.[844]

Das folgende Zitat fasst ein gelungenes Beispiel zusammen:

GKPf_10: Aus meiner Sicht ist die Einführungszeit ziemlich gut verlaufen. Das liegt wahrscheinlich auch daran, dass ich eine ziemlich engagierte Chefin habe, die sich da wirklich sehr viel Mühe dabei gibt und auch darauf achtet, dass man nicht so in das kalte Wasser geschmissen wird, bevor man sich nicht sicher fühlt, eigenständig zu arbeiten, eigenverantwortlich zu arbeiten. Darauf legt sie wirklich sehr viel Wert. Das gab mir persönlich immer noch so eine gewisse Sicherheit. Ich konnte immer Fragen stellen, meine Bedenken äußern (…). #00:03:00#

Das Zitat verdeutlicht darüberhinaus, dass die Entscheidung der Führungskräfte bezüglich der eingesetzten personellen Ressourcen zentral ist. Die neuen Fachkräfte fordern von ihnen, angemessen lange *zusätzlich* zur üblichen bzw. vorgegebenen Fachkraftquote im Dienstplan eingeteilt zu werden und begründen dies mit der eigenen Unsicherheit und letztlich mit der Sicherheit der Patientinnen.

Wenn ein Personaleinsatz einer Fachkraft mit dem vollumfänglichen Aufgabenspektrum dennoch zu einem frühen Zeitpunkt unumgänglich ist, macht das Datenmaterial deutlich, dass eine positive Aufnahmekultur damit nicht völlig auf der Strecke bleiben muss. Im Vergleich zu anderen konnten manche Gesundheits- und Krankenpflegerinnen beispielsweise ihre Befürchtungen und Überforderungsgefühle aufgrund des frühen vollumfänglichen (Nacht-) Dienstes mit der jeweiligen Dienstvorgesetzten besprechen, und diese hat ihnen Möglichkeiten zur Absicherung genannt.[845]

Der Fallvergleich führt zu folgender These: Wird die Entscheidung durch die Führungskraft unter Verweis auf die Sachzwänge und ihre Ursachen erklärt und deutlich gemacht, dass es auch bei einem schnell übertragenen hohen Maß an Aufgaben und Verantwortung z. B. eine Ansprechpartnerin im Hintergrund gibt,

---

842 Vgl. Kap. 7.4.3.2.
843 Vgl. Bröckermann 2014, S. 163; Kieser et al. 1990, 20 ff.; Lohaus und Habermann 2016, 86 f.; Moser et al. 2018, 78 f.; Schanz 2000, 405 f.
844 Vgl. Conzen et al. 2009, S. 414.
845 Vgl. Kap. 7.3.5.1.

scheint dies für die individuelle Verarbeitung der diesbezüglich nicht erfüllten Erwartungen sehr hilfreich zu sein.

Darüberhinaus legen insbesondere die Aussagen der übernommenen Auszubildenden nahe, dass eine affektive Bindung zur Vorgesetzten (wie zu den Kolleginnen) eine kompensierende Wirkung auf ein als überfordernd erlebtes Vorgehen haben und mögliche negative Folgen wie Unzufriedenheit oder Fluktuation verringern kann.[846]

8.5.3.5 Neue Mitarbeitende

Die Studie macht deutlich, dass der Verlauf und die Zielerreichung der Personaleinführung auch maßgeblich von den jeweiligen Gesundheits- und Krankenpflegerin und ihrem Verhalten abhängt. Wenngleich viele der personenbezogenen Faktoren nur (sehr) begrenzt durch das Personalmanagement steuerbar sind, zeigt die Analyse der Ergebnisse dennoch förderliche Einflussmöglichkeiten auf.

Zum einen betrifft dies die Beachtung *berufsbiografischer Merkmale* in der Planung und Durchführung des Prozesses.[847] Ihre Bedeutung stellen auch andere Studien heraus.[848] Wie in Kap. 7.4.4 deutlich wurde, zeigen sich im Datenmaterial gruppenspezifisch unterschiedliche Voraussetzungen, Bedürfnisse und Erwartungen. So bedarf es in der Einführung von internen Berufsanfängerinnen z. T. anderer Maßnahmen als in der von externen und ein anderes Vorgehen als bei den externen berufserfahrenen Fachkräften oder den Wiederkehrerinnen. Eine differentielle Gestaltung wäre nicht nur sozial effizient, sondern sie erscheint zudem im Hinblick auf eine qualitativ gute, patientensichere Aufgabenerfüllung als lohnend und als wirkungsvoll hinsichtlich der Bleibebereitschaft.

Als zweiter bedeutsamer personenbezogener Einflussfaktor sticht in der Ergebnisdarstellung die *proaktive Mitgestaltung* durch die neuen Mitarbeitenden heraus. Dabei erscheint bedeutsam, dass die Einstellungen und Reaktionen der Führungskraft, der Anleiterin und anderer Kolleginnen ein solches proaktives Verhalten recht stark positiv bzw. negativ beeinflussen (können). Damit wird das bereits angesprochene Phänomen des »Sozialen Dürfens« deutlich.[849] Die Studie zeigt, wie lohnend eine entsprechende Verhaltenssteuerung bzw. Kulturprägung durch die jeweilige Vorgesetzte (und die Anleiterin) ist. Sie kann zum einen die neue Kollegin zu Proaktivität ermutigen und zum anderen die Arbeits-

---

846 Vgl. Moser et al. 2018, S. 79 mit Verweis auf Lapointe et al. 2013.
847 Hier sind im Besonderen die Vorkenntnisse zum jeweiligen Krankenhaus aufgrund der dort absolvierten Ausbildung oder einer früheren Tätigkeit sowie die Berufserfahrung zu nennen.
848 Vgl. beispielhaft Bauer et al. 1998, S. 170; Kammeyer-Mueller und Wanberg 2003, S. 779.
849 Vgl. Rosenstiel und Nerdinger 2011, 51 f.; Berthel und Becker 2017, S. 103.

gruppenmitglieder auffordern, positiv auf Fragen der neuen Kollegin, auf ihre Rückversicherungen, Feedbackbedürfnisse u. ä. zu reagieren.

Die Bewertungen der Befragten veranschaulichen, dass die überwiegende Zahl der hier beteiligten Krankenhäuser und Akteurinnen die genannten personenbezogenen Faktoren in der Einführung gut berücksichtigen. Offen ist, ob es sich dabei um ein gezielt eingesetztes *differentielles Personaleinführungsmanagement* handelt, d. h. um eine »bewusste, systematische Berücksichtigung individueller Unterschiede von Mitarbeitenden aus der Bildung homogener Personalsegmente sowie darauf bezogener Maßnahmen im Rahmen des Personal-Managements (Systemgestaltung wie Verhaltenssteuerung)«.[850] Dies ist sowohl aus fachlichen wie aus sozialen Gründen angeraten.

8.5.3.6 Anpassung an die Rollenerwartungen

Abschließend soll nun mit der Frage nach den *Rollenerwartungen* und dem *Maß der Anpassung* Rückbezug auf ein Diskussionsthema in der Fachwelt genommen werden, das im Forschungsrahmen ausführlicher expliziert worden ist.[851] Die Ergebnisse zeigen, dass hier keineswegs eine klare, unumstrittene einseitige Anpassung durch die neuen Mitarbeitenden erfolgt. Einerseits scheint es zwar für viele der Gesundheits- und Krankenpflegerinnen selbstverständlich, dass sie die definierte organisatorische Rolle übernehmen, die maßgeblich durch sogenannte organisatorische Regeln bestimmt ist, also durch ein System von Verhaltens- und Funktionserwartungen, welches die Aufgabenerfüllungsprozesse der Mitarbeitenden als personelle Aktionsträgerinnen steuern soll.[852] Angesichts der strikten medizinisch-pflegerischen Standards und Prozessbeschreibungen,[853] der klaren Macht- und Verantwortungsverhältnisse im System Krankenhaus[854] und der entsprechenden Sozialisationsprozesse in der Ausbildung[855] verwundert dieser Befund nicht.[856]

Andererseits werden im Datenmaterial jedoch auch verschiedene Konfliktthemen deutlich:

---

850 Berthel und Becker 2017, S. 29.
851 Vgl. Kap. 3.1.5.
852 Vgl. Grochla 1978, S. 22; Frodl 2011, 95 ff.
853 Vgl. Engelke und Oswald 2017b, S. 644.
854 Vgl. beispielhaft Grahmann et al. 2002, S. 90.
855 Vgl. beispielhaft Lohaus und Habermann 2016, S. 17.
856 Mit *Elbe* ist jedoch darauf hinzuweisen, dass auch in zahlreichen anderen Branchen mit hierarchischen Herrschaftsstrukturen, der mikropolitischen Überlegenheit der Arbeitsgruppe und deren formaler wie informaler Sanktionsmacht bewirkt wird, dass der Anpassungsprozess meist asymme-trisch verläuft. Vgl. Elbe 2016, S. 58.

1. *Das erwartete Tempo der vollständigen Rollenübernahme wird kritisiert.*

Dazu ist bereits ausgeführt worden, dass die Mitarbeitenden Zeit und Unterstützung brauchen und erwarten, damit sie die Rolle sukzessiv und ohne Druck erlernen und übernehmen können. Das trifft insbesondere auf die *Berufsanfängerinnen* zu, die einen klaren *Status- und Rollenwechsel* vollziehen müssen, was mit einem hohen Stresserleben verbunden ist. Die explizierten Faktoren sind für sie besonders wichtig, um fachliche und emotionale Sicherheit zu erlangen und die neue Rolle ausfüllen zu können.

2. *Die Rollenerwartungen an die neuen Gesundheits- und Krankenpflegerinnen von Personen aus dem ärztlichen Dienst stimmen nicht mit den organisatorischen Regeln der Pflege überein.*

Hier handelt es sich um »Intersenderkonflikte«, die unvereinbare Anforderungen an die neuen Mitarbeitenden stellen. Diese werden grundsätzlich auch in der Literatur problematisiert.[857] Im konkreten Feld der Berufsgruppe der Pflege ergibt sich formal das Problem einer Zwitterstellung zwischen dienstrechtlicher und fachlicher Aufsicht. In medizinischen, fachlichen Fragen sind die Ärztinnen weisungsbefugt. Dienstrechtlich sind es die verschiedenen pflegerischen Leitungsebenen von der Stationsleitung bis zur Pflegedienstleitung. Dies sorgt nach Stubenvoll auch jenseits der Einführung zu immer wiederkehrenden Konflikten.[858]

3. *Bestimmte Rollenerwartungen sind beim neuen Arbeitgeber anders und dies wird im Vergleich negativ bewertet.*

Eine Rollenanpassung erscheint insbesondere in den Fällen schwierig, in denen eine berufserfahrene Gesundheits- und Krankenpflegerin in der vorherigen Stelle mehr Kompetenzen oder Gestaltungsfreiheiten hatte. In der Literatur wird mit dem Konzept des »Extra-Rollenverhaltens« versucht zu erklären, dass Mitarbeitende anderes oder mehr machen, als formale Rollenvorschriften von ihnen erwarten.[859]

Einige Befragte wünschen sich ein Entgegenkommen der neuen Organisation im Sinne einer gegenseitigen Anpassung. Sie erleben jedoch eher die Durchsetzungsstärke der Organisation mit ihren Sanktionsmöglichkeiten.[860]

---

857 Vgl. beispielhaft Kieser et al. 1990, S. 32.
858 Stubenvoll 2007, S. 27.
859 Vgl. Rosenstiel und Nerdinger 2011, S. 14.
860 Vgl. Marr et al. 1979, 333 f.; ähnlich Elbe 2016, S. 58.

4. *Die Verhaltenserwartung und die eigenen Vorstellungen darüber, wie viel Zeit man sich für den einzelnen Patientinnen nimmt, passen nicht zueinander.*

Hier wird deutlich, dass die Rahmenbedingungen und die daraus resultierenden Verhaltserwartungen nicht zu den Einstellungen und Werthaltungen von mehreren Gesundheits- und Krankenpflegerinnen passen.[861] Auf dieses Problem wird im Folgenden noch näher einzugehen sein.

Diese dargestellten Punkte zeigen, dass auch im System Krankenhaus nicht von einer reibungslosen, einseitigen Anpassung und Rollenübernahme durch die neuen Mitarbeitenden auszugehen ist. Hier erscheinen aus Sicht mancher Befragter Aushandlungsprozesse darüber notwendig, inwieweit eine solche Anpassung unerlässlich bleibt und »inwieweit die Organisation die Impulse, die von dem neuen Mitarbeiter ausgehen, aufnimmt, also inwieweit eine Akkomodation der organisationalen Verhaltensmuster stattfindet (…).«[862]

8.6 Diakonisch-kulturelle Einführung

Ein spezifisches diakoniewissenschaftliches Erkenntnisinteresse richtet sich auf die Frage, ob bzw. inwiefern die evangelische bzw. katholische Trägerschaft des Krankenhauses für die Gesundheits- und Krankenpflegerinnen und ihre Einführung Bedeutung hat und ob bzw. inwiefern sie darin eine implizite oder explizite Vermittlung einer diakonisch-kulturellen Inhaltsdimension wahrnehmen. Die dargestellten Ergebnisse gilt es nun vor dem Hintergrund des Forschungsrahmens einzuordnen, zu interpretieren und zu erklären und darüber Hinweise für die Gestaltung der Personaleinführung in evangelischen und katholischen Krankenhäusern fruchtbar zu machen.

Zunächst ist festzustellen, dass die christliche Trägerschaft für die meisten Befragten *nicht ausschlaggebend für ihre Kommensbereitschaft* ist. Das deckt sich mit der Studie von Buxel mit Pflegefachkräften, wonach die konfessionelle Ausrichtung des Hauses nach vielen anderen Motiven das Schlusslicht bildet.[863]

Dieser Befund muss einerseits nicht bedeuten, dass den Mitarbeitenden grundsätzlich religiöse Motive fremd sind, nur weil sie bei der Wahl der Arbeitsstelle nicht ausschlaggebend sind.[864] Andererseits ist angesichts der skizzierten gesellschaftlichen Entwicklungen von Säkularisierung und religiöser Diversität durchaus anzunehmen, dass der christliche Glaube und/oder eine

---

861 Auch *Moser* beschreibt solche Konflikte. Vgl. Moser et al. 2018, 46 f.
862 Bartscher-Finzer 2004, S. 1481.
863 Vgl. Buxel 2011, S. 57.
864 Vgl. Horstmann 2011, S. 142.

evangelische oder katholische Trägerschaft persönlich keine große Bedeutung hat. Aus diakoniewissenschaftlicher Perspektive ist dieser Befund lediglich dann als problematisch zu bewerten, wenn die Christlichkeit bzw. Diakonizität einer Organisation an den persönlichen Glaubensüberzeugungen der Mitarbeitenden festgemacht wird.[865] Wird sie hingegen als organisationale Gestaltungsaufgabe aufgefasst, ist es nicht erheblich, ob die Trägerschaft ein Motiv für die Bewerbung darstellt.[866]

Im Hinblick auf die *individuellen Leitbildideen* sowie auf *die alltagsrelevanten Werthaltungen, die an Auszubildende vermittelt werden sollten*, stechen die großen Übereinstimmungen heraus. Bei den Nennungen lassen sich weder große Unterschiede aufgrund der Trägerschaft noch aufgrund der individuellen Religionszugehörigkeit ausmachen. Auch die Erwartungen der Befragten an eine Aufnahmekultur für neue Mitarbeitende stimmen trägerübergreifend überein.

Die Ergebnisse zeugen von einem professionellen Berufsethos, das die Versorgung der Patientinnen nach den medizinisch-pflegerischen Standards ebenso betont wie einen respektvollen Umgang mit jeder einzelnen Patientin und ihren Bedürfnissen und eine gute kollegiale Zusammenarbeit. Diesen Aspekten wird auch in anderen Veröffentlichungen und Untersuchungen in der Pflege große Bedeutung zugeschrieben.[867]

Aus diakoniewissenschaftlicher Perspektive lässt sich zunächst grundsätzlich festhalten, dass diese persönlichen und berufsethischen Werthaltungen der Mitarbeitenden in Einklang mit den Werten und Normen einer diakonischen Kultur stehen.[868] Außerdem zeigt die Auswertung: Wenn die neuen Mitarbeitenden deren Umsetzung im Alltag erleben, tragen sie diese mit. Dieses Erleben ist in einzelnen Fällen zudem ein Bleibe- bzw. Kündigungsmotiv.

Diese Befunde decken sich mit der im Forschungsrahmen herausgestellten Bedeutung einer Passung von Person und Organisation und den Erkenntnissen verschiedener Forscherinnen.[869]

Neben diesen Übereinstimmungen fällt jedoch auf, dass die geäußerten normativen Werthaltungen *nicht explizit in Beziehung gesetzt werden zu den biblisch-theologischen Grundüberzeugungen*, wie dies z.B. in Leitbildern der konfessionellen Krankenhäuser geschieht. Es mag sein, dass die eine oder andere Befragte ihre Werthaltungen so begründen würde, aber dies im Interview – aus welchen Gründen auch immer – nicht explizit thematisiert. Wahrscheinlicher ist

---

865 Vgl. Kap. 2.6.2.
866 Diese Position wird hier vertreten. Vgl. Kap. 2.6.2 sowie beispielhaft der Brüsseler Kreis in Haas und Starnitzke 2015; Haas und Starnitzke 2019; im Gegensatz z.B. zu Pompey 1992.
867 Vgl. Braun und Müller 2005, 136f.; Buxel 2011, S. 57; Höppner 2003, S. 214; Rabe 2009, 23ff.; Riesterer 2014, S. 5.
868 Vgl. Kap. 2.6.
869 Vgl. Chatman 1991, S. 477; Hofmann 2020, S. 18; Wanous 1992, 8ff.

jedoch, dass die Verbindung von Gottes Liebe, Gottesliebe und Nächstenliebe (eher) keine Rolle spielt und dem beruflichen Handeln ein säkularisiertes Pflegeethos zugrundeliegt. Das legen auch die Befunde aus den Studien von Ebertz und Hofmann et al. nahe.[870]

Aus diakoniewissenschaftlicher Perspektive ist dieser Befund wiederum nur dann als problematisch zu bewerten, wenn die Christlichkeit der Organisation personal verankert wird.[871] Geht man hingegen von einer organisationalen Verantwortung für die christliche Prägung aus, stellt sich lediglich die Frage, ob und inwiefern den neuen Mitarbeitenden diese Prägung, der Rückbezug auf die biblisch-theologischen Grundüberzeugungen und die Deutungsperspektive durch die Personaleinführung vermittelt worden sind und ihnen deren Bedeutung in Bezug auf ihre Arbeit klar ist.

Hier zeigt die Ergebnisdarstellung in Kap. 7.3.5.3 jedoch, dass die Befragten zunächst angeben, eine *diakonisch-kulturelle Inhaltsdimension* nicht (bewusst) wahrzunehmen. Hier ist einschränkend anzumerken, dass die Frage danach aus Sicht der Befragten vermutlich ungewöhnlich erscheint und es ihnen schwerfällt, sie spontan zu beantworten. Auf Nachfrage kommt den meisten Befragten in den Sinn, dass die christliche Trägerschaft des Hauses durch die Vorträge und einen Gottesdienst am *Einführungstag für neue Mitarbeitende* erkennbar wurde und dass es ein *Leitbild* gibt. Die Äußerungen vermitteln den Eindruck, dass beides zwar eingesetzte Vermittlungsinstrumente sind, deren Inhalte offenbar jedoch nicht nachhaltig in Erinnerung bleiben oder an Bedeutung gewinnen.

Diakoniewissenschaftlich interessant erscheint die Frage nach den Gründen. Liegt es daran, dass der Fokus des Interviews für die Befragten auf der großen Zeitspanne der Einführung liegt und ein einzelner Einführungstag darin wenig Bedeutung hat? Ist ein schriftliches Leitbild als Printmedium nicht ansprechend? Sind die Inhalte so selbstverständlich, dass sie zunächst nicht erinnert und nicht weiter reflektiert werden? Oder kommt ihnen nicht viel Bedeutung zu, weil sie im Alltag wenig Relevanz haben?

Auf Grundlage des Datenmaterials kann keine verlässliche Aussage darüber gemacht werden, was ursächlich ist. Hierzu könnte an anderer Stelle geforscht werden.

Auch im Hinblick auf den *Arbeitsalltag* fällt den Befragten *die Erkennbarkeit der evangelischen bzw. katholischen Trägerschaft* resp. einer damit verbundenen diakonischen Kultur zunächst schwer.[872] Dass dann vorwiegend *religiöse Arte-*

---

870 Vgl. Ebertz 2016, S. 26 ; Hofmann 2020, S. 18.
871 Vgl. Kap. 2.6.2.
872 Hier gibt es Ähnlichkeiten zur Studie von *Hofmann et al.*, bei der sich bei den Probanden ebenfalls eine gewisse Unsicherheit auf die Fragen nach einer diakonischen Unternehmenskultur zeigte. Vgl. Hofmann et al. 2018, S. 92. Möglich ist auch, dass die Formulierung

fakte wie der *Gottesdienst* und *der Pastor/ die Seelsorgerin* genannt werden, lässt sich zunächst mit den Ausführungen von Schein und Hofmann erklären, die in ihren Kulturmodellen betonen, dass nur diese oberste Ebene der Artefakte relativ leicht zugänglich ist. Die ihnen zugrundeliegenden Werte und Normen sind vielfach unbewusst. Die auf der untersten Ebene angesiedelten Grundannahmen sind nach dem Modell unbewusst und werden als selbstverständlich vorausgesetzt.[873] Demnach ist es wenig verwunderlich, dass an dieser Stelle kaum Äußerungen zu Werten, dem Menschenbild oder biblisch-christlichen Grundüberzeugungen gemacht werden.

Eine aufschlussreiche Beobachtung in diesem Zusammenhang ist, dass sich die Merkmale einer diakonischen Kultur zwar nicht so leicht von selbst erschließen, doch dass sie mehreren Befragten im Vergleich mit früheren Arbeitsstellen deutlich werden. Das trifft jedoch nur auf Spezifika und nicht auf Konstitutiva zu. Möglicherweise haben mehrere Gesundheits- und Krankenpflegerinnen die Frage nach der Erkennbarkeit der evangelischen bzw. katholischen Trägerschaft so verstanden, dass es dabei nur um Spezifika ginge.

Dies verweist auf das Grundproblem, was als Merkmale des Diakonischen anzusehen ist.[874] Je nach diakoniewissenschaftlicher Position werden *Interaktionen bzw. Praktiken in einem Arbeitsbereich* als sichtbare Symbole bzw. als »diakonische Praxis« identifiziert.[875] Die Analyse des Datenmaterials zeigt, dass Aspekte wie eine *gute Versorgung der Patientinnen*, ein *respektvoller Umgang* und *Unterstützung* von vielen Befragten als wesentlicher Teil der Fachlichkeit aufgefasst werden, sie jedoch nicht als konstitutive Ausdrucksformen der diakonischen Kultur eines Krankenhauses in evangelischer bzw. katholischer Trägerschaft benannt werden. Ausnahmen sind zwei Äußerungen, in denen das »menschliche Miteinander« als Merkmal genannt wird.

Es ist nicht auszuschließen, dass auch andere Interviewteilnehmende diese Verbindungen implizit oder unbewusst für sich herstellen. Explizit jedoch werden die menschendienliche Grundhaltung und die entsprechenden Handlungen bzw. Praktiken nur in sehr wenigen Fällen mit dem dreifachen Liebesgebot (»Du sollst Gott lieben und deinen Nächsten wie dich selbst!«) oder anderen biblisch-theologischen Grundüberzeugungen und Deutungen in Beziehung gebracht, auch wenn diese von Seiten der Organisation beim Einführungstag oder im Leitbild als trägerspezifisch bedeutsam vorgestellt worden sind.

---

solcher religiöser bzw. christlicher Aspekte – aus welchen Gründen auch immer – mit Unbehagen verbunden ist.
873 Vgl. Kap. 2.6.1; Schein und Mader 1995, 30 f.; Schein 2010, 32 ff.
874 Vgl. Kap. 2.6.2. Mehrere Autoren verweisen diesbezüglich auf die Unterscheidung von spezifischen und konstitutiven Merkmalen.
875 Vgl. Kap. 2.6.2.3.

Es bleibt offen, ob den Befragten diese christliche Deutung und die Rückbindung an die Grundüberzeugungen als unerlässlicher Bestandteil einer diakonischen Kultur nicht bewusst, nicht wirklich vertraut oder für sie schlicht nicht relevant ist. Dennoch lassen sich die Befunde in Rückgriff auf unterschiedliche in Kap. 2.6.2 dargestellte diakoniewissenschaftliche Positionen diskutieren.

Mit Rüegger und Sigrist lässt sich die Position vertreten, dass die Studienergebnisse nicht nur erwartbar, sondern auch angemessen sind.[876] Sie argumentieren, dass eine christliche Deutung einer sozialen Dienstleistung in Caritas und Diakonie gar nicht nötig und weder von den Mitarbeitenden noch von Seiten der Organisation explizit vorzunehmen ist. Es ist genug, dass die Unterstützung resp. Pflege professionell und qualitativ hochwertig erbracht wird.

Auch mit der von Hauschildt vertretenen Position erscheinen die Befunde weder verwunderlich noch problematisch. »Es ist kein Manko an Kirchlichkeit oder Christlichkeit, sondern Strukturmerkmal ausdifferenzierten wirksamen Handelns, dass Diakonie in ihrer Arbeit nicht gleichzeitig explizites Bekenntnis sein kann.«[877] Es genügt nach Hauschildt, dass wirkendes Handeln implizit ist und die pflegerische diakonische Arbeit vielmehr Teil am Humanum zwischenmenschlicher Zuwendung hat.

Mit der Argumentation nach Moos wären die Ergebnisse als sachgemäß zu bewerten. Zum Ersten betont er, dass das helfende Handeln zu unterscheiden ist von religiösem Ausdruckshandeln.[878] Zum Zweiten erteilt er einer Forderung nach beständiger religiöser Zweitcodierung der Berufstätigkeit und nach einer christlichen Lesbarkeit des Helfens eine Absage. Solche Forderungen führen allzu oft zu Überforderungen der Akteurinnen und werden als theologische Überfremdung verstanden. So wie es auf die Mehrheit der befragten Gesundheits- und Krankenpflegerinnen vermutlich zutrifft, stellt auch Moos fest: »Im diakonischen Alltagsgeschäft helfenden Handelns selbst ist hingegen das human-allgemeine Ethos des Helfens bestimmend, das sich beständigen theologischen Bestimmtheitsforderungen gegenüber mit allem Recht spröde verhält.«[879] Und zum dritten kann nach der Datenlage seine Minimalanforderung von *Diakonie als Kirche bei Bedarf* als erfüllt angesehen werden, da mit den häufig angeführten Priestern, Pfarrerinnen bzw. Seelsorgerinnen »jemand bei Bedarf auf Glauben und Liebe ansprechbar ist und so ein temporärer Raum religiöser Kommunikation entsteht.«[880]

Hinsichtlich des Konzepts des »konfessionsgebundenen Überzeugungspluralismus«, wie es Haas und Starnitzke und der Brüsseler Kreis vertreten, wären

---

876 Vgl. auch im Folgenden Rüegger und Sigrist 2011, 140ff.
877 Hauschildt 2000, S. 415.
878 Vgl. auch im Folgenden Moos 2013b, 267f.
879 Moos 2013b, S. 279.
880 Moos 2013b, S. 278.

die Befunde auf den ersten Blick auch unproblematisch. Es gibt zumindest keinen Anhaltspunkt dafür, dass die Mitarbeitenden ein christlich verankertes Selbstverständnis und die daraus an sie gerichteten Verhaltenserwartungen nicht anerkennen, so wie es von diesen Trägervertretern bei aller Offenheit für eine Pluralität von persönlichen (Glaubens-) Überzeugungen gefordert wird.[881] Das gilt ebenfalls für die Forderung der beiden Autoren, dass die Mitarbeitenden sich auf die Deutungshoheit des christlichen Hilfehandelns einlassen können sollten.[882]

Im Gegensatz zu den erstgenannten Autoren ist für Haas und Starnitzke jedoch *die Erkennbarkeit einer christlichen Identität* von zentraler Bedeutung, und daher würden sie auf Grundlage der Ergebnisse möglicherweise organisationalen Handlungsbedarf sehen. Sie betonen zwar auch, dass man nicht der Gefahr einer Engführung des Christlichen auf unterscheidbare Eindeutigkeiten unterliegen sollte.[883] Aber sie treten dafür ein, dass die »Basis- und Leistungsprozesse als Gestaltungschancen christlicher Profilierung gesehen und genutzt werden«.[884] Sie können z. B. aus der Perspektive von Patientinnen als ein klares Testimonial für eine christliche Grundhaltung angesehen werden.[885] So gäbe es in jedem Fall aufgrund der Studie Klärungsbedarf, warum die Mehrheit der neuen Mitarbeitenden die Erkennbarkeit der Trägerschaft nicht an den Basis- und Leistungsprozessen festmacht.

Haas und Starnitzke vertreten außerdem deutlich die Position, dass der *Bezug zum biblischen Deutungshorizont* in den Organisationen im Grundsatz *klar und präsent* sein muss.[886] Hier wäre zu prüfen, ob den neuen Mitarbeitenden diese »zusätzliche Sinn- und Deutungsdimension« und was daraus für die konkrete Arbeit folgt bzw. folgen kann, durch die Personaleinführung klar geworden ist. Haas und Starnitzke verweisen auf die Notwendigkeit, nach geeigneten Instrumenten, Methoden und Kommunikationsformen zu suchen.[887] Hier wirft das Datenmaterial die Frage auf, inwiefern das Überreichen des Leitbildes und/oder ein Vortrag am Einführungstag mit anschließender Andacht zielführende Maßnahmen sind.

Abschließend werden die Ergebnisse nun zusammenfassend und auf der Grundlage der in Kap. 2.6 dargestellten eigenen Position bewertet.

---

881 Vgl. Haas und Starnitzke 2015, S. 23.
882 Vgl. Haas und Starnitzke 2019, S. 19.
883 Vgl. Haas und Starnitzke 2019, S. 235.
884 Haas und Starnitzke 2019, S. 234.
885 Vgl. Haas und Starnitzke 2019, S. 235.
886 Vgl. Haas und Starnitzke 2019, 202 f.
887 Vgl. Haas und Starnitzke 2019, S. 21.

Es ist keineswegs negativ zu bewerten, dass die befragten Mitarbeitenden mit Motiven in die Organisation kommen, die nicht religiös begründet sind. Das gilt ebenso für das von ihnen skizzierte Pflegeethos.[888] Mit ihren Werthaltungen, mit ihrem Insistieren auf einer fundierten Einführung um der guten Versorgung und Sicherheit der Patientinnen willen, mit ihrer Aufmerksamkeit für deren Bedürfnisse und mit ihren Erwartungen an den Umgang und die Zusammenarbeit in der Arbeitsgruppe liegt ein *fit* zur diakonischen Kultur vor. Nach hier vertretener Auffassung sind sie mit ihren Werthaltungen im Sinne des Evangeliums tätig und darum genau richtig in einem Krankenhaus in evangelischer oder katholischer Trägerschaft.

Wie in Kap. 2.6.1 ausgeführt, ist es Aufgabe der Organisation, ihnen den christlichen Tiefengrund, die biblisch-theologischen Grundannahmen und damit verbundene Werte und Normen in der Personaleinführung verständlich sowie in der Leistungserbringung und in den Aufgabenerfüllungsprozessen kritisch reflektierend erkennbar zu machen. Unerlässlich erscheinen Maßnahmen und Räume, *mit bzw. in denen beispielsweise das Ineinanderwirken der drei Inhaltsdimensionen* der Einführung explizit gemacht und reflektiert werden kann. Abbildung 17 veranschaulicht dieses Ineinanderwirken.

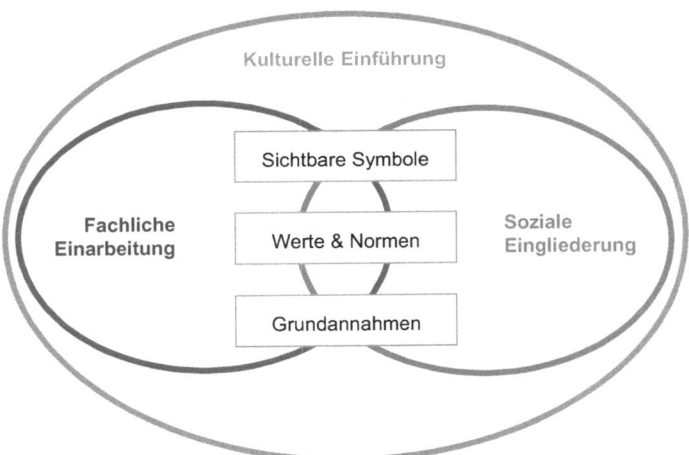

Abbildung 17: Ineinanderwirken der drei Inhaltsdimensionen.

---

888 Nach der Pflegesoziologin *Bradshaw* lebt das inzwischen säkularisierte Pflegeethos in humanitärer Hinsicht von »geborgtem Kapital«. Sie verweist damit darauf, dass die Krankenpflege über viele Jahrhunderte beinahe ausschließlich von christlichen Pflegeorden mit ihren biblisch-theologischen Grundüberzeugungen und einer gelebten Spiritualität getragen war. Vgl. Bradshaw 1996, S. 12 zitiert nach Stronegger 2020, S. 49.

Es ist jedoch anzunehmen, dass nicht allein die Frage der Maßnahmen ausschlaggebend dafür ist, ob die Vermittlung und Aneignung dieser Zusammenhänge gelingt. Bei dem Versuch, z. B. die Verbindung von Gottes Liebe, Gottesliebe und Nächstenliebe zu den Interaktionen im stationären Alltag überzeugend zu vermitteln, stellen die ökonomisch resp. personell engen Rahmenbedingungen[889] und die stark von außen vorgegebene Standardisierung der Leistungserbringung vermutlich massive Hindernisse dar.[890] So weisen mehrere Autoren auf das Problem hin, dass die ökonomischen Ziele mit Blick auf die Existenzsicherung auch bei konfessionellen Krankenhäusern im Verhältnis zu medizinisch-pflegerischen und ethischen bzw. theologischen Zielen mehr Gewicht haben.[891]

Die in den Interviews benannten Spannungsmomente und Dilemmata zwischen den Vorgaben und den persönlichen Vorstellungen einer guten, individuellen Versorgung der Patientinnen deuten ebenfalls in diese Richtung.[892] Angesichts dieses Erlebens verwundert es nicht, dass die Befragten die Trägerschaft eher an religiösen Artefakten wie dem Sonntagsgottesdienst festmachen und nicht an ihren pflegerischen Tätigkeiten.

Hier wird mit Moos die Position vertreten:

> »Auch das Handeln nach Organisationsprogrammen muss sich als Handeln im Glauben, als Liebe, verstehen lassen. Wenn der Umgang mit Klienten oder auch der Umgang der Mitarbeitenden untereinander systematisch so verfasst ist, dass dies mit einem christlichen Selbstverständnis der Helfenden unvereinbar ist, so steht die ›Diakonizität‹ der Organisation selbst auf dem Spiel. (...) Auch wenn die ökonomischen und politischen Rahmenbedingungen diakonischer Arbeit so verfasst sind, dass eine solche Deutung nicht mehr möglich ist, steht das Diakonische in Frage.«[893]

---

889 Vgl. Kap. 2.2.
890 So merkt *Moos* zurecht an, dass einige Vermittlungsschritte nötig sind, um beispielsweise das diakonische Leitbild des barmherzigen Samariters und die geltenden Standards in der konkreten Arbeit aufeinander zu beziehen. Vgl. Moos 2013b, 261 f.
891 Vgl. beispielhaft Fischer 2012, S. 110; Schmidt-Rettig 2017, S. 244.
892 Vgl. Kap. 7.4.2.1.
893 Moos 2013b, 273 f.

9 Fazit

Nachdem nun im Erklärungsrahmen die Ergebnisse dieser Studie zunächst dargestellt und anschließend diskutiert worden sind, wird in diesem Kapitel ein Fazit gezogen. Da die Personaleinführung auch durch außerorganisationale Rahmenbedingungen und grundsätzliche unternehmenspolitische Entscheidungen geprägt wird, werden diese zu Beginn mit dem Fokus auf mögliche Spielräume thematisiert. Anschließend werden Empfehlungen für ein Personal-Einführungsmanagement gegeben, welches die Interessen wie die Expertise von neu eingestellten Mitarbeitenden in die Konzeption und Gestaltung der Einführung einbezieht. Außerdem werden Empfehlungen für eine diakonisch-kulturelle Inhaltsdimension in Einrichtungen in katholischer und evangelischer Trägerschaft gegeben, die hiermit nicht nur für die Praxis zur Verfügung gestellt werden, sondern ebenso für den Diskurs in der Diakoniewissenschaft.

9.1 Rahmenbedingungen und organisationale Spielräume

Krankenhäuser in evangelischer, katholischer und kommunaler Trägerschaft stehen vor großen Herausforderungen.[894] Der Mangel an Gesundheits- und Krankenpflegerinnen in Deutschland stellt neben anderen ein massives Grundproblem für die Anstellungsträger dar.[895] Zudem haben die Entwicklungen aufgrund der gesetzlich geregelten Krankenhausfinanzierung in den letzten beiden Jahrzehnten dazu geführt, dass der ökonomische Druck sich verschärft hat.[896] Die in Kap. 2.2. ausführlich dargestellten außerorganisationalen Rahmenbedingungen lassen sich – wenn überhaupt – nur durch eine gesellschaftlich massiv unterstützte gemeinsame Einflussnahme von Mitarbeitenden und Trägern auf politisch-ge-

---
894 Vgl. Fischer 2012, 55 ff.; Janssen und Augurzky 2018b, 21 ff.; Lindlbauer 2017, S. 104; Thiele et al. 2018, 90 f.
895 Vgl. Kap. 1.1.
896 Vgl. Kap. 2.2.2.

setzgeberischer Ebene ändern. Vielleicht stärkt die mit der Corona-Pandemie massiv unter Beweis gestellte Systemrelevanz dieser Berufsgruppe die Machtbasis, um die Forderungen nach einer besseren Personalausstattung politisch durchzusetzen. Das hätte im Idealfall auch die Wirkung, dass dieser Ausbildungsberuf für Schulabgängerinnen attraktiver wird.

Krankenhäuser in konfessioneller Trägerschaft sind nach EKD-Richtlinie und katholischer Grundordnung zusätzlich vor die besondere Herausforderung gestellt, ihre (zumeist standardisierten) Arbeitsvollzüge ebenso wie die Organisation der Einrichtung gemäß der evangelischen bzw. katholischen Prägung zu gestalten.[897] Dabei stehen jedoch aufgrund von gesellschaftlichen Entwicklungen wie religiöser Pluralisierung und Säkularisierung weniger Fachkräfte zur Verfügung, für die der christliche Glaube ein Motiv für ihren Dienst ist. Bei neuen Mitarbeitenden kann die Kenntnis wesentlicher biblisch-theologischer Grundüberzeugungen und Deutungsweisen und einer darauf fußenden diakonischen Kultur mit ihren Werten und sichtbaren Symbolen nicht (mehr) vorausgesetzt werden. Die Neueingestellten sind jedoch ohne ebenso wie mit einer Religionszugehörigkeit und mit ihren individuellen und berufsbezogenen Werthaltungen ein wichtiger Teil einer diversen Dienstgemeinschaft. Sie sollen gemäß der genannten Richtlinien mit den christlichen Grundsätzen ihrer Arbeit vertraut gemacht werden. Bildung zu Themen des Glaubens und des christlichen Menschenbildes soll durch den Anstellungsträger gefördert werden.

Spielräume
Unabhängig von der Trägerschaft ist die bedarfsadäquate Krankenhausversorgung das Sachziel jedes nach SGB V zugelassenen Krankenhauses.[898] Vom Gesetzgeber werden dabei Wirtschaftlichkeit, Qualität und Humanität gefordert.[899] Im jeweiligen Krankenhaus werden die maßgeblichen Entscheidungen zum gesamten Zielsystem auf übergeordneter unternehmenspolitischer Ebene getroffen.[900] In den Zielbildungsprozessen des Krankenhausmanagements werden Haupt- und Nebenziele definiert, die durch (aus ihnen abgeleitete, in Mittel-Zweck-Beziehung stehende) zahlreiche weitere Zwischen- und Unterziele konkretisiert werden.[901] Sie determinieren im Einzelnen jeweils die betrieblichen Entscheidungen, die Struktur sowie den Ablauf und kennzeichnen die Gesamt-

---

897 Vgl. Evangelische Kirche in Deutschland 2016; Deutsche Bischofskonferenz 2015.
898 Vgl. Kap. 2.2.4.
899 Vgl. § 70 SGB V.
900 Vgl. Marr et al. 1979, S. 64.
901 Vgl. Eichhorn und Oswald 2017, S. 130; *Prölß und van Loo* betonen diesbezüglich: Will ein Krankenhaus ein attraktiver Arbeitgeber sein und zufriedene Arbeitnehmerinnen haben, ist dies fest in den Unternehmenszielen und der -kultur zu verankern und mit einer mitarbeiterorientierten Personalpolitik anzustreben. Vgl. Prölß und van Loo 2017, S. 233.

heit des Zielsystems.[902] Trotz der außerorganisationalen Rahmenbedingungen können hier Entscheidungsspielräume genutzt werden. Aufgrund der vielfältigen Perspektiven und Interessen der verschiedenen Professionen und Disziplinen im Krankenhaus sind solche Entscheidungsprozesse und die Zieloperationalisierungen jedoch äußerst schwierig.[903] Häufig stehen z. B. medizinische, pflegerische, ethische, theologische und ökonomische Anliegen und Ziele in Konkurrenz zueinander.

Aus dem komplexen Zielsystem eines Krankenhauses sind im Hinblick auf die Personaleinführung zum einen Entscheidungen zum Leistungserstellungsziel relevant. Es definiert die Art, Zahl und Qualität der Leistungen, die u. a. die neu eingestellten Gesundheits- und Krankenpflegerinnen erbringen müssen. Darüberhinaus bestimmt es Gestaltung und Ablauf der Leistungsprozesse, die sich die neuen Mitarbeitenden aneignen müssen.[904]

Zum anderen ist das Personalwirtschaftsziel mit den beiden Formalzielen der ökonomischen und der sozialen Effizienz bedeutsam.[905] In Bezugnahme auf biblisch-theologische Grundannahmen und die Autoren Marr et al. wird im Rahmen dieser Arbeit hinsichtlich dieser beiden Formalziele folgende normative Position vertreten: *Das Personalmanagement resp. die Personaleinführung in konfessionellen Krankenhäusern soll sowohl ökonomisch als auch sozial effizient ausgestaltet werden, so dass unter Einsatz der zur Verfügung stehenden Ressourcen stets ein möglichst hoher sozialer und ökonomischer Zielerreichungsgrad verwirklicht wird.*[906] Auch wenn diese normative Setzung nicht geteilt wird, ist anzuerkennen, dass fachlich kompetente, effizient und patientenorientiert arbeitende Mitarbeitende in hohem Maße zum Unternehmenserfolg und zur Wettbewerbsfähigkeit eines Krankenhauses beitragen[907] und soziale Ziele deshalb »zumindest als Nebenbedingung bei der Verfolgung wirtschaftlicher Ziele zu berücksichtigen«[908] sind.

Auf der Ebene personalpolitischer Grundsatzentscheidungen bieten sich Entscheidungsspielräume zu allgemeinen personalpolitischen Richtlinien und Strukturen sowie zur Verteilung knapper Ressourcen. Hier erfolgt eine erste

---

902 Vgl. Eichhorn und Oswald 2017, S. 130.
903 Vgl. Kap. 2.2.5; Schedler und Rüegg-Stürm 2013, S. 77; Schmidt-Rettig 2017, S. 243; Tuckermann 2013, S. 94.
904 Vgl. Eichhorn und Oswald 2017, S. 130.
905 Als zentrales Kriterium der ökonomischen Effizienz ist das »Ausmaß an Arbeitsproduktivität (Arbeitsoutput zu Arbeitsinput) bzw. Arbeitswirtschaftlichkeit (personalwirtschaftliches Leistungs-Kosten-Verhältnis) (...) anzusehen«. Marr et al. 1979, S. 65. Das Ausmaß der sozialen Effizienz wird durch die Befriedigung von Interessen und Bedürfnissen der Mitarbeitenden bestimmt. Vgl. Marr et al. 1979, S. 72.
906 Vgl. Kap. 2.1.3; Marr et al. 1979, S. 498.
907 Vgl. Merk 2008, 59f.
908 Scherm und Süß 2016, S. 6; vgl. Kap. 2.2.1.

Operationalisierung personalwirtschaftlicher Ziele und damit eine grobe Fixierung von sozialer und ökonomischer Effizienz.[909] In dem Maße, wie diese und die ihr übergeordnete unternehmenspolitische Ebene Dispositionsspielraum lassen, erfolgt die konkrete Gestaltung personalwirtschaftlicher Entscheidungstatbestände auf der Ebene der jeweiligen Dienstvorgesetzten.[910] *Dieser recht kleine Spielraum kann wiederum für eine stärkere oder geringere Erreichung sozialer Effizienz genutzt werden.*

Auf allen drei genannten Entscheidungsebenen ist der Spielraum hinsichtlich des Ressourceneinsatzes aufgrund der Krankenhausfinanzierung und des Personalmangels nicht besonders groß. Die Studie zeigt jedoch, dass insbesondere die zur Verfügung stehenden und *die für die Einführung zur Verfügung gestellten personellen Ressourcen maßgeblichen Einfluss darauf haben, in welchem Maße die angestrebten Ziele Aufgabenklarheit, Leistungserbringung, Zufriedenheit, Bindung und Bleibebereitschaft erreicht werden.*[911]

9.2 Empfehlungen für die Personaleinführung von Gesundheits- und Krankenpflegerinnen

Die folgenden Empfehlungen sind aus der explorativen Forschung mittels Interview mit 23 neu eingestellten Gesundheits- und Krankenpflegerinnen aus zwei evangelischen, zwei katholischen und zwei öffentlich-rechtlichen Krankenhäusern abgeleitet worden. Diese Personen sind sowohl als »Expertinnen ihrer Interessen« als auch als Expertinnen befragt worden, die den Einführungsprozess gerade durchlaufen (haben) und darum aus ihrer Sicht beurteilen können, was zentrale Determinanten für das Erreichen der organisational wie individuell angestrebten Ziele sind. Demnach geben die Ergebnisse dieser Studie nicht nur Aufschluss darüber, was bei diesen Befragten wesentlich ist für ihre Zufriedenheit (Kriterien für soziale Effizienz). Mit vielen Aspekten formulieren sie zudem verantwortungsbewusst, was wesentlich ist, um gute Dienstleistungen im Sinne des Krankenhauses und insbesondere im Sinne der Patientinnen erbringen zu können.

Es ist darauf hinzuweisen, dass die Befunde dieser explorativen Studie keinen Anspruch auf Repräsentativität erheben. Entsprechend handelt es sich bei den folgenden Hinweisen um kontextbezogene Schlussfolgerungen. Dennoch können sie z. B. eine Grundlage für eigene organisationsbezogene Mitarbeitendenbefragungen sein sowie Anregungen für die Konzeption eines mitarbeiterori-

---

909 Vgl. Marr et al. 1979, S. 64.
910 Vgl. Marr et al. 1979, S. 64.
911 Vgl. Kap. 7.4.2.1 und 7.6.2.

entierten Personal-Einführungsmanagements in Krankenhäusern und ggf. auch in anderen Einrichtungen des Sozial- und Gesundheitswesens bieten. Die Hinweise werden aus Sicht von erfahrenen Personalverantwortlichen vielleicht *selbstverständlich* erscheinen. Aber die Studie zeigt, dass es in der Praxis keineswegs selbstverständlich ist und gelingt, diese Aspekte tatsächlich angemessen und wirksam in der Einführung ein- oder umzusetzen. So können sie zumindest für die kritische Reflexion des Personal-Einführungsmanagements in den jeweiligen Organisationen dienlich sein.

Konzeption
In der Konzeptionierung der Personaleinführung ist eine Bedarfsanalyse wichtig,[912] auf deren Grundlage entschieden werden kann, welche Ziele resp. welche fachlichen, sozialen und kulturellen Lernziele übergreifend, abteilungs- und stellenspezifisch mit der Einführung erreicht werden sollen. Stiefel weist darauf hin: »Bei der Planung (...) ist es wichtig, dass sich die Beteiligten klar darüber werden, was die zentralen Werte und Normen einer Organisation beinhalten und was als Randwerte bezeichnet werden kann.«[913] Es schließen sich u. a. Entscheidungen zu geeigneten Maßnahmen und Methoden, zur Dauer und vor allem zu den einzusetzenden Ressourcen an. Wichtig ist, dass die konzeptionellen Entscheidungen zur Strategie, zu den Strukturen, den Prozessen und der Kultur des Krankenhauses passen.

Um in der Konzeptionierung und in der Durchführung der Personaleinführung die soziale Effizienz als personalwirtschaftliche Zielkomponente verfolgen zu können, ist es erforderlich, die Interessen und Bedürfnisse neuer Mitarbeitender möglichst konkret zu kennen.[914] Dazu geben die hier vorliegenden Ergebnisse der explorativen Forschungsarbeit Aufschluss.

Stellenbesetzung
Einerseits sind *frühzeitige Übernahmeangebote* an die im Haus tätigen geeigneten Auszubildenden eine sinnvolle Option zur Stellenbesetzung. Hier ist die *beidseitige Prüfung der Passung von Person und freier Stelle* unerlässlich. Zumindest in dieser Kohorte sind jene Einführungen gescheitert, in denen die gerade Examinierten freie Stellen angetreten haben, die nicht ihren Motiven entsprochen haben.

Für weitere freie Stellen empfehlen sich nach dieser Studie *stellenspezifische* statt *allgemeine Ausschreibungen* mit entsprechend aufschlussreichen Infor-

---

912 Moser et al. schlagen eine dreifache Bedarfsanalyse vor: auf der Ebene der Organisation, der Aufgabe sowie der Person. Vgl. Moser et al. 2018, 56 ff.
913 Stiefel 1979, S. 70.
914 Vgl. Marr et al. 1979, S. 72.

mationen. So können die Interessentinnen bereits vor dem Auswahlgespräch die grundsätzliche Passung von Arbeitsinhalt und eigenen Kompetenzen und Interessen prüfen.

Hinsichtlich des Ausahlverfahrens werden eine *zügige Reaktion* auf die Bewerbung, eine *zügige Einladung* und eine *freundliche Atmosphäre* im Auswahlgespräch erwartet. Wichtig sind *bedarfsgerechte Informationen* nicht nur zur konkreten Stelle und den erwarteten Kompetenzen, sondern auch über das »*Warum*« des organisationalen Engagements, über die Vision und die Kultur. Schon hier sollte die Frage gestellt werden, ob sich die potentiell neuen Mitarbeitenden mit dem trägerspezifischen Selbstverständnis und den an sie und die Arbeit gestellten Erwartungen einverstanden erklären kann.

Eine *Hospitation* ermöglicht über das Gespräch hinaus eine *realistische Tätigkeitsvorschau*, damit die Bewerberin prüfen kann, welche Befriedigungspotentiale die Organisation für die individuellen Motive bietet. Auf Grundlage der gründlichen Eignungsprüfung sollten sich die Entscheidung und die *zügige Zusage* (und die Absagen) anschließen.

Eine weitere Empfehlung ist, bereits im Vorfeld die jeweilige *Arbeitsgruppe für die Einarbeitung und Integration des neuen Mitglieds zu gewinnen und vorzubereiten*.

Eintritt in die Organisation
Für die Zeit ab dem ersten Arbeitstag ist es unerlässlich, den neuen Mitarbeitenden ein Willkommensgefühl zu vermitteln. Ein wichtiges Element dafür ist ein *Einführungsgespräch* mit der Vorgesetzten und ggf. der Anleiterin, in dem anhand des *Einarbeitungskonzepts* Ziele und die verschiedenen Inhaltsdimensionen und Lernziele der Einführung erläutert werden. Neben mündlichen und schriftlichen Informationen sollte Raum für Fragen und gegenseitige Erwartungen sein und im Idealfall bereits jetzt ein Termin für das erste konzeptionell vorgesehene *Reflexionsgespräch* vereinbart werden.

Weitere wichtige Elemente am ersten Arbeitstag sind eine entsprechende *Ausstattung mit Arbeitsmaterialien* (Dienstkleidung, Schlüssel/Transponder, PC-Login u. a.), *Vorstellung* bei Patientinnen und Kolleginnen und eine *Führung* zur räumlichen Orientierung.

Anleitung
Die neuen Mitarbeitenden benötigen eine *fundierte theoretische und praktische Vermittlung von Kenntnissen, Fähigkeiten, Fertigkeiten und Werthaltungen*. Dafür sind entsprechende *personelle und zeitliche Ressourcen* unerlässlich. Herausstechende Bedeutung kommt einer *festen kompetenten Anleiterin* zu, die nicht nur Informationsquelle, sondern auch Rollenvorbild und Reflexionspart-

nerin ist. In der Einarbeitung sollten die ausgearbeiteten *Checklisten* konsequent genutzt werden.

Die Teilnehmenden dieser Studie legen viel Wert darauf, dass die *Inhalte und die zeitliche Planung an die individuellen Kompetenzen angepasst werden* und *Aufgaben und Verantwortung sukzessive übertragen* werden. Im Sinne eines differentiellen Personal-Einführungsmanagements sollte hier zumindest *gruppenspezifisch unterschieden* werden (z. B. interne oder externe Berufsanfängerinnen, externe Berufserfahrene, Wiederkehrerinnen) und dementsprechend festgelegt werden, wie schnell was erreicht und geleistet werden soll.

Falls sich ein vollumfänglicher eigenständiger Einsatz im Dienstplan zu einem frühen Zeitpunkt in der fachlichen Einarbeitung nicht vermeiden lässt, sollten die Gründe erklärt werden. Eine »*Wirf-ins-kalte-Wasser-Strategie*«[915] wird von den neuen Mitarbeitenden deutlich kritisiert. Im Umgang mit ihren Überforderungsgefühlen haben die betroffenen neuen Fachkräfte dieser Studie es als hilfreich erlebt, wenn für den konkreten Fall eine Möglichkeit zur Absicherung aufgezeigt wird.

Unterstützung durch die Arbeitsgruppe
Von besonderer Bedeutung ist für die befragten Gesundheits- und Krankenpflegerinnen das *Erleben von Wertschätzung, Respekt und Unterstützung durch die Arbeitsgruppe*, also durch die Dienstvorgesetzten und die Kolleginnen verschiedener Berufsgruppen. Ein Kriterium dafür ist beispielsweise, ob die Mitglieder auch über die ersten Tage hinaus *positiv auf proaktives Verhalten* (wie Fragen stellen, Feedback oder Hilfe erbitten) *reagieren* oder auch dazu ermutigen. Zu einer freundlichen Aufnahmekultur gehört auch, das emotionale Befinden, insbesondere Stress und Überforderung wahrzunehmen, anzusprechen und Verständnis für die spezifische Situation zu zeigen. Hier sind sowohl *Kurzreflexionsmöglichkeiten mit den Kolleginnen* wichtig (z. B. zur Aufgabenbewältigung, Rollenfindung, Bewältigung von Team-, Ziel- oder Wertekonflikten) als auch terminierte *Reflexionsgespräche mit der Vorgesetzten bzw. der Anleiterin*. Zu unterschiedlichen Zeitpunkten kann so gemeinsam geprüft werden, ob die vorgesehenen Lerninhalte angeeignet worden sind, welche Bedarfe es darüber hinaus gibt, was für (Un-)Zufriedenheit sorgt uvm.

Eine unterstützende Aufnahme durch die Arbeitsgruppe und ein angemessener Ressourceneinsatz in der Personaleinführung werden nicht nur von den neuen Mitarbeitenden erwartet, sondern sie zahlen sich eindeutig hinsichtlich der proximalen und distalen Einführungsziele aus. Wenn diese fehlen, zeigen sich deutliche negative Auswirkungen. Das heißt, auch wenn es aufgrund der allgemein knappen personellen Ressourcen schwierig ist und sich mit diesen

---

915 Vgl. Kieser et al. 1990, S. 22.

Investitionen zunächst eine kurzfristige Verschlechterung der Leistungs-Kosten-Beziehung für einen Bereich oder die Organisation ergibt, ist längerfristig sowohl im Hinblick auf die ökonomische Effizienz als auch auf die Qualität der Leistung insgesamt von einer positiven Wirkung (z. B. keine/geringe Frühfluktuation, höhere Mitarbeitenden- und Patientinnenzufriedenheit, positives Image des Arbeitgebers uvm.) auszugehen.[916] Hierzu erscheint es sinnvoll, über die Auswertung der Einführung durch die einzelnen neuen Mitarbeitenden, die Anleiterinnen und die konkrete Dienstvorgesetzte hinaus, eine *organisationsweite Evaluation zu Wirksamkeit und Kosten* durchzuführen (z. B. anhand der Kennzahlen Kündigung bis zum Ende der Probezeit sowie im ersten Beschäftigungsjahr; Kosten für Seminare und andere Maßnahmen; Personalkosten für die Anleitung; Bewertung der Beteiligten uvm.).

9.3 Empfehlungen für eine diakonisch-kulturelle Einführung in Krankenhäusern in evangelischer und katholischer Trägerschaft

»Interdisziplinäre Diakoniewissenschaft (…) geht vom Gegenstand aus über die Reflexion zurück in die Praxis. Sie geht gleichzeitig kritisch vom Stand der theoretischen Forschung aus über praktische Erfahrung zurück in Fokussierung des Gegenstandes und in (kreative) Konzeptentwicklung.«[917]

Gemäß dieses Selbstverständnisses werden nun einerseits ausgehend von den Ergebnissen der Studie zu Werthaltungen der Mitarbeitenden und zur Erkennbarkeit der evangelischen und katholischen Trägerschaft und diakonischen Kultur in der Einführung und andererseits ausgehend von der hier vertretenen diakoniewissenschaftlichen Position[918] Impulse für eine integrierte diakonisch-kulturelle Inhaltsdimension gegeben.

Vermittlung der diakonischen Kultur
Hier wird normativ die Auffassung vertreten, dass der trägerspezifische Zweck und die christliche Ausrichtung allen Organisationsmitgliedern klar und bewusst sein sollten und dass die damit verbundene diakonische Kultur für und durch sie erlebbar werden sollte.[919] Vor dem Hintergrund einer säkularisierteren und re-

---

916 Marr et al. betonen, dass sich bei einer Ausweitung des Zeithorizonts die Konkurrenz beider Formalziele in eine Zielkomplementarität verwandeln kann. Vgl. Marr et al. 1979, 79f.
917 Benad et al. 2015b, S. 22.
918 Vgl. Kap. 2.6.2 und 8.6.
919 Dabei ist das Argument nicht, sich als Unternehmen damit im Wettbewerb (besser) profilieren zu können. Der Grund liegt im Evangelium selbst.

ligiös vielfältigen Mitarbeiterschaft können biblische Grundüberzeugungen und christliche Deutungen nicht mehr als bekannt vorausgesetzt werden. So erscheint es unerlässlich, jene für das organisationale Selbstverständnis und die Arbeit zentralen Aspekte und die damit verknüpften Werte, Normen, Verhaltensweisen und anderen sichtbaren Symbole zunächst auf verschiedenen Wegen verständlich zu kommunizieren. Dazu kann bereits die *Stellenausschreibung* genutzt werden. Im *Auswahlgespräch* und im *Einführungsgespräch* kann dies mit (gegenseitigen) Fragen vertieft werden. Hier können auch das *(Pflege-) Leitbild, die Unternehmens- und die Führungsgrundsätze angesprochen und in schriftlicher Form überreicht werden.*

Eine weitere Möglichkeit sind *Einführungstage für neue Mitarbeitende* – wie dies beispielsweise in der St. Franziskus-Stiftung Münster praktiziert wird.[920]

Im Ev. Krankenhaus Bielefeld als Teil der v.Bodelschwingschen Stiftungen Bethel gibt es über einen allgemeinen Einführungstag hinaus auch noch ein *spezielles Einführungsseminar zu diakonischen Grundlagen der Arbeit*, in dem u. a. beispielhaft das dreifache Liebesgebot zum Thema gemacht wird. »Handle so, dass du dich selbst und den anderen Menschen als von Gott Geliebte achtest und dass dabei die Zuwendung zum Nächsten der Zuwendung zu dir selbst entspricht.!«[921] Diese zentrale biblische Maxime wird ebenso wie Äußerungen aus der »Vision Bethels« reflexiv in Beziehung gesetzt zu den eigenen Werthaltungen sowie zur erlebten Praxis. Im Seminar ist Raum für (kritische) Fragen, Widerstand gegen befürchtete Missionierungsabsichten, andere Formen von Reaktanz und für den Austausch über Anspruch und Wirklichkeit, Möglichkeiten und Grenzen diakonischer Praxis uvm.

Mit diesen Beispielen sind mögliche konkrete Maßnahmen für die Praxis aufgezeigt. Die Studie hat jedoch deutlich gezeigt, dass für die meisten neuen Mitarbeitenden (zumindest explizit) die diakonisch-kulturelle Inhaltsdimension in ihrer Einführung kaum deutlich wird und dass diese durch das Austeilen von Leitbildern und durch Vorträge bei Einführungstagen nicht nachhaltig in Erinnerung bleibt. Für die Praxis ist demnach erstens der Hinweis abzuleiten, dass *die Vermittlung der drei miteinander verknüpften Ebenen einer diakonischen Kultur nicht nur theoretisch erfolgen sollte*, und zweitens, dass sie *praktisch nicht nur implizit erfolgen sollte*. Stattdessen wird hier empfohlen, diese Inhaltsdimension in, mit und durch die fachliche Einarbeitung und die soziale Integration im Praxisbezug explizit zu machen,[922] dies in der Konzeption zu verankern, geeig-

---

920 Vgl. Fischer 2012, 426 f. Diese Stiftung hat ebenso wie die folgende Beispielorganisation nicht an dieser Studie teilgenommen.
921 Haas und Starnitzke 2019, S. 209.
922 Vgl. Abbildung 18 in Kap. 8.6.

nete Maßnahmen auszuwählen und auch im konkreten Einarbeitungsplan zu benennen.

Christliche Deutung diakonischer Praxis
Dazu soll abschließend ein sehr weitgehender, anspruchsvoller Vorschlag unterbreitet werden, der – nicht nur angesichts der knappen Ressourcen – visionär erscheinen mag.

Er zeichnet sich nicht nur durch die zuletzt genannten beiden Empfehlungen aus. Die diakonisch-kulturelle Inhaltsdimension ist danach kein Lernziel, welches mit dem Ende der Eingliederungsphase, mit der Kenntnis des Leitbildes und einiger religiöser Artefakte oder mit dem Erleben »isolierter spiritueller Sahnehäubchen-Angebote«[923] erreicht wäre. Vielmehr geht es bei dieser Dimension um einen gemeinsamen hermeneutischen Erschließungs-, Verständigungs- und wiederkehrenden kritischen Reflexionsprozess.[924] An dessen Anfang stehen die individuelle und die organisationsbezogene »Werteerhellung« und Fragen nach den jeweiligen Motiven und der Inspiration.[925] Hier haben alle individuellen Beweggründe und Einstellungen ihr eigenes Recht. Die Organisation macht die neuen Mitarbeitenden ihrerseits mit den drei Ebenen der diakonischen Kultur und der christlichen Deutungsdimension vertraut. Es gilt dabei, die z. B. im jeweiligen Leitbild beschriebenen biblisch-theologischen Grundüberzeugungen und Werte praxisbezogen zu »erhellen«.[926] Was bedeuten diese Formulierungen, was bedeutet diese christliche Sinn- und Deutungsdimension z. B. im Hinblick auf den Umgang mit Patientinnen, mit Krankheit, Leben, Sterben und Tod?

---

923 *Haslinger* macht diesbezüglich kritisch aufmerksam: »Spiritualität wird in Form von ›zusätzlichen Angeboten‹ praktiziert – in den jährlichen Besinnungstagen der Mitarbeitenden oder im wöchentlichen Gottesdienst, den der Diakon ›anbieten darf‹ (!) –, aber gerade in diesen additiven Praktiken isoliert; eine solche Spiritualität entwickelt höchst selten (und vor allem nicht auf verlässlich-einklagbare Weise) eine verändernde Kraft für die konkrete, unmittelbare Diakoniepraxis und bleibt eigenartig wirkungslos gegenüber offensichtlichen Deformationen christlicher Qualität – z. B. in Hinblick auf Systemzwänge im Pflegebereich, in dem Pflegende wie Pflegebedürftige unter dem Druck von ökonomischen Vorgaben, Dokumentationspflichten, Zeitnöten, Konkurrenzen und dadurch bedingten Entmenschlichungen leiden.« Haslinger 2009, S. 200.
924 Vgl. Kap. 2.6.
925 So fragt *Stronegger* nach der »Inspiration, aus der diese Institutionen und ihre menschlichen Träger leben und die das Leben aller Beteiligten, Patientinnen und Patienten wie Personal, in einem humanen Sinn trägt, wie es historisch (zumindest dem Anspruch nach) durch die Einbettung der Krankenpflege in religiöse Pflegeordnen gegeben war.« Stronegger 2020, S. 48.
926 Die Allgemeinheit, mit der handlungsleitende Werte in Leitbildern formuliert werden, bedarf wiederkehrend der kontextbezogenen und situativen Interpretation und gegebenenfalls einer Zuspitzung. Vgl. Kap. 2.6.2 sowie beispielhaft Theurich 2016, 251f.

Im Laufe des Einführungsprozesses bekommen die neuen Mitarbeitenden kognitiv, affektiv und praktisch Anregungen, wie die biblisch-theologischen Grundannahmen und Werte in ihrem Handlungsfeld aufgefasst und in den Prozessen der Aufgabenerfüllung, in der Interaktion mit Patientinnen, ihrer Versorgung und Begleitung, in der Kommunikation mit Angehörigen, in der Zusammenarbeit mit Kolleginnen unterschiedlicher Berufsgruppen ebenso wie in der Unterstützung von neuen Mitarbeitenden uvm. stückweise umgesetzt werden können.

Konkret erlernen die neuen Gesundheits- und Krankenpflegerinnen somit nicht »nur« die pflegerischen Aufgabenerfüllungsprozesse und die habitualisierten Interaktionen und Praktiken, die von den Mitarbeitenden der Station alltäglich und in der Regel ohne explizite Reflexion vollzogen werden (»So machen wir das hier!«). Sie lernen zudem gleichzeitig die *christliche Deutung diakonischer Praxis* kennen. Sie erfahren, wie die Interaktionen mit den Patientinnen in Rückbezug auf die biblisch-theologischen Grundüberzeugungen als sichtbare Symbole der diakonischen Kultur aufgefasst werden können – auch wenn sich z. B. das pflegerische Handeln phänomenologisch nicht von diakonischem Handeln unterscheiden lässt.[927]

Bei einer solchen diakonisch-fachlichen Einarbeitung dürfen jedoch die professionellen fachlichen Standards weder überfrachtet noch relativiert werden. Außerdem ist damit keine Missionierung zu betreiben, sondern die einzelnen Mitarbeitenden sind mit ihrer Weltanschauung zu respektieren. Im Verlauf dieses erfahrungsbezogenen Erschließungsprozesses kann sich eine gemeinsame Werteorientierung entwickeln und die neuen Mitarbeitenden können eine entsprechende Praxis mitgestalten.

Reflexion der handlungsleitenden Werte
Sinnvollerweise umfasst eine diakonisch-kulturelle Einführung jedoch nicht nur die Erschließung der drei Kulturebenen und eine Verständigung darüber, sondern ebenfalls eine Reflexion der Praktiken und der handlungsleitenden wie der proklamierten Werte, wie die Pfeile in Abbildung 18 (S. 256) veranschaulichen.

Somit wird in der Verbindung von fachlicher Einarbeitung und kultureller Einführung die kritisch-reflexive Auseinandersetzung über die Verfasstheit der üblichen Basis- und Leistungsprozesse (z. B. in der Pflege oder in der Aufnahme neuer Kolleginnen) nicht ausgeklammert.[928] Damit wird auch der Einsicht

---

927 Mit *Horstmann* ist diakonisches Handeln immer interpretiertes, gedeutetes Handeln und zwar unabhängig davon, ob die Deutung des Handelns motivational, interaktional oder konzeptionell ansetzt. Vgl. Horstmann 2011, S. 48. Zu unscheinbaren Indikatoren diakonischer Praxis vgl. Haslinger 2009, 314ff.
928 So können z. B. die Basis- und Leistungsprozesse, die Personalbedarfsdeckung u. a. als Lackmustest für ein Krankenhaus in konfessioneller Trägerschaft angesehen werden. Vgl.

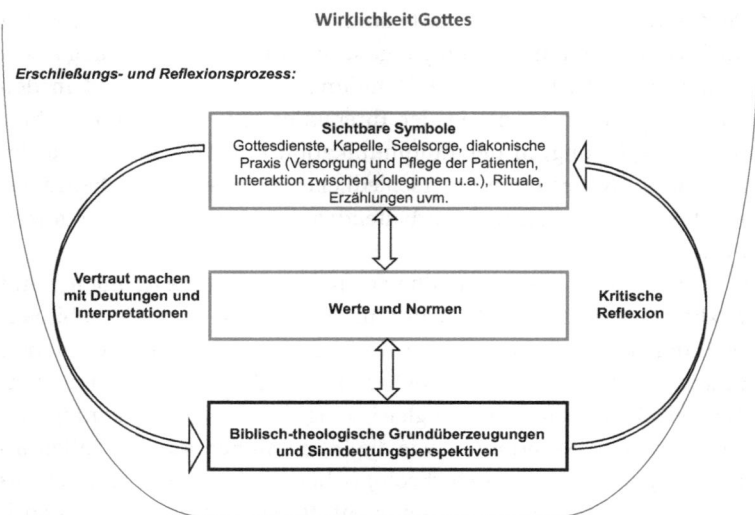

Abbildung 18: Die diakonisch-kulturelle Einführung als Erschließungs- und Reflexionsprozess.

Rechnung getragen, dass der christliche Sinnhorizont erst durch die beständige Reflexion von (alltäglichen) Praktiken erlebbar und lebensweltbezogen in Geltung gehalten werden, indem auf diesen Sinnhorizont explizit Bezug genommen wird. So sollte mit spontanen kurzen wie mit terminierten Reflexionsgesprächen ermöglicht werden, die konkret erlebte Praxis umgekehrt von diesen Grundüberzeugungen und Werten her zu reflektieren, ggf. zu kritisieren und entsprechend notwendige Veränderungen anzuregen.[929]

Organisationale Reflexion
Solche Reflexionsprozesse sind nicht nur in der Einführung neuer Mitarbeitender, sondern stations- und organisationsbezogen notwendig. Ein Grund sind zum einen die grundsätzliche Interpretationsbedürftigkeit von biblisch-theologischen Grundannahmen und damit verbundenen Werten sowie die Offenheit für eine kontextbezogene Ausgestaltung diakonischer Praxis.[930] Zum anderen erscheint die Reflexion insbesondere aufgrund der beschriebenen außerorganisationalen und internen Rahmenbedingungen unerlässlich.[931] Hier bedarf

---

Haas und Starnitzke 2019, S. 233. Zur Bedeutung der Glaubwürdigkeit postulierter Werte vgl. beispielhaft auch Sackmann 2004, 236f.; Bleicher 2011, S. 225.
929 Einige der in Kap. 7 zitierten Aussagen weisen auf einen solchen Klärungs- und Veränderungsbedarf hin.
930 Vgl. Kap. 2.6.2.
931 Zu außerorganisationalen Rahmenbedingungen vgl. Kap. 2.2.2. Zu möglichen internen Zielkonflikten vgl. Kap. 2.2.4 und zu möglicherweise konkurrierenden Wertvorstellungen aufgrund der Multirationalität in Krankenhäusern vgl. Kap. 2.2.5.

es entsprechender Kommunikationsstrukturen. Moos weist darauf hin: »Die Kommunikationsstrukturen einer diakonischen Organisation müssen so verfasst sein, dass eine Diskussion über etwaige Widersprüche von Glauben und Organisationsvollzügen in der Organisation selbst geführt werden kann.«[932]

Das zeigt, dass das Einüben und Pflegen solcher Erschließungs-, Verständigungs- und wiederkehrenden kritischen Reflexionsprozesse hochgradig anspruchsvoll und voraussetzungsvoll ist. Es ist nicht mit einem Gesprächsleitfaden für die vorgesehenen Reflexionsgespräche getan – auch wenn das ein guter Anfang ist. Es braucht in erster Linie den unternehmenspolitischen Willen und Mut, sich solchen Prozessen überhaupt zu öffnen.

Kompetente Diskurspartnerinnen
Zudem braucht es »dafür religiöse Kompetenz, die sich wissenschaftlich-reflexiv auch als theologische Kompetenz beschreiben lässt.«[933] Es sind kompetente Anleiterinnen auf den Stationen und/oder stationsübergreifend Diskurspartnerinnen unerlässlich, die hinsichtlich aller drei Ebenen der diakonischen Kultur auskunftsfähig und diskursfähig sind. Diese müssten gefunden bzw. Interessierte mit entsprechenden Ressourcen geschult werden. Schließlich braucht man zeitliche und personelle Ressourcen für diese Einzel- oder Gruppenreflexionsgespräche.[934]

Möglicherweise gelingt es so, dass die diakonische Kultur für die neuen Mitarbeitenden nicht nur in religiösen Artefakten sichtbar wird und dass sie bewusst »Mitverantwortung für die glaubwürdige Erfüllung diakonischer Aufgaben«[935] übernehmen können und wollen – unabhängig von der persönlichen Glaubensüberzeugung bzw. Weltanschauung.

Abschließend ist zu betonen: Auch dies sind Impulse und keine Patentrezepte. Jede Organisation muss entscheiden, *ob* und *wie* sie die diakonisch-kulturelle Inhaltsdimension mit den neuen Mitarbeitenden *explizit* thematisiert und welche *Ressourcen* dafür zur Verfügung gestellt werden. Dazu kann hier ganz ähnlich wie am Ende der vorangegangenen allgemeinen Hinweise zur Personaleinführung in Kap. 9.1 die These formuliert werden: Die mit einer diakonisch-kulturellen Einführung verbundenen Investitionen haben für die Stationen oder die Organisation zunächst eine Verschlechterung der Leistungs-Kosten-Beziehung zur Folge. Längerfristig wirken sie sich mit großer Wahrscheinlichkeit positiv auf die Qualität der Leistung, auf die Glaubwürdigkeit der Organisation und auf die

---

932 Moos 2013b, S. 274.
933 Theurich 2016, S. 257.
934 Interesssant ist, dass die Empfehlungen der befragten Gesundheits- und Krankenpflegerinnen in eine ähnliche Richtung weisen. Vgl. Kap. 7.3.5.3.
935 § 4 Abs. 1 der EKD-Richtlinie, Evangelische Kirche in Deutschland 2016.

Bindung der Mitarbeitenden aus. Das wäre ein Impuls zu weiteren lohnenswerten Forschungsprojekten, auf die nun abschließend hingewiesen soll.

9.4 Kritische Würdigung und Implikationen für die Forschung

Im Rahmen dieser Arbeit konnte ein erster Einblick in die bislang unerforschte Thematik der Personaleinführung von Gesundheits- und Krankenpflegerinnen in Krankenhäusern in katholischer, evangelischer und kommunaler Trägerschaft gegeben werden.

Wenngleich die Studie viele interessante Befunde im Hinblick auf das formulierte Forschungsinteresse liefern konnte, tun sich gleichzeitig viele neue, anschließende Fragen und Forschungsbedarfe auf. So konnten mit der vorliegenden Arbeit wesentliche Aspekte und Einflussfaktoren aus Sicht einer kleinen Kohorte von 23 Befragten aus sechs verschiedenen Krankenhäusern erhoben worden. Damit kann keine Repräsentativität in Anspruch genommen werden. Hier wären Anschlussforschungen mit einer deutlich größeren Kohorte nützlich, um zu prüfen, ob sich die Ergebnisse auch quantitativ auf eine breite Basis stellen lassen.

Es könnte zudem eruiert werden, ob die seltener angesprochenen Determinanten in größeren Kohorten als wenig relevant bewertet werden oder ob sie sehr wohl relevant sind, aber von der Mehrzahl der hier Befragten lediglich nicht explizit angesprochen worden sind. Außerdem könnte den Aspekten (wie z. B. den Gründen für »Nicht-Nennungen«) nachgegangen werden, zu denen hier im Erklärungsrahmen aufgrund des Datenmaterials nur Vermutungen angestellt werden konnten.

Angesichts der Komplexität der verschiedenen potentiellen Einflussfaktoren und ihrer Wirkungen konnten mit dieser Arbeit explorativ erste Hinweise geliefert werden. Durch Anschlussforschungen zu den komplexen Zusammenhängen zwischen den hier identifizierten Determinanten sowie zwischen den Determinanten und den spezifischen distalen und proximalen Zielen könnte der bisherige Erklärungsrahmen weiter konkretisiert und tiefergehend fundiert werden. Hier erscheint es aus organisationaler Perspektive sinnvoll, die Einschätzung verschiedener Akteurinnen der Personaleinführung zu erheben, um so ein umfassenderes Bild zu generieren.

Eine andere interessante Ergänzung wäre die Untersuchung einer Kohorte von Teilnehmenden, die den neuen Arbeitgeber direkt innerhalb der ersten drei Monate wieder verlassen hat. Eine solche Studie könnte aufklären, ob diese Personen die hier aufgezeigten Schlüsselfaktoren ebenfalls für entscheidend halten oder welche weiteren bzw. anderen Gründe zu einem Scheitern der Personaleinführung geführt haben.

Auch hinsichtlich der Aufnahmekultur und des Arbeitsklimas wären Studien sinnvoll, da ihnen nicht nur aus Sicht der hier Befragten besondere Bedeutung zukommt. Es ist angesprochen worden, dass diesbezüglich insbesondere den Führungskräften Verantwortung zukommt, ihre Einflussmöglichkeiten jedoch entweder beschränkt sind oder nicht genutzt werden. Aus organisationaler Sicht erscheint es erforschenswert, wie sich diese Aspekte wirksam zum Positiven hin verändern lassen, sofern sie als negativ wirkende Determinanten identifiziert werden. Hier könnten Längsschnittstudien oder Interventionsstudien vermutlich interessante Erkenntnisse liefern.

Hinsichtlich der diakonisch-kulturellen Inhaltsdimension liefert diese Studie aufschlussreiche Erkenntnisse und gleichzeitig bleiben viele Fragen offen. Es fiel den Befragten überwiegend schwer, die Fragen nach der Erkennbarkeit der Trägerschaft sowie zu einer diakonisch-kulturellen Einführungsdimension zu beantworten. Hier hätte ggf. stärker oder anders nachgefragt werden können. Es besteht jedoch eine grundsätzliche Schwierigkeit darin, die meist unbewusste Kulturebene der Werte und Normen und die der Grundannahmen in einer Interviewsituation zu erheben. Bezüglich der sichtbaren Symbole einer diakonischen Kultur war es im Rahmen dieser Forschung nicht möglich, jeweils zu eruieren, woran es liegt, dass kaum *konstitutive* Merkmale des Diakonischen genannt worden. Die Frage, warum Interaktionen und Praktiken in der Pflege und Versorgung von Patientinnen nicht als sichtbare Symbole einer diakonischen Kultur genannt worden sind, ist offen geblieben. Ebenso offen sind die Gründe dafür, warum die Befragten christliche Deutungen und biblisch-theologische Grundüberzeugungen fast gar nicht erwähnen. Zu diesen Phänomenen und offenen Fragen könnten Anschlussforschungen den Versuch unternehmen, zu ergründen, ob diese zentralen Bestandteile einer diakonischen Kultur neuen Mitarbeitenden nicht bewusst, noch nicht richtig vertraut oder ob sie für sie schlicht nicht relevant sind.

Schließlich könnte sowohl personalwirtschaftlich wie diakoniewissenschaftlich eine Evaluation zur Wirkung eines Einführungskonzepts aufschlussreich sein, das die diakonisch-kulturelle Inhaltsdimension im hier empfohlenen Sinne implementiert hat.

Aufgrund der Komplexität des Themas ließen sich noch diverse weitere Forschungsbedarfe aufzeigen. Die genannten Beispiele veranschaulichen jedoch bereits, dass sich mit diesem abgeschlossenen Forschungsprojekt viele weitere interessante Fragen auftun. Die vorliegende Studie liefert Hinweise, die im Personalmanagement einbezogen und in der Diakoniewissenschaft reflektiert und diskutiert werden sollten.

Literaturverzeichnis

Afentakis, Anja (2009): STATmagazin: Gesundheit. Krankenpflege – Berufsbelastung und Arbeitsbedingungen. Hg. v. Statistisches Bundesamt. Wiesbaden. Online verfügbar unter https://www.statistischebibliothek.de/mir/receive/DEMonografie_mods_00004288, zuletzt geprüft am 11.03.2020.

Albrecht, Christian (2013): »Dienstgemeinschaft« als theologischer Begriff. Wie ist er theologisch zu rekonstruieren? In: *epd Dokumentation* (17).

Allen, Natalie J.; Meyer, John P. (1990): The measurement and antecedents of affective, continuance and normative commitment to the organization. In: *Journal of Occupational Psychology* 63 (1), S. 1–18.

Althauser, Ulrich (1982): Entwurf einer Theorie organisationaler Sozialisation. Eine verhaltenswissenschaftliche Analyse des Einarbeitungs- und Eingewöhnungsprozesses neuer Mitarbeiter in die Unternehmung. Zugl.: Diss., Univ. Mannheim. Universität Mannheim, Mannheim.

Anakwe, Uzoamaka P.; Greenhaus, Jeffrey H. (1999): Effective Socialization of Employees: Socialization Content Perspective. In: *Journal of Managerial Issues* 11 (3), S. 315–329.

Arnold, Andrea; Oswald, Julia (2017): Marketing. In: Julia Oswald, Barbara Schmidt-Rettig und Siegfried Eichhorn (Hg.): Krankenhaus-Managementlehre. Theorie und Praxis eines integrierten Konzepts. 2. überarb. Aufl. Stuttgart, S. 686–741.

Arnold, Rolf; Siebert, Horst (2006): Konstruktivistische Erwachsenenbildung. Von der Deutung zur Konstruktion von Wirklichkeit. 5. Aufl. Hohengehren.

Ashford, Susan J.; Black, J. Stewart (1996): Proactivity during organizational entry. The role of desire for control. In: *Journal of Applied Psychology* 81 (2), S. 199–214.

Ashforth, Blake; Saks, Alan (1996): Socialization Tactics: Longitudinal Effects on Newcomer Adjustment. In: *Academy of Management Journal, VOL. 39, NO. 1* 39 (1), S. 149–178.

Ashforth, Blake E.; Saks, Alan M. (1997): Organizational Socialization: Making Sense of the Past and Present as a Prologue for the Future. In: *Journal of Vocational Behavior* (51), S. 234–279.

Ashforth, Blake E.; Sluss, David M.; Saks Alan (2007): Socialization tactics, proactive behavior, and newcomer learning: Integrating socialization models. In: *Journal of Vocational Behavior* 70 (3), S. 447–462.

Athanas, Christoph; Wald, Peter M. (2017): Den Erwartungen gerecht werden. In: *Personalwirtschaft* (12), S. 36–37.

Atteslander, Peter (2010): Methoden der empirischen Sozialforschung. 13. Aufl. Berlin.

Augurzky, Boris (2018): Zwischen Shareholder Value und roten Zahlen. Die wirtschaftliche Situation der Krankenhäuser. In: Dirk Janssen und Boris Augurzky (Hg.): Krankenhauslandschaft in Deutschland. Zukunftsperspektiven, Entwicklungstendenzen, Handlungsstrategien. 1. Aufl. Stuttgart, S. 64–75.

Bartscher-Finzer, Susanne (2004): Personaleinstellung und Personaleinführung. In: Eduard Gaugler (Hg.): Handwörterbuch des Personalwesens. 3., überarb. Aufl. Stuttgart, S. 1479–1487.

Bauer, Johannes; Gartmeier, Martin; Harteis, Christian (2010): Lernen aus Fehlern im Arbeitskontext. Lernprozesse, Lernergebnisse und förderliche Lernbedingungen. In: *Wirtschaftspsychologie* (12), S. 7–16.

Bauer, Talya N.; Erdogan, Berrin (2012): Organizational Socialization Outcomes: Now and into the future. In: Connie R. Wanberg (Hg.): The Oxford handbook of organizational socialization. Oxford, S. 97–114.

Bauer, Talya N.; Green, Stephen G. (1996): Development of Leader-Member Exchange. A Longitudinal Test. In: *AMJ* 39 (6), S. 1538–1567.

Bauer, Tayla N.; Erdogan, Berrin (2011): Organizational socialization: The effective onboarding of new employees. In: S. Zedek und Sheldon Zedeck (Hg.): Handbook of industrial and organizational psychology. Building and developing the organization. 1. Aufl. Washington, DC, S. 51–64.

Bauer, Tayla N.; Morrison, Elizabeth W.; Callister, Ronda R. (1998): Organizational Socialization: A Review and Directions for Future Research. In: Gerald Ferris (Hg.): Research in personnel and human resource management, Bd. 16. 16. Aufl. Stamford, CT, S. 149–214.

Baum, Sebastian (2013): Effizienter und mitarbeitergerechter Personaleinsatz in einer Uniklinik. In: Bettina Dilcher und Lutz Hammerschlag (Hg.): Klinikalltag und Arbeitszufriedenheit. Die Verbindung von Prozessoptimierung und strategischem Personalmanagement im Krankenhaus. 2. Aufl. Wiesbaden, S. 107–124.

Baumann, Klaus; Eurich, Johannes (2013): Konfessionelle Krankenhäuser. Strategien – Profile – Potentiale. Einleitende Überlegungen. In: Klaus Baumann, Johannes Eurich und Karsten Wolkenhauer (Hg.): Konfessionelle Krankenhäuser. Strategien – Profile – Potenziale. Stuttgart, S. 9–14.

Bechtel, Peter (Hg.) (2012): Pflege im Wandel gestalten – eine Führungsaufgabe. Lösungsansätze, Strategien, Chancen. Berlin.

Becker, Fred G. (2004): Personaleinführung. In: *Wirtschaftswissenschaftliches Studium* 33 (9), S. 514–519.

Becker, Fred G. (2006): Explorative Forschung mittels Bezugsrahmen: Ein Betrag zur Methodologie. In: Hans J. Oppelland (Hg.): Deutschland und seine Zukunft. Innovation und Veränderung in Bildung, Forschung und Wirtschaft. Festschrift zum 75. Geburtstag von Prof. Dr. Dr. h. c. Norbert Szyperski. Lohmar, S. 281–306.

Becker, Fred G. (2011): Grundlagen der Unternehmungsführung. Einführung in die Managementlehre. Berlin.

Becker, Fred G.; Brinkkötter, Christian J. (2005): Realistische Rekrutierung. In: *Wirtschaftswissenschaftliches Studium* 34 (12), S. 662–667.

Becker, Manfred (2005): Personalentwicklung. Bildung, Förderung und Organisationsentwicklung in Theorie und Praxis. 4., überab. Aufl. Stuttgart.

Behrends, Thomas; Jochims, Thorsten; Nienhüser, Werner (Hg.) (2015): Erkenntnis und Fortschritt. Beiträge aus Personalforschung und Managementpraxis; Festschrift für Albert Martin. München.

Benad, Matthias; Büscher, Martin; Krolzik, Udo (Hg.) (2015a): Diakoniewissenschaft und Diakoniemanagement an der Kirchlichen Hochschule Wuppertal/Bethel. Interdi-sziplinarität, Normativität, Theorie-Praxis-Verbindung. 1. Aufl. Baden-Baden.

Benad, Matthias; Büscher, Martin; Krolzik, Udo (2015b): Grundaussagen des Instituts zum Diakoniewissenschaftlichen Programm. In: Matthias Benad, Martin Büscher und Udo Krolzik (Hg.): Diakoniewissenschaft und Diakoniemanagement an der Kirchlichen Hochschule Wuppertal/Bethel. Interdisziplinarität, Normativität, Theorie-Praxis-Verbindung. 1. Aufl. Baden-Baden, S. 19–24.

Benedict, Hans-Jürgen (2004): Gott als kooperative Macht der Barmherzigkeit und Gerechtigkeit. Biblische Diakonie, diakonische Gemeinde. In: Michael Schibilsky und Renate Zitt (Hg.): Theologie und Diakonie. Gütersloh, S. 66–78.

Benner, Patricia E. (2017): Stufen zur Pflegekompetenz. From novice to expert. 3. Aufl. Bern.

Berger, Faize (2018): Einflussfaktoren auf die Zukunft der Krankenhauslandschaft. Kultursensibilität im Krankenhaus. In: Dirk Janssen und Boris Augurzky (Hg.): Krankenhauslandschaft in Deutschland. Zukunftsperspektiven, Entwicklungstendenzen, Handlungsstrategien. 1. Aufl. Stuttgart, S. 201–216.

Berger, Hendrike; Stock, Christian (2017): Grundlagen der Gesundheitspolitik und Gesundheitsökonomie. In: Julia Oswald, Barbara Schmidt-Rettig und Siegfried Eichhorn (Hg.): Krankenhaus-Managementlehre. Theorie und Praxis eines integrierten Konzepts. 2. überarb. Aufl. Stuttgart, 23–46.

Berthel, Jürgen; Becker, Fred G. (2017): Personal-Management. Grundzüge für Konzeptionen betrieblicher Personalarbeit. 11., vollst. überarb. Aufl. Stuttgart.

Bezuijen, Xander M.; van den Berg, Peter T.; van Dam, Karen; Thierry, Henk (2009): Pygmalion and Employee Learning. The Role of Leader Behaviors. In: *Journal of Management* 35 (5), S. 1248–1267.

Bleicher, Knut (2011): Das Konzept Integriertes Management. Visionen – Missionen – Programme. 8., überarb. Aufl. Frankfurt am Main.

Block, Linda Marie; Claffey, Colleen; Korow, Marcia K.; McCaffrey, Ruth (2005): The value of mentorship within nursing organizations. In: *Nursing forum* 40 (4), S. 134–140.

Bloom, Benjamin Samuel (1976): Taxonomie von Lernzielen im kognitiven Bereich. 5. Aufl. Weinheim.

Böcken, Jan; Kostera, Thomas (2017): Faktencheck Pflegepersonal im Krankenhaus. Internationale Empirie und Status quo in Deutschland. Hg. v. Bertelsmann Stiftung. Gütersloh. Online verfügbar unter http://faktencheck-gesundheit.de/de/faktenchecks/pflegepersonal/ergebnis-ueberblick/, zuletzt aktualisiert am 13.03.2018, zuletzt geprüft am 13.03.2018.

Bögel, Rudolf (1995): Organisationsklima und Unternehmenskultur. In: Lutz von Rosenstiel, Erika Regnet und Michel E. Domsch (Hg.): Führung von Mitarbeitern. Handbuch für erfolgreiches Personalmanagement. 3., überarb. und erw. Aufl. Stuttgart, S. 661–674.

Bohnsack, Ralf (2013): Gruppendiskussion. In: Uwe Flick, Ernst von Kardorff und Ines Steinke (Hg.): Qualitative Forschung. Ein Handbuch. 10. Aufl. Reinbek, S. 369–384.

Borsi, Gabriele M. (1994): Das Krankenhaus als Miniaturgesellschaft. Beilage Mai 1994. In: *Pflegezeitschrift: Fachzeitschrift für stationäre und ambulante Pflege* (5), S. 2–30.

Braeseke, Grit; Merda, Meiko; Bauer, T. K.; Otten, S.; Stroka, M. A.; Talmann, A. E. (2013): Migration. Chancen für die Gewinnung von Fachkräften in der Pflegewirtschaft. In: *Bundesgesundheitsblatt, Gesundheitsforschung, Gesundheitsschutz* 56 (8), S. 1119–1126.

Braun, Bernhard; Müller, Rolf (2005): Arbeitsbelastungen und Berufsausstieg bei Krankenschwestern. In: *Pflege & Gesellschaft* 10, S. 131–141.

Braun, Günther E.; Blome-Drees, Johannes (Hg.) (2006): Liberalisierung im Gesundheitswesen. Einrichtungen des Gesundheitswesens zwischen Wettbewerb und Regulierung. 1. Aufl. Baden-Baden.

Brenner, Doris (2014): Onboarding. Als Führungskraft neue Mitarbeiter erfolgreich einarbeiten und integrieren. Wiesbaden.

Bröckermann, Reiner (2014): Einführung neuer Beschäftigter. In: Lutz von Rosenstiel, Erika Regnet und Michel E. Domsch (Hg.): Führung von Mitarbeitern. Handbuch für erfolgreiches Personalmanagement. 7., überarb. Aufl. Stuttgart, S. 158–165.

Bröckermann, Reiner (2016): Personalwirtschaft. Lehr- und Übungsbuch für Human Resource Management. 7., überarb. Aufl. Stuttgart.

Brügger, Christine (2014): Mobile Recruiting. Mit der App auf Personalsuche. In: Anja Lüthy und Christian Stoffers (Hg.): Social Media und Online-Kommunikation für das Krankenhaus. Konzepte, Methoden, Umsetzung. 1. Auflage. Berlin, S. 311–314.

Bube, Susanne (2015): Onboarding im Zeitalter der Digitalisierung. In: Joachim Gutmann und Karlheinz Schwuchow (Hg.): Personalentwicklung. Themen, Trends, Best Practices 2016. Freiburg, S. 382–390.

Bücker, Nicola (2020): Kodieren – aber wie? Varianten der Grounded-Theory-Methodologie und der qualitativen Inhaltsanalyse im Vergleich. Forum Qualitative Sozialforschung (FQS, 21(1), Art. 2). Online verfügbar unter http://www.qualitative-research.net/index.php/fqs/issue/view/66, zuletzt geprüft am 11.03.2020.

Bühler, Silvia (2018): Eine Krankenhauspolitik für Menschen. Anforderungen aus der Perspektive der Beschäftigten. In: Dirk Janssen und Boris Augurzky (Hg.): Krankenhauslandschaft in Deutschland. Zukunftsperspektiven, Entwicklungstendenzen, Handlungsstrategien. 1. Aufl. Stuttgart, S. 177–187.

Bundesagentur für Arbeit (2019): Berichte: Blickpunkt Arbeitsmarkt – Fachkräfteengpassanalyse. Hg. v. Bundesagentur für Arbeit Statistik/Arbeitsmarktberichterstattung. Nürnberg. Online verfügbar unter https://statistik.arbeitsagentur.de/Statistikdaten/Detail/201912/arbeitsmarktberichte/fk-engpassanalyse/fk-engpassanalyse-d-0-201912-pdf.pdf?__blob=publicationFile&v=1, zuletzt geprüft am 02.01.2021.

Bundesagentur für Arbeit (2020): Berichte: Blickpunkt Arbeitsmarkt. Arbeitsmarktsituation im Pflegebereich. Hg. v. Bundesagentur für Arbeit Statistik/Arbeitsmarktberichterstattung. Nürnberg. Online verfügbar unter https://statistik.arbeitsagentur.de/DE/Statischer-Content/Statistiken/Themen-im-Fokus/Berufe/Generische-Publikationen/Altenpflege.pdf?__blob=publicationFile&v=8, zuletzt geprüft am 02.01.2021.

Bundesamt für Migration und Flüchtlinge (2019): Migrationsbericht 2016/2017. Bundesministerium des Innern. Berlin. Online verfügbar unter https://www.bamf.de/SharedDocs/Anlagen/DE/Forschung/Migrationsberichte/migrationsbericht-2016-2017.html;nn=839068, zuletzt aktualisiert am 23.01.2019, zuletzt geprüft am 02.01.2020.

Bundesanstalt für Arbeitsschutz und Arbeitsmedizin (BAuA) (2014): Arbeit in der Pflege – Arbeit am Limit? BIBB/BAuA-Erwerbstätigenbefragung 2012. Hg. v. Bundesanstalt für Arbeitsschutz und Arbeitsmedizin (BAuA). Dortmund. Online verfügbar unter https://www.baua.de/DE/Angebote/Publikationen/Fakten/BIBB-BAuA-10.html, zuletzt geprüft am 04.11.2018.

Bundesgesetzblatt (2003): Gesetz über die Berufe in der Krankenpflege. Krankenpflegegesetz – KrPflG. Bundestag. Bonn (Teil I, 36). Online verfügbar unter https://www.gesetze-im-internet.de/krpflg_2004/BJNR144210003.html, zuletzt geprüft am 26.01.2021.

Bundesgesetzblatt (2017): Gesetz über die Pflegeberufe. Pflegeberufegesetz – PflBG. Bundestag. Bonn (Teil I, 49). Online verfügbar unter https://www.gesetze-im-internet.de/pflbg/, zuletzt geprüft am 26.01.2021.

Bundesministerium für Gesundheit (2017): Krankenhausstrukturgesetz (KHSG). Hg. v. Bundesministerium für Gesundheit. Berlin. Online verfügbar unter https://www.bundesgesundheitsministerium.de/service/begriffe-von-a-z/k/khsg.html, zuletzt aktualisiert am 20.10.2017, zuletzt geprüft am 28.01.2021.

Bundesministerium für Gesundheit (2020): Ratgeber Krankenhaus. Was Sie zum Thema Krankenhaus wissen sollten. Hg. v. Bundesministerium für Gesundheit, Referat Öffentlichkeitsarbeit. Berlin. Online verfügbar unter https://www.bundesgesundheitsministerium.de/service/publikationen/gesundheit/details.html?bmg%5Bpubid%5D=2958, zuletzt geprüft am 26.01.2021.

Bundesministerium für Gesundheit (Hg.) (2021): Pflegepersonaluntergrenzen. Online verfügbar unter https://www.bundesgesundheitsministerium.de/personaluntergrenzen.html, zuletzt aktualisiert am 22.01.2021, zuletzt geprüft am 28.01.2021.

Bundesministerium für Wirtschaft und Energie (2017): Entwicklung der Angebotsstruktur, der Beschäftigung sowie des Fachkräftebedarfs im nichtärztlichen Bereich der Gesundheitswirtschaft (Kurzfassung). Hg. v. Bundesministerium für Wirtschaft und Energie. Online verfügbar unter https://www.bmwi.de/Redaktion/DE/Publikationen/Studien/entwicklung-angebotsstruktur-beschaeftigung-fachkraeftebedarf-im-nichtaerztlichen-bereich-der-gesundheitswirtschaft.html, zuletzt geprüft am 01.11.2018.

Bundesverband Junge Pflege: Bundesverband – Unsere Projekte. Hg. v. Deutscher Berufsverband für Pflegeberufe – DBfK Bundesverband e.V. Online verfügbar unter http://www.junge-pflege.de/bundesverband/unsere-projekte/#anchor_ea8c81a3_Accordion-06-2016-BAG-Junge-Pflege-im-Dialog-mit-Bundesgesundheitsminister-Hermann-Groehe, zuletzt geprüft am 12.01.2021.

Buxel, Holger (2011): Jobwahlverhalten, Motivation, und Arbeitsplatzzufriedenheit von Pflegepersonal und Auszubildenden in Pflegeberufen. Ergebnisse dreier empirischer Untersuchungen und Implikationen für das Personalmanagement und -marketing von Krankenhäusern und Altenpflegeeinrichtungen. Fachhochschule Münster. Münster. Online verfügbar unter https://docplayer.org/8531853-Jobwahlverhalten-motivation-und-arbeitsplatzzufriedenheit-von-pflegepersonal-und-auszubildenden-in-pflegeberufen.html, zuletzt geprüft am 06.01.2021.

Caritasverband der Diözese Rottenburg-Stuttgart e. V. (Hg.) (2016): Vielfältig glauben – gemeinsam engagiert. Eine Handreichung für Leitungskräfte zum Umgang mit religiöser und weltanschaulicher Vielfalt in der Dienstgemeinschaft. Online verfügbar unter https://www.caritas-rottenburg-stuttgart.de/cms/contents/caritas-rottenburg-s/

medien/dokumente/was-uns-wichtig-ist/vielfaeltig-glauben/impulse_16.pdf?d=a&f=pdf, zuletzt geprüft am 27.01.2021.

Ceylan, Rauf; Kiefer, Michael (Hg.) (2017): Ökonomisierung und Säkularisierung. Neue Herausforderungen der konfessionellen Wohlfahrtspflege in Deutschland. Wiesbaden.

Chao, Georgia T.; O'Leary-Kelly; Wolf, Samantha; Klein, Howard; Gardner, Phil (1994): Organizational Socialization: Its Content and Consequences. In: *Journal of Applied Psychology* (79 (5)), S. 730–743.

Chatman, J. A. (1991): Matching People and Organizations: Selection and Socialization in Public Accounting Firms. In: *Administrative Science Quarterly* 36 (3), S. 459–484.

Civello, Daniele; Simic, Dusan; Stock, Stephanie (2018): Struktur- und Leistungsdaten der Krankenhausversorgung Deutschlands im europäischen Vergleich. In: Dirk Janssen und Boris Augurzky (Hg.): Krankenhauslandschaft in Deutschland. Zukunftsperspektiven, Entwicklungstendenzen, Handlungsstrategien. 1. Aufl. Stuttgart, S. 36–50.

Conzen, Christel; Freund, Jutta; Overlander, Gabriele (Hrsg.) (2016): Pflegemanagement heute. 2. Aufl. München.

Conzen, Christel; Overlander, Gabriele; Freund, Jutta; Althammer, Thomas (Hg.) (2009): Pflegemanagement heute. Ökonomie, Personal, Qualität: verantworten und organisieren. 1. Aufl. München.

Cooper-Thomas, Helena D.; Paterson, Nicole L.; Stadler, Matthias J.; Saks, Alan M. (2014): The relative importance of proactive behaviors and outcomes for predicting newcomer learning, well-being, and work engagement. In: *Journal of Vocational Behavior* 84 (3), S. 318–331.

Dahlgaard, Knut; Stratmeyer, Peter (2011): Perspektven zur Überwindung organisationsbezogener Belastungen von Pflegenden im Krankenhaus. In: Hans-Wolfgang Hoefert (Hg.): Selbstmanagement in Gesundheitsberufen. 1. Aufl. Bern, S. 125–154.

Dahlmanns, Andreas (2014): Generation Y und Personalmanagement. München.

Dannenfeld, Sophie (2018): Dauerbaustelle Krankenhaus. Fünf Reformentwicklungen im Bereich der stationären Versorgung. In: Dirk Janssen und Boris Augurzky (Hg.): Krankenhauslandschaft in Deutschland. Zukunftsperspektiven, Entwicklungstendenzen, Handlungsstrategien. 1. Aufl. Stuttgart, S. 25–35.

DESTATIS (2020a): Gesundheitsberufe. Gesundheits- und Krankenpflegerinnen in Krankenhäusern. Hg. v. Statistisches Bundesamt. Wiesbaden. Online verfügbar unter https://www-genesis.destatis.de/genesis/online?operation=abruftabelleBearbeiten&levelindex=1&levelid=1608640888166&auswahloperation=abruftabelleAuspraegungAuswaehlen&auswahlverzeichnis=ordnungsstruktur&auswahlziel=werteabruf&code=23621-0002&auswahltext=&werteabruf=Werteabruf#abreadcrumb, zuletzt geprüft am 21.12.2020.

DESTATIS (2020b): Krankenhausbeschäftigte. Hg. v. Statistisches Bundesamt. Wiesbaden. Online verfügbar unter https://www.destatis.de/DE/Themen/Gesellschaft-Umwelt/Gesundheit/_Grafik/_Interaktiv/krankenhausbeschaeftigte.html, zuletzt geprüft am 21.12.2020.

DESTATIS (2020c): Krankenhäuser. Einrichtungen, Betten und Patientenbewegung. Hg. v. Statistisches Bundesamt. Wiesbaden. Online verfügbar unter https://www.destatis.de/DE/Themen/Gesellschaft-Umwelt/Gesundheit/Krankenhaeuser/Tabellen/gd-krankenhaeuser-jahre.html, zuletzt geprüft am 21.12.2020.

Deutsche Bischofskonferenz (2015): Grundordnung des kirchlichen Dienstes im Rahmen kirchlicher Arbeitsverhältnisse, Grundordnung – GrO. In: Amtsblatt des Erzbistums Köln. Online verfügbar unter https://www.dbk.de/fileadmin/redaktion/diverse_downloads/VDD/Grundordnung_GO-30-04-2015_final.pdf, zuletzt geprüft am 24.01.2021.

Deutsche Gesellschaft für Pflegewissenschaft e.V.: Positionen & Stellungnahmen. Hg. v. DGP. Online verfügbar unter https://dg-pflegewissenschaft.de/veroeffentlichungen/positionen-stellungnahmen/, zuletzt geprüft am 17.12.2018.

Deutscher Berufsverband für Pflegeberufe e. V. (DBfK) (2009): Mehr Pflege im Krankenhaus. Berlin.

Deutscher Berufsverband für Pflegeberufe e.V. (Hg.) (2012): Tausche wichtigen gegen guten Arbeitsplatz. Berlin.

Diakonie Deutschland: Generalistische Pflegeausbildung. Hg. v. Diakonie Deutschland. Online verfügbar unter https://www.diakonie.de/wissen-kompakt/generalistische-pflegeausbildung/, zuletzt geprüft am 11.10.2018.

Diakonie Deutschland (2019): Diakonisches Profil in der generalistischen Pflegeausbildung. 1. Auflage. Berlin.

Diakonisches Werk der Evangelischen Kirche in Deutschland (2008): Charakteristika einer diakonischen Kultur. Stärkung des diakonischen Profils. Stuttgart, Leinfelden-Echterdingen.

Dincher, Roland (2014): Personalwirtschaft. 4., vollst. überarb. Aufl. Neuhofen/Pf.

Dincher, Roland; Mosters, Marcel (2011): Personalauswahl und Personalbindung. Einführung und Fallstudie zur Auswahl, Einstellung und Einarbeitung neuer Mitarbeiter. 2., überarb. und erw. Aufl. Neuhofen/Pf.

Düllings, Carlo (2017a): Führen mit Empathie. In: Andreas Westerfellhaus, Hans-Fred Weiser und Josef Düllings (Hg.): Fokus Führung. Was leitende Klinikmitarbeiter wissen sollten. Berlin, S. 43–60.

Düllings, Josef (2017b): Take-off-Management. In: Andreas Westerfellhaus, Hans-Fred Weiser und Josef Düllings (Hg.): Fokus Führung. Was leitende Klinikmitarbeiter wissen sollten. Berlin, S. 3–12.

Dutton, Jane E.; Dukerich, Janet M.; Harquail, Celia V. (1994): Organizational Images and Member Identification. In: *Administrative Science Quarterly* 39 (2), S. 239–263.

Ebertz, Michael N. (2016): Für den Sinn des Lebens ist jeder selbst verantwortlich. In: *neue caritas* (20), S. 26–27.

Eibach, Ulrich; Ewig, Santiago; Zwirner, Klaus (2009): Medizin, Ökonomie und der kranke Mensch. Verlust des Menschen als Subjekt und der Auftrag kirchlicher Krankenhäuser. Freiburg im Breisgau.

Eichhorn, Siegfried; Oswald, Julia (2017): Das Konzept eines integrierten Krankenhausmanagements. In: Julia Oswald, Barbara Schmidt-Rettig und Siegfried Eichhorn (Hg.): Krankenhaus-Managementlehre. Theorie und Praxis eines integrierten Konzepts. 2. überarb. Aufl. Stuttgart, S. 103–219.

Eiff, Wilfried von; Stachel, Kerstin (Hg.) (2007): Unternehmenskultur im Krankenhaus. 2. Aufl. Gütersloh.

Einig, Andreas (2014): Wie im Himmel so auf Erden. Spiritualität in der Personal- und Organisationsentwicklung. Zugl.: Diss. Kirchliche Hochsch., Wuppertal-Bethel. 1. Aufl. Baden-Baden.

Elbe, Martin (2016): Sozialpsychologie der Organisation. Verhalten und Intervention in sozialen Systemen. Berlin, Heidelberg.

Ellis, Allison M.; Bauer, Talya N.; Mansfield, Layla R.; Erdogan, Berrin; Truxillo, Donald M.; Simon, Lauren S. (2014): Navigating Uncharted Waters. Newcomer Socialization Through the Lens of Stress Theory. In: *Journal of Management* 41 (1), S. 203–235.

Engelhardt, Sabine (2014): Neue Mitarbeiter erfolgreich einarbeiten. 2. Aufl. Stuttgart.

Engelke, Dirk-R.; Oswald, Julia (2017a): Aufbau- und Ablauforganisation. In: Julia Oswald, Barbara Schmidt-Rettig und Siegfried Eichhorn (Hg.): Krankenhaus-Managementlehre. Theorie und Praxis eines integrierten Konzepts. 2. überarb. Aufl. Stuttgart, S. 295–314.

Engelke, Dirk-R.; Oswald, Julia (2017b): Personalmanagement. In: Julia Oswald, Barbara Schmidt-Rettig und Siegfried Eichhorn (Hg.): Krankenhaus-Managementlehre. Theorie und Praxis eines integrierten Konzepts. 2. überarb. Aufl. Stuttgart, S. 640–685.

Eurich, Johannes (2012): Hybride Organisationsformen und multiple Identitäten im Dritten Sektor. In: Heinz Schmidt (Hg.): Nächstenliebe und Organisation. Zur Zukunft einer polyhybriden Diakonie in zivilgesellschaftlicher Perspektive. Leipzig, S. 43–60.

Europäischer Gerichtshof (2018): Urteil vom 17.04.2018, Aktenzeichen C-414/16. Online verfügbar unter http://www.hensche.de/ein-religionsbekenntnis-muss-diese-anforderung-objektiv-geboten-sein-eugh-c-414-16-egenberger-u.html, zuletzt geprüft am 09.09.2020.

Evangelische Kirche in Deutschland (Hg.) (2016): Richtlinie des Rates über kirchliche Anforderungen der beruflichen Mitarbeit in der Evangelischen Kirche in Deutschland und ihrer Diakonie. Online verfügbar unter https://www.kirchenrecht-ekd.de/documen t/3144, zuletzt aktualisiert am 09.12.2016, zuletzt geprüft am 20.01.2021.

Evangelische Kirche in Deutschland (Hg.) (2016): Die Bibel nach Martin Luthers Übersetzung mit Apokryphen. Bibeltext in der revidierten Fassung von 2017. Stuttgart.

Feldman, Daniel Charles (1976): A Contingency Theory of Socialization. In: *Administrative Science Quarterly* 21 (3), S. 433–452.

Feldman, Daniel Charles (1981): The Multiple Socialization Of Organization Members. In: *Academy of Management Review* (6), S. 309–318.

Felfe, Jörg (2008): Mitarbeiterbindung. Göttingen.

Fischer, Michael (2012): Das konfessionelle Krankenhaus. Begründung und Gestaltung aus theologischer und unternehmerischer Perspektive. 3. Aufl. Berlin.

Fischer, Michael (2013): Spiritualität – ein Alleinstellungsmerkmal christlicher Krankenhäuser? In: Klaus Baumann, Johannes Eurich und Karsten Wolkenhauer (Hg.): Konfessionelle Krankenhäuser. Strategien – Profile – Potenziale. Stuttgart, S. 25–37.

Flick, Uwe (2013): Design und Prozess der qualitativen Forschung. In: Uwe Flick, Ernst von Kardorff und Ines Steinke (Hg.): Qualitative Forschung. Ein Handbuch. 10. Aufl. Reinbek, S. 252–265.

Flick, Uwe (2014a): Gütekriterien qualitativer Sozialforschung. In: Nina Baur und Jörg Blasius (Hg.): Handbuch Methoden der empirischen Sozialforschung. Wiesbaden, S. 411–424.

Flick, Uwe (2014b): Qualitative Sozialforschung. Eine Einführung. 6. Aufl. Reinbek bei Hamburg.

Flick, Uwe; Kardorff, Ernst von; Steinke, Ines (Hg.) (2013a): Qualitative Forschung. Ein Handbuch. 10. Aufl. Reinbek.

Flick, Uwe; Kardorff, Ernst von; Steinke, Ines (2013b): Was ist qualitative Forschung? Einleitung und Überblick. In: Uwe Flick, Ernst von Kardorff und Ines Steinke (Hg.): Qualitative Forschung. Ein Handbuch. 10. Aufl. Reinbek, S. 13–29.

Frodl, Andreas (2011): Einsatz von Behandlungs- und Pflegekräften. In: Andreas Frodl (Hg.): Personalmanagement im Gesundheitsbetrieb. Wiesbaden, S. 95–117.

Froedge, Benjamin; Jordan, Bradley K.; McNulty, Selina; Shuttz, Allison; Weirich, Brian (2018): An Innovative Approach to Onboard New Nurse Leaders. In: *Nurse Leader* 16 (5), S. 323–325.

Fröhlich, Werner D. (2010): Wörterbuch Psychologie. 27. Aufl. München.

Fuchs, Martin; Althoff, Jochen (2013): Moderne Personal- und Organisationsentwicklung im Krankenhaus. In: Bettina Dilcher und Lutz Hammerschlag (Hg.): Klinikalltag und Arbeitszufriedenheit. Die Verbindung von Prozessoptimierung und strategischem Personalmanagement im Krankenhaus. 2. Aufl. Wiesbaden, S. 155–166.

Gerisch, Silvia; Oberlies, Julia (2011): Demografiefeste Personalpolitik in der Krankenhauspflege. Bedarfe und Handlungsstrategien. Bielefeld.

GKV-Spitzenverband (2020a): Pflegesonderprogramm. Online verfügbar unter https://www.gkv-spitzenverband.de/krankenversicherung/krankenhaeuser/budgetverhandlungen/pflegesonderprogramm/pflegesonderprogramm.jsp, zuletzt aktualisiert am 28.08.2020, zuletzt geprüft am 28.01.2021.

GKV-Spitzenverband (Hg.) (2020b): Pflegepersonaluntergrenzen. Online verfügbar unter https://www.gkv-spitzenverband.de/krankenversicherung/krankenhaeuser/pflegepersonaluntergrenzen/ppu_2020/ppug_2020.jsp, zuletzt aktualisiert am 16.11.2020, zuletzt geprüft am 28.01.2021.

GKV-Spitzenverband, Berlin, Verband der Privaten Krankenversicherung, Köln, Deutsche Krankenhausgesellschaft, Berlin (2017): Vereinbarung zum Fallpauschalensystem für Krankenhäuser für das Jahr 2018. Online verfügbar unter https://www.gkv-spitzenverband.de/media/dokumente/krankenversicherung_1/krankenhaeuser/drg/drg_2018/FPV_2018.pdf, zuletzt aktualisiert am 29.09.2017, zuletzt geprüft am 28.01.2021.

Glameyer, Christian (2020): Typen und Stufen von Lernzielen. Ruhr Universität Bochum. Bochum. Online verfügbar unter https://dbs-lin.ruhr-uni-bochum.de/lehreladen/planung-durchfuehrung-kompetenzorientierter-lehre/lehr-und-lernziele/typen-und-stufen/, zuletzt geprüft am 27.01.2021.

Gläser, Jochen; Laudel, Grit (2010): Experteninterviews und qualitative Inhaltsanalyse als Instrumente rekonstruierender Untersuchungen. 4. Aufl. Wiesbaden.

Gocke, Peter (2018): Das digitale Krankenhaus. In: Dirk Janssen und Boris Augurzky (Hg.): Krankenhauslandschaft in Deutschland. Zukunftsperspektiven, Entwicklungstendenzen, Handlungsstrategien. 1. Aufl. Stuttgart, S. 188–200.

Göthlich, Stephan E. (2003): Fallstudien als Forschungsmethode: Plädoyer für einen Methodenpluralismus in der deutschen betriebswirtschaftlichen Forschung. Working Paper. Universität Kiel, No. 578, Kiel. Institut für Betriebswirtschaftslehre. Online verfügbar unter https://www.econstor.eu/handle/10419/147639, zuletzt geprüft am 13.03.2020.

Gottschalk, Jörg (2017): Lean Management oder die Neuvermessung von Führung. In: Andreas Westerfellhaus, Hans-Fred Weiser und Josef Düllings (Hg.): Fokus Führung. Was leitende Klinikmitarbeiter wissen sollten. Berlin, S. 31–42.

Graen, George B. (1976): Role making processes within complex organizations. In: M. D. Dunnette (Hg.): Handbook in industrial and organizational psychology. Chicago, S. 1201–1245.

Graen, George B.; Orris, J.Burdeane; Johnson, Thomas W. (1973): Role assimilation processes in a complex organization. In: *Journal of Vocational Behavior* 3 (4), S. 395–420.

Grahmann, Reinhard; Gutwetter, Alfred; Scobel, Walter A. (2002): Konflikte im Krankenhaus. Ihre Ursachen und ihre Bewältigung im pflegerischen und ärztlichen Bereich. 2., überarb. Aufl. Bern.

Grochla, Erwin (1978): Einführung in die Organisationstheorie. Stuttgart.

Günther, Thomas (2013): Christliche Unternehmenskultur in kirchlichen Einrichtungen. German-Catholic Identity Matrix. Profilentwicklung in katholischen Gesundheits- und Sozialeinrichtungen. In: *Zeitschrift für medizinische Ethik* (2), S. 108–111. Online verfügbar unter http://www.german-cim.de/10068-Fachartikel.html, zuletzt geprüft am 30.01.2018.

Günther, Thomas (2015): German Catholic Identity Matrix – Ganzheitliche Sorgekultur im katholischen Krankenhaus. In: Arndt Büssing (Hg.): Dem Gutes tun, der leidet. Hilfe kranker Menschen – interdisziplinär betrachtet. Berlin, S. 195–200.

Haas, Hanns-Stephan (2010): Theologie und Ökonomie. Management-Modelle, theologisch-ökonomische Grundlegung, Diskurspartnerschaft. Stuttgart.

Haas, Hanns-Stephan; Starnitzke, Dierk (Hg.) (2015): Diversität und Identität. Konfessionsbindung und Überzeugungspluralismus in caritativen und diakonischen Unternehmen. 1. Auflage. Stuttgart.

Haas, Hanns-Stephan; Starnitzke, Dierk (2019): Gelebte Identität. Zur Praxis von Unternehmen in Caritas und Diakonie. 1. Auflage. Stuttgart.

Halfer, Diana; Graf, E.; Sullivan, C. (2008): The organizational impact of a new graduate pediatric nurse mentoring program. In: *Nursing Economics* 26 (4), S. 243–249.

Hartmann, Mathias (2013): Servant Leadership in diakonischen Unternehmen. Stuttgart.

Haslinger, Herbert (2009): Diakonie. Grundlagen für die soziale Arbeit der Kirche. Paderborn.

Hasselhorn, Hans-Martin; Mühlbauer, Bernd H.; Tackenberg, Peter (Hg.) (2005a): Berufsausstieg bei Pflegepersonal. Arbeitsbedingungen und beabsichtigter Berufsausstieg bei Pflegepersonal in Deutschland und Europa. Bremerhaven.

Hasselhorn, Hans-Martin; Müller, B. H.; Tackenberg, P. (2005b): Die NEXT-Studie – Forschungsprojekt zum vorzeitigen Ausstieg aus dem Pflegeberuf. Relevanz der Ergebnisse für Deutschland. Bergische Universität Wuppertal; Provate Universität Witten/Herdecke gGmbH. Online verfügbar unter www.next.uni-wuppertal.de, zuletzt geprüft am 23.10.2018.

Hatch, Mary Jo (1997): Organization theory. Modern, symbolic, and postmodern perspectives. Oxford.

Haubrock, Manfred (2012): Sozioökonomische Herausforderungen in der Pflege. In: Peter Bechtel (Hg.): Pflege im Wandel gestalten – eine Führungsaufgabe. Lösungsansätze, Strategien, Chancen. Berlin, S. 3–14.

Hauschildt, Eberhard (2000): Wider die Identifikation von Diakonie und Kirche. Skizze vom Nutzen einer veränderten Verhältnisbestimmung. In: *Pastoraltheologie* (89), S. 411–415.

Hax-Schoppenhorst, Thomas (2014): Teamkonflikte. In: Thomas Hax-Schoppenhorst, Anja Kusserow und Anne Ahnis (Hg.): Das Angst-Buch für Pflege- und Gesundheitsberufe. Praxishandbuch für die Pflege- und Gesundheitsarbeit. 1. Aufl. Bern, S. 298–304.

Heijden, Beatrice van der; Kümmerling, Angelika (2005): Das soziale Arbeitsumfeld von Pflegekräften. In: Hans-Martin Hasselhorn, Bernd H. Mühlbauer und Peter Tackenberg (Hg.): Berufsausstieg bei Pflegepersonal. Arbeitsbedingungen und beabsichtigter Berufsausstieg bei Pflegepersonal in Deutschland und Europa. Bremerhaven, S. 49–56.

Helfferich, Cornelia (2014): Leitfaden- und Experteninterviews. In: Nina Baur und Jörg Blasius (Hg.): Handbuch Methoden der empirischen Sozialforschung. Wiesbaden, S. 559–574.

Henne, Melissa (2018): Technik, die begeistert!? Ethische Reflexion technischer Unterstützung in der Diakonie ausgehend vom Capabilities Approach nach Martha Nussbaum. Zugl.: Diss., Kirchliche Hochsch., Wuppertal-Bethel. 1. Aufl. Baden-Baden.

Hentze, Joachim; Kammel, Andreas; Graf, Andrea (2001): Personalwirtschaftslehre. 7., überarb. Aufl. Bern.

Hermanns, Harry (2013): Interviewen als Tätigkeit. In: Uwe Flick, Ernst von Kardorff und Ines Steinke (Hg.): Qualitative Forschung. Ein Handbuch. 10. Aufl. Reinbek, S. 360–368.

Herrmann, Annett (2014): Kompetent und präsent. Hg. v. Diakonie Rheinland-Westfalen-Lippe e.V. Münster. Online verfügbar unter https://www.netz3l.de/media/public/db/media/13/2016/04/653/dqr-auschreibungen-kompetentundpraesent2014.pdf, zuletzt geprüft am 28.01.2021.

Herrmann, Annett (2017): Personalarbeit 4.0. Arbeit kompetenzorientiert gestalten. Handbuch für das Sozial- und Gesundheitswesen. Münster.

Hilgers, Sina (2011): DRG-Vergütung in deutschen Krankenhäusern. Auswirkungen auf Verweildauer und Behandlungsqualität. Zugl.: Aachen, Univ., Diss., 2011. 1. Aufl. Wiesbaden.

Hoefert, Hans-Wolfgang (2008): Kommunikation mit Mitarbeitern. In: Hans-Wolfgang Hoefert und Hans-Joachim Demmel (Hg.): Kommunikation als Erfolgsfaktor im Krankenhaus. Heidelberg, S. 233–270.

Hoefert, Hans-Wolfgang (2011): Umgang mit »schwierigen« Patienten. In: Hans-Wolfgang Hoefert (Hg.): Selbstmanagement in Gesundheitsberufen. 1. Aufl. Bern, S. 97–124.

Hoffmann, Simone (2016): Markenbildung im Krankenhaus. 1. Auflage. Stuttgart.

Hofmann, Beate (Hg.) (2008a): Diakonische Unternehmenskultur. Handbuch für Führungskräfte. Stuttgart.

Hofmann, Beate (2008b): Grundlagen diakonischer Unternehmenskultur. In: Beate Hofmann (Hg.): Diakonische Unternehmenskultur. Handbuch für Führungskräfte, Bd. 2. Stuttgart, S. 14–36.

Hofmann, Beate (2008c): Unternehmenskultur an den Grenzen des Lebens. In: Beate Hofmann (Hg.): Diakonische Unternehmenskultur. Handbuch für Führungskräfte. Stuttgart, S. 105–119.

Hofmann, Beate (2016): Diakonische Identitätsfindung in einer religiös pluralen Gesellschaft – unternehmenskulturelle Perspektiven. In: Traugott Jähnichen, Alexander-Kenneth Nagel und Katrin Schneiders (Hg.): Religiöse Pluralisierung. Herausforderung für konfessionelle Wohlfahrtsverbände. 1. Aufl. Stuttgart, S. 99–110.

Hofmann, Beate (Hg.) (2020): Merkmale diakonischer Unternehmenskultur in einer pluralen Gesellschaft. Stuttgart.

Hofmann, Beate; Schneider, Heike; Brune, Caroline; Hagemann, Tim (2018): Forschungsbericht. Forschungsprojekt »Merkmale diakonischer Unternehmenskultur in einer pluralen Gesellschaft«. Forschungsbericht. Kirchliche Hochschule Wuppertal/ Bethel, Bielefeld. Institut für Diakoniewissenschaft und DiakonieManagement.

Hofstede, Geert (2001): Culture's Consequences: International Differences in Work-Related Values. Comparing Values, Behaviors, Institutions und Organizations Across Nations. 2. Aufl. Newbury Park CA.

Holtbrügge, Dirk (2005): Personalmanagement. 2., aktual. Aufl. Berlin, Heidelberg.

Holton, Elwood F. (1996): New employee development: A review and reconceptualization. In: *Human Resource Development Quarterly* (7), S. 233-252.

Hölzer, Axel (2013): Retten uns ausländische Pflegekräfte aus der Fachkräfte-Misere? In: *Heilberufe. Das Pflegemagazin* 65 (9), S. 46-47.

Honsel, Karsten (2017): Kommunale Krankenhäuser. In: Jörg F. Debatin, Axel Ekkernkamp, Andreas Tecklenburg und Barbara Schulte (Hg.): Krankenhausmanagement. Strategien, Konzepte, Methoden. 3., vollst. aktual. Aufl. Berlin, S. 31-34.

Hopf, Christel (2013): Qualitative Interviews – ein Überblick. In: Uwe Flick, Ernst von Kardorff und Ines Steinke (Hg.): Qualitative Forschung. Ein Handbuch. 10. Aufl. Reinbek, S. 349-360.

Höppner, Heidi (2003): Gesundheitsförderung von Krankenschwestern. Empfehlungen für ressourcenorientierte Interventionen in Krankenhäusern. In: Angelina Topan und Heidi Höppner (Hg.): Krankenhaus im Wandel. Rahmenbedingungen und Steuerungsinstrumente. Freiburg im Breisgau, S. 203-225.

Horneber, Markus; Kesberger, Florian (2017): Kirchliche Träger. In: Jörg F. Debatin, Axel Ekkernkamp, Andreas Tecklenburg und Barbara Schulte (Hg.): Krankenhausmanagement. Strategien, Konzepte, Methoden. 3., vollst. aktual. Aufl. Berlin, S. 57-60.

Horstmann, Martin (Hg.) (2011): Das Diakonische entdecken. Didaktische Zugänge zur Diakonie. Zugl.: Diss. Heidelberg.

Hurrelmann, Klaus; Albrecht, Erik (2014): Die heimlichen Revolutionäre. Wie die Generation Y unsere Welt verändert. Weinheim.

Hussein, Rafic; Everett, Bronwyn; Ramjan, Lucie M.; Hu, Wendy; Salamonson, Yenna (2017): New graduate nurses' experiences in a clinical specialty. A follow up study of newcomer perceptions of transitional support. In: *BMC nursing* 16, S. 42-51.

Isfort, M.; Rottländer, R.; Weidner, F.; Gehlen, D., Hylla, J., Tucman, D. (2018): Pflege-Thermometer 2018. Hg. v. Deutsches Institut für angewandte Pflegeforschung e.V. Köln. Online verfügbar unter https://www.dip.de/projekte/projekt-details/?tx_ttnews% 5BbackPid%5D=59&tx_ttnews%5Btt_news%5D=254&cHash=b3287a9f786643fac9e5 036e387e93ec&L=0, zuletzt geprüft am 15.10.2018.

Ising-Volmer, Verena; Günther, Thomas; Riedel, Karin (2017): Positionierung über die eigene Identität. In: Christian Stoffers (Hg.): Krankenhausmarketing 4.0. Erfolgreich in einer digitalen Welt. 1. Aufl. Kulmbach, S. 179-198.

Jäger, Alfred (1992): Diakonische Unternehmenspolitik. Analysen und Konzepte kirchlicher Wirtschaftsethik. Gütersloh.

Jäger, Alfred (1993): Diakonie als christliches Unternehmen. Theologische Wirtschaftsethik im Kontext diakonischer Unternehmenspolitik. 4. Aufl. Gütersloh.

Jähnichen, Traugott (2013): »Dienstgemeinschaft« im Spannungsfeld von normativem Anspruch und empirischer Erfassung diakonischer Arbeitsverhältnisse. In: *epd Dokumentation* (17), S. 44–48.
Janssen, Dirk; Augurzky, Boris (Hg.) (2018a): Krankenhauslandschaft in Deutschland. Zukunftsperspektiven, Entwicklungstendenzen, Handlungsstrategien. 1. Aufl. Stuttgart.
Jörg, Johannes (2015): Berufsethos kontra Ökonomie. Berlin.
Jung, Karlheinz (2010): Krankenhäuser brauchen eine integrierte Personalentwicklung. Stand und Perspektiven einer integrierten Personalentwicklung an den Universitätsklinika Deutschlands, Österreichs und der Schweiz. Zugl.: Diss., Lüneburg, Leuphana-Univ.
Jüngel, Eberhard (1990): Wertlose Wahrheit. Zur Identität und Relevanz des christlichen Glaubens. München.
Kammeyer-Mueller, John D.; Wanberg, Connie R. (2003): Unwrapping the organizational entry process: Disentangling multiple antecedents and their pathways to adjustment. In: *Journal of Applied Psychology* 88 (5), S. 779–794.
Kathan, Constanze; Bonn, Georg (2009): Entwicklungsorientiertes Management im Krankenhaus. Eine Bestandsaufnahme der Praxisrelevanz. In: Markus Gmür (Hg.): Entwicklungsorientiertes Management. weitergedacht. Unter Mitarbeit von Rüdiger Klimecki. Kassel, S. 71–74.
Kieser, Alfred (1995): Einarbeitung neuer Mitarbeiter. In: Lutz von Rosenstiel, Erika Regnet und Michel E. Domsch (Hg.): Führung von Mitarbeitern. Handbuch für erfolgreiches Personalmanagement. 3., überarb. und erw. Aufl. Stuttgart, S. 149–160.
Kieser, Alfred; Kubicek, Herbert (1977): Organisation. 1. Aufl. Berlin.
Kieser, Alfred; Nagel, Rüdiger; Krüger, Karl-Heinz; Hippler, Gabriele (1990): Die Einführung neuer Mitarbeiter in das Unternehmen. 2., überarb. Aufl. Neuwied.
Klein, Barbara; Graf, Birgit; Schlömer, Inga Franziska; Roßberg, Holger; Röhricht, Karin; Baumgarten, Simon (2017): Robotik in der Gesundheitswirtschaft. Einsatzfelder und Potenziale. 1. Aufl. Heidelberg.
Klimecki, Rüdiger; Gmür, Markus (2005): Personalmanagement. Strategien, Erfolgsbeiträge, Entwicklungsperspektiven. 3., erw. Aufl. Stuttgart.
Kmieciak, Peter (1976): Wertstrukturen und Wertwandel in der Bundesrepublik Deutschland. Grundlagen einer interdisziplinären empirischen Wertforschung mit einer Sekundäranalyse von Umfragedaten. Göttingen.
Kocks, Andreas; Altmann, Tobias; Lux, Vera; Roling, Daniela; Roth, Marcus (2017): Pflege für Pflegende. Entwicklung und Verankerung eines empathiebasierten Entlastungskonzepts in der Care-Arbeit (empCARE). In: Paul Fuchs-Frohnhofen, Tobias Altmann, Sandra Döring, Andreas Felscher und Margit Weihrich (Hg.): Neue Ansätze des Arbeits- und Gesundheitsschutzes im Pflege- und Dienstleistungssektor. Weimar, S. 24–27.
Kolb, Meinulf (2008): Personalmanagement. Grundlagen – Konzepte – Praxis. 1. Aufl. Wiesbaden.
Kolb, Meinulf; Wiedmann, K. (1997): Einführung neuer Mitarbeiter. In: *Personal* (4), S. 204–211.
Körtner, Ulrich H. J. (2017): Diakonie und öffentliche Theologie. Diakoniewissenschaftliche Studien. Göttingen, Bristol, CT, U.S.A.

Körtner, Ulrich H. J.; Schoenauer, Hermann (2004): Diakonische Ethik und ethisch verantwortete Praxis. In: Michael Schibilsky und Renate Zitt (Hg.): Theologie und Diakonie. Gütersloh, S. 242-260.

Kozica, Arjan (2011): Personalmanagement-Ethikkodex. Braucht es einen, und wenn ja wozu? In: FORUM Wirtschaftsethik 19. Jahrgang (3/4 2011), S. 7-17.

Kromrey, Helmut (1991): Empirische Sozialforschung. Modelle und Methoden der Datenerhebung und Datenauswertung. 5., überarb. und erw. Aufl. Opladen.

Kuckartz, Udo (2007): Einführung in die computergestützte Analyse qualitativer Daten. 2., aktual. und erw. Aufl. Wiesbaden.

Kuckartz, Udo (2014): Qualitative Inhaltsanalyse. Methoden, Praxis, Computerunterstützung. 2. Aufl. Weinheim, Basel.

Kuckartz, Udo; Grunenberg, Heiko; Dresing, Thorsten (Hg.) (2007): Qualitative Datenanalyse: computergestützt. Methodische Hintergründe und Beispiele aus der Forschungspraxis. 2., überarb. Aufl. Wiesbaden.

Kühn, Hagen (2003): Ethische Probleme der Ökonomisierung von Krankenhausarbeit. In: Arndt Büssing und J. Glaser (Hg.): Dienstleistungsqualität und Qualität des Arbeitslebens im Krankenhaus,. Göttingen, Bern, Toronto, Seattle, S. 77-98.

Lamnek, Siegfried; Krell, Claudia (2010): Qualitative Sozialforschung. Lehrbuch. 5., überarb. Aufl. Weinheim.

Landau, Lars (2015): Mitarbeiterbindung in Krankenhäusern. Handlungsempfehlungen für das Personalmanagement der Generation Y und der Generation Z. Hamburg.

Leber, Wulf-Dietrich; Scheller-Kreinsen, David (2018): Neuordnung der Krankenhauslandschaft durch algorithmische Marktregulierung. In: Dirk Janssen und Boris Augurzky (Hg.): Krankenhauslandschaft in Deutschland. Zukunftsperspektiven, Entwicklungstendenzen, Handlungsstrategien. 1. Aufl. Stuttgart, S. 125-140.

Lindlbauer, Yvonne (2017): Krankenhauseffizienz – Längsschnittanalysen aus verschiedenen Perspektiven. In: WISTA 2/2017. Wirtschaft und Statistik. Wiesbaden, S. 103-112.

Lob-Hüdepohl, Andreas (2017): Religiosität, Kirchenbindung und die Frage der Ausrichtung konfessioneller Wohlfahrtspflege im 21. Jahrhundert. In: Rauf Ceylan und Michael Kiefer (Hg.): Ökonomisierung und Säkularisierung. Neue Herausforderungen der konfessionellen Wohlfahrtspflege in Deutschland. Wiesbaden, S. 167-186.

Loffing, Dina; Loffing, Christian (2010): Mitarbeiterbindung ist lernbar. Praxiswissen für Führungskräfte in Gesundheitsfachberufen. Berlin.

Lohaus, Daniela; Habermann, Wolfgang (2016): Integrationsmanagement – Onboarding neuer Mitarbeiter. 2. Aufl. Göttingen.

Lohmann, David (2003): Das Bielefelder Diakonie-Management-Modell. 2. Aufl. Gütersloh.

Lurie, Lobel (2016): Strategic Planning for Future Delivery of Care. Onboarding Foreign-Educated Nurses. In: *Nurse Leader* 14 (6), S. 427-432.

Lüthy, Anja; Ehret, Tanja (2014): Krankenhäuser als attraktive Arbeitgeber. Mitarbeiterkultur erfolgreich entwickeln. 1. Aufl. Stuttgart.

Lüthy, Anja; Schmiemann, Jessica (2004): Mitarbeiterorientierung im Krankenhaus. Soft Skills erfolgreich umsetzen. 1. Aufl. Stuttgart.

Maanen, John van; Schein, Edgar H. (1979): Toward a Theory of Organizational Socialization. In: *Research in Organizational Behavior* 1, S. 209-264.

Maaser, Wolfgang (2015): Ekklesiologische Problemanzeigen im Schnittfeld von subjektiver und objektiver Dienstgemeinschaft. In: Traugott Jähnichen, Torsten Meireis, Johannes Rehm, Sigrid Reihs, Hans-Richard Reuter und Gerhard Wegner (Hg.): Dritter Weg? Arbeitsbeziehungen in Kirche und Diakonie. 1. Aufl. Gütersloh, S. 55–71.

Macharzina, Klaus; Wolf, Joachim (2015): Unternehmensführung. Das internationale Managementwissen ; Konzepte – Methoden – Praxis. 9., vollst. überarb. und erw. Aufl. Wiesbaden.

March, James G.; Simon, Herbert A. (1976): Organisation und Individuum. Menschliches Verhalten in Organisationen. Wiesbaden.

Marr, Rainer; Stitzel, Michael; Friedel-Howe, Heidrun (1979): Personalwirtschaft. Ein konfliktorientierter Ansatz. München.

Martin, Albert; Bartscher-Finzer, Susanne (2015): Personal. Sozialisation – Integration – Kontrolle. s.l.

Mayring, Philipp (2015): Qualitative Inhaltsanalyse. Grundlagen und Techniken. 12., überarb. Aufl. Weinheim.

Mayring, Philipp (2016): Einführung in die qualitative Sozialforschung. Eine Anleitung zu qualitativem Denken. 6., überarb. Aufl. Weinheim, Basel.

Meinefeld, Werner (2013): Hypothesen und Vorwissen in der qualitativen Sozialforschung. In: Uwe Flick, Ernst von Kardorff und Ines Steinke (Hg.): Qualitative Forschung. Ein Handbuch. 10. Aufl. Reinbek.

Merk, Joachim (2008): Strategisches Personalbindungsmanagement im Krankenhaus. Theoretisch und empirisch gestützte Gestaltungsempfehlungen zur Verringerung der Fluktuation kompetenter Mitarbeiter. Zugl.: Diss., Univ. Mannheim. Berlin.

Merkens, Hans (2013): Auswahlverfahren, Sampling, Fallkonstruktion. In: Uwe Flick, Ernst von Kardorff und Ines Steinke (Hg.): Qualitative Forschung. Ein Handbuch. 10. Aufl. Reinbek, S. 286–299.

Mess, Filip (2007): Sport als Medium zur organisationalen Sozialisation neuer Mitarbeiter? Dissertation. Universität Konstanz Fachbereich Geschichte, Soziologie, Sportwissenschaft. Konstanz.

Meuser, Michael; Nagel, Ulrike (2009): Das Experteninterview. Konzeptionelle Grundlagen und methodische Anlage. In: Susanne Pickel, Detlef Jahn, Hans-Joachim Lauth und Gert Pickel (Hg.): Methoden der vergleichenden Politik- und Sozialwissenschaft. Neue Entwicklungen und Anwendungen. 1. Aufl. Wiesbaden, S. 465–479.

Michaels, Ed; Handfield-Jones, Helen; Jones, Helen Handfield; Axelrod, Beth (2009): The war for talent. 5. Aufl. Boston, Mass.

Moos, Thorsten (2013a): Dienstgemeinschaft als theologischer Begriff. Ein Kommentar in acht Thesen. In: *epd- Dokumentation* (17), S. 40–43.

Moos, Thorsten (2013b): Kirche bei Bedarf. Zum Verhältnis von Kirche und Diakonie aus theologischer Sicht. In: *Zeitschrift für evangelisches Kirchenrecht* 58 (3/4), S. 253–279.

Moos, Thorsten (2018a): Diakonische Kultur am Ort der Organisation. In: Thorsten Moos, Beate Hofmann, Jürgen Gohde, Hanns-Stephan Haas, Klaus D. Hildemann, Heinz Schmidt und Christoph Sigrist (Hg.): Diakonische Kultur. Begriff, Forschungsperspektiven, Praxis. Stuttgart, S. 82–92.

Moos, Thorsten (2018b): Diakonische Kultur: Ein Forschungsprospekt. In: Thorsten Moos, Beate Hofmann, Jürgen Gohde, Hanns-Stephan Haas, Klaus D. Hildemann, Heinz

Schmidt und Christoph Sigrist (Hg.): Diakonische Kultur. Begriff, Forschungsperspektiven, Praxis. Stuttgart, S. 11–23.

Moos, Thorsten (2018c): Grundprobleme und Spannungen diakonischer Kultur. In: Thorsten Moos, Beate Hofmann, Jürgen Gohde, Hanns-Stephan Haas, Klaus D. Hildemann, Heinz Schmidt und Christoph Sigrist (Hg.): Diakonische Kultur. Begriff, Forschungsperspektiven, Praxis. Stuttgart, S. 258–266.

Moos, Thorsten; Hofmann, Beate; Gohde, Jürgen; Haas, Hanns-Stephan; Hildemann, Klaus D.; Schmidt, Heinz; Sigrist, Christoph (Hg.) (2018): Diakonische Kultur. Begriff, Forschungsperspektiven, Praxis. Stuttgart.

Morrison, Elizabeth W. (1993): Longitudinal Study of the Effects of Information Seeking on Newcomer Socialization. In: *Journal of Applied Psychology* 78 (2), S. 173–183.

Moser, Klaus; Soucek, Roman; Galais, Nathalie; Roth, Colin (2018): Onboarding – neue Mitarbeiter integrieren. Göttingen.

Mühlbauer, Bernd H.: Kennen Krankenhäuser ihre Organisationskultur? Ergebnisse einer empirischen Analyse des Konzeptes von Goffee/Jones auf 10 Krankenhäuser in NRW und deren Bedeutung für das Changemanagement. Online verfügbar unter https://slide x.tips/download/ergebnisse-einer-empirischen-analyse-des-konzeptes-von-goffee-jon es-auf-10-krank#, zuletzt geprüft am 21.01.2019.

Müller, Markus (2018): Diagnosis Related Groups. Geschichte und Geschichten. In: Dirk Janssen und Boris Augurzky (Hg.): Krankenhauslandschaft in Deutschland. Zukunftsperspektiven, Entwicklungstendenzen, Handlungsstrategien. 1. Aufl. Stuttgart, S. 76–83.

Naegler, Heinz (2013): Effizienz der Organisation Krankenhaus. Messen mit Hilfe des Stakeholder-Ansatzes. In: *das Krankenhaus* (105), S. 394–402.

Naegler, Heinz (2016): Für ein zeitgemäßes Krankenhausmanagement. In: *das Krankenhaus* (2), S. 123–128.

Naegler, Heinz; Bustamante, Silke (2011): Management der sozialen Verantwortung im Krankenhaus. Corporate Social Responsibility als nachhaltiger Erfolgsfaktor. Berlin.

Nau, Johannes; Walter, Gernot (2014): Pflegende in Bedrängnis. Aggression macht Angst – Angst macht Aggression. In: Thomas Hax-Schoppenhorst, Anja Kusserow und Anne Ahnis (Hg.): Das Angst-Buch für Pflege- und Gesundheitsberufe. Praxishandbuch für die Pflege- und Gesundheitsarbeit. 1. Aufl. Bern, S. 239–250.

Neher, Peter von (2017): Die Legitimation der konfessionellen Wohlfahrtspflege im 21. Jahrhundert aus der Sicht der Caritas. In: Rauf Ceylan und Michael Kiefer (Hg.): Ökonomisierung und Säkularisierung. Neue Herausforderungen der konfessionellen Wohlfahrtspflege in Deutschland. Wiesbaden, S. 239–251.

Nelson, D. L.; Quick, J. C. (1991): Social support and newcomer adjustment in organizations: Attachment theory at work? In: *Journal of Organizational Behavior* (12), S. 543–554.

Nerdinger, Friedemann W. (1995): Motivation und Handeln in Organisationen. Eine Einführung. Stuttgart, Berlin.

Nerdinger, Friedemann W. (2012): Grundlagen des Verhaltens in Organisationen. 3., aktual. Aufl. Stuttgart.

Nerdinger, Friedemann W.; Blickle, Gerhard; Schaper, Niclas (Hg.) (2014): Arbeits- und Organisationspsychologie. 3., vollst. überarb. Aufl. Berlin.

Neuberger, Oswald (1994): Personalentwicklung. 2. Aufl. Stuttgart.

Nitsch, Jürgen R. (1990): Zur Einheit von Arbeit und Leben. Eberhard Ulich und die Arbeitspsychologie. In: Felix Frei (Hg.): Das Bild der Arbeit. 1. Aufl. Bern, S. 9–20.

Oechsler, Walter A. (2006): Personal und Arbeit. Grundlagen des Human Resource Management und der Arbeitgeber-Arbeitnehmer-Beziehungen. 8., grundlegend überarb. Aufl. München.

Oldhafer, Martina (2014): Was ist neu an der Managementtaktik TPKM? In: *Management&Krankenhaus* 33. Jahrgang (12), S. 1–2.

Olfert, Klaus (2008): Personalwirtschaft. 13., aktual. Aufl. Ludwigshafen (Rhein).

Pampel, Lutz-Udo (2003): Ausdrucksformen berufsspezifischer Wertevorstellungen in der Kommunikation eines Krankenhauses der Maximalversorgung. Zugl.: Diss., Univ. Oldenburg.

Perrot, Serge; Bauer, Talya N.; Roussel, Patrice (2012): Organizational Socialization Tactics. Determining the relative impact of context, content, and social tactics. In: *REVUE DE GESTION DES RESSOURCES HUMAINES* (86), S. 23–37.

Pflegestellen-Förderprogramm. Dürftige Finanzspritze (2018). Online verfügbar unter https://www.bibliomed-pflege.de/zeitschriften/die-schwester-der-pfleger/heftarchiv/ausgabe/artikel/sp-1-2016-fluechtlinge-herausforderung-und-chance-fuer-die-pflege/26888-duerftige-finanzspritze/, zuletzt aktualisiert am 26.07.2018, zuletzt geprüft am 15.01.2019.

Piezonka, Sascha (2013): Bindungsmanagement im industriellen Mittelstand. Eine explorative Studie bei Ingenieuren. Zugl.: Diss., Univ. Bielefeld. 1. Aufl. Lohmar.

Polanyi, Michael; Sen, Amartya (1966): The tacit dimension. Chicago.

Polenske, Udo G. (2017): Mitarbeiterbindung in der Diakonie. Zugl.: Diss., Kirchliche Hochsch., Wuppertal-Bethel. 1. Auflage. Baden-Baden.

Pompey, Heinrich (1992): Das Profil der Caritas und die Identität ihrer Mitarbeiter/-innen. In: Deutscher Caritasverband (Hg.): caritas 93. Jahrbuch des Deutschen Caritasverbandes. Freiburg i.Br., S. 11–26.

Prölß, Joachim; van Loo, Michael (2017): Wahre Schönheit kommt von innen. Das Krankenhaus als attraktiver Arbeitgeber. In: Jörg F. Debatin, Axel Ekkernkamp, Andreas Tecklenburg und Barbara Schulte (Hg.): Krankenhausmanagement. Strategien, Konzepte, Methoden. 3., vollst. aktual. Aufl. Berlin, S. 230–239.

Prölß, Joachim; van Loo, Michael; Andersen, Gabriele; Bartz, Hans-Jürgen; Blume, Julia; Düvelius, Ute et al. (Hg.) (2017): Attraktiver Arbeitgeber Krankenhaus. Employer Branding – Personalgewinnung – Mitarbeiterbindung. 1. Auflage. Berlin.

Przyborski, Aglaja; Wohlrab-Sahr, Monika (2008): Qualitative Sozialforschung. Ein Arbeitsbuch. 1. Aufl. München.

Rabe, Marianne (2009): Ethik in der Pflegeausbildung. Beiträge zur Theorie und Didaktik. 1. Aufl. Bern.

Rehm, Johannes (2015): Dienstgemeinschaft als Lebensform. In: Traugott Jähnichen, Torsten Meireis, Johannes Rehm, Sigrid Reihs, Hans-Richard Reuter und Gerhard Wegner (Hg.): Dritter Weg? Arbeitsbeziehungen in Kirche und Diakonie. 1. Aufl. Gütersloh, 72–86.

Rehn, Marie-Luise (1990): Die Eingliederung neuer Mitarbeiter. Eine Längsschnittstudie zur Anpassung an Normen und Werte der Arbeitsgruppe. Zugl.: Diss., Univ. Erlangen-Nürnberg. 1. Aufl. München.

Reichers, Arnon E. (1987): An Interactionist Perspective on Newcomer Socialization Rates. In: *Academy of Management Review* 12 (2), S. 278–287.

Reinmann-Rothmeier, Gabi; Mandl, Heinz (1997): Lehren im Erwachsenenalter. Auffassungen vom Lehren und Lernen, Prinzipien und Methoden. In: Franz E. Weinert und Heinz Mandl (Hg.): Psychologie der Erwachsenenbildung. Göttingen, Seattle, S. 355–403.

Richter, Miriam Tariba (2014): Das Phänomen der Angst im Krankenhaus. In: Thomas Hax-Schoppenhorst, Anja Kusserow und Anne Ahnis (Hg.): Das Angst-Buch für Pflege- und Gesundheitsberufe. Praxishandbuch für die Pflege- und Gesundheitsarbeit. 1. Aufl. Bern, S. 85–97.

Riesterer, Ramona (2014): Pflegekräfte arbeiten am Limit. In: *Management&Krankenhaus* 33. (12), S. 5–6.

Rixgens, Petra (2018): Führungsstil und Leistungseffektivität im Krankenhaus. Eine Studie zum Führungsverhalten von Pflegekräften und Ärzten. Zugl.: Diss. Wiesbaden.

Rohrlack, Kirsten (2011): Personalwirtschaft – kompakt! 1. Aufl. München.

Rosenstiel, Lutz von (1975): Die motivationalen Grundlagen des Verhaltens in Organisationen. Leistung und Zufriedenheit.

Rosenstiel, Lutz von (2014): Arbeitszufriedenheit und Organisationsklima. In: Lutz von Rosenstiel, Erika Regnet und Michel E. Domsch (Hg.): Führung von Mitarbeitern. Handbuch für erfolgreiches Personalmanagement. 7., überarb. Aufl. Stuttgart, S. 187–200.

Rosenstiel, Lutz von; Nerdinger, Friedemann W. (2011): Grundlagen der Organisationspsychologie. Basiswissen und Anwendungshinweise. 7. Aufl. Stuttgart.

Rousseau, Denise M. (1995): Psychological Contracts in Organizations. Understanding Written and Unwritten Agreements. Thousand Oaks.

Rüegger, Heinz; Sigrist, Christoph (2011): Diakonie – eine Einführung. Zur theologischen Begründung helfenden Handelns. Zürich.

Rüegg-Stürm, Johannes (2003): Das neue St. Galler Management-Modell. Grundkategorien einer integrierten Managementlehre; Der HSG-Ansatz. 2., durchges. Aufl. Bern, Wien u. a.

Rüegg-Stürm, Johannes; Schedler, Kuno; Schumacher, Thomas (2015): Multirationales Management. Fünf Bearbeitungsformen für sich widersprechende Rationalitäten in Organisationen. In: *OrganisationsEntwicklung* (2), S. 4–11.

Rybak, Christian (2017): Rechtsformen und Krankenhausträger. In: Jörg F. Debatin, Axel Ekkernkamp, Andreas Tecklenburg und Barbara Schulte (Hg.): Krankenhausmanagement. Strategien, Konzepte, Methoden. 3., vollst. aktual. Aufl. Berlin, S. 25–30.

Sabathil, Peter (1977): Fluktuation von Arbeitskräften. Determinanten, Kosten und Nutzen aus betriebswirtschaftlicher Sicht. Zugl.: Diss., Univ. München. 1. Aufl. München.

Sackmann, Sonja A. (1990): Möglichkeiten der Gestaltung von Unternehmenskultur. In: Charles Lattmann und Peter Greipel (Hg.): Die Unternehmenskultur. Ihre Grundlagen und ihre Bedeutung für die Führung der Unternehmung. Heidelberg, S. 153–188.

Sackmann, Sonja A. (1999): Cultural Change – eigentlich wär‹s ja ganz einfach… wenn da nicht die Menschen wären. In: Klaus Götz und Monika Löwe (Hg.): Cultural change. 2. Aufl. München, S. 15–38.

Sackmann, Sonja A. (2009): Möglichkeiten der Erfassung und Entwicklung von Unternehmenskultur. In: Bernhard Badura, Helmut Schröder und Christian Vetter (Hg.): Betriebliches Gesundheitsmanagement. Kosten und Nutzen. Heidelberg, S. 15–22.

Sackmann, Sonja A. (2002): Unternehmenskultur. Erkennen – Entwickeln – Verändern. Neuwied.

Sackmann, Sonja A. (2004): Erfolgsfaktor Unternehmenskultur. Mit kulturbewusstem Management Unternehmensziele erreichen und Identifikation schaffen ; 6 Best Practice-Beispiele. 1. Aufl. Wiesbaden.

Schanz, Günther (2000): Personalwirtschaftslehre. Lebendige Arbeit in verhaltenswissenschaftlicher Perspektive. 3., neu bearb. Aufl. München.

Schedler, Kuno; Rüegg-Stürm, Johannes (Hg.) (2013): Multirationales Management. Der erfolgreiche Umgang mit widersprüchlichen Anforderungen an die Organisation. 1. Aufl. Bern.

Schein, Edgar H. (1980): Organizational Psychology. 3. Aufl. Englewood Cliff, NJ.

Schein, Edgar H. (2004): Organizational culture and leadership. 3. Aufl. San Francisco.

Schein, Edgar H. (2010): Organisationskultur. 3. Aufl. Bergisch Gladbach.

Schein, Edgar H.; Mader, Friedrich (1995): Unternehmenskultur. Ein Handbuch für Führungskräfte. Frankfurt a. M./New York.

Scherm, Ewald; Süß, Stefan (2016): Personalmanagement. 3., vollst. überarb. Auflage. München.

Schlechtriemen-Koß, Agnes (2014): Angstkontrolle. In: Thomas Hax-Schoppenhorst, Anja Kusserow und Anne Ahnis (Hg.): Das Angst-Buch für Pflege- und Gesundheitsberufe. Praxishandbuch für die Pflege- und Gesundheitsarbeit. 1. Aufl. Bern, S. 30–44.

Schlott, Isa (2012): Führung 2.0 für Generation Y? Anforderungen an die Führung der Generation Y. In: Wolfgang Hellmann, Hans-Wolfgang Hoefert und Bettina Albers (Hg.): Das Krankenhaus im demografischen Wandel. Theoretische und praktische Grundlagen zur Zukunftssicherung. Heidelberg, S. 201–214.

Schmid, Josef (2017): Konfessionelle Wohlfahrtsverbände im Wohlfahrtsstaat: Aktuelle Herausforderungen im Kontext einer pluralen Gesellschaft. In: Rauf Ceylan und Michael Kiefer (Hg.): Ökonomisierung und Säkularisierung. Neue Herausforderungen der konfessionellen Wohlfahrtspflege in Deutschland. Wiesbaden, S. 187–209.

Schmidt, Heinz (2012): Nächstenliebe in polyhybriden Organisationen. In: Heinz Schmidt (Hg.): Nächstenliebe und Organisation. Zur Zukunft einer polyhybriden Diakonie in zivilgesellschaftlicher Perspektive. Leipzig, S. 13–22.

Schmidt, Siegfried J. (2014): Unternehmenskultur. Die Grundlage für den wirtschaftlichen Erfolg von Unternehmen. 6. Aufl. Weilerswist.

Schmidt-Rettig, Barbara (2017): Managementstrukturen und Leitungsorganisation. In: Julia Oswald, Barbara Schmidt-Rettig und Siegfried Eichhorn (Hg.): Krankenhaus-Managementlehre. Theorie und Praxis eines integrierten Konzepts. 2., überarb. Aufl. Stuttgart, S. 242–294.

Schmidt-Rettig, Barbara; Oswald, Julia (2017): Krankenhausplanung und Krankenhausfinanzierung. In: Julia Oswald, Barbara Schmidt-Rettig und Siegfried Eichhorn (Hg.): Krankenhaus-Managementlehre. Theorie und Praxis eines integrierten Konzepts. 2., überarb. Aufl. Stuttgart, S. 60–102.

Schmola, Gerald (2014): Grundlagen des Krankenhausmanagements. Betriebswirtschaftliches und rechtliches Basiswissen. Stuttgart.

Schmola, Gerald (2016): Modernes Personalmanagement im Krankenhaus. Das Konzept des Employee Relationship Managements. Stuttgart.

Scholz, Christian (2000): Personalmanagement. Informationsorientierte und verhaltenstheoretische Grundlagen. 5., bearb. und erw. Aufl. München.

Scholz, Christian (2014): Personalmanagement. Informationsorientierte und verhaltenstheoretische Grundlagen. 6., bearb. und erw. Aufl. München.

Schönberg, Gerlinde (2012): Personalentwicklung als Chance für das Krankenhaus. In: Wolfgang Hellmann, Hans-Wolfgang Hoefert und Bettina Albers (Hg.): Das Krankenhaus im demografischen Wandel. Theoretische und praktische Grundlagen zur Zukunftssicherung. Heidelberg, S. 167–184.

Schönberg, Gerlinde (2013): Personalentwicklung im demografischen Wandel als Chance für das Krankenhaus. In: Bettina Dilcher und Lutz Hammerschlag (Hg.): Klinikalltag und Arbeitszufriedenheit. Die Verbindung von Prozessoptimierung und strategischem Personalmanagement im Krankenhaus. 2. Aufl. Wiesbaden, S. 179–200.

Schrappe, Matthias (2018): Qualität als Wettbewerbsfaktor. Rahmenbedingungen und Umsetzung. In: Dirk Janssen und Boris Augurzky (Hg.): Krankenhauslandschaft in Deutschland. Zukunftsperspektiven, Entwicklungstendenzen, Handlungsstrategien. 1. Aufl. Stuttgart, S. 217–231.

Schreier, Margrit (2014): Varianten qualitativer Inhaltsanalyse. Ein Wegweiser im Dickicht der Begrifflichkeiten. Forum Qualitative Sozialforschung (FQS, 15(1) Art. 18). Online verfügbar unter http://www.qualitative-research.net/index.php/fqs/article/view/2043/3635, zuletzt geprüft am 11.03.2020.

Schumacher, Lutz (2012): Gewinnung und Bindung leistungsstarker Mitarbeiter. Stand der Forschung und erfolgreiche Strategien der Praxis. In: Uwe Bettig, Stefan Arend und Roland Schmidt (Hg.): Fachkräftemangel in der Pflege. Konzepte, Strategien, Lösungen. Heidelberg, S. 331–344.

Sekretariat der Deutschen Bischofskonferenz (Hrsg.) (2015): Kirchliches Arbeitsrecht. Die deutschen Bischöfe Nr. 95. 2., überarb. Neuaufl. Bonn. Online verfügbar unter https://www.dbk-shop.de/de/publikationen/die-deutschen-bischoefe-kommissionen/hirtenschreiben-erklaerungen/kirchliches-arbeitsrecht.html?dl_media=15897, zuletzt geprüft am 21.01.2021.

SGB V: Sozialgesetzbuch (SGB) V. Online verfügbar unter https://www.sozialgesetzbuch-sgb.de/, zuletzt geprüft am 04.09.2018.

Sherwood, Gwen D.; Shaffer, Franklin A. (2014): The role of internationally educated nurses in a quality, safe workforce. In: *Nursing outlook* 62 (1), S. 46–52.

Sibbel, Rainer; Bliesener, Monique (2014): Coaching und Mentoring als Faktor für erfolgreiche Führung in Krankenhäusern. In: Ricarda B. Bouncken, Mario A. Pfannstiel und Andreas J. Reuschl (Hg.): Dienstleistungsmanagement im Krankenhaus II. Prozesse, Produktivität, Diversität. Wiesbaden, S. 503–518.

Slate, Kimberly A.; Stavarski, Debra H.; Romig, Barbara J.; Thacker, Karen S. (2018): Longitudinal Study Transformed Onboarding Nurse Graduates. In: *Journal for nurses in professional development* 34 (2), S. 92–98.

Sonnentag, André (2017): Trägerstrukturen und Rechtsformen. In: Julia Oswald, Barbara Schmidt-Rettig und Siegfried Eichhorn (Hg.): Krankenhaus-Managementlehre. Theorie und Praxis eines integrierten Konzepts. 2., überarb. Aufl. Stuttgart, S. 224–241.

St Clair, Mari Beth (2013): New Graduate Nurses' Experiences of Transition During Orientation into Critical Care. Theses and Dissertations.

Stachel, Kerstin (2017): Personalmanagement. In: Jörg F. Debatin, Axel Ekkernkamp, Andreas Tecklenburg und Barbara Schulte (Hg.): Krankenhausmanagement. Strategien, Konzepte, Methoden. 3., vollst. aktual. Aufl. Berlin, S. 203–229.

Stahl, Katja; Nadj-Kittler, Maria (2013): Picker Report 2013. Zentrale Faktoren der Patienten- und Mitarbeiterzufriedenheit. Hg. v. Picker Institut Deutschland gGmbH. Hamburg. Online verfügbar unter www.pickerinstitut.de/assets/content/pdf/Picker%20Report _Kurzversion_digital.pdf, zuletzt geprüft am 04.09.2018.

Starnitzke, Dierk (2011): Diakonie in biblischer Orientierung. Biblische Grundlagen – ethische Konkretionen – diakonisches Leitungshandeln. Stuttgart.

Steinebach, Christoph; Süss, Daniel; Kienbaum, Jutta; Kiegelmann, Mechthild (2016): Basiswissen Pädagogische Psychologie. Die psychologischen Grundlagen von Lehren und Lernen. Weinheim, Basel.

Steiner, Michael; Knittel, Tilmann; Kemper, Lucas (2009): Kirchliche Krankenhäuser – werteorientiert, innovativ, wettbewerbsstark. Studie zu Beitrag und Bedeutung kirchlicher Krankenhäuser im Gesundheitswesen in Deutschland. Hg. v. Deutscher Evangelischer Krankenhausverband e. V. (DEKV), Katholischer Krankenhausverband Deutschland e. V. (KKVD). prognos. Basel. Online verfügbar unter https://www.prognos.com/uploads/tx_atwpubdb/091000_Prognos_Studie_Kirchliche_Krankenhaeuser.pdf, zuletzt geprüft am 24.01.2021.

Stiefel, Rolf Th. (1979): Planung und Durchführung von Induktionsprogrammen. Die Einführung neuer Mitarbeiter als Instrument der Integration und Innovation. 1. Aufl. München.

Stoffers, Christian (2016): Strategisches Krankenhausmarketing. Konzeption. Entscheidung. Kontrolle. Berlin.

Stremlau, Irmgard; Bartels, Andreas (2012): Internationalisierung des Wettbewerbs um Pflegefachkräfte. In: Uwe Bettig, Stefan Arend und Roland Schmidt (Hg.): Fachkräftemangel in der Pflege. Konzepte, Strategien, Lösungen. Heidelberg, S. 111–126.

Stritzke, Christoph (2010): Marktorientiertes Personalmanagement durch Employer Branding. Theoretisch-konzeptioneller Zugang und empirische Evidenz. Zugl.: Diss., Univ. Mannheim. Wiesbaden.

Stronegger, Willibald J. (2020): Lebt die säkularisierte Pflegeinstitution von humanitären Voraussetzungen, die sie selbst nicht garantieren kann? In: Julia Gastager und Verena-Maria Niedrist (Hg.): Lebensende in Institutionen. Salzburg, S. 47–90.

Stubenvoll, Martina (2007): Kommunikation im Krankenhaus. Aus der Sicht der Mitarbeitenden. Saarbrücken.

Sutton, Robert I.; Louis, Meryl Reis (1987): How Selecting and Socializing Newcomers Influences Insiders. In: *Human Resource Management* 26 (3), S. 347–361.

Szalmasagi, Jacquelyn D. (2018): Efficacy of a Mentoring Program on Nurse Retention and Transition Into Practice. In: *International Journal of Studies in Nursing* 3 (2), S. 31–39.

Tenbensel, Christiane (2013): Entwicklungsperspektiven in der Pflege. In: Bettina Dilcher und Lutz Hammerschlag (Hg.): Klinikalltag und Arbeitszufriedenheit. Die Verbindung von Prozessoptimierung und strategischem Personalmanagement im Krankenhaus. 2. Aufl. Wiesbaden.

Theurich, Andreas (2016): Religiöses Wissen in diakonischen Unternehmenskulturen. Zugl.: Diss., Kirchliche Hochsch., Wuppertal-Bethel. 1. Auflage. Baden-Baden.

Thiele, Klaus-Peter; Kreuzer, Claudia; Mengel, Ralf (2018): MDK-Prüfung. Fluch oder Segen. In: Dirk Janssen und Boris Augurzky (Hg.): Krankenhauslandschaft in Deutschland. Zukunftsperspektiven, Entwicklungstendenzen, Handlungsstrategien. 1. Aufl. Stuttgart, 89–94.

Tuckermann, Harald (2013): Multirationales Management im Spital. In: Kuno Schedler und Johannes Rüegg-Stürm (Hg.): Multirationales Management. Der erfolgreiche Umgang mit widersprüchlichen Anforderungen an die Organisation. 1. Aufl. Bern, 93–114.

Turre, Reinhard (1991): Diakonik. Grundlegung und Gestaltung der Diakonie. Neukirchen-Vluyn.

Verband Evangelischer Krankenhäuser Rheinland/Westfalen/Lippe e.V. (2018): Satzung. Düsseldorf.

Vorstand der v. Bodelschwinghschen Stiftungen Bethel (Hg.) (2017): Religiöse und kulturelle Vielfalt in den v. Bodelschwinghschen Stiftungen. Online verfügbar unter https://www.bethel.de/fileadmin/Bethel/downloads/positionspapiere/Kennwortschutz/kult_relig_Vielfalt_2018_geschuetzt.pdf, zuletzt geprüft am 27.01.2021.

Voß, Tina (2017): »Sind Sie sexy für Bewerber?« In: Jörg F. Debatin, Axel Ekkernkamp, Andreas Tecklenburg und Barbara Schulte (Hg.): Krankenhausmanagement. Strategien, Konzepte, Methoden. 3., vollst. aktual. Aufl. Berlin, S. 255–257.

Wanberg, Conni R.; Kammeyer-Mueller, John D. (2000): Predictors and Outcomes of Proactivity in the Socialization Process 85 (3), S. 373–385.

Wanberg, Connie R. (Hg.) (2012): The Oxford handbook of organizational socialization. Oxford.

Wanous, John P. (1980): The Entry of Newcomers into Organizations. Michigan.

Wanous, John P. (1992): Organizational entry. Recruitment, selection, orientation, and socialization of newcomers. 2. Aufl. Reading, Mass.

Weidner, Frank (2012): Altersgerechte Personalpolitik in der Pflege. In: Wolfgang Hellmann, Hans-Wolfgang Hoefert und Bettina Albers (Hg.): Das Krankenhaus im demografischen Wandel. Theoretische und praktische Grundlagen zur Zukunftssicherung. Heidelberg, S. 147–166.

Westerfellhaus, Andreas (2017): Anforderungen an leitende Pflegekräfte im Krankenhaus. In: Andreas Westerfellhaus, Hans-Fred Weiser und Josef Düllings (Hg.): Fokus Führung. Was leitende Klinikmitarbeiter wissen sollten. Berlin, S. 149–156.

Westerfellhaus, Andreas; Weiser, Hans-Fred; Düllings, Josef (Hg.) (2017): Fokus Führung. Was leitende Klinikmitarbeiter wissen sollten. Berlin.

Wien, Andreas; Franzke, Normen (2014): Unternehmenskultur. Zielorientierte Unternehmensethik als entscheidender Erfolgsfaktor. Wiesbaden.

Winter, Maik H.-J. (2011): Sozialisation und berufliche Ideale von Pflegekräften. In: Hans-Wolfgang Hoefert (Hg.): Selbstmanagement in Gesundheitsberufen. 1. Aufl. Bern, S. 37–52.

Wissenschaftliche Dienste (2014): Ausarbeitung WD 9-3000-095/13. Krankenhäuser in privater Trägerschaft – Rechtsgrundlagen, verfassungsrechtliche Vorgaben und Finanzierung. Hg. v. Der Deutsche Bundestag. Berlin. Online verfügbar unter https://

www.bundestag.de/resource/blob/410456/4e05aed207135be735046e76f13a107b/wd-9-095-13-pdf-data.pdf, zuletzt geprüft am 26.01.2021.

Wittkowski, Joachim (2014): Ängste von Betreuungspersonen beim Umgang mit Sterbenden. In: Thomas Hax-Schoppenhorst, Anja Kusserow und Anne Ahnis (Hg.): Das Angst-Buch für Pflege- und Gesundheitsberufe. Praxishandbuch für die Pflege- und Gesundheitsarbeit. 1. Aufl. Bern, S. 153–166.

Woolforde, Launette (2012): Onboarding Nurse Practitioners. A Healthcare System Approach to Interprofessional Education. In: *Nurse Leader* 10 (5), S. 32–35.

Wunderer, Rolf (2011): Führung und Zusammenarbeit. Eine unternehmerische Führungslehre. 9., neu bearb. Aufl. Köln.

Bei Fragen zur Produktsicherheit wenden Sie sich bitte an:
If you have any questions regarding product safety, please contact:

Brill Deutschland GmbH
Robert-Bosch-Breite 10
37079 Göttingen
info@v-r.de